法治中国论坛

莫纪宏　著

国家出版基金项目
NATIONAL PUBLICATION FOUNDATION

法治中国与
制度建设

RULE OF LAW IN CHINA AND INSTITUTIONAL CONSTRUCTION

方志出版社
Publishing House of Local Records

图书在版编目（CIP）数据

法治中国与制度建设/莫纪宏著．--北京：方志出版社，2016.1
ISBN 978-7-5144-1835-4

Ⅰ．①法…　Ⅱ．①莫…　Ⅲ．①社会主义法制—建设—研究—中国　Ⅳ．①D920.0

中国版本图书馆 CIP 数据核字（2015）第 302588 号

·法治中国论坛·

法治中国与制度建设

著　　者：莫纪宏
责任编辑：齐　笑

出 版 人：冀祥德
出 版 者：方志出版社
地址　北京市朝阳区潘家园东里 9 号（国家方志馆 4 层）
邮编　100021
网址　http：//www.fzph.org
发　　行：方志出版社发行中心
电话　（010）67110500
经　　销：全国各地新华书店
排　　版：北京宝蕾元科技发展有限责任公司
印　　刷：北京京都六环印刷厂

开　　本：700×1000　1/16
印　　张：20
字　　数：378 千字
版　　次：2016 年 1 月第 1 版　2016 年 1 月第 1 次印刷

ISBN　978-7-5144-1835-4　定价：58.00 元

序　言

坚定不移地走“法治社会主义”道路

新民主主义、社会主义和共产主义是中国革命和建设发展的基本道路，是中华民族走向伟大复兴的必由之路。毛泽东同志在民主革命时期就说过：中国共产党关于社会制度的主张分为现在和将来两部分，“在现在，新民主主义，在将来，社会主义，这是有机构成的两部分，而为整个共产主义思想体系所指导的”。从历史发展阶段来看，中国当下处于社会主义发展阶段。党的十三大报告对社会主义发展阶段有非常清晰的表述。党的十三大报告指出：正确认识我国社会现在所处的历史阶段，是建设有中国特色的社会主义的首要问题，是我们制定和执行正确的路线和政策的根本依据。对这个问题，我们党已经有了明确的回答：我国正处在社会主义的初级阶段。这个论断，包括两层含义。第一，我国社会已经是社会主义社会。我们必须坚持而不能离开社会主义。第二，我国的社会主义社会还处在初级阶段。我们必须从这个实际出发，而不能超越这个阶段。在近代中国的具体历史条件下，不承认中国人民可以不经过资本主义充分发展阶段而走上社会主义道路，是革命发展问题上的机械论，是右倾错误的重要认识根源；以为不经过生产力的巨大发展就可以越过社会主义初级阶段，是革命发展问题上的空想论，是“左”倾错误的重要认识根源。

社会主义是我们这个时代的主导价值，它与国运一脉相系。无论谁来治国理政，抛弃了社会主义，就是抛弃了国家和民族未来发展的根本。改革开放的总设计师邓小平更是发出了令人振聋发聩的警示：“中国只要不搞社会主义，不搞开放改革开放，发展经济，走任何一条路都是死路”。

关于什么是社会主义的问题，1992 年年初，邓小平在“南方谈话”中提出：“社会主义的本质，是解放生产力，发展生产力，消灭剥削，消除两极分化，最终达到共同富裕”。党的十七大报告深化了关于“社会主义本质特征”的理论认识，明确指出：改革开放以来我们取得一切成绩和进步的根本原因，归结起来就是开辟了中国特色社会主义道路，形成了中国特色社会主义理论体系。高举中国特色社会主义伟大旗帜，最根本的就是要坚持这条道路和这个理论体系。中国特色社会主义道路，就是在中国共产党领导下，立足基本国情，以经济建设为中心，坚持四项基本原则，坚持改革开放，解放和发展社会生产力，巩固和完善社会主义制度，建设社会主义市场经济、社会主义民主政治、社会主义先进文化、社会主义和谐社会，建设富强、民主、文明和谐的社会主义现代化国家。中国特色社会主义道路之所以完全正确、之所以能够引领中国发展进步，关键在于我们既坚持了科学社会主义的基本原则，又根据我国实际和时代特征赋予其鲜明的中国特色。中国特色社会主义理论体系，就是包括邓小平理论、“三个代表”重要思想以及科学发展观等重大战略思想在内的科学理论体系。这个理论体系，坚持和发展了马克思列宁主义、毛泽东思想，凝结了几代中国共产党人带领人民不懈探索实践的智慧和心血，是马克思主义中国化最新成果，是党最可宝贵的政治和精神财富，是全国各族人民团结奋斗的共同思想基础。中国特色社会主义理论体系是不断发展的开放的理论体系。《共产党宣言》发表以来近160年的实践证明，马克思主义只有与本国国情相结合、与时代发展同进步、与人民群众同命运，才能焕发出强大的生命力、创造力、感召力。在当代中国，坚持中国特色社会主义理论，就是真正坚持马克思主义。

2014年10月23日十八届四中全会审议通过的《中共中央关于全面推进依法治国若干重大问题的决定》（以下简称为《全面推进依法治国决定》）从全面推进依法治国的角度进一步深化了执政党对坚持中国特色社会主义道路的认识，指出：全面推进依法治国，必须贯彻落实党的十八大和十八届三中全会精神，高举中国特色社会主义伟大旗帜，以马克思列宁主义、毛泽东思想、邓小平理论、“三个代表”重要思想、科学发展观为指导，深入贯彻习近平总书记系列重要讲话精神，坚持党的领导、人民当家作主、依法治国有机统一，坚定不移走中国特色社会主义法治道路，坚决维护宪法法律权威，依法维护人民权益、维护社会公平正义、维护国家安全稳定，为实现“两个一百年”奋斗目标、实现中华民族伟大复兴的中国梦提供有力法治保障。全面推进依法治国，总目标是建设中国特色社会主义法治体系，建设社会主义法治国家。这就是，在中国共产党领导下，坚持中国特色社会主义制度，贯彻中国特色社会主义法治理论，形成完备的法律规范体系、高效的法治实施体系、严密的法治监督体系、有力的法治保障体系，形成完善的党内法规体系，坚持依法治国、依法执政、依法行政共同推进，坚持法治国家、法治政府、法治社会一体建设，实现科学立法、严格执法、公正司法、全民守法，促进国家治理体系和治理能力现代化。

《全面推进依法治国决定》在关于什么是社会主义、如何实现社会主义问题上取得了什么样的理论突破呢？归纳起来，有两项重大理论成就：一是将“深入贯彻习近平总书记系列重要讲话精神”与坚持以马克思列宁主义、毛泽东思想、邓小平理论、“三个代表”重要思想、科学发展观为指导相并列，凸显了党的十八大以来以习近平为总书记的党中央在高举中国特色社会主义伟大旗帜，坚持走中国特色社会主义道路方面取得了令全党和全国人民信服和认可的成就；二是将“建设中国特色社会主义法治体系”作为全面推进依法治国的“总目标”，丰富和完善了中国特色社会主义理论体系，这个重大理论命题的提出意义极其重要，正如习近平总书记在关于《全面推进依法治国决定》的说明中所指出的那样：全面推进依法治国涉及很多方面，在实际工作中必须有一个总揽全局、牵引各方的总抓手，这个总抓手就是建设中国特色社会主义法治体系。依法治国各项工作都要围绕这个总抓手来谋划、来推进。

当前，贯彻落实《全面推进依法治国决定》的精神，关键是如何围绕着“建设中国特色社会主义法治体系”这个“总抓手”来全面和有效地推进《全面推进依法治国决定》所规定的190项法治改革措施。190项法治改革措施，工程浩大，从立法、执法、司法、守法到法治工作队伍建设和加强党对全面推进依法治国的领导，几乎涉及“社会主义建设”的每一个领域和每一个方面，涉及法治工作的全过程和各方面。可以毫不夸张地说，只要将《全面推进依法治国决定》所规定的190项法治改革措施落实到位，我们的社会主义事业的每一个环节和过程、每一个领域和方面无不渗透着“法治”精神，也就是说，我们所坚持的“社会主义”，从制度特征上来看，就是名副其实的“法治社会主义”。

我们所主张的“法治社会主义”绝不是“法治”与“社会主义”名词的简单叠加，而是有着历史和逻辑内在有机统一的双重正当性。从历史上看，制度意义上的社会主义千姿百态，先后有过与“科学社会主义”相对立的“民主社会主义”；导致世界上第一个社会主义制度国家夭折的“民主的、人道的社会主义”。这些林林总总的“社会主义”并没有形成常态化的“制度”，不幸都夭折或者是完全走向了“社会主义”的反面。从逻辑上来看，社会主义的一个基本价值就是“共同富裕”，而“共同富裕”存在的基本制度形态必然是“法律面前人人平等”。在一个缺少平等精神的社会中是无法建成真正意义上的社会主义的，而要使“法律面前人人平等”具有持久的制度生命力，坚守法治是唯一正确的选择。

所以，我们要沿着社会主义道路继续往前走，就必须高举“法治社会主义”的大旗。这一“法治社会主义”的旗帜集中体现了社会主义的制度特征和要求，它的核心价值就是要让法治精神渗透到社会主义事业的每一个细胞。要实现这种“法治”与“社会主义”的有机统一和相互融合，不进行法治改革是不行的。党的十八届四中全会审议通过的《全面推进依法治国决定》为我们指明了具体的、明确的前进道路和发展方向。认真贯彻落实《全面推进依法治国决定》所规定的190项法治改革措施刻不容缓，这是坚持中国特色社会主义道路的百年大计，是中华民族实现伟大复兴所获得的千载难逢的历史机遇。全党和全国各族人民都要齐心协力，共同努力，树立“搞法治就是搞社会主义”的坚强信念，以实际行动全面推进依法治国建设大业。

目录
contents

第一部分　法治中国与制度建设的理论基础

第一部分
法治中国与制度建设的理论基础

第一章　全面建设小康社会与法治化

（十八大报告精神解读）

论法治与小康社会[①]

胡锦涛总书记在党的十八大报告中明确指出，到2020年确保实现全面建成小康社会，并且对小康社会提出了诸多新要求。其中一项重要要求就是：加快推进社会主义民主政治制度化、规范化、程序化，从各层次各领域扩大公民有序政治参与，实现国家各项工作法治化。从胡锦涛总书记的上述论断可以看到，“国家各项工作法治化”是“小康社会”的一项重要指标。究竟如何理解“国家各项工作法治化”，是当下全面建设“小康社会”必须认真加以研究的重要理论问题[②]。这里涉及两个概念的界定和细化，一是“国家各项工作”的范围；二是“法治化”的判断标准。本文试图通过系统回顾改革开放三十几年来我国社会主义法制建设不断发展、完善的历史轨迹，结合当下全面推进依法治国基本方略的各项工作部署，围绕着“法治小康”的价值理念来全面探讨“法治”与“小康社会”之间的辩证关系。

一　“法治小康”是“小康社会法治化”的重要价值形态

关于“法治”，其概念的内涵与外延，古今中外的思想家都有探讨[③]。但各

---

① 本文发表在《中国法学》2013年第1期。

② 陈晓明认为：“国家各项工作法治化”并非简单的概念创新，而是有其深刻的内涵。国家各项工作法治化，实际上指的是依法治国方略的落实过程，是指国家的经济、政治、社会和文化建设都服从法律秩序的过程。人民代表大会制度就是我们党领导和支持人民当家作主，实现科学执政、民主执政、依法执政的重要制度载体。实现国家各项工作法治化，就要善于运用人民代表大会这一国家政权组织处理国家事务，就要善于发挥人大真正作为国家权力机关的职能作用。因此，充分发挥人大作为国家权力机关的作用，是党实现依法执政的必然途经，是实现国家各项工作法治化的根本制度选择。参见陈晓明：《国家各项工作“法治化”之我见》，《人民之声》2008年第10期。

③ 古今中外都有系统的关于“法治”的学说，例如中国古代春秋战国时期的“法家”主张的“法治”说，古希腊亚里士多德等人主张的“法治”说。

种关于“法治”的思想、学术和观点集中到一点，就是强调治理国家和进行社会管理要高度重视运用“法律”手段。至于“法律”手段在各种治理方式中的地位，在不同国家、不同历史时期，重心则有所不同。在逻辑上不仅存在着“法治”中的“治”的对象是谁的问题，也存在着“法治”中的“法”是谁制定的法或谁认可的法的问题。

从“法治”的“法”制定主体与“法治”的“治”对象对于“法治”概念的价值特征的界定能力来看，从不受任何具体的组织和个人支配的“法”的角度来看待“法治”的价值内涵，其重要性更加显著。在此层意义上，意味着在“法”之外、之上不存在“治”法的主体，那样，“法治”中的“法”在“治”的时候，自然就具有至高无上的正当性和法律权威，“法治”才能在价值形态上优于“非法治”，特别是“人治”。这里强调的“法治”中的“法”的至上性并不意味着“法”就不受任何价值形态的影响，也不意味着“法”会天然地产生，而是指在现实生活中对人们行为起到普遍约束作用的“法”不受任何具体的组织和个人的意志的影响。如果在现实社会中存在“以言代法、以权压法、徇私枉法”现象，那么，从逻辑上来看，就没有达到“法治”价值的最低要求。至于说“法治”中的“治”的能力大小，这是“法治”自身的价值功能的体现。“法治”中的“治”的对象越多，“治”的能力越强，就说明“法治”的价值表现就越充分，反之，“法治”的作用就越小。因为在逻辑上既存在着“法治”价值的最低要求，同时也存在着“法治”价值功能发挥的程度问题，故在最低限度的“法治”与“理想化”的“法治”之间还存在着一个“可接受”的“法治”。对处于向一个高级发展目标迈进过程中的状态的描述，经济学上可以使用“小康”概念来表述，法学上同样也可以借鉴“小康”这一形象化的发展学概念来构建一个“法治小康”的法治发展阶段性目标。

所谓的“法治小康”，是指一个社会法治状况达到了社会公众所期望的与特定时期、特定国家的社会发展状况同步的“状态”，法律规范在国家治理和社会管理中发挥着至高无上的重要作用。换句话说，就是“法治状况”与“小康社会”的社会整体发展状况同步。从“小康社会”的制度特征来看，“法治小康”又可以理解为“小康社会法治化”。尽管“法治小康”其内涵与外延不完全等同于“小康社会法治化”，但其存在的社会基础和价值功能是与“小康社会法治化”完全一致的。“法治小康”很显然在当今社会的语境下是“法治”与“小康社会”概念的直接融合，表现在法理上，就是要求将目前正在建设的“法治”提升到与“小康社会”相适应的水准。结合习近平总书记在首都各界纪念现行宪法正式施行30周年大会上的讲话中所提出的“法治国家、法治政府、法治社会一体建设”的论述，“法治小康”既是“法治国家”建设进程中的一个重要历史阶段，同时又是“小康社会”对法制建设提出的具体制度建设任务。

二　从改革开放看我国“法制建设”中“法治”内涵的变迁

准确理解“法治小康”的内涵，既可以从“法治”自身的内涵与外延的不断丰富和完善的逻辑发展过程中去把握，也可以从法律与社会现实之间相互适应性的角度来考察。将两者结合在一起最佳的考察线索就是党的十一届三中全会以来历届党的代表大会的工作报告，以及党和国家领导人所发表的重要讲话。这里对“法治小康”可以做逻辑与历史相统一、法律与现实相适应两个方面的辩证考察。

（一）党的十一届三中全会提出的社会主义法制建设“十六字方针”为新时期我国“法治”价值的形成提供了政策依据

1978 年 12 月 22 日通过的党的十一届三中全会公报在我国新时期社会主义法制建设方面具有划时代的意义。公报明确指出：为了保障人民民主，必须加强社会主义法制，使民主制度化、法律化，使这种制度和法律具有稳定性、连续性和极大的权威，做到有法可依，有法必依，执法必严，违法必究。公报提出的“有法可依，有法必依，执法必严，违法必究”被称为社会主义法制建设的“十六字方针”。“十六字方针”的提出意义重大，不仅具有拨乱反正、正本清源的作用，而且还在恢复被“文化大革命”破坏的社会主义法制基础上为不断健全社会主义法制提供了明确清晰的政策依据。自此，以“十六字方针”为内涵的社会主义法制建设有了明确具体的内涵，成为新时期社会主义法学理论和法制建设的重要指导思想。

（二）党的十五大报告提出的“依法治国、建设社会主义法治国家”治国方略确定了我国“法治”价值赖以产生的正当性基础

1996 年 2 月，江泽民同志在中央政治局法制讲座结束的讲话中，进一步强调了加强法治建设的重要意义，指出“加强社会主义法制建设，依法治国，是邓小平同志建设有中国特色社会主义理论的重要组成部分，是我们党和政府管理国家和社会事务的重要方针”①，由此正式提出了依法治国基本方略的概念。

1996 年 3 月，八届全国人大常委会四次会议制定的《关于国民经济和社会发展“九五”计划和 2010 年远景目标纲要》，以具有法律效力的国家文件形式，

---

① 肖扬：《依法治国基本方略的提出、形成和发展》，《求是》（总 465 期），2007 年 10 月 16 日。

确认了“依法治国，建设社会主义法制国家”的提法，同时明确指出依法治国基本方略的主要任务是：加强立法、司法、执法、普法工作。坚持改革、发展与法制建设紧密结合，继续制定实施与经济社会发展相适应的法律法规。加强和改善司法、行政执法和执法监督。坚决纠正有法不依、执法不严、违法不究、滥用职权等现象。

1997 年 9 月，党的十五大报告第一次把“依法治国”确立为党领导人民治理国家的基本方略，把“建设社会主义法制国家”改为“建设社会主义法治国家”，并对依法治国基本方略的科学内涵做出专门界定——“依法治国，就是广大人民群众在党的领导下，依照宪法和法律规定，通过各种途径和形式管理国家事务，管理经济文化事业，管理社会事务，保证国家各项工作都依法进行，逐步实现社会主义民主的制度化、规范化、程序化，使这种制度和法律不因领导人的改变而改变，不因领导人看法和注意力的改变而改变。”

1999 年 3 月，九届全国人大二次会议通过宪法修正案形式，把依法治国基本方略载入宪法总纲，明确规定“中华人民共和国实行依法治国，建设社会主义法治国家”，以国家根本法的形式确立了依法治国基本方略，使之成为一项宪法的基本原则。

依法治国基本方略的正式确立和全面实施，标志着我们党从革命党的主要依靠群众运动和政治方式实行领导，向执政党的主要实行依法治国、依宪执政和依法执政的历史性转变；标志着我们国家从“人治”到“法制”、再从“法制”到“法治”的治国基本方略的历史性跨越；标志着我国亿万人民当家作主的政治地位和民主权利得到社会主义法治的充分肯定，全国各族人民的根本利益得到宪法和法律的有效保障。

党的十五大报告把“依法治国”明确规定为“党领导人民治理国家的基本方略”以来，依法治国基本方略经过了十多年的实践发展，在依法执政、民主立法、依法行政、公正司法、法律监督、法制宣传、法律服务、依法治理等各个环节和方面，取得了举世瞩目的成效，极大地显示了依法治国基本方略的科学性和社会主义法治的生命力。“法制”向“法治”的跨越，并不仅仅是文字上的简单变化，而是一种治国理念和价值的转型。自此，“法治”价值才真正从我国传统的法制建设经验中脱颖而出，成为指导我们进行法制建设的指导思想和强大的思想动力。

（三）“依宪治国”“依宪执政”命题的产生奠定了我国“法治”价值合理存在和科学发展的逻辑基础

胡锦涛总书记在 2004 年 9 月 15 日发表的《纪念全国人民代表大会成立 50

周年的讲话》中强调："依法治国首先要依宪治国，依法执政首先要依宪执政"。胡总书记关于"依法治国首先要依宪治国，依法执政首先要依宪执政"的科学论断不仅给党的十八大报告提出"法治思维和法治方式"的核心内涵作了非常明确的解释，即"法治思维和法治方式"的内涵就是"依宪治国"，而且使得我国"法治"价值的合理性更加深厚，使得"法治化"具有更加明确的发展方向。

胡总书记提出的"依宪治国"至少有四层含义：一是宪法是党领导人民制定的，具有毋庸置疑的"正当性"；二是宪法也对"党"的活动给出了界限，即必须在"宪法和法律的范围内"活动；三是明确宪法和法律之外没有任何"特权"，这说明"宪法"之外"无法"；四是任何想打压宪法权威、藐视宪法权威或者忽视宪法权威的言行都不得存在。总结上述四个方面的含义归根到底可以发现，党的十八大明确提出的、作为新时期诠释我国"法治"概念价值内涵的"法治思维和法治方式"，运用到实践中其实质内涵就是强调"依宪治国"。也就是说，"宪法之外"的任何言行都不具有合法性和合理性，更不能限制宪法或者否定宪法。因此，宪法作为根本法成为治国理政的制度依据和法律基础，宪法法律至上是现代法治社会的一项基本价值和社会公理。

三　"法治化"的最低制度性要求

"法治"与"法治化"两个相互关联的概念虽然在理论上内涵不完全清晰，但两者之间的逻辑关联却是非常紧密的。从"化"的中文常用格式①来看，一般都是指将某项特殊的社会价值通过具体的制度或行为有效地表现出来，体现了一种价值内容与价值形式之间的辩证关系。因此，"法治化"的概念实质上是"法治"价值的"外化"，即通过制度化的手段或者是人们的行为习惯②来使"法治"价值得到具体的实现。"法治化"是"法治"状态的判断标准，如果"法治"价值在实践中没有具体的制度加以体现或具体的行为习惯来加以"固

---

① 所谓的"化"近年来在我国法学界的流行用法主要是指价值的制度或程序表现，最有影响的是"宪法司法化"。该概念的创始者黄松有给宪法司法化下了一个明确的定义，即"所谓宪法司法化，就是指宪法可以像其他法律法规一样进入司法程序，直接作为裁判案件的法律依据。"参见黄松有：《宪法司法化及其意义——从最高人民法院今天的一个〈批复〉谈起》，《人民法院报》2001年8月13日。

② "法治化"中的"化"理解角度很多，近年来有从法律与习惯的关系来考察的。例如，张训认为：法治化不能是法律条文自上而下的灌输，而是要在往返于习惯和法律之间孕育法治精神的行程中实现。习惯升华为法律、法律回归习惯是法治化的一体两面。从习惯到法律的过程是人类逐渐走向文明的过程，也是社会逐步迈向法治化的过程；从法律到习惯的过程则是法律普及并深入人心的过程，也是法治化最终达成的过程。因而，汲取习惯的养分或者直接将习惯纳入自身体系是一种立法常态，而法律实践则希求民众认同并养成"习惯法律"的法治精神。参见张训：《法治化的一体两面》，《法制日报》2011年12月14日。

化”，那么，“法治”价值只能停留在价值层面或者是抽象意义上，缺少对人们行为的实际规范指引力和约束作用。党的十八大报告对“法治小康”提出的基本要求是“国家各项工作法治化”，很显然，这里的“法治化”是有价值目标与制度手段之间的辩证关联的，也就是说，“国家各项工作”作为“法治”的“治”的对象和领域，必须要通过制度手段来实现“法治”价值的目标要求。十八大报告对“法治化”提出了原则性的要求，即“科学立法、严格执法、公正司法、全民守法”。上述“法治化”的要求具体可以解释为，“立法”“执法”“司法”和“守法”涵盖了“国家各项工作”，而“科学”是“立法”的“法治化”基础；“严格”是“执法”的“法治化”标准；“公正”是“司法”的“法治化”尺度；“全民”则是“守法”的“法治化”要求。但从法理上来看，“法治化”仍然需要在逻辑上细化，必须要达到一些最低的制度性要求，否则就不能确认制度手段与价值目标之间是否存在一致性关系，也就是说，“必要性原则”是判断“法治化”的最低制度化标准。不仅强调“法治”价值制度化的“多”与“少”的问题，更重要的和首要的是涉及“法治”价值的“有”与“无”的问题，是“法治”价值是否存在的根本性问题。当然，没有“必要性”的制度手段保障的“法治”，就是在实践中根本无法得到实现的价值，就也只是法理上的一厢情愿或者只是执政中的一种托词。

美国法哲学家富勒教授在《法律之德》一书中把法治视为法律内在之德。在他看来，具备法治品德的法律制度由八个要素构成：一般性、公布或公开、可预期、明确、无内在矛盾、可遵守性、稳定性与同一性[①]。英国牛津大学著名法理学者菲尼斯在《自然法与自然权利》一书里指出，法治是法制的一种特定德性。一种法律制度在以下八种意义上体现“法治”：第一，规则是可预期的、不溯及既往的；第二，规则无论如何也不是不能被遵循的；第三，规则是公布的；第四，规则是清楚的；第五，规则是相互协调的；第六，规则足够的稳定以允许人们依靠它们关于规则内容的知识而受规则的引导；第七，适用于相对有限情形的法令和命令的制定受公布的、清楚的、稳定的和较为一般性的规则的引导；第八，根据官方资格有权制定、执行和适用规则的人，一要对遵循适用于其操作的规则是负责的、可靠的，二要对法律的实际执行做到连贯一致并且与法律的要旨相符合[②]。上述关于“法治”价值的制度化要求虽然较为具体、明确，不过判断“法治”价值的“有”与“无”的“法治化”状态，最重要的制度手段还是“人民主权”原则的程序化、“宪法至上”原则的制度化，以及基

① Lon L. Fuller, The Morality of Law, pp. 46—94.

② John Finnis, Natural Law and Natural Rights, pp. 270—271.

于“统一解释”制度来实现的“法制统一性”。特别重要的是，就是作为根本法宪法之外、之上不存在任何“特权”。也就是胡锦涛总书记在党的十八大报告中所强调指出的：“党领导人民制定宪法和法律，党必须在宪法和法律范围内活动。任何组织或者个人都不得有超越宪法和法律的特权”。“执政党”在宪法和法律的范围内活动以及任何组织和个人不得享有超越宪法的特权，是判断“法治”价值“有”和“无”的最低制度化标准。如果背离了这个最低标准的要求，不管在实践中制定了多少部法律，成立了多少执法机构，司法审判机制如何完善，等等，都不可能产生真正意义上的“法治”，也就不可能形成体现“法治”价值内涵的“法治化”制度形态。习近平总书记在首都各界纪念现行宪法正式施行30周年大会上的讲话中也突出强调：宪法的根基在于人民发自内心的拥护，宪法的伟力在于人民出自真诚的信仰。宪法是国家的根本法，是治国安邦的总章程，具有最高的法律地位、法律权威、法律效力，具有根本性、全局性、稳定性、长期性。任何组织或者个人，都不得有超越宪法和法律的特权。因此，“法治”价值的外化实质上是“宪治”，也就是说，通过制度化的手段来体现“法治”价值的要求，最低制度性要求就是要在实践中努力地去实施宪法，将宪法的权威真正建立在一切国家机关、社会组织和公民个人之上。落实宪法各项规定的“宪政”得不到实现，“法治”价值在实践中也就是无“化”可言，故“法治化”的最低制度性要求就是在实践中真正地实施作为根本法的宪法。

结合法治国家的行宪经验与实践，实施宪法至少有以下三点是必要的：一是宪法实施的监督机制是否健全；二是宪法适用机制是否有效地建立；三是违反宪法的行为是否得到有效处理。可以说，目前的主流宪法学理论在评价宪法实施状况时主要考察上述三个方面的问题。但是，也应当看到，宪法实施本身毕竟是一个独立的宪法现象，它的核心价值要求是宪法规定在实际生活中的实现，因此，相对于宪法实施的监督来说，宪法实施本身更重要。宪法实施的监督只是保证宪法实施的一项重要的制度机制，本身并不能代替宪法实施，加强宪法实施的工作也不能只抓对宪法实施活动的监督。宪法适用作为一种特殊形式的宪法实施，因为受到比较明确的宪法程序的约束，所以，宪法实施状况通常比较容易判断，但是，具有宪法职权的国家机关长期怠政，也会影响宪法实施的效果，故在国外宪法制度中，大多数确立了国家机关宪法适用不作为的调控机制。最后，一个国家的宪法实施状况与负有宪法实施职责的主体的违宪状况是紧密相连的。在一个“法治化”的社会中，由于人们的行为完全纳入到法治评价体系中，故违宪行为越多越频繁，意味着宪法实施的效果和状况就越不佳；相反，违宪行为很少，则意味着宪法实施的总体状况良好。但是，违宪行为的出现以及对违宪行为的处理还涉及各种非“法治”因素的影响。事实上，在很多“人治”社会中，由于缺少必要的违宪审查机制，故有大量的违宪行为无法被有效地发现，所以，尽管通过制度机制发现和加以处理的违宪行为很少，但不能因此就可以简单化地断定这个国家宪法实施的状况就很好。要解决当前我国宪法实施中的问题，法理上的思路在于要突出“依宪治国”“依宪执政”的理念，只有在国家机关、社会组织和公民个人的日常行为中自觉地养成以维护宪法权威、履行宪法职责为己任的习惯，宪法才能真正地走进人们的日常生活，宪法作为根本法也才能成为“必要之法”。此外，加强对宪法实施的监督以及建立起及时和准确反映宪法实施效果的违宪审查机制，才能真正地将宪法实施问题的重要性突出出来，只有对违反宪法的行为形成制度上的“不容忍”或“零容忍”，宪法实施状况的好坏才能引起社会各界的高度关注和有效重视。因此，摒弃各种非理性和情绪化的贬损我国现行宪法实施状况的言论，必须要从启动违宪审查机制这些非常基础性的制度建设入手，才能从根本上扭转在宪法实施问题上存在的模棱两可和举步维艰。

四　“国家各项工作法治化”与法治的社会功能

党的十八大报告对“小康社会法治化”状态的描述是“国家各项工作法治化”，这里除了“法治化”本身需要达到制度或行为上的最低标准之外，对于“法治化”涉及的领域和“法治”中的“治”的对象和范围也提出了最起码的要求，即“国家各项工作”。要准确地理解“小康社会法治化”的内涵，若不能在法理上确立一个相对清晰的界定“小康社会法治化”的适用领域的标准，也是很难把握“法治小康”的精确内涵与完整外延的。这里最关键的问题就是如何理解“国家各项工作”。从法理上来看，“国家各项工作”涉及三个中心词，一是“国家”，二是“工作”，三是“各项”。如果从文意来看，国家工作是一个具有实意的词组，在法理上可以视为“为国家的存在与运行目的而产生的活动”，宪法学上可以简单称之为基于“国家职能”而行使国家权力的活动。这些活动从政治学上可以区分为国家的统治行为与国家的管理行为两个类型。国家的统治行为涉及主权问题以及相关的国际法问题，在法理上不完全受制于一个国家国内法的约束；国家的管理行为则是必须完全依托一个国家的主权来进行的。“国家各项工作”从逻辑上来看，应当覆盖了国家的统治行为与国家的管理行为的所有方面，“国家各项工作”的“法治化”必然要求一个国家不论是从事国际交往，还是对内进行治理，都必须要依据法律的规定。国家行为必须要“有法可依”“于法有据”。如果在制度建设上明确提出“国家各项工作法治化”这样一个法治发展目标，就意味着一个国家不论是对外交往、还是对内管理，只要是履行国家职能的活动都必须纳入“法治”的轨道。当然，由于在现代社会，一个国家在履行国家职能时主要是通过国家机构来进行的，故“国家机构各项工作法治化”从逻辑上来看，应当包括在“国家各项工作法治化”的范围。这就如同“法治国家”必然离不开“法治政府”作为主要的内涵。但是，“国家各项工作法治化”是否囊括了“社会管理工作法治化”，这是当前学术界正在讨论的问题①。如果从严格的文意解释角度来看，“国家各项工作法治化”并没有将“社会各项工作法治化”纳入其中，也就是说，“小康社会法治化”的基本要求是首先直接针对“国家行为”与“政府行为”的，“社会各项工作法治化”并未作硬性要求。但是，从党的十八大报告关于“国家治理与社会管理”相互关系②的论述来看，“国家各项工作法治化”的内涵应当已经包括了国家对社会治理的所有方面，只是完全由社会来实现自治的领域，在逻辑上可能没有完全被囊括在内。习近平总书记在首都各界纪念现行宪法正式施行 30 周年大会上的讲话中明确指出：坚持法治国家、法治政府、法治社会一体建设，扎扎实实把党的十八大精神落实到各项工作中去，为全面建成小康社会、开创中国特色社会主义事业新局面而努力奋斗。上述讲话精神是将“法治国家”“法治政府”与“法治社会”紧密联系在一起的，也就是说，对国家提出的“法治化”要求也必然是对社会提出的“法治化”要求，从建设“小康社会”的角度来看，不可设想，“小康社会法治化”只对国家行为或者是国家机构的行为提出达到一定程度的“法治化”要求，对整个社会，特别是具有自治性质的群众性组织、社团或者是社区、公共场所、学校、医院等等没有任何“法治化”的期待。所以说，“国家各项工作法治化”作为“小康社会法治化”发挥自身作用的区域，从理论和实践两个方面都应当理解为包含了国家生活与社会生活相互关联的所有方面。“法治化”的覆盖领域与效力范围必然会辐射到作为法律规范调整对象的社会关系的所有领域以及社会关系结构的所有方面，应当全面体现法治的社会功能。

五　“小康社会”对法治水平最低限度的要求

“法治小康”是“小康社会法治化”的重要特色，它表现在具体的法治实践

---

① 吕涛、尹学军认为：社会工作是专业工作，应该体现规范性。依法认定社会工作的专业性，依法评价社会工作，依法规范社会工作者的行为势在必行。社会工作法治化应该以社会工作职业化、专业化为目标，按照全新的标准确立社会工作职业的活动范围、具体工作内容，甚至包括从业伦理等要求。在职业化基础上进一步依法（或立法）拓展社会工作领域，提升社会工作效果，并使这种机制制度化，进而形成社会共同意识，实现社会工作的全面法治化。参见吕涛、尹学军：《略论社会工作法治化》，《云南师范大学学报（哲学社会科学版）》2006 年第 6 期。

② 胡锦涛总书记在党的十八大报告中明确指出：更加注重发挥法治在国家治理和社会管理中的重要作用，维护国家法制统一、尊严、权威，保证人民依法享有广泛权利和自由。上述论断是将国家治理和社会管理明确放在一起作为法治作用的领域。

中，即不仅在制度设计上要保证最低限度的“法治”价值要求得到实现，更重要的是与小康社会的社会发展状况相适应的“法治”还必须达到一定的“水准”和“文明程度”。“法治小康”并不是停留在最低限度的“法治化”上，而是一种具有一定质的规定性和一定量的要求的“法治化”，是“法治化”的一种比较高级的进步状态。具体说，可以从以下几个角度来衡量：

（一）“法治小康”的首要判断标准是法治“供给”与法治“需求”之间关系的基本适度和平衡。“小康社会”的本质特征体现为广大人民群众的物质和文化生活需求能够得到较大程度的满足，表现为需求与供给关系上即人民群众对物质文化的需求能够得到国家和政府的必要的保障，人民群众因为物质文化需求的较充分的满足而产生真正意义上的“幸福感”。如果出现需求结构失衡或者是有效供给不足，都不可能实现小康社会的宏伟目标。从需求与供给之间的满足关系来看待“法治小康”，意味着人民群众对法治的“需求”，特别是对“公平正义”的需求和渴望必须要得到制度的基本保障，表现在人民群众的法律诉求上，应当在法律制度上实现“有诉必应”，特别是公民的权利诉求必须要得到制度上的充分救济，如果在法律制度上不能接纳公民的基本法律诉求，存在着大量被法律制度拒之门外的“法律诉求”，就不可能认定为达到了“法治小康”的水准。因此，“法治小康”必须要着重解决公民的权利救济问题，要进一步扩大通过法定渠道解决法律矛盾和纠纷的能力，防止出现诉讼死角和被法律遗忘的权利和合法利益。

要从制度上解决人民群众对“法治”的最低需求问题，关键是要解决好当下两个重要的社会问题：一是信访量过大，过分依赖信访机制来消化社会矛盾和法律纠纷①；二是宪法所规定的公民基本权利处于“沉睡”状态，不仅公民对基本权利的“有效需求”不足；更突出的问题是国家机关依据宪法规定保障公民基本权利的“宪法义务”的宪法意识不够，采取的相关保障基本权利的措施严重短缺②。信访量过大，意味着解决社会矛盾和法律纠纷的渠道不畅，人民群众不能很好地利用现有的制度、机制来有效地主张自己的权利，获得自己所追

① 从2005年开始，连续7年保持信访总量、集体上访、重信重访、非正常上访数量下降和信访秩序明显好转的“四下降一好转”总体态势。资料来源：新华网2012年10月25日，参见http：//news. sina. com. cn/c/2012-10-25/160225438779. shtml，2016年1月19日最新访问。

② 习近平总书记在首都各界纪念现行宪法公布施行30周年大会上发表重要讲话指出：要在全社会牢固树立宪法和法律的权威，让广大人民群众充分相信法律、自觉运用法律，使广大人民群众认识到宪法不仅是全体公民必须遵循的行为规范，而且是保障公民权利的法律武器。习近平总书记上述讲话一针见血地指出了以往在法治建设中存在的一个严重忽视的问题就是领导干部没有真正意识到宪法具有保障公民权利的作用，而一般群众也缺少利用宪法的规定来保障自己合法权益的宪法意识。

求的“正义满足度”；基本权利长期“沉睡”，意味着现有的法律制度还无法给公民提供一些最低程度的权益保障。如果过于依赖信访和让基本权利长期“沉睡”，这种法治状况是无法让社会公众满意的，故而也无法造就一个建设小康社会所需要的制度环境和群众基础。因此，不从根本上解决人民群众对法律产生的各种有效“诉求”，不在制度上真正地建立起一套机制来有效地解决司法审判机关信访部门所处理的涉法涉诉信访，就无法为小康社会提供可靠的法律保障。

（二）法治的最大价值特征就是不仅仅重视书面或纸上的法律规定，更关注不同法律之间的相互协调，特别是法律制度自身的“统一性”①。从“法治小康”的法治水准来看，法律制度本身不协调和不统一，法律法规之间存在着各种潜在或者是现实的冲突，法律规定不能有效地适应社会现实的要求，就无法认定法治达到了“小康”水平。因此，法制不统一，就没有“法治小康”，没有“法治小康”，小康社会就失去了最基本的制度依托。胡锦涛总书记在党的十八大报告中特别强调了“法制统一性”的重要作用，他指出：更加注重发挥法治在国家治理和社会管理中的重要作用，维护国家法制统一、尊严、权威，保证人民依法享有广泛权利和自由。为此，在2010年年底形成中国特色社会主义法律体系之后，目前最重要的任务就是要解决“法制统一性”问题。要保证法制统一性，从法律技术上来看，就是要依据宪法和党的政策，来对各种法律法规进行“统一解释”②，故建立法律法规的“统一解释制度”，是“法治小康”必备要件。

---

① 列宁在《论“双重”领导和法制》一文中指出：受理检察长提出的违法案件的是地方政权，它一方面必须绝对遵守全联邦统一规定的法律，另一方面，在量刑时必须考虑到一切地方的情况，在量刑时它有权说，某某案情无疑是违法的，但经地方法院查明，当地人习以为常的某种情况，迫使法院承认必须对某某人从宽处分，甚至宣告某某人无罪。如果我们不坚决实行这个确立全联邦统一法制所必需的最起码的条件，那就根本谈不上什么维护文明制度和创立文明制度了。《列宁全集》第33卷，人民出版社1957年8月第1版，第326页。

② 在我国，早在1946年《中华民国宪法》中就已经确立了“统一解释”制度。该“宪法”第78条的规定：司法院解释宪法，并有统一解释法律及命令之权。为实施《中华民国宪法》第78条关于统一解释的上述规定，在1949年新中国建国之前的国民政府司法院大法官会议对《中华民国宪法》于1949年1月6日（中华民国38年1月6日）发布释宪第二号解释（关于宪法第78条）声称：宪法第七十八条规定司法院解释宪法并有统一解释法律及命令之权。其于宪法则曰解释，其于法律及命令则曰统一解释，两者意义显有不同。宪法第一百七十三条规定宪法之解释由司法院为之，故中央或地方机关于其职权上适用宪法发生疑义时，即得声请司法院解释，法律及命令与宪法有无抵触发生疑义时亦同。至适用法律及命令发生其他疑义时，则有适用职权之中央或地方机关，皆应自行研究以确定其意义而为适用，殊无许其声请司法院解释之理由。惟此项机关适用法律或命令时，所持见解与本机关或他机关适用同一法律或命令时，所已表示之见解有异者，苟非该机关依法应受本机关或他机关见解之拘束或得变更其见解，则对同一法律或命令之解释，必将发生歧异之结果，于是乃有统一解释之必要，故限于有此种情形时，始得声请统一解释。本件行政院转请解释，未据原请机关说明，所持见解与本机关或他机关适用同一法律时所已表示之见解有异，应不予解释。

习近平总书记在首都各界纪念现行宪法公布施行30周年大会上发表重要讲话指出，“要坚持依法治国、依法执政、依法行政共同推进，坚持法治国家、法治政府、法治社会一体建设”。习近平总书记上述讲话精神的核心就是要从全局的角度和整体意义上看待依法治国的意义，必须要将“依法治国”“依法执政”和“依法行政”看成是建设法治国家不可或缺的三位一体的发展战略，同时，又要将“法治国家”“法治政府”和“法治社会”有机地结合起来，保证三位一体共同发展。这种整体意义上的法治发展观集中体现了科学发展观的核心理念，为“法制统一”提供了可靠的理论依据和政策基础。

（三）在现代法治社会，各项法律制度在日常社会中最重要的特征就是通过贯彻落实依法治国基本方略，来彻底否定人治，弘扬法治，真正地实现“宪法法律至上”的价值目标。2004年9月15日，胡锦涛总书记“在首都各界纪念全国人民代表大会成立50周年大会上的讲话”中阐明了我国社会主义法制建设未来的发展目标和前进方向。这就是：依法治国首先要依宪治国，依法执政首先要依宪执政。宪法和法律是党的主张和人民意志相统一的体现，是中国革命、建设、改革伟大实践的科学总结。宪法是国家的根本法，是治国安邦的总章程，是保证国家统一、民族团结、经济发展、社会进步和长治久安的法律基础，是党执政兴国、带领全国各族人民建设中国特色社会主义的法制保证。由此可见，“依宪治国”“依宪执政”是“法治小康”状况下法治的重要特征。突出“依宪治国”的时代主题，实现从“依法治国”向“依宪治国”的历史性跨越，是建设“法治小康”的基本任务和制度建设着力点。胡锦涛总书记在党的十八大报告中对作为国家根本法的“宪法”的权威做了充分肯定，指出：党领导人民制定宪法和法律，党必须在宪法和法律范围内活动。任何组织或者个人都不得有超越宪法和法律的特权，绝不允许以言代法、以权压法、徇私枉法。因此，“法治小康”必然以崇尚宪法的法律权威为前提，“以宪法的名义”必然会成为小康社会公共决策、制度执行和纠纷解决的“法治方式”，“宪法上是怎么说的”“宪法上有依据吗”必然成为小康社会人们“法治思维”的重要内涵。可以说，“宪法至上”是“法治小康”最重要的判断指标。

宪法作为国家的根本法，具有超越于一切社会组织和个人之上的权威，只有真正树立宪法的至高无上的权威，宪法和法律才能获得必要的“尊严”，只有宪法得到国家机关和领导干部的必要的“尊重”，基于宪法所确立的各项法律原则才可能在实践中得到有效的贯彻和落实。习近平总书记在首都各界纪念现行宪法公布施行30周年大会上发表重要讲话时指出：要坚持党的领导，更加注重改进党的领导方式和执政方式，依法治国首先是依宪治国，依法执政关键是依宪执政，党领导人民制定宪法和法律，党自身必须在宪法和法律范围内活动，真正做到党领导立法、保证执法、带头守法。根据习近平总书记精神，“法治小康”必须以宪法贯彻落实和宪法权威得到全社会的尊重为基础，宪法作为根本法如果得不到实施，其他依据宪法产生的法律法规也就不可能真正地被遵守和被有效实施。“宪法的生命和权威在于实施”。

（四）法治作为现代文明社会国家治理和社会管理的重要价值理念已经深入人心，国家所依、社会所存，无不依赖于法治的“公正”“平等”等一系列正义价值的引导和保障。在小康社会中，法治的价值应当渗透到国家生活和社会生活的每一个角落，法治的精神应当无处不在，故党的十八大报告明确指出：更加注重发挥法治在国家治理和社会管理中的重要作用。由此，不仅组成国家机构，开展国事活动，行使国家权力需要法治的介入；每一个社会公众的日常生活、社会的每一个角落、从基层草根到领导干部，也必须要学会运用“法治思维”来看待人们之间的相互关系，要运用“法治方式”来处理人们之间的各种交往关系，正确地行使公共权力，履行社会义务，有效地保护法律规定下的权利与自由。所以，“法治小康”是人们思维方式和行为方式的“法治化”，是法治精神占据社会主流的价值形态，一切不符合法治要求的行为都不可能获得自身存在的合法性。“法治小康”应当通过凝聚成“法治文化”形态的法治精神，影响和左右着人类文明发展的方向。

总之，“法治小康”作为“法治”与“小康”的结合体，绝不仅仅是语言学意义上的简单并联，而是具有深刻的思想背景与制度实践内涵的有机统一。“法治小康”是对“法治”与“小康社会”两个方面提出的新要求，它是将全面推进依法治国基本方略的具体实施策略与2020年全面建成小康社会、21世纪中叶全面建成社会主义法治国家的发展战略有机结合的新思想、新理念。它的基本要求是全面实施作为根本法的宪法，它的理想目标是在社会公众与领导干部中逐渐培养起运用“法治思维与法治方式”解决重大社会矛盾与法律纠纷的法治意识，形成一种崇尚宪法、尊重宪法、实施宪法、爱戴宪法与拥护宪法的宪法文化，以宪法文化为核心构建法治文化，以法治文化来保证“依法治国”“依法执政”与“依法行政”的共同推进和“法治国家”“法治政府”与“法治社会”的一体发展。

法治化：小康社会的重要标志与保障①

胡锦涛同志在党的十八大报告中明确指出，到2020年确保实现全面建成小

① 本文发表在《学习时报》2012年11月26日。

康社会宏伟目标，并且对小康社会提出了新要求。其中一项重要要求就是：加快推进社会主义民主政治制度化、规范化、程序化，从各层次各领域扩大公民有序政治参与，实现国家各项工作法治化。上述关于小康社会宏伟目标对“法治”的要求可以解读为小康社会要达到法治标准，可以简单地称之为“法治小康”，也就是说，小康社会的“法治状况”也应当达到“法治小康”。

从法治与小康社会之间的相互关系来看，通常会理解为法治是小康社会的制度保障，没有法治，小康社会就没有可靠的制度基础。党的十八大报告在此基础上，进一步深化了法治与小康社会之间的辩证关系，将法治状况也作为小康社会的一项重要指标来对待，故“法治小康”也成为小康社会的一项重要目标。一个社会如果法治状况达不到“小康”，那么，这个社会从宏观意义上来看也不能称之为达到了“小康”水准。

“法治小康”可以说是当下全面贯彻落实依法治国基本方略的阶段性任务。根据“小康”社会的基本判断指标，一个社会的法治状况要达到“小康”标准，必须实现以下几个基本目标。

“法治小康”的首要判断标准是法治“供给”与法治“需求”之间关系的基本适度和平衡。“小康社会”的本质特征体现为广大人民群众的物质和文化生活需求能够得到较大程度的满足，表现为需求与供给关系上即人民群众对物质文化的需求能够得到国家和政府必要的保障，人民群众因为物质文化需求的较充分的满足而产生真正意义上的“幸福感”。如果出现需求结构失衡或者是有效供给不足，都不可能实现小康社会的宏伟目标。从需求与供给之间的满足关系来看待“法治小康”，意味着人民群众对法治的“需求”，特别是对“公平正义”的需求和渴望必须得到制度的基本保障，表现在人民群众的法律诉求上，应当在法律制度上实现“有诉必应”，特别是公民的权利诉求必须要得到制度上的充分救济。如果在法律制度上不能接纳公民的基本法律诉求，存在着大量被法律制度拒之门外的“法律诉求”，就不可能认定为达到了“法治小康”的水准。因此，“法治小康”必须着重解决公民的权利救济问题，要进一步扩大通过法定渠道解决法律矛盾和纠纷的能力，防止出现诉讼死角和被法律遗忘的权利和合法利益。

法治的最大价值特征就是不仅仅重视书面或纸上的法律规定，更关注不同法律之间的相互协调，特别是法律制度自身的“统一性”。从“法治小康”的水准来看，如果法律制度本身不协调和不统一，法律法规之间存在着各种潜在或者是现实的冲突，法律规定不能有效适应社会现实的要求，就无法认定法治达到了“小康”水平。因此，法制不统一，就没有“法治小康”；没有“法治小康”，小康社会就失去了最基本的制度依托。胡锦涛同志在党的十八大报告中特别强调了“法制统一性”的重要作用，他指出：更加注重发挥法治在国家治理和社会管理中的重要作用，维护国家法制统一、尊严、权威，保证人民依法享有广泛权利和自由。为此，在2010年年底形成中国特色社会主义法律体系之后，目前最重要的任务就是要解决“法制统一性”问题。要保证法制统一性，从法律技术上来看，就是要依据宪法，来对各种法律法规进行“统一解释”，故建立法律法规的“统一解释制度”，是“法治小康”必备要件。

在现代法治社会，各项法律制度在日常社会中最重要的特征就是通过贯彻落实依法治国基本方略，来彻底否定人治，弘扬法治，真正地实现“宪法法律至上”的价值目标。2004年9月15日，胡锦涛同志在“首都各界纪念全国人民代表大会成立50周年大会上的讲话”中阐明了我国社会主义法制建设未来的发展目标和前进方向。这就是：依法治国首先要依宪治国，依法执政首先要依宪执政。宪法和法律是党的主张和人民意志相统一的体现，是中国革命、建设、改革伟大实践的科学总结。宪法是国家的根本法，是治国安邦的总章程，是保证国家统一、民族团结、经济发展、社会进步和长治久安的法律基础，是党执政兴国、带领全国各族人民建设中国特色社会主义的法制保证。由此可见，“依宪治国”“依宪执政”是“法治小康”状况下法治的重要特征。突出“依宪治国”的时代主题，实现从“依法治国”向“依宪治国”的历史性跨越，是建设“法治小康”的基本任务和制度建设着力点。胡锦涛同志在党的十八大报告中对作为国家根本法的“宪法”的权威做了充分肯定，指出：党领导人民制定宪法和法律，党必须在宪法和法律范围内活动。任何组织或者个人都不得有超越宪法和法律的特权，绝不允许以言代法、以权压法、徇私枉法。因此，“法治小康”必然以崇尚宪法的法律权威为前提，“以宪法的名义”必然会成为小康社会公共决策、制度执行和纠纷解决的“法治方式”，“宪法上是怎么说的”“宪法上有依据吗”必然成为小康社会人们“法治思维”的重要内涵。可以说，“宪法至上”是“法治小康”最重要的判断指标。

法治作为现代文明社会国家治理和社会管理的重要价值理念已经深入人心，国家所依、社会所存，无不依赖于法治的“公正”“平等”等一系列正义价值的引导和保障。在小康社会中，法治的价值应当渗透到国家生活和社会生活的每一个角落，法治的精神应当无处不在，故党的十八大报告明确指出：更加注重发挥法治在国家治理和社会管理中的重要作用。由此，不仅组成国家机构，开展国事活动，行使国家权力需要法治的介入；每一个社会公众的日常生活、社会的每一个角落、从基层“草根”到领导干部，也必须学会运用“法治思维”来看待人们之间的相互关系，要运用“法治方式”来处理人们之间的各种交往关系，正确地行使公共权力，履行社会责任，有效地保护法律规定下的权利与自由。所以，“法治小康”是人们思维方式和行为方式的“法治化”，是法治精神占据社会主流的价值形态，一切不符合法治要求的行为都不可能获得自身存在的合法性。“法治小康”应当通过凝聚成“法治文化”形态的法治精神，影响和左右人类文明发展的方向。

总之，党的十八大报告在指出小康社会宏伟目标的同时，也为进一步深入贯彻落实依法治国基本方略提出了阶段性的任务和奋斗目标，这就是作为小康社会制度基础和法律保障的“法治”，其本身的“小康”状况也是小康社会的重要判断指标。认识到“法治小康”对于小康社会的重要意义，有助于从理论上进一步澄清法治建设发展中的各种难题，也可以有效地推进各项法律制度的建设，使得法治建设的步伐始终与实现小康社会宏伟目标的具体步骤相协调、相一致。

科学发展观入宪的重要意义

（中国法学网十八大专论一）①

党的十八大审议并一致通过十七届中央委员会提出的《中国共产党章程（修正案）》明确指出，党的十六大以来，以胡锦涛同志为主要代表的中国共产党人，坚持以邓小平理论和“三个代表”重要思想为指导，根据新的发展要求，深刻认识和回答了新形势下实现什么样的发展、怎样发展等重大问题，形成了以人为本、全面协调可持续发展的科学发展观。科学发展观，是同马克思列宁主义、毛泽东思想、邓小平理论、“三个代表”重要思想既一脉相承又与时俱进的科学理论，是马克思主义关于发展的世界观和方法论的集中体现，是马克思主义中国化最新成果，是中国共产党集体智慧的结晶，是党必须长期坚持的指导思想。大会一致同意在党章中把科学发展观同马克思列宁主义、毛泽东思想、邓小平理论、“三个代表”重要思想一道确立为党的行动指南。大会要求全党同志更加深入地学习科学发展观，进一步增强贯彻落实科学发展观的自觉性和坚定性，不断完善贯彻落实科学发展观的体制机制，把科学发展观贯彻到我国现代化建设全过程、体现到党的建设各方面。

胡锦涛总书记也在党的十八大报告中指出：总结十年奋斗历程，最重要的就是我们坚持以马克思列宁主义、毛泽东思想、邓小平理论、“三个代表”重要

---

① 参见中国法学网，http://www.iolaw.org.cn/showArticle.aspx?id=3496，2016年1月20日最新访问。

思想为指导，勇于推进实践基础上的理论创新，围绕坚持和发展中国特色社会主义提出一系列紧密相连、相互贯通的新思想、新观点、新论断，形成和贯彻了科学发展观。科学发展观是马克思主义同当代中国实际和时代特征相结合的产物，是马克思主义关于发展的世界观和方法论的集中体现，对新形势下实现什么样的发展、怎样发展等重大问题作出了新的科学回答，把我们对中国特色社会主义规律的认识提高到新的水平，开辟了当代中国马克思主义发展新境界。科学发展观是中国特色社会主义理论体系最新成果，是中国共产党集体智慧的结晶，是指导党和国家全部工作的强大思想武器。科学发展观同马克思列宁主义、毛泽东思想、邓小平理论、“三个代表”重要思想一道，是党必须长期坚持的指导思想。

很显然，党的十八大的一个重要的理论贡献，就是确认“科学发展观”作为执政党必须长期坚持的“指导思想”的地位。与此同时，中国特色社会主义理论体系，就是包括邓小平理论、“三个代表”重要思想、科学发展观在内的科学理论体系，是对马克思列宁主义、毛泽东思想的坚持和发展。鉴于科学发展观所具有的重要历史地位，党的十八大报告进一步强调：面向未来，深入贯彻落实科学发展观，对坚持和发展中国特色社会主义具有重大现实意义和深远历史意义，必须把科学发展观贯彻到我国现代化建设全过程、体现到党的建设各方面。如何将科学发展观“贯彻到我国现代化建设全过程”呢？总结以往的经验，就是要将“科学发展观”写入现行宪法，使其成为指导国家生活和社会生活的宪法原则。

“科学发展观入宪”体现了执政党对国家生活和社会生活的政治领导作用。在我国，共产党作为执政党，它对国家生活和政治生活的领导作用主要体现在“政治领导”“政策引导”上，特别是将执政党的指导思想通过宪法和法律的途径转化为国家层面的宪法原则和法律原则，是执政党正确处理“政策与法律”关系的最有效的执政方式。党的十八大报告明确肯定了科学发展观的指导思想地位，作为指导思想，科学发展观不仅要体现在党的建设方面，更重要的是要经过党的政策转化为国家宪法和法律的方式，成为国家的指导思想和宪法原则。这是中国共产党执政的重要方式，也是我国社会主义宪法和法律制度的合法性所在。“科学发展观入宪”是执政党对国家生活和社会生活实行政治领导的基本要求，也是执政党“依宪执政”“依法执政”的重要任务。

“科学发展观入宪”是在实践中形成的党的指导思想“入宪”的宪法惯例，是赋予我国宪法高度“政治化”特色的理论源泉和思想动力，是保证我国的宪法和法律制度永不“易旗改帜”的政治基础和政治保障。现行宪法颁布实施三十多年来，之所以始终保持了高度的稳定性、连续性和权威性，与通过宪法修改的方式及时地将党的指导思想写入宪法密切相关。现行宪法在第三次修改中，根据党的十五大报告精神，将“邓小平理论”写入了宪法；在第四次修改中，根据党的十六大报告的要求，将“三个代表”重要思想写入了宪法。应当说，中国共产党的每一次指导思想的发展都会通过修宪的途径将指导思想写入宪法从而使得党的指导思想成为国家的指导思想和治国理政的宪法原则。根据“邓小平理论”和“三个代表”重要思想“入宪”的惯例，在“科学发展观”作为党的指导思想在党的十八大报告明确加以肯定之后，采用修宪的方式将“科学发展观”写入宪法势在必行，这是党领导人民制定宪法和法律的重要使命。从修宪时机来看，应当在2013年举行的十二届全国人大一次会议上，正式通过现行宪法的“第五次修正案”，将“科学发展观”与“邓小平理论”和“三个代表”重要思想一道正式写入宪法。

“科学发展观入宪”具有非常重要的历史意义和现实意义。从历史意义角度来看，“科学发展观入宪”深刻地体现了我国现行宪法与时俱进的“政治品格”和“时代特征”，是“纸上的宪法”适应“现实的宪法”的具体体现，符合宪法的政治性和时代性；从现实意义来看，“科学发展观入宪”可以防止我国宪法指导思想与党的指导思想之间不统一和不一致，可以与马克思列宁主义、毛泽东思想、邓小平理论、“三个代表”重要思想一道，共同构成我国宪法的“指导思想集成团”或者通俗地说使得我国宪法的指导思想进一步“系统化”“体系化”。由此可见，“科学发展观入宪”不是可有可无的，而是党的执政地位的具体体现，是全面推进依法治国基本方略，坚持“党的领导、人民当家作主与依法治国三者有机统一”的必然要求。依托“科学发展观入宪”还可以将符合“科学发展观”要求的诸多制度写入宪法，或者是将那些与“科学发展观”不相适应的宪法条文及时地加以废除。“科学发展观入宪”有利于提高现行宪法文本的“科学性”，也能够更好地指导我国的宪法实施工作，进一步强化“科学执政”的治国理政意识，为2020年基本建成小康社会奠定坚实的制度基础。

小康社会与法治政府

（中国法学网十八大专论二）①

胡锦涛总书记在党的十八大报告中明确指出了到2020年实现小康社会宏伟

① 参见中国法学网，http：//www. iolaw. org. cn/showArticle. aspx？ id＝3497，2016年1月20日最新访问。

目标的新要求，其中重要的一项任务就是“法治政府基本建成”。正如党的十五大报告指出的“到二零一零年形成有中国特色社会主义法律体系”发展目标一样，党的十八大报告又通过执政党文件的形式正式提出到2020年“基本建成法治政府”的重要任务，这是继党的十五大报告提出到2010年形成有中国特色社会主义法律体系之后又一次对我国法治国家建设阶段性任务和发展目标提出的具体要求。如同2011年年初吴邦国委员长在十一届全国人大四次会议上庄重宣布中国特色社会主义法律体系如期形成一样，只要认真和全面贯彻落实依法治国基本方略的各项要求，特别是严格地依法行政，不断“提高领导干部运用法治思维和法治方式深化改革、推动发展、化解矛盾、维护稳定能力”，到2020年法治政府基本建成的发展目标就一定能够实现。

党的十一届三中全会以来，我国社会主义民主与法制建设取得了显著成绩。党的十五大确立依法治国、建设社会主义法治国家的基本方略，1999年九届全国人大二次会议将其载入宪法。作为依法治国的重要组成部分，依法行政也取得了明显进展。1999年11月，国务院发布了《国务院关于全面推进依法行政的决定》（国发〔1999〕23号），各级政府及其工作部门加强制度建设，严格行政执法，强化行政执法监督，依法办事的能力和水平不断提高。党的十六大把发展社会主义民主政治，建设社会主义政治文明，作为全面建设小康社会的重要目标之一，并明确提出“加强对执法活动的监督，推进依法行政”。2004年3月22日，国务院发布了《全面推进依法行政实施纲要》（以下简称《纲要》）。该《纲要》提出：全面推进依法行政，经过十年左右（即2014年）坚持不懈的努力，基本实现建设法治政府的目标。《纲要》还提出了七项基本建设法治政府的目标，包括：政企分开、政事分开，政府与市场、政府与社会的关系基本理顺，政府的经济调节、市场监管、社会管理和公共服务职能基本到位；法律、法规、规章得到全面、正确实施，法制统一，政令畅通，公民、法人和其他组织合法的权利和利益得到切实保护，违法行为得到及时纠正、制裁，经济社会秩序得到有效维护；科学化、民主化、规范化的行政决策机制和制度基本形成，人民群众的要求、意愿得到及时反映；高效、便捷、成本低廉的防范、化解社会矛盾的机制基本形成，社会矛盾得到有效防范和化解；行政权力与责任紧密挂钩、与行政权力主体利益彻底脱钩；行政机关工作人员特别是各级领导干部依法行政的观念明显提高，尊重法律、崇尚法律、遵守法律的氛围基本形成；依法行政的能力明显增强，善于运用法律手段管理经济、文化和社会事务，能够依法妥善处理各种社会矛盾。《纲要》提出，为基本实现法治政府的目标，需要坚守“依法行政”的六项原则要求，即“合法行政”“合理行政”“程序正当”“高效便民”“诚实守信”“权责统一”。

《纲要》发布八年来，根据《纲要》所提出的基本建设法治政府的七项要求，各级政府始终坚持“依法行政”的六项原则，努力依法办事，在建设法治政府方面取得了一定成绩，为“基本建成法治政府”创造了良好的制度条件。

国务院于2008年5月12日发布了《关于加强市县政府依法行政的决定》（以下简称《决定》），明确要求市县政府每年要向本级人大常委会和上一级政府报告本地区推进依法行政的进展情况、主要成效、突出问题和下一步工作安排。省（区、市）人民政府每年要向国务院报告本地区依法行政的情况。其他行政机关也要按照本决定的有关要求，加强领导，完善制度，强化责任，保证各项制度严格执行，加快推进本地区、本部门的依法行政进程。上级政府及其部门要带头依法行政，督促和支持市县政府依法行政，并为市县政府依法行政创造条件、排除障碍、解决困难。《决定》针对市县政府的实际情况，提出了依法行政八个方面共30项任务。这八个方面涉及充分认识加强市县政府依法行政的重要性和紧迫性；大力提高市县行政机关工作人员依法行政的意识和能力；完善市县政府行政决策机制；建立健全规范性文件监督管理制度；严格行政执法；强化对行政行为的监督；增强社会自治功能；加强领导，明确责任，扎扎实实地推进市县政府依法行政等等。

国务院于2010年10月10日发布了《关于加强法治政府建设的意见》（以下简称《意见》）。《意见》明确要求：各地区、各部门要把贯彻落实本意见与深入贯彻《纲要》和《国务院关于加强市县政府依法行政的决定》（国发〔2008〕17号）紧密结合起来，根据实际情况制定今后一个时期加强法治政府建设的工作规划，明确工作任务、具体措施、完成时限和责任主体，确定年度工作重点，扎扎实实地推进依法行政工作，务求法治政府建设不断取得新成效，实现新突破。《意见》共从九个方面提出了各级政府依法行政必须努力完成的29项任务。《意见》除了继续肯定了《纲要》和《决定》的要求，同时强调了要加强和改进制度建设、坚持依法科学民主决策、严格规范公正文明执法、全面推进政务公开、强化行政监督和问责、依法化解社会矛盾和纠纷、加强组织领导和督促检查等等。

通过《纲要》《决定》和《意见》的发布，各级政府在依法行政、建设法治政府方面目标明确、措施具体、保障有力，在贯彻落实党的十五大提出的“依法治国、建设社会主义法治国家”治国方略方面，形成一系列可以遵循和实施的依法行政的总体和具体制度和机制，对于推动法治政府的建设起到了非常重要的政策导向作用。

党的十八大报告及时总结《纲要》实施八年来各级政府在推进依法行政、建设法治政府方面所取得的各项成绩和经验教训，提出了再用“八年”时间要

"基本建成法治政府"，从2004年《纲要》提出"基本建设法治政府"到党的十八大报告提出到2020年"基本建成法治政府"，这是全面推进政府依法行政工作的新举措和新任务，它生动地体现了执政党对过去八年中各级政府依法行政工作所取得的成绩的基本肯定，同时，也对各级政府提出了依法行政更高的要求，即从"建设法治政府"向"建成法治政府"的历史跨越。这一跨越意味着政府依法行政本身不是目的，"法治政府"才是终极理想；"法治政府"不仅仅是"法治国家"的一个重要方面，更重要的是"法治政府"是"小康社会"的一项重要标志，与党的十五大报告提出"到2010年建成中国特色社会主义法律体系"的要求一样，到2020年，必须要"基本建成法治政府"，否则，就无法有效地实现"小康社会"的宏伟目标，也无法有效地为"小康社会"的可持续发展提供一个良好的依法行政的制度环境。为此，党的十八大报告对各级政府提出了加快依法行政步伐，建设法治政府的更高、更快的要求，各级政府必须要以党的十八大报告为依托，继续深入贯彻《全面推进依法行政实施纲要》的各项任务，满怀信心地努力完成到2020年"基本建成法治政府"的光荣历史使命。

法治方式的内涵就是"依宪治国"①

胡锦涛同志在党的十八大报告中明确指出：深入开展法制宣传教育，提高领导干部运用法治思维和法治方式深化改革、推动发展、化解矛盾、维护稳定能力。党领导人民制定宪法和法律，党必须在宪法和法律范围内活动。任何组织或者个人都不得有超越宪法和法律的特权，绝不允许以言代法、以权压法、徇私枉法。胡锦涛同志上述讲话具有非常重要的意义，其中至少蕴含了三层内涵：一是告诫领导干部要运用"法治方式"来"深化改革、推动发展、化解矛盾、维护稳定"；二是要高度重视宪法和法律的权威，崇尚"宪法法律至上"原则；三是"法治方式"的核心内涵就是"依宪治国"。

强调运用"法治方式"来"深化改革、推动发展、化解矛盾、维护稳定"，这在党的正式文件中具有首创意义。这一命题的基本要求就是告诫领导干部必须学会运用"法治方式"来解决各种复杂和重大的社会问题，这一命题非常明确地否定了各种非"法治方式"在解决上述各项复杂和重大事项中的"合法性"和"合理性"，排除了"人治方式""政治方式""道德方式""伦理方式"等方

① 本文发表在《学习时报》2012年12月10日。

法论在处理涉及“深化改革、推动发展、化解矛盾、维护稳定”等复杂和重大事项中的“优先性”。特别重要的意义在于彻底地改变过去习惯性地运用“政治方式”来解决法律问题、导致法律问题的高度政治化的治理模式，提出运用“法治方式”来解决各种政治问题的重要作用，倡导通过法律手段来解决各种复杂政治问题的治国理政的“科学方法论”。

宪法法律至上是“法治方式”的核心内容。所谓“法治方式”，其核心的概念是“法治”，作为体现了自由平等、公平正义价值的“法治”完全不同于仅仅作为客观的法律制度描述的“法制”。“法治方式”是要将宪法和法律真正置于各项权力之上，宪法和法律在日常生活中必须有绝对的权威，任何违反宪法和法律的行为都应归于无效。“法治方式”的内涵不能简单地解读为“法制手段”，它是与“法治思维”紧密相关的。所谓“法治思维”，就是要在世界观、方法论的层次上真正地崇尚宪法和法律的权威，无论是做出公共决策，还是采取具体的执法措施，抑或是处理具体的法律纠纷，都必须考虑“宪法是怎么说的”“宪法上有依据吗”“法律上有具体规定吗”“是否违反了宪法”等等这些行为的“合法性前提”。如果因为“宪法和法律上没有明确依据”而主动放弃了某项公共决策；如果发现行为与宪法和法律明显不一致而自动终止；如果发现法律文件与宪法和法律的规定相违背而停止适用，这就是“法治思维”在发挥作用。用这种方式来处理问题，就属于典型的“法治方式”。应当说，“法治方式”的内涵是我们传统治理模式中所缺少的，领导干部还不太熟悉和不太习惯，需要不断“学习”，反复实践，才能真正运用自如，达到“法治方式”本身的基本要求。

“法治方式”的最高价值要求就是“依法不依人”“宪法‘之上’‘之外’无‘法’存在”“宪法是最高行为准则”，任何组织和个人都不得有超越宪法的特权，更不得随意违反宪法，或者是持有“违法不违宪”的错误主张，在事实上将宪法高高挂起，使根本大法成为“根本空法”，让宪法所规定的“基本权利”成为事实上的“基本无用的权利”。为此，胡锦涛同志在党的十八大报告中着重强调：党领导人民制定宪法和法律，党必须在宪法和法律范围内活动。任何组织或者个人都不得有超越宪法和法律的特权，绝不允许以言代法、以权压法、徇私枉法。这些论断已经给“法治方式”的核心内涵作了非常明确的解释，即“法治方式”的内涵就是“依宪治国”。这里的“依宪治国”有四层含义：一是宪法是党领导人民制定的，具有毋庸置疑的“正当性”；二是宪法也对党的活动给出了界限，即必须在“宪法和法律的范围内”活动；三是明确宪法和法律之外没有任何“特权”，这说明“宪法”之外“无法”；四是任何想打压宪法权威、藐视宪法权威或者忽视宪法权威的言行都不得存在。总结上述四个方面的含义可以发现，所谓的“法治方式”，就是强调“依宪治国”，“宪法之外”的任何言论都不具有合法性和合理性，更不能限制宪法或者是否定宪法。因此，宪法作为根本法成为治国理政的制度依据和法律基础，宪法法律至上是现代法治社会的一项基本价值和社会公理。

正确地理解“法治方式”的内涵对于全面推进依法治国基本方略，进一步有效地实施宪法，形成稳定有序的法治文化氛围具有非常重要的意义。党的十八大报告将“法治方式”提升到治国理政的“方法论”层面予以高度重视，必将会从根本上扭转领导干部对待法治价值的态度，并通过不断的学习和实践，在日常工作中达到灵活自如地运用“法治方式”来解决各种复杂和重大问题的状态，形成良好的法治素质和依法治国的氛围。

“依宪治国”正稳步前进①

2012年12月4日是我国现行宪法颁布实施30周年纪念日。在这三十年中，宪法精神在中国社会的生命力越来越强，中国在坚持“依宪治国”方面不断前进。

依法治国的核心就是“依宪治国”。宪法是国家的根本大法，所有的法律都要依据宪法来制定，所以从法律本身特征、效力等因素来讲，最终都要统一到宪法权威上来，即“依宪治国”。

过去三十年，中国在依宪治国方面稳步前进。在立法方面，全国人大及其常委会制定的法律和相当于法律的决定，基本上有一半都在条文中明确“依据宪法制定本法”，宪法起到了有目共睹的指导作用。

在实践方面，宪法对行政部门的行为起到事实性约束和指导作用。2000年通过的《中华人民共和国立法法》（以下简称《立法法》）明确规定制定法律要依据宪法原则，国务院制定的行政法规及地方人大制定的地方性法规，国家机关和公民都可以提出是否违宪的质疑，并由全国人大常委会进行违宪审查。《立法法》出台后，“孙志刚事件”的发生直接导致了收容遣送制度被社会救助制度取代；被称为“中国宪法司法化第一案”的“齐玉苓案”，最高法院曾通过司法解释保障了宪法所规定的公民的受教育权利，对维护宪法权威发挥了很大作用。

在国家机构方面，宪法不仅在废除领导干部终身制方面起到很大作用，也推动了人民代表大会制度的完善。如通过修改宪法，统一中央、省、市、县等

---

① 本文发表在《环球时报》2012年12月5日。

不同层级人代会的任期年限，从而避免了过去任期不同给选举和组织工作带来的不便，为国家机关履行宪法法律赋予的职能起到保障作用。

现行宪法制定后，已经历四次修改，1988 年修改肯定私营经济的合法地位，1993 年修改肯定市场经济的地位，1999 年将“依法治国”方略写入宪法，2004 年修改提出“国家尊重和保障人权”。每次修改都有适应时代需要的新内容，使宪法能够很快适应现代化建设的需要。

当下，小康社会正成为我们奋斗的目标，而小康社会的要求之一就是宪法一定要在社会中真正发挥根本法的作用，在限制特权、消除腐败、保障公民权利方面发挥基础作用。我们期待中国在过去三十年坚持“依宪治国”的基础上，实现“法治小康”，让“以宪法的名义”成为小康社会公共决策、制度执行和纠纷解决的重要法治方式。

要学会如何“依宪治国”①

党的十八大报告提出了要全面推进依法治国。推进科学立法、严格执法、公正司法、全民守法，坚持法律面前人人平等，保证有法必依、执法必严、违法必究。从法治理念出发，上述论断每一个方面都是相互紧密关联的环节，不可随意地加以割裂，但从制度建设角度来看，当下法治建设的重点在于学习和学会如何“依宪治国”。

“依宪治国”的概念主要是从宪法的功能角度来考虑的。因为宪法是国家的根本法，其他一切法律法规必须以宪法为依据。从法律实施的方法论来讲，宪法是“纲”，其他法律法规是“目”，“纲”举才能“目”张。如果建设社会主义法治，不把宪法放在一个核心的位置，就很难保证法制的统一性。所以，“依宪治国”的概念不是要否定“依法治国”概念的意义，而是说通过强调“依宪治国”来补强“依法治国”概念在实现法治原则方面可能存在的价值缺陷。

“依宪治国”从学界 1996 年正式提出，到 2004 年被领导人讲话正式肯定经过了八年时间。1996 年前后，法学界主流观点才刚刚认同“依法治国”这一概念，其社会背景在于通过强调“依法治国”来彻底抛弃各种否定法治作用的人治思想。“依法治国”强调的是与人治相对立的法治，而法治自身应当是一个什么形态，在理论上还没有深入地探讨，所以，当时学界提出的“依宪治国”的概念显然有点儿超前。2004 年 9 月 15 日胡锦涛在首都各界纪念全国人大成立 50

① 本文发表在《学习时报》2013 年 4 月 29 日。

周年讲话中提出“依法治国首先要依宪治国”，从理论上来看，两个方面原因导致了“依宪治国”被高层顺利接受：一是“依宪治国”概念从1996年正式提出后，法学界陆陆续续有很多学者接受了这个概念，并且也在报刊上撰文阐述“依宪治国”的内涵及其意义，“依宪治国”逐渐成为法学研究的“熟词”；二是随着2004年现行宪法第四次修改将“依法治国、建设社会主义法治国家”写入宪法，宪法在“依法治国”中的作用凸现出来了，决策层和社会公众都有了基本共识。2012年12月4日，习近平总书记在首都各界纪念现行宪法正式施行30周年大会上的讲话中又进一步重申了胡锦涛讲话的精神。可以从三个方面来解释“依宪治国”概念再次受到最高领导层重视的原因：一是与“依宪治国”概念正式提出的第一个八年相比，在胡锦涛讲话肯定了“依宪治国”概念的意义后，“依宪治国”作为一个法学用语的学术价值和实践意义不存在问题了，但“依宪治国”的内涵和制度要求是什么，从法理上来看仍然没有完全解决，因此，需要从法理上进一步阐述“依宪治国”的概念内涵，从而发挥这一概念对法治实践的指导作用。二是依法治国基本方略贯彻落实的具体法治实践证明，不突出“依宪治国”的意义，依法治国基本方略的贯彻落实就会丧失大的方向，就会出现各种以实现法治为名破坏法治的现象。三是通过强调“依法治国首先是依宪治国”，比“依法治国首先要依宪治国”就“依宪治国”在依法治国中的重要作用的认识又深入了一步。“要”通常表达的是“应当”“愿望”，但并不是“事实”，“是”则明确地认识到“依法治国”的性质和本质特征就是“依宪治国”，是总结改革开放三十几年法治建设经验教训得出的“事实结论”，它指明了我国法治建设今后的方向是要以实施宪法为重点，这是宪法的核心和灵魂所在。

坚持“依宪治国”的理念，首先是要坚持和完善我国现行宪法所规定的人民代表大会制度的各项原则，要让宪法设计的人民代表大会制度的各项要求在实际生活中得到体现，要对宪法所确立的人民代表大会制度有充分的“制度自信”，不能让一些制度长期处于“休眠”状态，这就是说，包括最高国家权力机关在内，在各项重大事项方面要严格依宪办事，真正做到“非宪勿作”“唯宪是从”。其次是要通过全国人大加强立法的方式来解决“依宪治国”的具体制度设计问题，让“纸上的宪法”变成“行动中的宪法”，让宪法成为判断人们行为是否对错的标准。再次就是对宪法实施要采取一些有效的保障制度建设。

当前要保证宪法实施，具体需要建立两项制度：一是宪法解释制度，二是违宪审查制度。宪法解释制度解决的是“宪法是什么”。我们知道，宪法作为国家根本大法，通常只是原则性的，宪法条文的含义往往比较抽象，一般社会公众很难理解，宪法规定的含义不清晰，当然就无法实施，宪法与法律的关系也就无从确认，所以，建立和启动宪法解释制度是要解决宪法自身的确定性问题。违宪审查的目的是要保证宪法的权威性。我们知道，宪法作为根本法具有最高法律效力，其他法律、法规的效力来自于宪法，因此，一旦其他法律、法规违宪得不到纠正，这就意味着宪法作为根本法的权威没有得到尊重，“根本法之外还有根本法”，这是与法制统一性要求相悖的。因此，如果不在制度上解决这两个根本问题，“依宪治国”概念就只能停留在口号的意义上，对法治建设的实践无法起到真正有效的约束和指导作用。

将“依宪治国”落实到法治实践的具体措施，首先要解决如何“学习宪法”和“理解宪法”的问题。毕竟宪法不是我国本土文化的产物，是清末仿行宪政时期从西方社会引进的，我国制度上拥有宪法的历史也不过百年时间，真正实施宪法的时间更短，所以，当下强调“依宪治国”，首要的要求是学会如何“依宪办事”，没有这样一个学习的过程，要想在很短的时间中真正有效地推动“依宪治国”是很困难的。所以，如果从最高国家权力机关开始能够形成一个学习“依宪办事”的学习氛围，那么，就可以形成一个良好的尊重宪法权威的风气，“依宪治国”的贯彻落实也就有了比较好的社会基础。如果政府官员在行使自身权力时首先在自己的思想意识深处能下意识地想到“这个事情宪法是怎么规定的”“宪法上有依据吗”“这个行为可能违宪吗”等等，这就起作用了；对于老百姓来说，当自己吃亏的时候能够不自觉地意识到“自己的权益宪法上是怎么保护的”“我的宪法权利是否受到侵犯了”等等，这就起作用了。如果“宪法”一词能如此进入政府官员和社会公众的思维方式中，那么，“依宪治国”概念所要追求的价值目标可以说基本上就达到了。因此，学会如何“依宪治国”成为各级国家机关、社会组织和公民个人提高自身法律素质的当务之急。

法治化的最低制度性要求①

在全面推进依法治国基本方略的历史进程中，手段与目标之间的“正向”推进关系是不可忽视的方法论前提。党的十八大对全面推进依法治国基本方略提出了诸多新的要求，特别是对“法治化”的最低制度性要求有非常明确的表述，体现了“制度性手段”在实现“法治化目标”中的重要作用，这是指导我们进行社会主义法治建设的一项重要原则。

就“法治化的最低制度性要求”而言，法理上可以考察的角度很多，就当

① 本文发表在《检察日报》2013年5月23日。

下我国法治建设的现状来说，主要有三个不可忽视的有意义的考察标准：一是形式标准；二是重点指标；三是有效覆盖。

“形式合宪”是“制度法治化”水平的最低底线

“形式合宪”最早是20世纪20年代由奥地利宪法法院确立的，其理论渊源始于凯尔森的根本规范学说。“形式合宪”要求一个国家的法律制度必须依据作为最高法的宪法产生、存在、变更和发展，所有的法律、法规必须统一到“宪法”上，不仅法律、法规的制定要有明确的宪法依据，制定法律、法规的立法机关要得到宪法上的明确授权，而且立法机关制定的法律、法规的内容也必须与宪法相一致，任何违背宪法规定的立法程序及立法行为都不具有法律效力等等。

“形式合宪”作为“法治化的最低制度性要求”，其本质是要求一个国家的法律制度，包括法律、法规等法律形式以及立法、执法、司法和法律监督活动等必须要“于法有据”“于宪有据”。“法治”的内部结构要符合形式逻辑上的“不矛盾律”，宪法要成为一切国家机关、社会组织和公民个人行为合法性的逻辑大前提。

以“形式合宪”的要求来看待“法治化”价值对我国当下的制度性要求，至少在制度上要关注以下几个方面：一是宪法本身要具有科学性、规范性，要能够成为指导人们行为的法律规则；二是一切法律、法规和规章必须要有宪法上的依据；三是立法机关制定法律、法规和规章必须符合宪法上规定的立法程序；四是下位法必须服从上位法，所有的法律规范必须符合宪法；五是一切国家机关行使公共权力的前提必须是援引宪法上的规定或者是适用宪法原则；六是实施宪法发生的法律争议应当通过宪法争议处理程序来加以解决；七是一切违反宪法的法律规定和行为必须得到坚决地纠正；八是政策必须要通过修宪或释宪的方式对国家生活和社会生活产生实质性影响等等。

“形式合宪”的实质性法治要求是坚持一个国家的“法制统一性”。“法制不统一”“政出多门”，只能导致“法令弥彰、盗贼多有”。故全面推进依法治国基本方略首先要立足于有效地保证“法制统一”、保证法律、法规、规章和一切国家机关、社会组织和公民个人的行为“形式合宪”。

法治建设的“新十六字方针”是“法治化”的重点要求

“法治化”是人类社会组织文明发展的成果，从各种非法治形态的统治形式最终走向“法治”治理模式，是人类社会经过千百万年的社会实践逐渐摸索出来的真理。因此，走向法治是任何一个国家、任何一个民族走向现代化所回避不了的历史必然。人类社会最终必然要在“法治”的环境下走向“大同”。但是，也要看到，人类探索法治的实践之路是漫长的。在不同的历史阶段，人们对法治的认识水平也有所差异，法治建设的侧重点也有别，因此，适应时代的要求，努力实践适合于一个特定时代的法治形式和法治实践活动的“重点”，是“法治化”对“制度”提出的最低要求。

1978年我国实行改革开放后，邓小平同志提出的“有法可依、有法必依、执法必严、违法必究”，由于非常精准地抓住了我国改革开放初期法治建设的根本特征，所以，成为指导改革开放以来我国法治建设的“十六字方针”。党的十八大总结了改革开放以后我国社会主义法治建设的经验，提出了“科学立法、严格执法、公正司法、全民守法”社会主义法治建设的“新十六字方针”。这是针对全面推进依法治国基本方略所面临的新情况、新形势、新任务提出的最新要求，具有“法治化”对“制度”提出的“最低性要求”的价值特征。因此，在今后相当长的一段时间内，认真地实践社会主义法治建设“新十六字方针”，是我国制度建设的“当务之急”与“重中之重”。只有认真地贯彻社会主义法治建设“新十六字方针”，我国的法治建设才能保证自身的“统一性”，社会主义法治建设的各项工作也才能有条不紊和有序地展开，并健康活泼地向前发展。

国家各项工作法治化是“法治化”最起码的社会功能

胡锦涛同志在党的十八大报告中明确指出，到2020年确保实现全面建成小康社会，并且对小康社会提出了诸多新要求。其中一项重要要求就是：加快推进社会主义民主政治制度化、规范化、程序化，从各层次各领域扩大公民有序政治参与，实现国家各项工作法治化。从胡锦涛同志的上述论断可以看到，“国家各项工作法治化”是“小康社会”的一项重要指标。从“法治化”的社会功能来看，“国家各项工作法治化”显然系“法治化”对“制度”提出的“最低性要求”，是“法治化”对社会生活领域发生规范指引功能的“有效覆盖”。

与“形式合宪”“重点建设”的要求不同的是，“国家各项工作法治化”是对“法治化”所具有的社会功能内涵的阐述。法律作为约束人们行为的准则，是现代社会行之有效的管理和治理手段，法治建设的实践证明，虽然法律并不能解决人类社会所面临的所有问题，但是，法治原则作为一项科学的社会治理手段具有适用于所有社会生活领域的“普适性”。在一个法治化的社会中，不受法律约束的领域应当是法律自身功能受限的地方，例如，人们的思想、纯粹的个人信仰或道德领域，只要是存在公共利益的场所，就必须要通过法律加以规范，人们的行为必须受到法律的制约。如果存在不被法律所调整的管理“死角”，就无法在制度上有效防范各种“特权”现象的产生，所以，“部分法治化”不是严格意义上的“法治化”，只有“国家各项工作法治化”，全面推进依法治国基本方略的伟大事业才能获得可靠的健康发展的制度基础。

所以，通过健全和完善中国特色社会主义法律体系的路径，通过不断地加强各项法律制度建设，将法治阳光映射到国家生活和社会生活的所有领域，是“法治化”对制度建设提出的“最低性要求”。当下，通过加强立法、完善制度等途径不断地扩大法律对社会生活的作用领域是我国法治建设的一项重要任务。

总之，“法治化”是一项综合性的社会系统工程，既要面向社会现实，也要抓好“顶层设计”，对于“法治化”应当建立起全局观、大局观，从宏观上更好地把握依法治国的历史进程，从而通过设定各种有效的“最低制度性要求”，来不断地实现“法治化”的发展目标。

第二章　全面深化改革与法治中国建设

（十八届三中全会决定精神解读）

“法治中国”建设的划时代意义①

2013 年 11 月 12 日中国共产党第十八届中央委员会第三次全体会议通过的《中共中央关于全面深化改革若干重大问题的决定》（以下简称《决定》）第九项重要议题是“推进法治中国建设”，其中对“法治中国”建设提出了原则性要求及具体制度性要求。原则性要求即“建设法治中国，必须坚持依法治国、依法执政、依法行政共同推进，坚持法治国家、法治政府、法治社会一体建设。深化司法体制改革，加快建设公正高效权威的社会主义司法制度，维护人民权益，让人民群众在每一个司法案件中都感受到公平正义”。具体制度性要求共有五项，涉及“维护宪法法律权威”“深化行政执法体制改革”“确保依法独立公正行使审判权检察权”“健全司法权力运行机制”及“完善人权司法保障制度”。

《决定》以中央文件的形式提出“法治中国建设”的目标及制度要求，对于我们正在进行的依法治国基本方略实施工程的顺利推进具有非常重要的理论意义和实践指导意义。“法治中国”建设是一项具有划时代意义的国家建设和社会建设系统工程。

“法治中国”建设是实现“法治国家”的具体政策目标

自党的十五大报告将“依法治国，建设社会主义法治国家”明确写入执政党的工作报告，1999 年宪法第三次修改将“依法治国，建设社会主义法治国家”写入宪法，自此，全面推进依法治国基本方略成为政策与法律“双轮驱动”的时代主题。但是如何在制度建设上具体给出实现“法治国家”的时间表和路线图，仍然是我们在实践中需要不断加以探索的法治建设主题。

---

① 本文发表在《检察日报》2013 年 11 月 27 日。

“法治中国”是依法治国基本方略要求和法治基本精神的“具体目标”。相对于“法治国家”来说，“法治中国”具有更加现实的意义。“法治中国”超越了“法治国家”的抽象意义，将“法治”要求与“中国”这个具体的具有主权特征的地理意义上的国家概念结合起来，就使得“法治国家”有了明确的具体适用和生效的区域和范围，将“法治国家”变成了一项针对中华人民共和国主权管辖范围内所有领域的具体目标，故相对于“法治国家”来说，有着更加明确的指向性。

“法治中国”作为建设“法治国家”的具体平台，它是“法治国家”“法治政府”和“法治社会”在中国这块土地上的有机结合和统一。“法治中国”的价值要求直接指向了中华人民共和国境内的所有国家机关、社会组织和公民个人，指向了所有的公共机构和私人组织，指向了所有的行政区域，包括港澳台地区、民族区域自治地方，以及驻外使领馆、中国籍的运输工具，甚至对在华工作的外国人和外商也具有明确的指导意义。因此，“法治中国”概念的提出非常及时。一方面，它是“法治国家”“法治政府”“法治社会”一体建设的生动体现和时空上的最佳结合点；另一方面，“法治中国”又是对目前已经开展的“地方法治”的充分肯定和高度概括及总结。只有全面和辩证地看待“法治中国”在继承和发展“法治国家”方面的意义和作用，才能更加有效地构建科学的“法治中国”理论，为“法治中国”的制度建设提供理论上的指引，也才能秉承“法治国家”的发展目标，在更加规范的意义上全面深入贯彻落实依法治国基本方略，将“法治”落到实处。

“法治中国”建设需要从“国家法治”与“地方法治”两个角度共同推进

“法治中国”作为与贯彻落实依法治国基本方略密切相关的一项具体的政策路径，其重点不在于“法治”本身的要求，“法治中国”中的“法治”价值要求已经由依法治国基本方略的基本内涵所包括，不存在与依法治国基本方略要求不一致的“法治中国”的“法治”要求。“法治中国”是依法治国基本方略在“中国”这个具体主权国家概念上的具体落实，故“空间”上的适用性是“法治中国”深化依法治国基本方略内涵的重要功能。作为依法治国基本方略适用的空间特性，“法治中国”强调的是，只要是中国主权所及范围，必然是“法治”价值所作用的区域，“法治中国”应表现为“国家法治”的状态；从另一方面来看，由于“法治中国”中的“中国”是由具体的行政区域构成的，既有地理区域意义，也有国家统治或行政治理意义，故“地方法治”也是“法治中国”的表现形式。在“法治中国”的大背景下，应当存在着与“国家法治”相对应的不同形式的“地方法治”，并且两者之间存在着密切的相关性。

从“国家法治”与“地方法治”的一般逻辑关系来看，“法治”中的“法”其基本含义是指“国法”，故“法治中国”首先是“国家法治”意义上的，如果“国家”还没有“法治化”，作为国家的组成部分的地方“法治”是无法成立的。另一方面，由于主权意义上的中国在地理概念上和行政区划意义上是由不同的地方单位构成的，因此，在“国家法治”总体框架下，各个地方的“法治”也可以具有本地方的特色。从“法治”推进的程度和状况来看，“国家法治”也离不开具体的“地方法治”。但是，从“国家法治”与“地方法治”存在的时空效力来看，应当是基本同步的，故不论是地方在建设“地方法治”中具有多少超前性或典型意义，都必须将“地方法治”限定在“进行时”的状况，绝对不能在“国家法治”实现之前就宣布“地方法治”先行实现，这一点从“法治中国”的角度来看，其正当性显得更加清晰明了。这是全面推进依法治国基本方略过程中的一种具体路线图，具有实际操作的可行性，从理论上补充了依法治国基本方略从理论向实践的有效转化路径问题，是依法治国理论的新发展和新提高。

当下，“法治中国”概念的意义相对于“地方法治”的实践对于全面推进依法治国基本方略具有更加现实和紧迫的必要性。早在十年前，我国的一些省级行政区域，就开始陆续提出“地方法治”的口号。例如，“法治浙江”“法治湖南”“法治江苏”“法治广东”等等。其中，“法治浙江”和“法治湖南”不仅没有停留在对概念的一般宣传上，而且还出台了比较全面和系统的规范性文件来具体落实“地方法治”的各项要求。

“法治中国”建设有利于法治建设工作的整体布局

毋庸置疑，《决定》明确提出“推进法治中国建设”，为全面推进依法治国基本方略的实施提出了明确的发展目标。特别重要的是，“法治中国”中的“中国”指向了实实在在的当下正在实现民族伟大复兴、以实现“中国梦”为终极导向的，在国际社会享有完全独立主权、并在国际事务中发挥着极其重要作用的中国。

对一个主权完全独立的国家提出了整体上达到“法治”水准的要求，这是当今世界任何一个走向现代化的国家和民族都在经历着的前所未有的人类文明建设的重大工程。在实现中华民族复兴和“中国梦”的伟大征程中，中国需要“法治”，中国人民需要“法治”，国际社会也需要一个“法治中国”更好地发挥自身在维护世界和平中的作用，所以，“法治中国”建设意义深远。

作为一项复杂的社会系统工程，相对于业已存在的“地方法治”实践来说，“法治中国”在“国家法治”层面上还没有形成全面和系统的完整理论，这种状况亟待改变。笔者认为，可以在宣传“法治中国”在全面推进依法治国基本方略的作用过程中，由中央决策层起草和发布关于全面推进依法治国、建设法治中国的相关文件，具体阐述执政党在依法治国、建设社会主义法治国家方面总体理论设想和具体的制度实践方式，尽快完成“法治中国”建设的整体工作布局，为全面贯彻落实依法治国基本方略的各项要求提供理论依据和政策基础。

发挥地方法治建设积极作用[①]

中央明确提出，大力推进平安中国、法治中国建设，落实依法治国基本方略，加快建设社会主义法治国家。在法治中国建设过程中，地方法治建设处于非常重要的地位。法治的整体状况在很大程度上取决于地方法治建设的综合水平，需要地方在本行政区域内采取扎扎实实的制度措施来充分体现法治原则的要求，维护宪法和法律的有效实施。因此，着力推进地方法治建设，发挥地方在法治建设中的积极作用，是推进法治中国建设的有效路径。

在本行政区域内维护法制统一尊严权威

我国宪法规定：“地方各级人民代表大会在本行政区域内，保证宪法、法律、行政法规的遵守和执行”。宪法上述规定表明，地方各级人民代表大会在本行政区域内负有维护国家法制统一的基本职责。

对于有地方立法权的地方人大来说，至少应当抓好三项工作。一是国家法律、行政法规授权地方人大制定实施细则的，应当及时和有效地完成法律、行政法规实施细则的制定工作；二是地方人大制定的地方性法规不得与国家法律、行政法规相抵触；三是地方人大有责任对违反国家宪法、法律和行政法规的地方性法规、地方政府规章和地方性规范文件进行有效的立法监督。只有通过地方人大履行职责，维护国家法律、行政法规在本行政区域内的有效实施，才能使得宪法和法律在全国范围内得到普遍实施。

国家宪法、法律和行政法规能否在全国范围内得到有效实施，直接关系到法治中国的实现状况。此外，法律、行政法规在解决具体法律争议中的作用发挥得如何，也涉及国家法治的实现程度和水平。当前，国家法律、行政法规在

---

① 本文发表在《人民日报》2013 年 11 月 25 日。

地方法院的判决中得到有效适用的总体状况还有待提高。强化地方法治建设，必须认真落实国家法律、行政法规在地方法院判决中的适用性。只有国家法律、行政法规对具体的法律争议产生了法律上的约束力，国家的法制统一才能得到有效保障。

在有关具体制度建设中体现地方特色

我国的国家结构形式属单一制，但不同地方区域的现实状况差别较大。因此，法治建设需要因地制宜，体现地方政治、经济、文化和社会发展的不同特点。地方在社会经济发展中形成的法律制度，也应针对实际情况、体现地方特色。

各具特色的地方法律制度是法治中国的重要组成部分。地方法律制度与国家法律制度在法治中国建设中具有同等重要的法律地位。例如，依据国家宪法和法律享有一定的立法自主权的民族区域自治地方制定的变通国家法律、行政法规所产生的地方法律制度等，都是国家法律制度的必要完善和补充。此外，由于各地方行政区域社会经济、文化发展不平衡，产生了诸多特有的法律问题，也需要各地根据自身的实际制定不同的地方法律制度。可见，地方法治建设要体现地方特色也是法治中国的应有内涵。根据目前我国地方法律制度的特点，着力解决法治中国建设在地方法治建设中所遇到的独特问题，对于推进法治中国建设具有重要现实意义。

建立起具有地方特色的制度体系是法治中国建设的必然要求。从法治本身的要求来看，法治所解决的是运用法治思维和法治方式来处理国家公权力相互之间、国家公权力与公民私权利之间，以及公民相互之间权利义务形成的社会关系。法治对人们行为的要求不外乎是宪法和法律至上、法律制度健全权威、有法可依、有法必依、执法必严、违法必究以及全民守法等。地方行政区域在建设地方法治过程中，首先应实施国家宪法、法律和行政法规，将各种法律制度设置完备，保证各种法律制度运转有效。其次，地方法治的工作范围应当紧扣立法、执法、司法、法律监督这些法治环节，及时发现本行政区域存在的问题，分析研究可以改进和完善的具体制度措施和各种法律对策。最后，认真分析地方立法中存在的问题，包括公众对地方立法的参与程度、地方政府的行政诉讼状况等，提出具体解决方案。

总之，地方法治建设要在法治中国建设中发挥重要作用，关键是抓住一个“法”字，找准问题、找好路子，真正在本行政区域通过切实有效的制度建设来全面推进法治中国建设。

国家治理能力现代化是一项系统工程[①]

党的十八届三中全会从全面深化改革的总目标的角度来认识“国家治理体系和治理能力现代化”的重要性，为下一步全面深化改革指明了发展方向。在2014年1月7日的中央政法工作会议上，习近平总书记从加强政法工作的角度对“推进国家治理体系和治理能力现代化”作了进一步的阐释。笔者认为，“推进国家治理体系和治理能力现代化”的最重要内涵就是“国家治理体系和治理能力”的“法治化”。离开了“法治化”的评价尺度和标准，空洞地谈论“国家治理体系和治理能力现代化”没有实质意义。

国家治理体系和治理能力现代化是社会主义现代化事业的重要内涵

国家治理体系和治理能力是一个国家制度和制度执行能力的集中体现。国家治理体系是在党的领导下管理国家的制度体系，包括经济、政治、文化、社会、生态文明和党的建设等各领域体制机制、法律法规安排；国家治理能力则是运用国家制度管理社会各方面事务的能力，包括改革发展稳定、内政外交国防、治党治国治军等各个方面。国家治理体系和治理能力是一个有机整体，相辅相成，有了好的国家治理体系才能提高治理能力，提高国家治理能力才能充分发挥国家治理体系的效能。

《中共中央关于全面深化改革若干重大问题的决定》提出的“国家治理体系和治理能力现代化”的要求，是对新中国成立以来我国现代化理论和现代化建设的继承和发展。一方面，“国家治理体系和治理能力现代化”是以“现代化”的要求来衡量“国家治理体系和国家治理能力”的，属于“现代化”的基本范畴；另一方面，“国家治理体系和治理能力现代化”是对以往“工业、农业、国防和科学技术现代化”的完善和发展，不仅强调了“工业、农业、国防和科学技术现代化”等国家硬实力的“现代化”，更重要的是提出了国家软实力的“现代化”，是从马克思主义的历史唯物主义和辩证唯物主义的高度对社会经济基础和上层建筑提出的协调发展和同步现代化的战略构想。《决定》通过明确“国家治理体系和治理能力现代化”，对社会主义现代化理论作出了新的发展，本身也构成了社会主义现代化事业的重要内涵。

---

① 本文发表在《中国社会科学报》2014年1月17日。

国家治理体系和治理能力现代化必须要尊重法治原则

《决定》第一次明确提出“国家治理体系和治理能力现代化”的概念，其中“国家治理体系”“国家治理能力”，以及“国家治理体系和治理能力现代化”都没有在以往的政策文件和法律规范中单独出现过。习近平总书记在中央政法工作会议上的讲话为正确理解“国家治理体系和治理能力现代化”的内涵指明了方向。这就是“国家治理体系和治理能力现代化”最重要的要求和特征，就是“国家治理体系和治理能力法治化”。

强调“国家治理体系和治理能力法治化”，完全符合改革开放30多年来我国治国理政的基本方略不断完善和发展的客观趋势。《决定》把“推进国家治理体系和治理能力现代化”上升到“全面深化改革的总目标”的高度来认识，与党的十八大报告提出的“国家各项工作法治化”和“国家治理体系和治理能力现代化”之间存在着政策上的递进关系。也就是说，“国家各项工作”必然涵盖了“国家治理体系和治理能力”，而“国家各项工作法治化”的要求也必然体现为“国家治理体系和治理能力法治化”。从逻辑上看，“国家治理体系和治理能力法治化”是“国家治理体系和治理能力现代化”的重要判定指标，同时也是“国家治理体系和治理能力现代化”实现的必要条件。“法治化”与“现代化”是相互依存、相互促进的关系；“法治化”与“现代化”必须齐抓共促、齐头并进，才能推进社会主义事业健康有序地向前发展。

国家治理体系和治理能力现代化是一项系统工程

《决定》从体系化、系统化的观念来认识法治中国的意义。《决定》声明：建设法治中国，必须坚持依法治国、依法执政、依法行政共同推进，坚持法治国家、法治政府、法治社会一体建设。“治国”“执政”和“行政”都属于“国家治理”的范畴，而坚持“依法治国、依法执政、依法行政共同推进”就意味着要依法构建“国家治理体系”，“法治国家、法治政府、法治社会一体建设”表明在“国家各项工作法治化”的过程中，还要关注“国家”“政府”及“社会”相互之间的作用和影响。习近平总书记在中央政法工作会议上的讲话围绕着“维护社会稳定”这一时代主题提出了“系统治理”“依法治理”“综合治理”和“源头治理”相结合的多渠道治理方式。结合《决定》和习近平总书记讲话精神，当前贯彻落实《决定》提出的“推进国家治理体系和治理能力现代化”的要求，一条最重要和最有效的实践路径就是应当将“国家治理体系和治理能力现代化”作为一项具有系统性特征的现代化工程。必须围绕着社会主义现代化建设的各项目标和任务，采取各种行之有效的治理手段和措施，充分调动一切治理能力，来逐步达到实现“国家治理体系和治理能力现代化”的最终目标。

要实现《决定》“国家治理体系和治理能力现代化”，仅仅从“法治化”的角度来考虑还是不够的。“国家治理体系现代化”包含国家治理体系“法治化”“制度化”和“规范化”等多方面的内涵。除了要根据党的十八大报告的要求，学习和掌握运用“法治思维和法治方式”解决重要和复杂社会问题的能力之外，通过增强政府的应急反应能力有效地处置各种突发性事件，通过有效的“道德”“公序良俗”等精神性力量化解社会矛盾，解决在国家治理中遇到的价值冲突，也是增强国家治理能力的必要手段。学会如何驾轻就熟地运用包括法治手段在内的各种治理手段形成有效的国家治理能力，并基于具有现代化特征的治理能力来构建具有现代化特征的国家治理体系，形成健康有序和可持续发展的国家治理结构，这是中国走向现代化过程中所面临的艰巨任务。作为国家软实力的“现代化”，“国家治理体系和治理能力现代化”是与“工业、农业、国防和科学技术”四个现代化具有同等重要性的现代化事业，应当作为今后一段时期内党和国家的根本任务。全党和全国各族人民都应当齐心协力，为全面推进国家硬实力和软实力的全面现代化做好各项扎扎实实的理论准备工作，努力将社会主义现代化事业不断推向前进。

推进国家治理体系和治理能力现代化[①]

习近平总书记在中央政法工作会议上，从加强政法工作的角度对“推进国家治理体系和治理能力现代化”作了新的阐释，提出了很多具有启发性和指导性的论断。相关论述包含了以下几个方面的核心精神：

一是明确了依法治国是党领导人民治理国家的基本方略。习总书记指出：“政法战线要旗帜鲜明坚持党的领导。坚持党的领导，就是要支持人民当家作主，实施好依法治国这个党领导人民治理国家的基本方略。”习总书记上述讲话精神为“国家治理体系”的建设确立了一项基本原则，也就是说，不能离开“依法治国”这个治国理政的基本方略来毫无目标、毫无原则地谈论“国家治理体系现代化”。

二是要运用法治思维和法治方式推进国家治理体系和治理能力现代化。习总书记指出：“党委政法委要明确职能定位，善于运用法治思维和法治方式领导政法工作，在推进国家治理体系和治理能力现代化中发挥重要作用。”上述讲话

① 本文发表在《人民公安报》2014年1月26日。

精神强调了“法治思维和法治方式”在推进国家治理体系和治理能力现代化方面具有非常重要的作用。

三是要从系统和整体角度来构建国家治理体系。习总书记在讲话中强调：“坚持系统治理、依法治理、综合治理、源头治理，发动全社会一起来做好维护社会稳定工作。”上述围绕着“维护社会稳定”而展开的“系统治理”“依法治理”“综合治理”和“源头治理”的多渠道相结合的治理方式，对于构建具有现代化特征的国家治理体系有着很好的方法论上的借鉴意义。

四是习总书记在讲话中明确要求各级领导干部“要带头依法办事，带头遵守法律，牢固确立法律红线不能触碰、法律底线不能逾越的观念”。上述要求实际上明确了“国家治理体系和治理能力现代化”的“法律底线”“法律红线”标准。

总结习总书记在中央政法工作会议上的讲话精神，可以发现，党的十八届三中全会通过的《中共中央关于全面深化改革若干重大问题的决定》提出的“推进国家治理体系和治理能力现代化”的一项最重要的内涵就是“国家治理体系和治理能力”的“法治化”，离开了“法治化”的评价尺度和标准，空洞地谈论“国家治理体系和治理能力现代化”是没有实质性意义的，甚至是有害和会起相反作用的。在“推进国家治理体系和治理能力法治化”的过程中，政法工作是不可或缺的重要组成部分。政法工作既是推进国家治理体系和治理能力现代化的制度保障，同时政法工作本身与时俱进的改革也构成了国家治理体系和治理能力法治化的重要事项。政法工作是国家治理的重要组成部分，科学和合理的国家治理体系必然包含政法工作体系，与此同时，政法工作的能力和水平既是国家治理能力的重要内涵，也能为国家治理能力的整体提升提供有力的保障。当前，认真学习习近平总书记在中央政法工作会议上的重要讲话精神，关键一点是要从国家治理的角度来看待政法工作，要把政法工作有效地纳入国家治理体系，运用法治思维和法治方式来更好地推动国家治理体系和治理能力的现代化。

让宪法的政治优势和政治活力竞相迸发①

习近平总书记在首都各界纪念现行宪法公布施行30周年大会的讲话中，对宪法在国家政治生活中的权威地位作了明确和充分的肯定，旗帜鲜明地提出：“依法治国，首先是依宪治国；依法执政，关键是依宪执政。”习近平总书记特

① 本文发表在《中国社会科学报》2014年3月28日。

别强调要维护宪法权威，并指出宪法的生命和权威在于实施，要从完善基本宪法制度、加强宪法实施、强化宪法保障、提高宪法意识和全面遵守宪法的角度和高度，分阶段、分步骤地有序推进依宪治国的发展进程，围绕着法治中国建设这个时代主题，进一步发挥宪法作为根本法在保障“科学立法、严格执法、公正司法和全民守法”中的重要作用。

宪法是具有最高效力的根本法律规范。宪法作为国家的根本法，不仅仅是执政党领导人民建设国家和社会的政治纲领，更是调整人们行为的根本法律规范，具有最高法律效力。宪法的法律效力高于法律、法规、规章和一切具有法律效力的规范性文件。宪法的尊严关乎社会主义法治的尊严，宪法的命运与党和国家的前途、命运紧紧相连。宪法兴，则法治兴；宪法昌，则国运昌。宪法是法治中国建设的国运命脉所在，是全体中国人民最核心的政治利益。

宪法是中国特色社会主义法律体系的核心。作为根本法，宪法的各项规定是立法工作的法律依据。在中国特色社会主义法律体系中，宪法具有统帅作用，处于核心地位。宪法原则是各个部门法的重要指导思想，宪法是维护社会主义法制统一的前提，在各种具有法律效力的法律形式体系中，宪法处于最顶层，具有最高法律权威。突出宪法在社会主义法律体系中的核心地位，对于维护法制统一，保证法治中国建设的各项工作“有法可依”，推进科学立法，提高立法质量和水平，具有非常重要的保障作用。

依靠执政党有序推进依宪治国。宪法是党和人民共同意志的体现，是执政党治国理政的重要制度依托。执政党不断提升依法执政的能力必须依靠宪法、服从宪法，依法执政，首先是依宪执政。依宪执政即要求执政党的各项路线、方针和政策应当通过宪法来对国家生活和社会生活起指导作用，任何组织和个人不得有超越宪法和法律的特权。执政党应当在全面贯彻落实依法治国基本方略的过程中，以法治中国建设的各项目标为指引，有序推进依宪治国，充分发挥宪法作为根本法在保障公民权利、维护社会稳定、促进社会繁荣方面的基础性作用。党领导人民制定宪法和法律，党领导人民执行宪法和法律，党自身必须在宪法和法律范围内活动，真正做到党领导立法、保证执法、维护司法、带头守法。

完善基本宪法制度，充分发挥社会主义类型宪法的政治优势。我国是社会主义国家，我国的宪法是社会主义类型宪法。从 1954 年新中国制定第一部社会主义类型的宪法至今，我国总共产生了四部宪法，其中 1982 年宪法是现行有效的宪法。党的十八届三中全会通过的《中共中央关于全面深化改革若干重大问题的决定》（以下简称《决定》）明确指出，要完善和发展中国特色社会主义制度，推进国家治理体系和治理能力现代化。贯彻落实《决定》的上述精神，关键一点就是要通过完善基本宪法制度的途径和方式来提升国家治理体系法治化和国家治理能力现代化的水平。当前，要加强基本宪法制度的建设，要通过宪法的实施进一步提升宪法在支持和保障立法法、组织法、港澳基本法等重要的基本法律实施中的原则性指引作用；要根据宪法保障人权的基本原则，不断完善刑法、刑事诉讼法、民事诉讼法和行政诉讼法等基本法律在保障人权中的功能；要按照宪法保留原则和法律保留原则的精神，进一步完善行政基本法律制度，通过强化政府依宪行政的能力来推进法治政府建设不断有序向前发展；要加强宪法在推进司法保障人权方面作用的指导地位，通过司法入宪、司法宪法化等具体的制度设计，为司法制度全面纳入基本宪法制度的范围提供明确的宪法依据。要依靠宪法办实事，解决实际问题，要让宪法思维成为指导法治中国制度建设的首要原则。

加强宪法实施，完善宪法保障机制。宪法的根本法地位来源于宪法在法治中国建设实践中的实际指导能力。法治中国建设的实践需要宪法，宪法才能具有经久不息的生命力，宪法作用于具体的社会实践，宪法才能获得应有的权威。我们要在着手完善基本宪法制度的同时，通过加强具体立法的方式和途径来进一步细化各项宪法制度，不断出台一些实施宪法中的基本权利的基本法律。要加强宪法文本、宪法规范的科学设计，通过完善宪法解释和法律解释工作，明确宪法文本和宪法规范的法律内涵，增强宪法文本和宪法规范在宪法实施中的明确性、可操作性，防止因制度设计不配套引发宪法制度在实践中出现各种风险和危机。要建立必要的宪法实施的监督机制，敦促具有宪法职责的国家机关和行使公共权力的机构及人员严肃认真地依据宪法的规定办事。全国人大及其常委会要依据宪法和立法法严格履行宪法实施的监督职责，要逐步建立适用宪法的法律判断机制，要运用宪法解决法治中国建设实践中产生的各种具体和复杂的法律问题。地方各级人大及其常委会要依法行使职权，保证宪法和法律在本行政区域内得到遵守和执行。要充分挖掘我国宪法制度在实现社会主义法治方面的潜力，要让宪法中所蕴藏的政治优势和政治活力竞相迸发，要通过宪法实施将宪法所具有的巨大潜力和政治优势很好地利用起来，为法治中国建设提供全面和有效的宪法保护。

认真遵守宪法，维护宪法权威。宪法是维护公民权利的法律武器，遵守宪法就是维护公民自身的合法权益。要树立忠于宪法、遵守宪法、维护宪法、依靠宪法的自觉意识，在全社会牢固树立宪法权威，让广大人民群众认识到宪法不是身外之物，宪法就在自己身边，宪法与每一个人的切身利益密切相关。利用各种有效的宣传和教育形式，在政府和社会公众中努力塑造宪法的权威形象，确立宪法作为一切国家机关、社会组织和公民个人最高行为规则的权威地位。维护宪法权威，坚决抵制“违法不违宪”“违宪不违法”等否定和轻视宪法权威的错误言行。始终坚持把维护宪法权威、捍卫宪法尊严当成全面贯彻落实依法治国基本方略、推进法治中国建设的头等大事来抓。用宪法凝聚爱国热情，用宪法守护中国公民。

总之，宪法作为国家的根本法，在国家生活和社会生活中具有至高无上的地位。我国的宪法制度是中国共产党领导全体中国人民在长期和复杂的革命斗争中总结中国革命的经验、参照世界各国行宪的实践制定出来的，鲜明地体现了党的领导、人民当家作主和依法治国的有机统一，是推进法治中国建设的根本着力点，是治国安邦的总章程，也是法治中国建设的行动纲领。我们必须高举宪法的旗帜，以法治中国建设为目标，全面推进依法治国基本方略，努力实践宪法规定，更好地利用宪法的根本法特性为建设中国特色社会主义法治提供强有力的制度支撑。

建设“法治中国”的辩证方法论①

——学习习近平同志关于法治重要讲话中的哲学思想

党的十八大以来，习近平总书记系列重要讲话中关于法治思想的阐述，论点鲜明，论据充分，论证严密，从历史与逻辑相统一的哲学高度，科学运用战略思维、系统思维和辩证思维方法，丰富和发展了党的十一届三中全会以来我们党所形成的社会主义法治观，为全面贯彻落实依法治国方略提供了强有力的理论支持。

提出“法治中国”，以战略思维谋划中国法制建设全局

坚持战略与策略的有机统一，是马克思主义关于社会主义实践行动纲领的重要思想。列宁曾经在认真分析和总结资本主义发展进入帝国主义阶段后出现的新特征的基础上，提出社会主义可以首先在一个国家取得胜利的战略论断，并以此成功地指导了俄国的十月革命。毛泽东同志在总结中国社会和中国革命特点的基础上，指出中国革命成功的战略方向应当走“农村包围城市”的道路。可以说，“谋大局”的战略思维是马克思主义付诸实践的行动纲领的灵魂。

习近平总书记在2013年1月7日召开的“全国政法工作电视电话会议”的讲话中明确指出：“全国政法机关要顺应人民群众对公共安全、司法公正、权益保障的新期待，全力推进平安中国、法治中国、过硬队伍建设”。至此，“法治

---

① 《北京日报》2014年4月21日。

中国”的概念应运而生。“法治中国”概念的提出具有非常重要的战略意义，它使得实现党的十五大提出的“法治国家”有了具体和明确的奋斗目标，是“法治国家”理论的继承与创新，既与“法治国家”的奋斗目标一脉相承，又具有独立的价值目标，成为新时期我国法制建设的又一个具有战略意义的风向标。“法治中国”超越了“法治国家”的抽象意义，将“法治”要求与“中国”这个具体的具有主权特征的地理意义上的国家概念结合起来，就使得“法治国家”有了明确的具体适用和生效的区域和范围，将“法治国家”变成了一项针对中华人民共和国主权管辖范围内所有领域的具体目标，故相对于“法治国家”来说，有着更加明确的指向性。只有全面和辩证地看待“法治中国”在继承和发展“法治国家”方面的意义和作用，才能更加有效地构建科学的“法治中国”理论，为“法治中国”的制度建设提供理论上的指引，也才能秉承“法治国家”的发展目标，在更加规范的意义上全面深入贯彻落实依法治国基本方略，将“法治”落到实处，促进“法治”精神在中国大地上生根发芽成长，形成生机勃勃的“法治文化”，彻底走出影响了中国几千年的封建法律文化的窠臼，用一种全新的治国理政的法治理念来构造未来中国的发展前景。

习近平总书记提出的“法治中国”建设战略，不仅在哲学思维方式上为“国家法治”“地方法治”的形成提供了理论基础，更重要的是，在战略上也为“依法治港”“依法治澳”“依法实现两岸和平统一”等等具体的法治目标提供了广阔的制度和实践空间，既有利于当下法治建设的重点攻关，也保证了法治建设的均衡发展。

抓住“依宪治国”之“纲”，坚持治国理政的重点论观念

抓住事物发展的主要矛盾和矛盾的主要方面，采取一般与特殊点面结合的解决问题的思路，就能起到事半功倍的效果。毛泽东同志在《矛盾论》《实践论》等著作中就提出抓住主要矛盾等治国理政的重点论观念，对社会主义革命和建设的实践起到了巨大的推动作用。

党的十八大以来，以习近平同志为总书记的党的新一代中央领导集体在全面推进依法治国基本方略的过程中，以“法治中国”建设作为具有战略意义的时代主题，进一步深化了社会主义法治观的思想内涵。宪法是国家的根本法，具有最高法律效力。要贯彻落实依法治国基本方略，必须先要抓好作为根本法的宪法自身的实施工作。作为依法治国逻辑大前提的宪法得到遵守，依法治国的各项事业也才能有条不紊地开展，因此，全面推进依法治国基本方略，首先要抓住“依宪治国”这个法制建设的“纲”。在过去的一年多时间里，习近平总书记在不同场合，围绕着“法治中国”建设主题发表了一系列讲话，特别是在

首都各界纪念现行宪法公布施行30周年大会上发表的重要讲话（以下简称“12·4”讲话）中有很多新的表述和亮点，主要的理论贡献是进一步深化了“依法治国首先要依宪治国，依法执政首先要依宪执政”的现代法治理念。将“依法治国首先要依宪治国”表述为“依法治国首先是依宪治国”，将“依法执政首先要依宪执政”提升为“依法执政关键是依宪执政”，从“要”到“是”，反映了以习近平同志为总书记的党的新一代中央领导集体对社会主义法治观的内涵的新认识和新发展。在哲学方法上最大贡献就是抓住了社会主义法治观的核心和依法治国的“纲”，将“依宪治国”的重要性从应然意义上的“要”提升到实然状态的“是”，这是治国理政理念上的重大转变，完全符合马克思主义的抓住主要矛盾和矛盾的主要方面的“重点论”思想，充分反映了以习近平同志为总书记的党的新一代中央领导集体在推进依宪治国问题上的道路自信、理论自信和制度自信。

提出“于法有据”与“法律底线”等理念，构成了法制建设内在高度统一性的逻辑基础

马克思主义哲学思想的最大特征就是逻辑性强，特别是注重事物的“逻辑起点”在事物发展中的决定性作用。例如马克思的不朽著作《资本论》就是从分析商品的使用价值和价值的二重性入手继而推导出资本主义生产方式必然要走向灭亡的历史与逻辑相统一的科学论断。

习近平总书记近期关于法治思想的论述，特别注重运用马克思主义的逻辑方法论，指出讲法治就是要有底线思维，凡事要有原则，“无规矩不成方圆”。在2014年2月28日召开的中央全面深化改革领导小组第二次会议上发表的重要讲话中，习近平总书记强调，凡属重大改革都要于法有据。在整个改革过程中，都要高度重视运用法治思维和法治方式，发挥法治的引领和推动作用，加强对相关立法工作的协调，确保在法治轨道上推进改革。

习近平总书记强调的“于法有据”中的“法”，最重要的就是作为中国特色社会主义法律体系统帅的“宪法”。没有作为国家根本法的宪法对各项改革的指引作用，改革就会失去基本的合法性，改革也因此会失去目标明确的前进方向。因此，在全面深化改革的过程中，不是要抛弃宪法盲目改革，而是要依托宪法有序改革。改革是不断实施和完善宪法，而不是架空和超越宪法。习近平总书记在许多场合都突出强调了“法治思维和法治方式”在解决重大社会矛盾和社会问题中的重要作用，而“于法有据”正是“法治思维和法治方式”的集中体现。“于法有据”思想深刻地反映了习近平总书记法治思想的逻辑严密性，它集中体现了搞法治就是讲逻辑，依法治国离不开“于法有据”这个逻辑大前提，

不讲逻辑，搞不了法治；不讲逻辑，办事就没有原则，就会缺少法律底线等等这样一种科学精神和实事求是的作风。

习近平总书记2014年1月7日在中央政法工作会议上发表重要讲话时明确要求各级领导干部“要带头依法办事，带头遵守法律，牢固确立法律红线不能触碰、法律底线不能逾越的观念”。因此，“于法有据”与“法律底线”构成了习近平总书记法治思想的内在高度统一性的逻辑基础。

注重法制建设的关联性、整体性和系统性，“三个共同推进”“三个一体建设”等构成了系统法治思想的重要特色

马克思主义经典作家哲学思想最大的特征就是系统观，恩格斯曾经明确地表述了认识事物的系统思想。恩格斯曾经说过，“当我们深思熟虑地考察自然界或人类历史或我们自己的精神活动的时候，首先呈现在我们眼前的，是一幅由种种联系和相互作用无穷无尽地交织起来的画面”。善于发现不同事物之间的有机联系，并且从系统观出发，采取科学和有效的措施来解决法制建设中存在的问题一直是我们党确立法制建设重大方针的哲学方法。

十八大以来习近平总书记注重以联系的、发展的观点看问题，综合考虑各方面因素，把握问题的关联性、整体性。为了进一步突出法治中国建设的系统性，习近平总书记在“12·4”讲话中首次提出了“坚持依法治国、依法执政、依法行政共同推进，坚持法治国家、法治政府、法治社会一体建设”的系统法治思想，这一思想在党的十八届三中全会通过的《关于全面深化改革若干重大问题的决定》（以下简称《决定》）中得到体现。《决定》阐明：建设法治中国，必须坚持依法治国、依法执政、依法行政共同推进，坚持法治国家、法治政府、法治社会一体建设。“治国”“执政”和“行政”都属于党领导人民进行“国家治理”的范畴，而坚持“依法治国、依法执政、依法行政共同推进”就意味着要依法构建“国家治理体系”；“法治国家、法治政府、法治社会一体建设”表明在“国家各项工作法治化”的过程中，还要关注“国家”“政府”和“社会”相互之间的作用和影响。至此，习近平总书记在“12·4”讲话中强调的“三个共同推进”“三个一体建设”的观点展现了系统法治思想的重要特色，生动地体现了马克思主义全面系统地认识世界和改造世界的辩证方法论。

总之，习近平总书记系列重要讲话集中反映出来的法治思想，在哲学上的最大特征就是生动地体现了马克思主义的战略观、重点论、逻辑方法论和系统思想，丰富了历史唯物主义与辩证唯物主义世界观与方法论有机统一的马克思主义法律观和法学思想中国化的理论，为指导法治中国建设、全面推进依法治国基本方略贯彻落实提供了强有力的思想武器和行动纲领。

"有法可依"仍是法治建设重点[①]

当下，法学界有一种看法：党的十一届三中全会确立的"有法可依、有法必依、执法必严、违法必究"社会主义法制建设"十六字方针"属于法治价值的低度要求，而党的十八大报告提出的"科学立法、严格执法、公正司法、全民守法"则提升了法治的价值标准，是当下应当严格遵循的社会主义法制建设新方针。从"有法可依、有法必依、执法必严、违法必究"到"科学立法、严格执法、公正司法、全民守法"，反映了我国社会主义法制建设从"人治"到"法治"、从"法制"到"法治"的质的飞跃和历史性跨越。

诚然，从我国社会主义法制建设的历史发展角度来认识法制建设在不同时期的工作重点本身是无可非议的，但是，不能过度强调和夸大法治发展的阶段性特征。从我国目前法制建设的总体状况和真实水平来看，"有法可依"问题不仅在法治实践中没有真正得到解决，在理论上也尚未贯穿到法制建设全过程，存在着诸多环节和程序"无法可依"或者是"有法不能依"的问题。其中，作为我国根本政治制度的人民代表大会制度自身如何"法治化"，在理论和实践两个层面都需要进一步深入研究。

"有法可依"，仍然是法治建设的一项重要任务。这并不是要全盘否定我国立法机关在立法方面已经取得的巨大成就。事实上，2011 年年初全国人大常委会就宣布中国特色社会主义法律体系基本建成。截至目前，全国人大及其常委会共制定了 243 部法律或者是关于法律问题的决定，国务院颁布了 700 余件行政法规，国务院各部委发布了 8000 多部行政规章，而有地方立法权的地方人大和地方人民政府也相应地制定几万部地方性法规和地方政府规章。各级各类国家立法机关在立法方面取得的巨大成就似乎给人的印象是，自中国特色社会主义法律体系基本建成之后，"无法可依"的问题通过各级各类国家立法机关的努力基本上解决了，今后法治工作的重点应当是加强法律实施工作。

笔者以为，根据当下我国法治实践中出现的各种各样的问题，全面考察我国现有的法律体系，"有法可依"的问题远远没有解决。具体在实践中表现为两方面的问题：一是"无法可依"的问题仍然很严重；二是"有法不能依"的问题相对比较突出。

所谓"无法可依"，主要是指目前在大量的国家生活和社会生活领域还存在

---

① 《检察日报》2014 年 7 月 21 日。

法律依据不足的问题。例如，虽然我国现行宪法在第二章详细规定了公民的“基本权利”，但是，宪法规定的公民的“基本权利”究竟如何实现，受到不法侵害后如何在制度上给予必要的法律救济，显然存在大量的空白区域。例如，迄今为止，作为享有国家立法权的全国人大及其常委会，对于宪法第二章所规定的公民的“基本权利”如何实现，尚未制定相关具体法律，这些被闲置的基本权利涉及公民的言论自由、出版自由、宗教信仰自由、住宅不受侵犯、人身自由不受侵犯、通信自由等等。由于宪法规定的诸多公民基本权利缺少相关法律来加以具体化，故这些权利还处于“空挂”状态，要在制度上给予这些基本权利以有效的法律保护，显然“无法可依”。

所谓“有法不能依”，是指虽然在法律形式上已经有了相关法名的法律、法规，但这些法律、法规一方面没有很好地提供规范某类社会问题的法律原则，另一方面也因为法律、法规相互矛盾和冲突，使得法律、法规无法有效解决实际中的具体问题，导致“有法不能依”。前者如食品安全法，虽然取代了以往的食品卫生法，但因为设计了“多龙治水”的食品安全管理体制，导致部门各自为政，许多食品安全问题无人管。后者如物权法，尽管法学界，特别是民法学界信誓旦旦地主张物权法是所有财产权利的基础，只有物权关系明确，法律关系才能真正清晰，但经过立法机关慎重研究出台的物权法，由于与中国现行财产制度存在较大的价值差异和冲突，在实践中基本上被搁置。

“无法可依”和“有法不能依”的问题已经成为当下中国法治建设健康发展的“瓶颈”。虽然在2000年全国人大出台了规范立法关系的立法法，但其自身的法律地位也不非常清晰，在实践中基本被束之高阁。一方面，立法法作为指导立法工作的基本法律，横加在作为根本法的宪法与宪法之外的其他基本法律和非基本法律中间，人为地架空了宪法对其他法律法规的指引作用，另一方面，立法法由于回避了大量复杂的立法制度问题，导致实际立法工作中出现的问题仍然是“无法可依”。立法法一出台，学界就开始呼吁修改，直到今天其存在的核心问题仍然无法通过修改法律程序来加以解决。

从制度建设角度来看，“有法可依”的问题本来属于立法机关的任务，然而，由于在人民代表大会制度的一些基础理论问题上长期存在着诸多模糊区域，形成了多头立法、多元立法，最终架空国家权力机关相关立法权的现象。例如，作为由全国人大选举产生的国务院，本来在组织关系上宪法规定得很明确，即国务院应当对全国人大负责，受全国人大监督，但由于现行宪法第89条第（一）项规定，国务院有权根据宪法和法律制定行政法规，这样的规定使得国务院以及省级以下各级人民政府都可以依据国务院制定的行政法规来行使行政职权，这种法律形式上的模糊性必然会传递到政府的行为方式上，导致作为国家权力机关的人大要有效监督政府实施宪法和法律的行为变得很困难。此外，还有目前被实务界炒得很热的增加有地方立法权的地方立法机关数量、省以下法院检察院人财物统一管理的司法改革等等，都存在着法律依据严重不足的问题，需要加以深入研究。

总之，不论是理论层面还是实践角度，“有法可依”的法制建设任务远远没有完成。这需要我们从彻底改造人民代表大会制度的功能出发，将包括国家最高权力机关在内的各级各类国家立法机关纳入“于法有据”“有法可依”的范围。要坚持立法机关带头“依法办事”的原则，秉持“科学立法”的精神，不断改进立法质量，提升立法在解决现实问题中的针对性和有效性。只有从立法制度的源头抓起，“无法可依”和“有法不能依”的问题才能在制度层面得到有效解决。

依法治国根本目标：建立法治秩序①

党的十一届三中全会以来，我国的法制建设从理论到实践都有了飞速的发展，取得了令人可喜的成绩和成就。在法制建设的指导思想上先后经过了几次历史性的跨越。

党的十一届三中全会首次提出社会主义法制建设十六字方针“有法可依、有法必依、执法必严、违法必究”，开创了我国法制建设的一个新时代。经过十几年法律实践的不断丰富和发展，1997 年党的十五大报告将“依法治国，建设社会主义法治国家”写入报告，成为指导我国法制建设的行动纲领，并在 1999 年写入了宪法，成为指导国家法制建设的总原则。党的十八大又一次实现了法制建设理论和政策的飞跃，提出了新的十六字方针“科学立法、严格执法、公正司法和全民守法”，党的十八届三中全会通过的《中共中央关于全面深化改革若干重大问题的决定》又明确提出“建设法治中国”的要求，可以说，我国的法制建设在宏观的理论布局和具体的制度实践层面都进入了系统化、规范化、有序化的历史发展新阶段。

当下的问题是，“法治中国”怎么建设？有没有一些具体的实践指标来准确地反映法治中国建设的成就？这个问题尽管理论界和法律实务界从立法、执法、司法、法律监督等角度都提出过各种各样具体的指标，但是，从“法治中国”赖以存在的“法治”精神的具体要求来看，所谓依法治国以及法治中国建设，

---

① 《学习时报》2014 年 9 月 9 日。

最后在法治实践中都要体现为“法治”秩序。也就是说，各种关于法治建设的指导思想、政策原则、原则规范，说千遍、道万句，最后要落实到一些带有“客观性”的社会事实上，其中，根据法治的价值要求建立起来的符合法治的社会秩序，是最重要的法治成就。如果贯彻落实依法治国基本方略、推进法治中国建设，最后没有落实到实际生活中每一个人都看得到、摸得着的“法治秩序”上，那么，就很难说法治中国的建设就是成功的。

所谓法治秩序，就是符合法治价值要求的社会秩序。这种秩序既有客观性，又有主观性。客观性表现在国家机关相互关系、国家机关与公民相互关系与公民相互之间的关系有条不紊、秩序井然，凡事都有章法、规矩，办事有程序，任何人都可以基于制度设计对自己的行为后果作出准确的预判，没有明显的冲突和矛盾等等。主观性是指任何秩序都有一定的张力，是有序与无序之间的一种相对平衡，需要一定的主观评价才能有效维护。具体到“法治秩序”，什么样的秩序才符合法治价值的要求呢？这个问题其实很简单，也容易识别，具有很强的客观性。

从国家法治建设总体思路和指导思想来看，目标明确、手段具体、任务清晰、要求简约，各种指导思想和原则之间相互关联，从上到下具有非常强的逻辑关联性，在对人们的行为要求上基本规范之间价值一致，没有明显的矛盾和冲突，理论上自圆其说，观点上适中可行。从国家立法角度来看，宪法作为国家的根本法要具有最高效力，其他法律法规要依据宪法制定，其内容不得与宪法相抵触；法律法规相互之间要协调一致，不能彼此矛盾打架；违宪的法律法规应当无效，不得继续实施；违宪行为要有专门的纠正机制。立法上的“法治秩序”体现在哪儿呢？客观上看，不在于立了多少部法，关键是已经制定的法律法规之间是否一致、协调，立的法有没有用、能不能用，如果各种法律法规之间相互矛盾和冲突，这种状况不能称之为“法治秩序”。从执法角度来看，如果法出多门，政出多门，执法处于混乱状态，即便是法律制定得再好，执法机关再有依法行政、依法办事的决心和能力，也不可能形成一个稳定和可持续的“法治秩序”。从司法角度来看，法院审判案件随意适用法律法规判案，相互矛盾的法律依据之间缺少国家立法机关的统一解释，公、检、法三家单位最高机关对法律实施作出各自的解释和确定本系统的执行标准，这样的司法活动结果是可以预见的，同案不同判，老百姓不服，司法机关相互之间扯皮打架，无法形成一个从上到下的权威可靠的司法审判秩序，老百姓“信访不信法”。这种司法审判状况，无论采取何种改革措施，不解决一个如何建立司法中的“法治秩序”问题，结果只能是缘木求鱼。至于说法学教育、宣传领域同样也存在类似的“法治秩序”。如果一些教育机构脱离实际，那么，受教育者得到的必然是混乱的法律知识和法治理念，合格的法律人才队伍也很难有效建立起来等等。

总之，中国当下法治建设的核心问题还是要关注“法治秩序”，强化理念、采取措施，上手段、改制度等等，必须要有一个清晰的理念，就是贯彻落实依法治国基本方略、推进法治中国建设，最终要落实到“法治秩序”上。加大对法治的成本投入，建立多少机构、配备多少人员、增加多少财力、减少多少阻力等等，这些都不是法治价值本身所要追求的。法治要追求的是法治价值所蕴含的法律要有权威、法律制度要有统一性这样最为简单的法治秩序要求。如果我们不去关注“法治秩序”，只重视手段建设，即便我们投入再多的人、财、物，也很难改变法治失序的局面。所以，对法治建设的正本清源，关键是应当将建立符合法治价值要求的“法治秩序”作为当下和今后一段时间贯彻落实依法治国基本方略、推进法治中国建设各项工作的重点和中心任务。

国家治理现代化首先是国家治理法治化[①]

“法治化”与“现代化”是相互依存、相互促进的关系。从建设“国家治理体系和治理能力”的角度来看，“法治的现代化”与“现代化的法治”的任务都具有同等重要的意义，“法治化”与“现代化”必须齐抓共促、齐头并进，才能推进社会主义现代化建设各项事业健康有序地向前发展。

党的十八届三中全会通过的《中共中央关于全面深化改革若干重大问题的决定》（以下简称《决定》）明确提出“国家治理体系和治理能力现代化”，这是基于对古今中外左右朝代兴亡更替的“治乱”规律以及新中国成立65年以来社会主义建设经验和教训的总结，从理论高度提出的带有全局性、根本性的发展战略。国家治理属于管理科学的范畴，其现代化的重要内涵应当是法治化。在指导思想上明确主张“国家治理现代化首先是国家治理法治化”，既符合国家治理现代化的规律性要求，同时也可以进一步充实法治中国建设的基础理论。

从理论上来看，现代化是一个发展中的概念，而且是在全球化的进程中一个表达人类社会文明状况的比较概念，既有一定的目标和参照系，又带有很强的主观性，其内涵与使用目的密切相关。

作为国家治理的核心要素，国家治理体系和治理能力的“现代化”的内涵可以从不同角度来加以认识。例如，国家治理体系的民主化程度和科学化水准可以视为国家治理体系是否具有“现代化”水平的重要判断标准；执政党总揽

---

① 本文发表在《学习时报》2014年10月13日。

全局、灵活自如地应对各种复杂局势、有效地维护社会稳定与和谐、妥善地处理党政关系等等都可以归纳到治理能力“现代化”的范畴。但从保证国家软实力“现代化”具有可持续性的长远发展战略角度来看，“法治化”才是判定国家治理体系和治理能力“现代化”最有效的评价标准。

《决定》虽然没有正面阐述国家治理体系和治理能力“现代化”与“法治化”之间的相互关系，但是，《决定》却从体系化、系统化的观念来认识法治中国的意义。《决定》声明：建设法治中国，必须坚持依法治国、依法执政、依法行政共同推进，坚持法治国家、法治政府、法治社会一体建设。“治国”“执政”和“行政”都属于党领导人民进行“国家治理”的范畴，而坚持“依法治国、依法执政、依法行政共同推进”就意味着要依法构建“国家治理体系”；“法治国家、法治政府、法治社会一体建设”表明在“国家各项工作法治化”的过程中，还要关注“国家”“政府”及“社会”相互之间的作用和影响。

由此可合理推论，《决定》提出的“推进国家治理体系和治理能力现代化”的一项最重要的内涵就是“国家治理体系和治理能力”的“法治化”，离开了“法治化”的评价尺度和标准，空洞地谈论“国家治理体系和治理能力现代化”是没有实质意义的，甚至是有害和会起相反作用的。所以，准确和全面地理解《决定》所提出的“推进国家治理体系和治理能力现代化”的内涵，必须在法治的框架下对“国家治理体系和治理能力现代化”与“国家治理体系和治理能力法治化”相互之间的关系进行深入细致的探讨，全面构建“国家治理体系和治理能力现代化”理论体系。

强调“国家治理现代化”首先是“国家治理法治化”这一命题，完全符合改革开放30多年来我国治国理政的基本方略不断完善和发展的客观要求。党的十八大报告明确指出，到2020年确保实现全面建成小康社会，并且对小康社会提出了诸多新要求。其中一项重要要求就是：加快推进社会主义民主政治制度化、规范化、程序化，从各层次各领域扩大公民有序政治参与，实现国家各项工作法治化。上述论断涉及两个重要概念：一是“国家各项工作”的范围；二是“法治化”的判断标准。《决定》把“推进国家治理体系和治理能力现代化”上升到“全面深化改革的总目标”的高度来认识，很显然，党的十八大报告提出的“国家各项工作法治化”与“国家治理体系和治理能力现代化”之间存在着逻辑上的递进关系和政策上的连续性，也就是说，“国家各项工作”必然涵盖了国家治理的主要方面，即“国家治理体系和治理能力”，而“国家各项工作法治化”的要求也必然体现为“国家治理体系和治理能力法治化”。

从逻辑上看，“国家治理体系和治理能力法治化”是“国家治理体系和治理能力现代化”的重要评判指标，同时也是“国家治理体系和治理能力现代化”

实现的必要条件。没有“国家治理体系和治理能力”的“法治化”，就没有“国家治理体系和治理能力”的“现代化”，“国家治理体系和治理能力现代化”首先必须达到“国家治理体系和治理能力法治化”。“法治化”与“现代化”是相互依存、相互促进的关系。从建设“国家治理体系和治理能力”的角度来看，“法治的现代化”与“现代化的法治”的任务都具有同等重要的意义，“法治化”与“现代化”必须齐抓共促、齐头并进，才能推进社会主义现代化建设各项事业健康有序地向前发展。

从“法治化”的角度来认识“国家治理现代化”具有非常重要的意义：首先，“法治化”是具有普遍意义的治国理政的价值理念，是人类社会自身组织行为的经验总结，治国理政的“法治化”不以人的主观意志为转移。其次，管理活动的“法治化”是现代管理科学的基本原理，国家治理是对国家事务和社会事务的管理活动，服从管理科学的一般规律性要求，因此，国家治理法治化是国家治理现代化的前提条件，是国家治理科学性的体现。最后，将“法治化”定义为“国家治理现代化”的首要内涵有助于科学有序地寻找国家治理现代化正确的发展道路，“法治化”有利于最大限度地凝聚共识，增强国家治理的合力，提升国家治理能力，实现国家治理现代化的各项目标。

依法治国要先坚持依宪治国①

2012 年 12 月 4 日，习近平总书记在首都各界纪念现行宪法正式施行 30 周年大会上，将“依法治国”与“依宪治国”之间的关系从“首先要”提升为“首先是”。虽然是一字之差，“要”和“是”却反映了最高决策层对“依宪治国”在推进“依法治国”中所具有的价值认识上的“飞跃”：“是”已经明确肯定“依宪治国”是“依法治国”的重要事项，是不可改变的客观事实；而“要”只是表示了一种“希望”和“应该”，是一种对理想目标的价值追求。

“依法治国”一词的核心在于一个“法”字，而“依宪治国”最突出的中心词是“宪”。“依法治国”与“依宪治国”之间的关系可以简化成“法”与“宪”的关系。广义上的“法”包含了“宪法”，狭义上的“法”只是指根据宪法制定和产生的由国家专门立法机关制定的法律法规。从广义上的“法”来看，由于宪法是一国的根本法，在具有中国特色社会主义法律体系中居于统帅地位，

---

① 新闻来源：《检察日报》客户端，2014-10-15。参见 http：//news. jcrb. com/jxsw/201410/t20141015_ 1440180. html，2016 年 1 月 20 日最新访问。

因此，“依法治国”中的“法”最重要的应当是“宪法”，“依宪治国”是“依法治国”的基础和核心内容，如果“宪法”不能成为治国的“依据”，那么，依据广义上的“法”来实行“依法治国”就可能出现“法出多门”“政出多门”的弊端，继而妨碍“依法治国”基本方略的落实。从狭义上的“法”来看，如果“依法治国”中的“法”只是指国家专门立法机关制定的法律法规，很显然是存在缺陷的，必须要将“依宪治国”作为“依法治国”的基础和前提。如果只讲“依法治国”，不讲“依宪治国”，那么，就无法保证“依法治国”基本方略得到全面、系统的贯彻和落实，法制的统一性就无法得到有效保证。所以，从理论上看，不论是从广义上、还是从狭义上来理解“依法治国”中的“法”的含义，都不可能脱离“依宪治国”。

由于宪法作为国家根本法是一切法律法规赖以存在的前提，是国家机关、社会组织和公民个人行为的基本行为准则，是保证一国法制统一性的制度基础，体现了“法律至上”的法治精神，因此，旗帜鲜明地坚持“依宪治国”，就是要高举社会主义法治的大旗，坚定不移地走中国特色的“法治社会主义”道路。这是实现“中国梦”和中华民族伟大复兴理想的必由之路，是实现社会主义现代化强国的必然选择，这个历史潮流是任何人、任何势力都不可阻挡的。这是推进法治中国建设的指路明灯，是我们实现“两个一百年”奋斗目标的根本保证。我们必须更加珍惜、爱护，将“依宪治国”落实到制度建设和具体的行动上，才能不辜负我们这个时代！

全民守法与法治社会建设①

守法是社会主义法治建设的一个重要环节。党的十二大、十五大、十七大报告中均有关于守法的相关论述，在这些论述中，“守法”问题是与加强“公民法制教育工作”紧密联系在一起的。党的十八大报告首次明确提出“全民守法”的概念，并将“全民守法”与“科学立法”“严格执法”和“公正司法”相并列，作为推进法治中国建设最重要的四项保障措施之一。“全民守法”将守法主体扩展到“全民”意义上，“守法”的前提不再只是与普法工作联系在一起，而且包含了法治文化的培养等内容。因此，应从更加全面和宏观的角度来把握“全民守法”的意义，特别重要的是，要把“全民守法”与建设法治社会的重要

① 本文发表在《改革》2014年第9期。《新华文摘》2014年“全面推进依法治国专刊”全文转摘，第139—141页。

目标紧密地联系起来。唯其如此，才能深刻领会“全民守法”所包含的各项守法要求，通过采取各种扎扎实实的制度措施，推进全民守法，为法治社会的建设奠定良好的群众基础和社会环境。

全民守法是建设法治社会的一项系统工程，是法治精神真正渗透到社会生活的每一个角落并发挥其重要作用的制度保障。法治社会的形成依托全民守法的保障，全民守法确保社会生活的每一个参与者、社会关系的所有领域都能够遵从宪法和法律的权威，形成良好的遵守和服从规则的守法意识。坚持全民守法，就是要弘扬“法律面前人人平等”的法治精神，反对各种破坏法治的特权现象，有效解决有法不依的法治难题，从整体上提升全民守法意识和水准，为建设法治中国和法治社会提供全民守法的有力保障。

一　“人人守法”是全民守法的基本要求

现行宪法序言明确规定：全国各族人民、一切国家机关和武装力量、各政党和各社会团体、各企业事业组织，都必须以宪法为根本的活动准则，并且负有维护宪法尊严、保证宪法实施的职责。宪法第五条第四款也规定：一切国家机关和武装力量、各政党和各社会团体、各企业事业组织都必须遵守宪法和法律。

习近平总书记在首都各界纪念现行宪法正式施行 30 周年大会的讲话中指出：宪法和法律是党和全体人民共同意志的体现，遵守宪法和法律就是遵守和服从党和全体人民的共同意志。全民守法充分体现了人民当家作主的主人翁精神，人民对自己制定的法律负责，人民必须认真遵守自己制定的法律。人人守法是全民守法的重要内涵。遵守宪法和法律是一切国家机关、社会组织和公民个人的神圣法律义务。全民守法既是公民个人遵守宪法和法律的具体义务，也是对一切国家机关、社会组织和公民个人提出的遵守宪法和法律的整体性要求。

二　各级领导干部要带头守法

共产党员应当在自己的本职岗位上严守党的纪律，做遵守宪法和法律的模范。党的各级组织要认真执行的党的各项路线、方针和政策，服从国家宪法和法律，养成依法办事的习惯。执政党要高度重视党规党法的科学性和体系化建设，要建立党规党法与国家宪法和法律之间的联动协调的统一实施机制。坚持党在宪法和法律范围内活动，切实做到任何组织和个人都不得享有超越宪法和法律的特权，坚决扼制各种特权现象赖以生成的制度条件和土壤，对不遵守宪法和法律的滥用权力、损害党和全体人民整体利益的各种特权和腐败现象，要在坚持走群众路线的基础上，及时发现问题，坚持“老虎”“苍蝇”一起打，对于故意违法的行为要始终保持高压的打击态势。对党员领导干部的违法行为要敢于“揭盖子”，善于运用批评与自我批评的武器，抓住带头守法与带头违法正反两个方面的典型，利用新闻媒介进行定期宣传和介绍，弘扬守法正气，打击违法邪气，守护遵守宪法和法律的社会正能量。

对在中国境内违法犯罪逃逸国外的违法犯罪分子，特别是各种利用职权贪污国家和集体巨额财产、给国家和人民财产造成重大损失的领导干部和重大刑事犯罪嫌疑人，要采取各种有效的国际合作手段，及时引渡回国受审，不让违法犯罪分子逍遥法外。

三　不断完善公民行为准则，健全公民守法体系

要在全社会牢固树立宪法和法律的权威，让广大人民群众充分相信法律、自觉运用法律，使广大人民群众认识到宪法和法律不仅是全体公民必须遵循的行为规范，而且是保障公民权利的法律武器。依法办事就是依法维权。自觉履行公民遵守宪法和法律的义务就是有效地保护公民自身的合法权益。

完善公共场所公民行为准则，健全公民守法体系。大力宣传模范守法公民的先进事迹，提倡见义勇为和敢于同违法犯罪行为做斗争的奉献精神和公民护法意识，鼓励守法者，惩处违法者，教育宪法和法律意识薄弱者，通过丰富和有效的普法形式，让宪法和法律进课堂、进社区，让人民群众主动积极地参与到全民守法的法治事业中来。

建立公民守法信用档案体系，对自觉守法的公民赋予法律上更大的便利，对漠视宪法和法律权威、屡次三番违法者建立不良行为监控机制，通过社区、学校、医院、银行、航空公司、交通部门、社保部门、保险机构等建立相互协调、信息共享的个人诚信记录体系，健全守法义务与守法责任相统一的公民守法体系。

加强中国公民海外旅行、学习、工作和生活的随意违反当地法律的不良信息记录制度建设，对屡次三番破坏所在国或地区法律，给中国公民守法形象造成不良影响的人采取出境前训诫或出境限制措施，维护中国公民在全球范围内整体性守法的良好形象。

四　加强基层群众性自治组织自治章程建设，树立全民守法牢靠的社会根基

村民委员会和居民委员会是基层群众性自治组织。应将基层群众性自治组织的法治建设作为发展社会主义民主政治和贯彻落实依法治国基本方略的基础性工程重点推进。要健全基层党组织领导的充满活力的基层群众自治机制，出

台和完善保障居民权利、明确基层群众日常相邻关系和相互往来法律关系的村规民约和居民自治章程，形成中国特色的“基层法治”，通过约束居民行为的村规民约和自治章程，培养基层居民遵守国家宪法和法律的守法观念和遵守与个人日常生产、生活具有密切关系的社会组织、社会团体的自治规则意识，让守法的要求渗透到公民日常生产、生活的每一个角落。

完善人民群众从信仰基层法治、地方法治到国家法治的全民守法体系，努力把城乡社区建设成为管理有序、服务完善、制度健全、文明祥和的社会生活共同体。充分发挥基层群众性自治组织在监督居民守法中的作用，建立有效的群众监督守法体系，积极推广“双联户”守法与发展互动互助模式，形成“资源共享、利益均沾、优势互补、风险共担、自觉守法、相互监督、共同发展、共保稳定”的基层群众守法义务与责任相统一的社会生活共同体。

进一步强化基层群众性自治组织在社区矫正、对具有不良行为习惯的人员进行帮助改造方面的重要作用，通过法制义务宣传员走家入户、治安联防人员走街串巷，形成有利于全民守法的社会环境，全面推进法治社会的基础性建设。

五　加强企事业单位和社会组织内部行为规则约束，充分发挥法律服务在建设和谐社区中的作用

全心全意依靠工人阶级，完善以职工代表大会为基本形式的企事业单位民主管理制度，制定保护职工合法权益和明确职工岗位职责的厂规厂法，支持职工在遵守厂规厂法的前提下参与管理，维护职工合法权益。

发挥社会组织在扩大群众参与、反映群众诉求方面的积极作用，增强社会自治功能，通过社会组织的自治章程，明确社会组织的成员权利，理顺社会组织与其成员之间的法律关系，强化社会组织的成员对社会组织的服从意识和荣誉意识，增强社会组织成员对社会组织的责任心。在充分尊重个人意思自治的前提下，依托市场机制建立行业自身发展的规则，强化行业自律意识，提高行业成员自我管理、自我服务的水平。

实行法律服务的基层社区全覆盖，建立和完善法律服务顾问团，依靠法律服务职业化团体，送法下乡、下村、下街道、下小区，构建有效的法律服务社会化网络体系，让每一个公民切身体会到法律就在身边，遵守宪法和法律就是有效维护自身合法权益。通过职业化的法律服务，提高社会公众遵守宪法和法律的守法能力和水平，建立中国特色的形式、层次多元，内容相互衔接和统一的全民守法体系，让守法成为每一个社会成员日常的自觉行动，让守法精神渗透到社会生活的每一个角落。

六　弘扬法治文化，建立全民守法组织管理体系

要深入开展法制宣传教育，在全社会弘扬社会主义法治精神，培育法治文化，引导全体人民遵守法律，有问题依靠法律来解决，形成守法光荣和守法有责的良好氛围。要坚持法制教育与法治实践相结合，普法目标与守法效果相结合，建立全民守法指数考核指标体系，根据全民守法指标的状况适时调整普法工作的重点和中心，进一步改变单纯宣传法律文本的简单化普法思想，要坚持依法治国和以德治国相结合，把法治建设和道德建设紧密结合起来，把他律和自律紧密结合起来，做到法治和德治相辅相成、相互促进。

全民守法要做到守法与有德的统一。法律和道德都是社会行为规范，而最高境界的守法是恪守社会公德、职业道德和家庭美德，最低限度的守法是做到法律的底线不能逾越、道德的红线不能触碰，法律的义务不能弃、道德的责任不能丢。

适时设立促进全民守法工作机构，将普法工作机构纳入全民守法组织管理体系，突出普法工作的核心理念在于促进和保障全民守法。要制定实现全民守法的整体规划，处理好学法与守法的关系，做到知行统一、学以致用。要教育广大领导干部和群众，从自己做起，从身边做起，从具体行为习惯做起。凡是法律禁止的，都不去做；凡是法律提倡的，积极对待；凡是法律保护的，依法去做。要养成相信法律、遵从法律、爱护法律的良好的守法意识，以做一个法治社会合格的公民为抓手，将守法义务落实到每一个公民个人日常的一言一行中，逐步形成稳定有效的守法文化。

七　将全民守法作为加强宪法和法律实施的工作抓手，全面推进法治社会建设

全民守法工作具有广泛的社会性和群众基础，全民守法作为法治的重要元素从整体上优化了建设法治中国的社会环境。应通过法治社会的建设来推进法治中国的建设。全民守法是社会主义法治建设的重大课题，突出强调全民守法标志着党实施依法治国基本方略的决心和对社会主义法治建设规律认识的深化。全民守法对于构建社会主义和谐社会、实现国家长治久安具有重大战略意义。

全民守法是加强和创新社会管理的基础工作。社会管理的目标在于法的实施和法的价值目标的实现。社会管理是依照宪法和法律来治理社会，使社会管理活动依法进行，从而实现社会公平和正义价值，形成具有长效性的稳定发展机制。社会管理的实质是社会的依法治理。

全民守法是政府和公众在良性互动中实现国家“善政”和社会“善治”的

前提。我国正处在改革发展的关键时期，各种利益矛盾相互交织，一方面党员干部要坚持群众路线不动摇，使各项决策更加符合科学发展观的要求，更加贴近人民群众的需要，各级领导干部带头守法，为社会公众守法做出表率；另一方面，也要善于运用法律知识和技能释疑解惑，善于运用法治思维和法治方式化解矛盾，善于运用法律机制理顺社会关系。

人民群众的广泛参与是现代社会管理的重要特征。现阶段，我国社会结构、利益格局深刻变动和调整，公民积极参与社会意识明显提高。群众不仅是社会事务的参与者，更是良好秩序的建设者。公民在社会管理中不能扮演消极的、被动的角色，在一个人人都不遵守法律的社会中是无法形成具有长治久安特征的和谐社会的。全民守法是群众有序参与社会管理和社会依法治理的保证，只有全民守法，人民群众才会在社会管理和社会依法治理中表现出高度的社会责任感，形成法治共识，社会管理创新才有良好的群众基础和法治基础。只有将全民守法作为推进法治社会建设的工作抓手，通过全民守法形成良好的宪法和法律实施的社会氛围，形成较高的社会诚信体系，才能让市场要素充分展现自身的活力，让市场对资源配置起到决定性作用，才能有效地调动执政党、国家机关、社会组织和公民个人各个方面的主动性、积极性，以饱满的政治热情和审慎的守法意识投入到社会主义现代化建设中，最大限度地发挥社会主体的创造力，努力实现中国梦和中华民族伟大复兴的理想。

只有全民守法，人人参与，法治社会建设才能具有生机勃勃的发展活力。法治社会离不开具有较高守法意识的组成法治社会的每一个的公民个体。公民个人的守法意识与全民守法水平两者相辅相成、相互促进，从个体到整体、从部分到全部，为法治社会的建设提供了高素质的人员保障和法律环境、守法意识的保障。

第三章　全面推进依法治国与法治改革

（十八届四中全会决定精神解读）

四中全会为何专题讨论“依法治国”？①

——关注“十八届四中全会”系列评论之一

中共中央政治局2014年9月30日召开会议，研究全面推进依法治国重大问题。会议指出，全面推进依法治国，就要在中国共产党领导下，坚持中国特色社会主义制度，贯彻中国特色社会主义法治理论，形成完备的法律规范体系、高效的法治实施体系、严密的法治监督体系、有力的法治保障体系，形成完善的党内法规体系，坚持依法治国、依法执政、依法行政共同推进，坚持法治国家、法治政府、法治社会一体建设，实现科学立法、严格执法、公正司法、全民守法，促进国家治理体系和治理能力现代化。

会议决定，中国共产党第十八届中央委员会第四次全体会议于10月20日至23日在北京召开，并审议《中共中央关于全面推进依法治国若干重大问题的决定》。这是中国共产党作为执政党第一次以党的文件的形式就依法治国问题作出全面规划，是执政党实行依法执政、依宪执政的重大战略部署，是中国特色社会主义道路的新探索和新实践。这是继确立社会主义现代化强国宏伟目标之后，由执政党正式确立的中国特色社会主义道路的具体行动路线，它突出了中国特色社会主义是不同于世界上任何一个国家，尤其是欧洲“民主社会主义”国家的“法治社会主义”，它的基本目标是“社会主义”，具体的实现路径是“法治”。这是中国人民在中国共产党的领导下不断探索出来的社会主义革命和社会主义建设的新理论和新认识，是对传统意义上的社会主义的新发展。它的价值核心是“社会主义”与“法治”。

中国为什么要选择走社会主义道路，为什么要坚持走中国特色社会主义道

① 新华网，2014年10月20日。参见http：//news.xinhuanet.com/comments/2014-10/19/c_1112852929.htm，2016年1月20日最新访问。

路，这是贯穿整个改革开放全过程的重大问题，必须予以科学回答。1984 年 6 月 30 日邓小平会见日本客人时说：“如果不搞社会主义，而走资本主义道路，中国的混乱状态就不能结束，贫困落后的状态就不能改变。”在此基础上进而指出：“在中国现在落后的状态下，走什么道路才能发展生产力，才能改善人民生活？这就又回到是坚持社会主义还是走资本主义道路的问题上来了。如果走资本主义道路，可以使中国百分之几的人富裕起来，但是绝对解决不了百分之九十几的人生活富裕的问题。”1987 年 3 月 8 日会见坦桑尼亚领导人时邓小平又指出：“最近我同美国人谈话时讲过，中国只有坚持搞社会主义才有出路，搞资本主义没有出路。”改革开放以来，中国共产党一直致力于探索中国特色社会主义道路，这条道路始终没有离开“共同富裕”和“人民当家作主”的社会主义原则。

当然，中国特色社会主义道路是抽象的理论与具体的实践的有机结合。从原则和大方向上来看，社会主义是实现人民当家作主和共同富裕，这是一条非常清晰的前进道路。但是，依靠何种治国理政的手段来保证人民当家作主和实现全社会成员的共同富裕？中华人民共和国成立以后，我们曾经作了多种角度的尝试，有“一大二公”的公有制模式，也有“阶级斗争为纲”的革命模式。实践证明，这些措施和手段都存在着致命的缺陷，最大的制度障碍就是缺少固定和可持续的内在发展动力，不能给社会主义带来持久的生命力。党的十一届三中全会提出了“有法可依、有法必依、执法必严、违法必究”，这是新时期社会主义法制建设的十六字方针，为确立“法治社会主义”道路指出了具体的实践方向。党的十五大确立了“依法治国，建设社会主义法治国家”的治国方略，1999 年现行宪法第四次修正案又将“中华人民共和国实行依法治国，建设社会主义法治国家”写入了宪法，诸此种种，都从党的政策和国家宪法法律角度进一步丰富和完善了中国特色“法治社会主义”的内涵。

这条道路不同于传统意义上的“以党代政”，也不同于北欧国家推行的“民主社会主义”，它坚持的是“党的领导、人民当家作主与依法治国三者有机统一”原则，并且将“秩序优先”“制度保障”“法律指引”作为中国特色社会主义的鲜明特征。因此，从“法治社会主义”的意义上来看，即将举行的党的十八届四中全会审议的《中共中央关于全面推进依法治国若干重大问题的决定》将为中国特色社会主义从理论和实践两个层面注入新的活力，使得中国人民在中国共产党领导下孜孜以求的社会主义事业焕发生机。这一“决定”的通过，必将全面推动社会主义中国的现代化建设，使得中国特色社会主义在法治精神的润育下更加适应中国现阶段的具体实际，也会从理论上高举起“法治社会主义”大旗，引领人类社会制度文明的新发展。

依宪治国写进公报有何意义①

公报回答了党的领导和依法治国的关系

十八届四中全会对依法治国做了全面部署。让人印象最深的一点就是全会回答了党的领导和依法治国的关系——党的领导和社会主义法治是一致的，社会主义法治必须坚持党的领导，党的领导必须依靠社会主义法治。

这是法治建设的一个核心的问题，也是一个根本问题，全会公报做了正面、系统、辩证的而且是大大方方的回答，把社会主义法治建设与西方所谓宪政之间的根本区别也清楚地讲了出来。应该说这是在中国的土壤上推行的符合中国实际、没有“教科书”的一场伟大探索。

怎样看“依法治国”与“依宪治国”的关系

“依宪治国”一词最早提出就是来描述“依法治国”一词的内涵和特征的，其核心含义是要突出依法治国的关键是依宪治国。

2004 年 9 月 15 日，时任中共中央总书记胡锦涛在庆祝全国人民代表大会成立 50 周年大会上正式提出“依宪治国”的概念，并将“依宪治国”与“依法治国”的关系描述为“依法治国首先要依宪治国”，这是党的正式文件第一次肯定“依宪治国”一词的价值，并且将“依宪治国”视为“依法治国”的“应然”价值目标。

2014 年 9 月 5 日，习近平总书记在庆祝全国人民代表大会成立 60 周年大会上的讲话中，在肯定“依宪治国”对于“依法治国”所具有的重要意义基础上，提出了继续“坚持”的要求——“坚持依法治国首先要坚持依宪治国”。由此可见，“依宪治国”的概念不仅已经具有了完全的合法性，更重要的是，“依宪治国”成为推进法治中国建设应当不断坚持的法治道路。

“依宪治国”写进党的决议有何意义?

四中全会公报不仅对“依宪治国”在全面推进依法治国中的核心地位和重要作用作了充分肯定，重申了习近平总书记“坚持依法治国首先要坚持依宪治国，坚持依法执政首先要坚持依宪执政”的讲话精神，更重要的是，公报还就

---

① 央视网，2014 年 10 月 24 日。参见 http://news.cntv.cn/2014/10/24/ARTI1414143784488204.shtml，2016 年 1 月 20 日最新访问。

"依宪治国"的内涵提出了几项具体要求：包括完善以宪法为核心的中国特色社会主义法律体系，加强宪法实施；健全宪法实施和监督制度，完善全国人大及其常委会宪法监督制度，健全宪法解释程序机制。此外，公报还强调："使每一项立法都符合宪法精神"。

从公报的上述规定可以解读以下内涵：

一是贯彻落实"依宪治国"，全国人大及其常委会作为依据宪法具有监督宪法实施职责的最高国家权力机关负有重要的使命；

二是作为宪法原则具体化的各项立法活动首先要体现"依宪治国"的要求，要贯彻"依宪立法"的精神；

三是作为保证宪法实施的宪法解释工作是"依宪治国"最重要的制度举措，必须通过完善程序和机制的方式来推进。

从胡锦涛同志10年前的讲话肯定"依宪治国"概念的合理性，到四中全会公报明确重申"坚持依法治国首先要坚持依宪治国"，"依宪治国"成为党的政策和行动纲领经历了10个年头。在过去的十年中，宪法作为国家根本法的作用在依法治国的实践中得到了越来越广泛的重视，形成了上上下下普遍认可的共识。因此，坚持"依宪治国"必将会全面提升依法治国的水平和能力。

规范司法行为：全面推进依法治国的必然要求[①]

党的十八届四中全会公报提出了"规范司法行为"的要求，这是执政党以党的文件形式首次提及"司法行为"的概念并提出了"规范"要求。正确地解读"规范司法行为"的内涵，有助于从整体上提升司法工作的质量，维护司法公正。

全会公报指出："公正是法治的生命线。司法公正对社会公正具有重要引领作用，司法不公对社会公正具有致命破坏作用。必须完善司法管理体制和司法权力运行机制，规范司法行为，加强对司法活动的监督，努力让人民群众在每一个司法案件中感受到公平正义。"

与行政行为具有相同的法律性质，司法行为是司法机关实施宪法和法律的活动。根据行为约束对象的特定性，司法行为也可以分为抽象司法行为和具体司法行为。具体司法行为是指司法机关依据宪法和法律处理具体行政案件、民事案件和刑事案件的司法活动；抽象司法行为是指最高司法机关，在我国主要是最高人民法院和最高人民检察院就司法活动领域带有共性的问题、针对不特

---

① 本文发表在《检察日报》2014年10月27日。

定对象制定司法政策、作出司法解释和进行司法指导的司法活动，公安机关在刑事案件中也可以作出一定的抽象司法行为。

在我国的法治实践中，过去强调行政行为的比较多，对司法行为重视不够。主要是司法行为相对于行政行为来说，参与司法活动的当事人具有很大的行为自由和自主性，司法机关通常担负着“被动角色”，即一般是“民不告、官不理”，因此，司法行为的“被动性”常常导致当事人不太重视司法机关本身行为的合法性和合理性。加上司法机关通常处理具体案件，当事人很难挑战司法政策、司法解释和司法指导等抽象行政行为，所以长期以来，对司法行为的整体规范性要求被理论界和实务界所忽视。还有，司法机关往往处于法治建设最下游的环节，人民群众对司法行为有一种“最后期待”，不到万不得已不会去打官司，所以，通过司法行为来保证立法行为、行政行为的合法性和合理性，并没有受到法律上的挑战。

四中全会公报将“司法行为”的“规范化”明确提出来，这一精神具有非常重要的意义。一是“司法行为”概念的明确，使得司法机关实施宪法和法律的活动被有机地纳入与立法行为、行政行为相提并论的法律行为之列，司法机关实施宪法和法律的活动也被纳入了统一的法治秩序，这对于监督司法机关“依法司法”具有非常重要的意义。二是“规范司法行为”是针对司法机关在制定司法政策、作出司法解释和进行司法指导以及处理具体行政案件、民事案件和刑事案件时提出的“合法性”和“合理性”要求，根据“规范”法律行为的一般性制度要求，“规范司法行为”也必然要求司法机关的活动要“于法有据”，司法机关也要遵循“依法司法”原则，司法机关在依据宪法和法律处理具体案件时，必须依据法律规定程序，遵循司法行为公开性原则，主动接受当事人和人民群众的监督等等。

总之，四中全会公报明确提出“规范司法行为”，对于完善社会主义法治理论，健全社会主义法治体系，具有非常重要的建构作用。“规范司法行为”保证了“依法办事”原则的统一适用性，自此，“依法办事”的要求已经扩展到立法、行政、司法和法律监督领域，法制的统一性原则得到了维护，“依法治国”的理念真正得到了体现。司法机关也真正成为依法治国的参与者，全面推进依法治国，司法机关也具有理所当然的一份责任。

明确社会主义法治体系的结构与内涵[①]

在当今时代，执政党在总结我国既往法制建设的经验基础上正式提出“社

① 本文发表在《学习时报》2014年10月27日。

会主义法治体系”，我们应当从理论和实践两个层次来科学认识社会主义法治体系的性质，准确地界定社会主义法治体系的结构与内涵。

改革开放以来我国社会主义法制建设的每一项成就与科学有效的法制理论的指导密不可分，社会主义法制建设是法制理论与法制实践相互作用的产物。在社会主义法制建设不断系统化、体系化的过程中，法制理论的体系化和法制实践的体系化是相辅相成、不可分割的两个有机组成部分，脱离任何一个方面，单方面强调哪个领域的体系化都是不全面、不科学的。所以，在当今时代，执政党在总结我国既往法制建设的经验基础上正式提出“社会主义法治体系”，我们应当从理论和实践两个层次来科学认识社会主义法治体系的性质，准确地界定社会主义法治体系的结构与内涵，也就是说，社会主义法治体系从结构上来看，既包括了社会主义法治理论体系，又包括了社会主义法治实践体系。两个体系是社会主义法治体系化的重要表现形式，必须齐头并进，共同建设。

社会主义法治体系要在理论和实践两个不同层次都能够有效地发挥自身的体系化作用，必须要囊括法制建设系统化、体系化的各项成果，将与法制建设相关的要素按照一定的理论逻辑和制度规范科学和有序地组合起来，最大限度地发挥法制建设相关要素之间的整体合力，从而有效地贯彻落实依法治国基本方略，推动法治中国建设。

科学和完整的社会主义法治体系，包括社会主义法治理论体系和社会主义法治实践体系两个方面的内涵。而社会主义法治理论体系和社会主义法治实践体系又是由不同的理论要素和实践要素组成的有机整体。对于社会主义法治体系的理论和实践两个方面特征的描述必须要反映法制建设系统化、体系化的各项成果，要用明确无误的简要语言列举社会主义法治体系的构成要素以及法治体系整体的结构特征，唯其如此，才能最大限度地利用法制建设体系化的功能，增强对法制建设宏观走势的掌控能力。

社会主义法治理论体系根据法制理论的存在形式和功能，可以分为社会主义法治核心价值体系、社会主义法治观念体系、社会主义法学理论体系、社会主义法治教育体系、社会主义法治科学研究和宣传体系，以及社会主义法律知识体系和社会主义法律意识体系。其中，社会主义法治核心价值体系是社会主义法治理论体系的灵魂和核心，其基本理论来源是社会主义核心价值观，其表现形式是社会主义民主政治观、社会主义法治观、社会主义人权观、社会主义公平正义观以及依宪治国、依宪执政的社会主义法治价值观。

社会主义法治实践体系包括了静态的法律规范体系和动态的法律制度运行体系，也就是说，社会主义法治实践体系是由中国特色社会主义法律体系、党内法规体系、立法体系、执法体系、司法体系、法律监督体系和法律合作体系等等构成的有机整体。

社会主义法治体系在注重自身体系特征的时候，还应当根据体系化所追求的功能科学和合理地安排各项要素，并根据不同要求来有机地组合各项要素。例如：为强调法治体系要素自身的特征，可以从规范形态的法律体系、制度形态的法制体系，以及综合形态的法治体系来描述法治体系的要素构成结构，进一步彰显法治体系相对于法律体系、法制体系所具有的理论与实践相结合、价值与规范相统一、结构与功能相一致的价值优势；从法制建设的行动路线来安排法治体系的各项要素，可以将党的领导、人民当家作主与依法治国三者有机统一原则置于社会主义法治实践体系的“顶层”，将执政党的政策体系、党内法规体系置于国家的法律体系的两侧，将各种规范性文件构成的规范体系置于法律体系的最下端，从而形成一个种类齐全、结构完整的社会主义法律规范体系等等。

中共中央政治局2014年9月30日召开会议，研究全面推进依法治国重大问题。会议指出，全面推进依法治国，就要在中国共产党领导下，坚持中国特色社会主义制度，贯彻中国特色社会主义法治理论，形成完备的法律规范体系、高效的法治实施体系、严密的法治监督体系、有力的法治保障体系，形成完善的党内法规体系，坚持依法治国、依法执政、依法行政共同推进，坚持法治国家、法治政府、法治社会一体建设，实现科学立法、严格执法、公正司法、全民守法，促进国家治理体系和治理能力现代化。值得关注的是，中共中央政治局会议对“社会主义法治体系”的表述应当是十八届四中全会通过的《中共中央关于全面推进依法治国若干重大问题的决定》关于社会主义法治体系特征的集中阐述，对于理解中国特色社会主义法治体系的理论源头、政策依据和实践价值具有非常重要的参考意义。

总之，科学和合理的社会主义法治体系需要分层次、分步骤、分阶段、有目标地分别论述，社会主义法治体系具有自身独特的结构，能够从整体上体现体系的功能，故在理论上要最大限度地利用体系化带来的整体感和宏观把握能力与机遇，全面和有效地进行社会主义法治体系建设，提升法治中国建设的效益和效率。

社会主义法治建设的新篇章[①]

——《中共中央关于全面推进依法治国若干重大问题的决定》意义解读

党的十八届四中全会审议通过的《中共中央关于全面推进依法治国若干重

① 本文发表在《检察日报》2014年10月30日。

大问题的决定》（以下简称《决定》）总结了新中国 65 年法制建设的经验和教训，特别是在对党的十一届三中全会以来我国法制建设和法治发展进行全面概括和总结的基础上，提出了全面推进依法治国的指导思想、总目标、具体任务和制度改革措施，以党的文件形式第一次全面系统地论述了中国特色社会主义法治理论的内涵和特征，通过确定建设中国特色社会主义法治体系和法治国家的总目标，对全面推进依法治国进行了总体上的政策规划和制度安排，是贯彻落实依法治国基本方略过程中具有历史性意义的文件，具有法治建设里程碑的作用。

与党的十五大报告提出的“依法治国，建设社会主义法治国家”治国方略，以及党的十八届三中全会通过的《中共中央关于全面深化改革若干重大问题的决定》提出的“推进法治中国建设”的法治建设目标相比，党的十八届四中全会通过的《决定》从理论和实践两个层面全面丰富和发展了依法治国的理论与实践，具有以下几个方面的鲜明特征：

一是指导思想由“四”到“五”，第一次明确地将习近平总书记系列重要讲话精神作为全面推进依法治国的指导思想和理论基础。《决定》明确指出：全面推进依法治国，必须贯彻落实党的十八大和十八届三中全会精神，高举中国特色社会主义伟大旗帜，以马克思列宁主义、毛泽东思想、邓小平理论、“三个代表”重要思想、科学发展观为指导，深入贯彻习近平总书记系列重要讲话精神，坚持党的领导、人民当家作主、依法治国有机统一，坚定不移走中国特色社会主义法治道路，坚决维护宪法法律权威，依法维护人民权益、维护社会公平正义、维护国家安全稳定，为实现“两个一百年”奋斗目标、实现中华民族伟大复兴的中国梦提供有力法治保障。《决定》的上述规定具有鲜明的时代特征，体现了我党在依法治国指导思想和理论建设方面的巨大成就，也反映了《决定》具有与时俱进的品格，能够及时地反映以习近平为总书记的党中央在法治建设理论方面的新思想和新观念。例如，《决定》全面肯定了习近平总书记在 2014 年 9 月 5 日纪念全国人民代表大会成立 60 周年大会上讲话中提出的“坚持依法治国首先要坚持依宪治国，坚持依法执政首先要坚持依宪执政”的“依宪治国”“依宪执政”的重要思想，突出强调了“依宪治国”“依宪执政”在全面推进依法治国中的重要地位和作用。

二是《决定》第一次全面和清晰地表述了“党的领导”与“依法治国”之间的辩证关系，在对以往党对法治工作各个具体领域进行重点和专项领导所取得的经验基础上，提出了要将党的领导贯彻到依法治国的全过程和各方面，比较系统和完整地解决党的领导与依法治国的相互关系，以及党如何领导法治工作的问题，为执政党全面和有效地领导法治工作提供了丰富的思想渊源、政策依据和行动指南。《决定》指出，党的领导是中国特色社会主义最本质的特征，是社会主义法治最根本的保证。把党的领导贯彻到依法治国全过程和各方面，是我国社会主义法治建设的一条基本经验。党的领导和社会主义法治是一致的，社会主义法治必须坚持党的领导，党的领导必须依靠社会主义法治。只有在党的领导下依法治国、厉行法治，人民当家作主才能充分实现，国家和社会生活法治化才能有序推进。必须坚持党领导立法、保证执法、支持司法、带头守法，把依法治国基本方略同依法执政基本方式统一起来，把党总揽全局、协调各方同人大、政府、政协、审判机关、检察机关依法依章程履行职能、开展工作统一起来，把党领导人民制定和实施宪法法律同党坚持在宪法法律范围内活动统一起来，善于使党的主张通过法定程序成为国家意志，善于使党组织推荐的人选通过法定程序成为国家政权机关的领导人员，善于通过国家政权机关实施党对国家和社会的领导，善于运用民主集中制原则维护中央权威、维护全党全国团结统一。

三是《决定》在各项法治工作中选择了“依法执政”这个“纲”来统帅全面推进依法治国的所有事项，解决了贯彻落实依法治国基本方略的基础理论问题。《决定》对“依法执政”的内涵做了两个方面的概括，规定“依法执政，既要求党依据宪法法律治国理政，也要求党依据党内法规管党治党”。根据上述规定，《决定》所确立的“依法执政”内涵，既包括了“依法治国”的内容，又涉及了“以规治党”的内容，对“依法治国、依法执政、依法行政共同推进”的系统推进思想中的工作重点做了非常清晰的描述，即“依法执政”工作统领“依法治国”“依法行政”等各项法治工作，执政党抓好了“依法执政”这个“纲”，“依法治国”“依法行政”等各项法治工作必然会取得巨大成效。

四是《决定》从三个不同角度对“依宪治国”的基本内涵做了全面的阐述，为贯彻落实“依宪治国”指导思想提供了政策依据和行动纲领。为全面贯彻落实“坚持依法治国首先要坚持依宪治国”指明了具体的行动方向。《决定》主要是从以下几个角度对“依宪治国”做出了具体部署：（1）提出了一切国家机关、社会组织和公民个人都有维护宪法权威、保证宪法实施的职责。《决定》规定，全国各族人民、一切国家机关和武装力量、各政党和各社会团体、各企业事业组织，都必须以宪法为根本的活动准则，并且负有维护宪法尊严、保证宪法实施的职责。一切违反宪法的行为都必须予以追究和纠正。（2）《决定》以加强宪法实施和对宪法实施监督为重点，对“依宪治国”的工作重点做出了制度安排，确认了全国人大及其常委会在“依宪治国”方面的重要使命。《决定》规定，完善全国人大及其常委会宪法监督制度，健全宪法解释程序机制。加强备案审查制度和能力建设，把所有规范性文件纳入备案审查范围，依法撤销和纠正违宪违法的规范性文件，禁止地方制发带有立法性质的文件。(3)《决定》对贯彻落实“依宪治国”指导思想的社会环境和制度背景做出了明确要求，规定设立12月4日为“国家宪法日”，同时规定了宪法宣誓制度，要求“凡经人大及其常委会选举或者决定任命的国家工作人员正式就职时公开向宪法宣誓”。(4)《决定》对立法工作也提出了“依宪立法”的要求，规定“党中央向全国人大提出宪法修改建议，依照宪法规定的程序进行宪法修改”，“使每一项立法都符合宪法精神”等等，上述这些规定无疑对于树立和维护宪法权威，推进“依宪治国”具有非常积极有效的促进作用。

五是《决定》充满了改革精神，辩证地对待法治建设与改革开放的关系，全面和系统地提出了190项改革措施，这些改革措施都是全面推进依法治国所必须采取的制度举措和制度安排。贯彻落实这些改革措施，必须以修改现行宪法和相关法律的规定为前提，为《决定》生效之后新一轮法治改革指明了具体的前进方向。例如，《决定》所规定的司法改革措施中最具“亮色”的两项措施，即“最高人民法院设立巡回法庭，审理跨行政区域重大行政和民商事案件。探索设立跨行政区划的人民法院和人民检察院，办理跨地区案件”，要落实上述改革措施，就必须首先要修改现行宪法和人民法院、人民检察院组织法的相关规定，因为现行宪法和法院、检察院组织法所规定的法院、检察院组织体制设置原则是根据人民代表大会制度的基本组织原则来设置的，其基本的法律特征就是要按行政区划设立人民法院、人民检察院，便于作为国家权力机关的人民代表大会对人民法院和人民检察院实施法律的活动进行必要和有效的监督。此外，《决定》规定的“设区的市享有地方立法权”也与现行宪法和立法法所规定的立法体制存在不一致的地方，要落实设区的市享有地方立法权，必须对宪法和立法法相关的规定作出修改等等。

总之，《决定》从七个大的方面对全面推进依法治国作了宏观的政策指引，以及制度建设和改革的总体部署，是全面推进依法治国、搞好各项法治工作的总的行动纲领。对《决定》精神的认真学习、领会和积极主动、高效地贯彻落实，必将会推动法治中国建设的整体进程，全面提升国家治理体系和治理能力的法治化和现代化水平，为执政党依法执政保驾护航，为深化改革和经济社会的持续繁荣和发展提供最可靠的制度环境和法律保障。

我国依宪执政不同于西方资本主义宪政民主[①]

不久前闭幕的党的十八届四中全会审议通过的《中共中央关于全面推进依法治国若干重大问题的决定》（以下简称《决定》）以党的文件形式第一次全面和系统地阐述了作为执政党的中国共产党依法执政的各项主张，提出了全面推进依法治国的指导思想、两项总目标、五项原则、六项具体任务和190项法治改革措施，这是一个指导法治中国建设的纲领性文件，是执政党依法执政的“总抓手”，在党的执政史上具有划时代的理论意义和实践意义。

《决定》旗帜鲜明地提出了“坚持依法执政首先要坚持依宪执政”的政治主张，正确地处理了“依法执政”与“依宪执政”两者之间的相互辩证关系，突出了“依宪执政”在“依法执政”中的核心地位，是执政党贯彻落实“党在宪法和法律范围内活动”原则的重要行动纲领，对于全面推进依法治国，将党的领导贯彻到全面推进依法治国的全过程和各方面具有非常重要的现实的指导意义。《决定》将“依宪执政”的重要性提升到了前所未有的高度，表明了执政党对作为国家根本法的宪法的法律尊严和权威的充分尊重，是执政党领导人民制定宪法、带头遵守宪法的宪法意识的高度体现，是执政党坚持走中国特色社会主义法治道路，坚持理论自信、制度自信和道路自信的最重要的政策导向。

一 “依宪执政”的主张是从依法治国的实践中产生的，符合执政党执政的规律

众所周知，“依宪执政”的概念从正式提出到被《决定》最终加以充分肯定，经历了一个内涵及价值不断发展的过程。“依宪执政”从一开始就是作为“依法行政”的一个最重要的特征被提出来的。早在党的十六大报告中就从“改革和完善党的领导方式和执政方式”的角度第一次正式提出了“依法执政”的要求。十六大报告指出：“坚持依法执政，实施党对国家和社会的领导”。与此同时，十六大报告还进一步要求执政党要“善于把坚持党的领导、人民当家作主和依法治国统一起来，不断提高依法执政的能力”。“依宪执政”概念是2004年9月15日胡锦涛总书记在首都各界纪念全国人大成立50周年大会上的讲话中第一次被明确提出，胡锦涛总书记讲话指出：“依法治国首先要依宪治国，依法执政首先要依宪执政”。从胡锦涛总书记上述讲话精神来看，“依宪执政”概念

① 本文发表在《人民日报》2014年11月13日。发表时有删改。

的提出是与“依法执政”紧密结合在一起的，“依宪执政”被视为“依法执政”的一项重要工作，在保证“依法执政”过程中具有极其重要的地位。“依宪执政”概念在党和国家领导人的讲话中再度被提出是2012年12月4日习近平总书记在首都各界纪念现行宪法正式施行30周年大会上的讲话。习近平总书记“12·4”讲话指出，“依法治国首先是依宪治国，依法执政关键是依宪执政”。与胡锦涛总书记在纪念全国人大成立50周年大会上的讲话对“依宪执政”与“依法执政”之间相互关系的表述略有不同的是，胡锦涛总书记讲话中对“依宪执政”与“依法执政”之间的相互关系用的词语是“要”，而习近平总书记“12·4”讲话中用的是“是”。“要”只是表明“应当”“希望”，而“是”则表示了一种事实判断。也就是说，习近平总书记“12·4”讲话中主张“依法执政关键是依宪执政”，这一论述已经对“依宪执政”在“依法执政”中的核心作用作了明确的肯定性结论，也就是说，“依法执政关键是依宪执政”是一个毋庸置疑的事实，执政党坚持“依法执政”必须首先“依宪执政”，“依宪执政”对于“依法执政”来说已经不是“要”与“不要”的问题，而是“必须”“不得不”的问题。习近平总书记在“12·4”讲话中对“依宪执政”与“依法执政”相互关系的最新阐述在2014年9月5日在纪念全国人大成立60周年大会上的讲话中又得到了进一步明确的重申。习近平总书记在“9·5”讲话中强调指出：“坚持依法治国首先要坚持依宪治国，坚持依法执政首先要坚持依宪执政”。在上述讲话中，“依宪执政”与“依法执政”之间的辩证关系已经成为无可争议的事实，而当下最需要解决的就是如何“坚持依宪执政”，并通过“坚持依宪执政”来实现“坚持依法执政”的目标。党的十八届四中全会通过的《决定》全面肯定了习近平总书记在“9·5”讲话中关于“坚持依法执政首先要坚持依宪执政”的论述，为从理论和实践两个层面科学合理地界定“依宪执政”与“依法执政”的相互关系，强化作为国家根本法的宪法在执政党依法执政中的重要作用提供了最基本的政策依据。

总之，“依宪执政”概念从提出到《决定》加以明确肯定成为指导执政党依法执政的行动纲领，其间，经历了理论和实践两个层面不断探索的过程，最终成为以习近平为总书记的党中央治国理政和管党治党的重要依据，它反映了执政党对“依宪执政”在全面推进依法执政中重要作用的清醒认识和对执政党推进依法执政工作各项政策走向的准确把握，是执政党依法执政的重要“抓手”和最有效的实现路径。

二　我国依宪执政不同于西方资本主义宪政民主

《决定》从论述“坚持依宪执政”与“坚持依法执政”关系的角度强调了“依宪执政”的意义。虽然《决定》没有明确“依宪执政”的具体内涵，但从

《决定》对“依法执政”特征的描述、对宪法地位和作用的确认以及党的领导与依法治国的关系的阐述等等角度，可以合理地推导出“依宪执政”应当包含的一些基本的政策要求。《决定》对“依法执政”的内涵做了两个方面的要求，即“依法执政，既要求党依据宪法法律治国理政，也要求党依据党内法规管党治党”。根据《决定》上述规定，“依法执政”实际上涉及“依法治国”和“以规治党”两个方面的内容，其中“依法治国”首先是“依宪治国”。基于习近平总书记在“12·4”讲话中对“依宪执政”与“依法执政”相互关系的最新阐述，即“依法执政关键是依宪执政”，结合《决定》对“依法执政”两个方面内涵的表述，“依宪执政”首先包含了“依宪治国”的内容，也就是说，“依宪执政”首先意味着执政党依据宪法治国理政。《决定》将“依法执政”另一项重要要求确定为“以规治党”，从“依法执政”角度来看，“党内法规”也被视为“依法执政”中的“法”的一项重要内容。结合《决定》的其他要求，例如，《决定》规定：任何组织和个人都必须尊重宪法法律权威，都必须在宪法法律范围内活动，都必须依照宪法法律行使权力或权利、履行职责或义务，都不得有超越宪法法律的特权。可以合理地推定，“依宪执政”也应当包含“党在宪法范围内活动”的内容，即便是执政党“管党治党”，也要尊重宪法权威、保证宪法实施和维护宪法尊严。

在明确了《决定》所突出强调的“依宪执政”的内涵和重大意义之后，可以发现，我们所主张的“依宪执政”，完全不同于西方资本主义国家的“宪政民主”。我们所强调的“依宪执政”，其最大特点是作为执政党的中国共产党治国理政和管党治党的重要方式，“依宪执政”是执政党全面推进依法治国的一个重要“抓手”，它是在坚持党的领导这个基本原则不动摇的逻辑大前提下，通过尊重宪法权威、维护宪法尊严、推进宪法实施、加强宪法监督来实现执政党治国理政和管党治党的各项政策目标。西方资本主义国家的“宪政民主”其价值核心在于“民主”，其“宪政”的主要功能就是要限制“多数人民主”可能导致的“暴政”，通过在选举中获胜的政党每隔几年上台轮流执政来实现不同政党各自的执政理念和主张。尽管在英美法系和大陆法系国家中对“宪政民主”在具体实现路径上有很大的差别，但作为“反民主”的价值产物，“宪政”的最大功效就是要支持多党轮流执政模式，从而最大限度地实现资本主义民主理想和价值。事实上，这样的“宪政民主”在运行过程中先天就存在诸多缺陷。首先，“宪政民主”是以限制执政党的权力作为民主制度运行的逻辑前提，这样的民主机制必须要以社会公众有着良好的民主素养为前提，这样的民主素养的形成既有传统文化作用的因素，也有各种政治、经济、文化和社会因素合力作用的结果。在传统的欧美国家，“宪政民主”能够有效存在，甚至表示出很强的“生命力”。例如，世界上最早的成文宪法1787年美国联邦宪法、挪威王国1814年宪法目前仍然在生效，这样的“宪政民主”有着自身合理存在的具体的历史和文化条件，在世界上其他国家和地区则很难有效地实现。其次，“宪政民主”最终还是要归结到民主价值的终极实现上，在“宪政民主”体制下，民主价值不仅要解决如何执政的问题，更为关键的是首先要解决依靠民主形式决定谁来执政的问题。从这一点来看，我国“依宪执政”主要实现的是依靠民主形式解决如何执政的问题，而谁来执政的问题则不需要通过社会主义民主制度本身来解决。共产党作为执政党的地位是由历史、人民和执政实践来决定的。只要共产党秉承全心全意为人民服务的宗旨，不谋私利、一心为民，那么，自身的执政党地位就是牢靠和巩固的。在坚持党的领导前提下，社会主义民主政治关键是要解决如何发挥人民的主体地位，如何以最佳方式来推动执政党依法执政。最后，西方资本主义“宪政民主”存在着“民主形式”与“民主实质”相脱节的问题。从表面上看，基于“普遍平等”“一人一票”原则进行的民主选举体现了每一个社会成员的意志，但是，在这种民意表面上聚集化的背后，真正起决定作用的还是各种“资本”力量或特殊的利益集团或者是少数精英群体，民主所要决定的涉及国家生活和社会生活的重大事项则是普通民众自身无法控制的，普通选民手中的选票只能简单地体现社会公众的“认同度”，但无法真正有效地反映选民的真实意愿，所以，鉴于传统“宪政民主”存在的先天性的价值缺陷，西方资本主义国家近年来也在探索以“协商民主”“对话民主”等等新的民主形式来修正传统意义上的“多党轮流执政”的“宪政民主”。由此可见，简单地将我国“依宪执政”类比于西方资本主义国家的“宪政民主”在法理上是站不住脚的，在民主政治的实践中也没有任何现实的可借鉴意义。我们的“依宪执政”是中国特色社会主义制度实践的产物，具有鲜明的时代性、条件性和中国化的特点，是基于中国特色社会主义民主政治理论和中国特色社会主义法治理论而科学合理地存在并在制度实践中有效运行的。实践证明，这种民主模式适合中国当下民主政治发展的特点，也与全面推进依法治国的各项要求相适应，因此，具有非常强的生命力，对此，我们要保持应有的理论自信、制度自信和道路自信。

三　坚持“依宪执政”关键是要将权力关进制度的笼子

在中国特色社会主义民主政治体制下，坚持“依宪执政”最大的理论和实践意义就是要把权力关进制度的笼子，从而有效地推进执政党的各项政治主张，实现依法执政的各项政策目标。习近平总书记在中国共产党第十八届中央纪律检查委员会第二次全体会议讲话时指出，要加强对权力运行的制约和监督，把权力关进制度的笼子里，形成不敢腐的惩戒机制、不能腐的防范机制、不易腐的保障机制。他强调，各级领导干部都要牢记，任何人都没有法律之外的绝对权力，任何人行使权力都必须为人民服务、对人民负责并自觉接受人民监督。习近平总书记关于“把权力关进制度的笼子”的论述可以说从理论上揭示了“依宪执政”的核心内涵及意义。为什么执政党要坚持“依宪执政”呢？关键的一点就是要依托宪法所规定的反对特权和人人平等原则，以及实现这些原则所建立起来的基本宪法制度，真正有效地解决实践中存在的执政党中少数人以权谋私、腐败堕落的问题。宪法作为国家根本法，其自身最大的法律特征就是运用制度来控制权力，这种制度特征恰恰解决了“把权力关进制度的笼子”的难题。对于“把权力关进制度的笼子”问题，《决定》在提出“坚持依法执政首先要坚持依宪执政”的要求基础上，对如何通过制度来控制权力，提出了若干具体的制度改革措施，规定：“依纪依法反对和克服形式主义、官僚主义、享乐主义和奢靡之风，形成严密的长效机制。完善和严格执行领导干部政治、工作、生活待遇方面各项制度规定，着力整治各种特权行为。深入开展党风廉政建设和反腐败斗争，严格落实党风廉政建设党委主体责任和纪委监督责任，对任何腐败行为和腐败分子，必须依纪依法予以坚决惩处，决不手软。”

我们有理由相信，只要我们坚持“依宪执政”这个大的原则不动摇，只要我们坚定走中国特色社会主义法治道路的信心和决心不松懈，我们就一定能够在以习近平为总书记的党中央领导下，通过采取全面推进依法治国的各项法治工作的有效制度措施，打破西方资本主义“宪政民主”的神话，走出一条真正属于中国人自己的社会主义民主和社会主义法治发展道路。

依法执政是法治工作的核心

——四中全会公报系列评论解读之五①

党的十八届四中全会审议通过的《中共中央关于全面推进依法治国若干重大问题的决定》（以下简称《决定》），系统阐述了“依法执政”的丰富内涵，从理论上解决了全面推进依法治国的工作重心问题。

首先，《决定》明确全面推进依法治国是一项系统工程，它依赖各项工作的法治化以及全国人民在党的领导下坚持依法治国形成合力，不断向前推进依法治国历史进程。《决定》指出，“全面推进依法治国是一个系统工程，是国家治

① 资料来源：中国网，2014-10-29。参见 http：//news. China. com. cn/txt/2014-10-29/content_33909923. htm，2016 年 1 月 20 日最新访问。

理领域一场广泛而深刻的革命，需要付出长期艰苦努力。全党同志必须更加自觉地坚持依法治国、更加扎实地推进依法治国，努力实现国家各项工作法治化，向着建设法治中国不断前进”。《决定》还对全面推进依法治国系统工程的特点做出了详细的描述。例如，“坚持党的领导、人民当家作主、依法治国有机统一”，“坚持依法治国、依法执政、依法行政共同推进，坚持法治国家、法治政府、法治社会一体建设，实现科学立法、严格执法、公正司法、全民守法，促进国家治理体系和治理能力现代化。”因此，坚持《决定》所提出的“全面推进依法治国是一项系统工程”的系统论思想，就必须在全面推进依法治国的过程中，将各项法治工作齐抓共管、齐头并进。同时，还必须抓住中心工作，抓住矛盾的重点，树立矛盾论的“纲目”思想，以纲带目，纲举目张。

其次，《决定》在各项法治工作中选择了“依法执政”这个“纲”来统帅全面推进依法治国的所有事项，解决了贯彻落实依法治国基本方略的基础理论问题。《决定》对“依法执政”的内涵做了两个方面的概括，规定“依法执政，既要求党依据宪法法律治国理政，也要求党依据党内法规管党治党”。根据上述规定，《决定》所确立的“依法执政”内涵，既包括了“依法治国”的内容，又涉及了“以规治党”的内容，对“依法治国、依法执政、依法行政共同推进”的系统推进思想中的工作重点做了非常清晰的描述。执政党抓好“依法执政”这个“纲”，“依法治国”“依法行政”等各项法治工作必然会取得巨大成效。

《决定》还提出“依法执政”是一项全民参与的事业，可以动员党内外的一切力量参与全面推进依法治国的各项工作，积极推进中国特色社会主义法治体系和法治国家的建设进程。《决定》要求：依法执政是依法治国的关键。各级党组织和领导干部要深刻认识到，维护宪法法律权威就是维护党和人民共同意志的权威，捍卫宪法法律尊严就是捍卫党和人民共同意志的尊严，保证宪法法律实施就是保证党和人民共同意志的实现。各级领导干部要对法律怀有敬畏之心，牢记法律红线不可逾越、法律底线不可触碰，带头遵守法律，带头依法办事，不得违法行使权力，更不能以言代法、以权压法、徇私枉法。

国家宪法日应以宣传宪法为主题[①]

党的十八届四中全会审议通过了《中共中央关于全面推进依法治国若干重大问题的决定》（以下简称《决定》）。《决定》意义重大，在执政党的执政史

① 本文发表在《人民法院报》2014 年 12 月 4 日。

上第一次以党的文件形式全面和系统地阐述了执政党依法执政的基本理论框架和具体的行动纲领，为全面推进依法治国，建设社会主义法治国家提供了明确的行动指引和前进方向。

作为全面推进依法治国的一项重要保障措施，《决定》规定要将 12 月 4 日定为国家宪法日，既符合维护宪法权威的要求，又具有付诸实施的行动可行性。11 月 1 日，十二届全国人大常委会第十一次会议作出《关于设定国家宪法日的决定》。这一决定的出台恰逢其时，决定通过法律的形式将 12 月 4 日设定为国家宪法日，这对于国家和全社会充分利用国家宪法日来积极主动和有效地进行宪法宣传活动具有非常重要的价值。与此同时，全国人大常委会通过的《关于设定国家宪法日的决定》也是国家权力机关用立法的形式首次落实《决定》所规定的全面推进依法治国的 190 项措施，是对《决定》的迅速回应，是党的政策及时转化为国家法律的经典范例，对于推动《决定》所规定的各项法治改革措施的及时出台具有非常积极的影响作用。

在《关于设定国家宪法日的决定》通过之后，为了准确和有效地实施该决定，今年 12 月 4 日便理所当然地成为我国第一个国家宪法日。由于 2001 年中共中央、国务院已经发文将 12 月 4 日设定为全国法制宣传日，所以，作为全国人大常委会通过的《关于设定国家宪法日的决定》将 12 月 4 日设定为国家宪法日，只是突出强调了 12 月 4 日这一天对于宣传宪法的重要性，并没有以立法的形式来取消这一天仍然属于全国法制宣传日。所以，从法律效力来看，今年的 12 月 4 日，将是全国法制宣传日与国家宪法日首次重合加以庆祝的节日。由于国家宪法日是全国人大常委会以法律形式规定的，而全国法制宣传日只是中共中央、国务院以政策文件的形式倡导的，故今年的 12 月 4 日应当主要以庆祝国家宪法日为主题，同时结合宪法宣传工作，继续保持其全国法制宣传日的性质，在具体工作部署上，切不可因为全国人大常委会将 12 月 4 日确定为国家宪法日而放弃在同日作为全国法制宣传日继续强化对社会公众所应当做的各项普法教育工作。12 月 4 日应当视为法律上的“双节日”，既要作为国家宪法日来加以庆祝，也要继续按照全国法制宣传日的性质做好当日的法制宣传工作。

全国人大常委会通过的《关于设定国家宪法日的决定》选择了 12 月 4 日作为国家宪法日。12 月 4 日是我国 1982 年现行宪法诞生之日，并不是中华人民共和国成立之日，所以，我国的国家宪法日的庆祝不应以宣示国家的主权特征为主要任务，而是要以宣传宪法、推动宪法实施作为首要任务。为此，首个国家宪法日的庆祝活动仍然要结合全国法制宣传日的性质，重点宣传宪法，由依据宪法具有监督宪法实施职责的全国人大常委会举行正式的新闻发布会，对我国当前宪法实施的状况给予总体评价，通报全国人大常委会在过去一年工作中在监督宪法实施方面所取得的成绩以及存在的问题，同时指出今后应当努力的方向。将国家宪法日与完善全国人大及其常委会监督宪法实施制度结合起来，在全国大中小学设立宪法教学日，组织宪法学专家学者深入校园和社区，向公民全面和系统地普及宪法知识。国家级的新闻媒体，可以策划一台国家宪法日庆祝晚会，围绕着如何实施宪法，利用典型事例进行现场宣传宪法活动，邀请党和国家领导人出席，在短时间内利用传媒效应，最大限度地扩大首个国家宪法日的正面影响。同时，全国范围内以宣传宪法为核心的普法宣传工作仍旧要加强，可以集中组织一批以宣传宪法为主题的文艺节目，建设一些以宣传宪法为宗旨的普法教育基地。要将国家宪法日作为维护宪法尊严和宪法权威的最佳时机，通过集中性地进行宪法宣传和教育，提高社会公众的宪法意识。

坚持党的领导与依法治国①

刚刚闭幕的党的十八届四中全会审议通过的《中共中央关于全面推进依法治国若干重大问题的决定》（以下简称《决定》）以党的文件形式第一次就执政党与依法治国的关系作了全面和系统的论述，明确指出："把党的领导贯彻到依法治国全过程和各方面，是我国社会主义法治建设的一条基本经验"。认真贯彻落实《决定》关于党的领导与依法治国相互关系论述的重要精神，必须要从历史和逻辑相统一、理论和实践相结合两个角度来全面准确地考察和把握"把党的领导贯彻到依法治国全过程和各方面"的意义及其在制度操作层面应当采取的具体措施。

一 依法治国作为基本方略从提出之初始终依托"党的领导"获得自身的正当性

"依法治国"作为基本方略首次出现在党的十五大报告中。在十五大报告中，"依法治国"一词共出现 6 处②，其中有 3 处就是在论述依法治国与党的领

① 本文发表在《法学研究》2014 年第 6 期。

② 参见《高举邓小平理论伟大旗帜，把建设有中国特色社会主义事业全面推向二十一世纪——江泽民在中国共产党第十五次全国代表大会上的报告》（1997 年 9 月 12 日）。党的十五大报告共有 6 处提及"依法治国"，除了 3 处论及"党的领导"与"依法治国"之间的相互关系之外，另外 3 处主要内容涉及：1. 依法治国，发展社会主义民主政治。2. 依法治国，建设社会主义法治国家。3. 发展民主必须同健全法制紧密结合，实行依法治国。上述 3 处提及的"依法治国"主要是论述"依法治国"与"社会主义民主政治"及"社会主义法治国家"的关系，有突出"依法治国"重要性的指引作用。

导之间的关系，并且明确地规定，依法治国必须在党的领导下进行，依法治国不能脱离党的领导。十五大报告对此明确规定：“依法治国，就是广大人民群众在党的领导下，依照宪法和法律规定，通过各种途径和形式管理国家事务，管理经济文化事业，管理社会事务，保证国家各项工作都依法进行，逐步实现社会主义民主的制度化、法律化，使这种制度和法律不因领导人的改变而改变，不因领导人看法和注意力的改变而改变。依法治国，是党领导人民治理国家的基本方略，是发展社会主义市场经济的客观需要，是社会文明进步的重要标志，是国家长治久安的重要保障。党领导人民制定宪法和法律，并在宪法和法律范围内活动。依法治国把坚持党的领导、发扬人民民主和严格依法办事统一起来，从制度和法律上保证党的基本路线和基本方针的贯彻实施，保证党始终发挥总揽全局、协调各方的领导核心作用”。根据十五大报告对党的领导与依法治国相互关系的论述，依法治国的性质可以做以下几个角度的描述：一是依法治国是人民群众在党的领导下进行的，依法治国的“主体”既是“人民群众”，又包括“执政党”；二是依法治国是作为党领导人民治理国家的“基本方略”被提出来的，与治国理政的大政方针密切相关；三是依法治国作为治国理政的基本方略被提出，并不是“就法治论法治”，而是要将“党的领导”“发扬人民民主”和“严格依法办事”统一起来，依法治国的内涵本身就包含了党的领导的要求，体现了党的领导的特点。由此可见，依法治国从党的十五大报告首次被提出，就一刻也没有离开党的领导，依法治国是与党的领导共生共存的，彼此你中有我，我中有你，不可随意将二者加以对立或任意加以割裂。

党的十六大报告①中，关于“党的领导”与“依法治国”两者相互关系的表述又有了进一步发展。相比党的十五大报告而言，主要有以下几个方面的特征：①第一次明确提出了“党的领导、人民当家作主与依法治国有机统一”的社会主义民主政治基本原则。十六大报告指出：“发展社会主义民主政治，最根本的是要把坚持党的领导、人民当家作主和依法治国有机统一起来。党的领导是人民当家作主和依法治国的根本保证，人民当家作主是社会主义民主政治的本质要求，依法治国是党领导人民治理国家的基本方略”。在上述论述中，可以发现，“党的领导”与“依法治国”之间的相互关系被放在“三者有机统一”的更加宽广的语境中来加以阐释。一方面，“党的领导”“依法治国”与“人民当家作主”都被置于“社会主义民主政治”的框架中，属于社会主义民主政治的三项重要内容；另一方面，由于在“党的领导”与“依

① 《全面建设小康社会，开创中国特色社会主义事业新局面——江泽民在中国共产党第十六次全国代表大会上的报告》（2002 年 11 月 8 日）。

法治国”之间加入了“人民当家作主”的第三个共生要素的关系变量，“党的领导”与“依法治国”相互之间关系的内涵显得更加丰富和充实，“党的领导”被作为“依法治国”的必要条件加以肯定，也就是说，“党的领导”是“依法治国”的“根本保证”，没有“党的领导”，“依法治国”也就失去了牢固的正当性基础。②“三者有机统一”第一次与“依法执政”产生了紧密的逻辑关联，在“党的领导”“依法治国”与“依法执政”之间形成了“手段与目的”的逻辑关系。十六大报告指出：必须增强法制观念，善于把坚持党的领导、人民当家作主和依法治国统一起来，不断提高依法执政的能力。根据上述论述，“三者有机统一”既可以视为“依法执政”的外在表现形式，“三者有机统一”的统一状况和程度如何直接反映了依法执政的“能力”，与此同时，“三者有机统一”也可以促进依法执政。③“依法治国”在“党的领导”下，除了必须妥善处理与“人民当家作主”之间的辩证关系之外，十六大报告又增加了一个新的关系变量，即“依法治国”与“以德治国”之间的关系必须认真加以对待。十六大报告明确规定：坚持物质文明和精神文明两手抓，实行依法治国和以德治国相结合，并且要求“依法治国和以德治国相辅相成”。而“以德治国”中也包含了“党的领导”的内涵，也就是说，“以德治国”中的“德”也不能脱离“党的领导”。十六大报告对此明确规定：深入进行党的基本理论、基本路线、基本纲领和“三个代表”重要思想的宣传教育，引导人们树立中国特色社会主义共同理想，树立正确的世界观、人生观和价值观。认真贯彻公民道德建设实施纲要，弘扬爱国主义精神，以为人民服务为核心、以集体主义为原则、以诚实守信为重点，加强社会公德、职业道德和家庭美德教育，特别要加强青少年的思想道德建设，引导人们在遵守基本行为准则的基础上，追求更高的思想道德目标。总之，党的十六大报告在论述“党的领导”与“依法治国”两者相互关系上，与党的十五大报告相比又有了很大的发展，引进了更多的关系变量，例如，“人民当家作主”“依法执政”和“以德治国”等等，但这些关系变量本身并没有否定“党的领导”与“依法治国”相互关系的基本内涵，恰恰相反，“人民当家作主”“依法执政”和“以德治国”等又从不同的视角丰富了“党的领导”与“依法治国”相互关系的内涵，在“党的领导”与“依法治国”之间建立起更加丰富和有效的逻辑关联和制度联系，成为准确把握两者关系的重要参考指标。

党的十七大报告[①]突出了“依法治国”的地位，将“依法治国”上升到

---

① 参见《高举中国特色社会主义伟大旗帜为夺取全面建设小康社会新胜利而奋斗——胡锦涛在中国共产党第十七次全国代表大会上的报告》(2007 年 10 月 15 日)。

"基本方略"的高度。十七大报告涉及"依法治国"有7处，其中5处是以"依法治国基本方略"的形式出现的，另外两处是将"依法治国"置于"党的领导、人民当家作主与依法治国有机统一"的理论框架中来加以强调。这表明，在党的十七大报告中，"依法治国"已经成为执政党依法执政的基本方式，依法治国已经成为党的领导的重要内容，两者之间在目的和功能方面具有高度的一致性。十七大报告将依法治国基本方略表述为以下几个方面的要求：①坚持依法治国基本方略，树立社会主义法治理念，实现国家各项工作法治化，保障公民合法权益；②全面落实依法治国基本方略，加快建设社会主义法治国家；③中国特色社会主义法律体系基本形成，依法治国基本方略切实贯彻，行政管理体制、司法体制改革不断深化；④社会主义民主政治不断发展、依法治国基本方略扎实贯彻；⑤依法治国基本方略深入落实，全社会法制观念进一步增强，法治政府建设取得新成效。

党的十八大报告①虽然只有5处提及"依法治国"，但是，却在党的文件中第一次提出了"全面推进依法治国"的要求。十八大报告指出：全面推进依法治国。法治是治国理政的基本方式。要推进科学立法、严格执法、公正司法、全民守法，坚持法律面前人人平等，保证有法必依、执法必严、违法必究。对于十七大报告将"依法治国"确定为基本方略的大政方针，十八大报告作了充分肯定，强调必须坚持把依法治国作为基本方略。十八大报告规定：坚持依法治国这个党领导人民治理国家的基本方略；依法治国基本方略全面落实，法治政府基本建成，司法公信力不断提高，人权得到切实尊重和保障。此外，十八大继续肯定了党的十六大提出的要妥善处理"依法治国"与"以德治国"的关系，以及"党的领导、人民当家作主与依法治国有机统一"。相对于党的十五大报告、十六大报告和十七大报告来说，十八大报告关于"党的领导"与"依法治国"关系的论述，主要是强调了要"全面推进依法治国"，这一重要观点对于由十八届四中全会审议通过的《中共中央关于全面推进依法治国若干重大问题的决定》明确提出要将党的领导贯彻到全面推进依法治国的全过程和各方面的主张提供了科学的政策和方向的指引。

党的十八届四中全会审议通过的《中共中央关于全面推进依法治国若干重大问题的决定》根据党的十八大报告提出的"全面推进依法治国"的要求，第一次以党的文件形式就全面推进依法治国的指导思想、总目标、基本原则和具体任务作出了全面和系统地规定，同时还提出了190项法治改革措施。《决定》

① 参见《坚定不移沿着中国特色社会主义道路前进为全面建成小康社会而奋斗——胡锦涛在中国共产党第十八次全国代表大会上的报告》（2012年11月8日）。

共有 33 处提及“依法治国”①,“依法治国”基本上覆盖了国家生活和社会生活的所有领域。其中,基于“全面推进”依法治国的需要,在处理“党的领导”与“依法治国”两者相互关系上也作了具体和精确的描述,将“党的领导”始终不渝地作为全面推进依法治国的正当性大前提。《全面推进依法治国决定》第七部分主题即为“加强和改进党对全面推进依法治国的领导”,并对如何适应全面推进依法治国的要求来加强党的领导作了明确的要求,也就是说:“党的领导是全面推进依法治国、加快建设社会主义法治国家最根本的保证。必须加强和改进党对法治工作的领导,把党的领导贯彻到全面推进依法治国全过程”。至此,“党的领导”与“依法治国”的相互关系真正在党的文件得到了全面和系统地阐述,不仅理论上逻辑关系清晰,而且表现在行动上也是各项具体制度要求层次分明、覆盖面广,体现了“党的领导”与“依法治国”共生共存的紧密关系。《全面推进依法治国决定》强调要将“党的领导”全面贯彻落实到依法治国的各个具体领域,做到坚持依法执政、加强党内法规制度建设、提高党员干部法治思维和依法办事能力、推进基层治理法治化、深入推进依法治军从严治军、依法保障“一国两制”实践和推进祖国统一以及加强涉外法律工作等等。《全面推进依法治国决定》对“党的领导”与“依法治国”相互关系的阐释是非常全面周至的,是指导全面推进依法治国各项法治工作的行动性纲领。

二 在“党的领导、人民当家作主与依法治国有机统一”社会主义民主政治基本原则中,“党的领导”是三者有机统一的逻辑前提和制度出发点

党的十六大报告在十五大报告基础上,将“人民当家作主”引入“党的领导”与“依法治国”的相互关系中来考量两者之间关系的丰富内涵,“人民当家作主”成为理论上连接“党的领导”与“依法治国”之间的逻辑中项,使得“党的领导”与“依法治国”之间具有了很好的理论关联,对于在党的领导下指导依法治国的实践也提供了一个很好的制度“抓手”。基于“人民当家作主”的社会主义民主政治理念,党要对国家法治工作进行领导,必须要尊重人民的意愿,充分发挥人民的主体作用。在制度实践中包括党对立法工作的领导需要通过将党的政策转化为人民代表组成的国家权力机关制定的法律法规,党对执法、司法、守法、法律教育等等法治工作的领导,需要最大限度地发挥人民的主体性,扩大公民的有序参与,特别是要充分发挥人民群众的监督作用,要努力使

① 参见《中共中央关于全面推进依法治国若干重大问题的决定》(2014 年 10 月 23 日中国共产党第十八届中央委员会第四次全体会议通过)。

得国家法律制度的正当性建立在汇聚党的意志和人民意志的形成的“共同意志”① 基础之上。

当然，值得注意的是，从本质上说，中国特色社会主义的根本标志是坚持党的领导，因此，在党的领导下，发展社会主义民主政治、依靠民主形式主要是解决如何执政的问题，而谁来执政的问题则不需要通过社会主义民主制度本身来解决，共产党作为执政党的地位是由历史、人民和执政实践来决定的。只要共产党秉承全心全意为人民服务的宗旨，不谋私利、一心为民，那么，自身的执政党地位就是牢靠和巩固的。在坚持党的领导前提下，社会主义民主政治关键是要解决如何发挥人民的主体地位，如何以最佳方式来推动执政党依法执政。所以说，在“党的领导、人民当家作主与依法治国有机统一”中，三者的地位是不相等的，“党的领导”居于核心的地位，是充分发挥人民主体地位和全面推进依法治国各项工作的正当性前提。在中国特色社会主义道路下，离开了党的领导来谈论人民当家作主和依法治国，都只会留于空谈，不符合中国的实际情况。

三 “党的领导”与“依法治国”的相互关系必须放在“依法执政”这一大的政策背景下才能准确解读

党的十五大报告首次提出“依法治国”，十六大报告又首次提出“依法执政”。习近平总书记在首都各界纪念现行宪法正式施行30周年大会上的讲话中又明确地提出了“依法治国、依法执政、依法行政共同推进”的法治建设重任。三个“依法”齐头并进必然会在理论上引起孰轻孰重、谁是主要矛盾或者是矛盾的主要方面相关问题的争论。党的十八届四中全会通过的《全面推进依法治国决定》通过明确党依法执政的内涵，科学和合理地解决了这个理论难题。《全面推进依法治国决定》规定了“依法执政”两个方面的内涵，即“依法执政，既要求党依据宪法法律治国理政，也要求党依据党内法规管党治党”。根据《全面推进依法治国决定》上述论述，依法执政实质上包括了两个方面的内涵，一是“依法治国”，即执政党依据宪法法律治国理政，二是“依规治党”，也就是说执政党要以党内法规来管党治党。由此可见，在党依法执政的理论框架下，依法治国是依法执政的一个重要方面，因此，在“依法治国、依法执政、依法行政共同推进”三个“依法”中，“依法执政”是问题的关键，抓住了“依法

① 参见习近平：《在首都各界纪念现行宪法公布施行30周年大会上的讲话》（2012年12月4日）。该讲话指出：维护宪法权威，就是维护党和人民共同意志的权威。捍卫宪法尊严，就是捍卫党和人民共同意志的尊严。习近平总书记上述讲话精神最大的特点就是将“党的意志”与“人民意志”结合在一起视为宪法赖以形成的“共同意志”，体现了“党性”与“人民性”之间的高度统一。

执政”这个主线和“纲”，依法治国、依法行政也就迎刃而解，因为依法行政从本质上来看，属于依法治国的一项重要内容。对此，国务院于2004年3月22日发布的《全面推进依法行政实施纲领》明确规定：“适应全面建设小康社会的新形势和依法治国的进程，必须全面推进依法行政，建设法治政府。”

对于依法治国与党依法执政之间的相互关系，《全面推进依法治国决定》特别强调要将“依法治国”与“依法执政”有机统一起来，而不应当随意将两者对立起来。《全面推进依法治国决定》规定：“必须坚持党领导立法、保证执法、支持司法、带头守法，把依法治国基本方略同依法执政基本方式统一起来”。根据上述论述，“依法治国”与“依法执政”在“党的领导”下始终是目标一致、功能统一的，两者表达的都是作为执政党的中国共产党如何依法治国理政的问题。从逻辑上来看，依法执政则不仅包含了执政党依法治国，也包括了执政党要依法治党，是“依法治国”与“依规治党”两个方面的有机统一。①

四　“把党的领导贯彻到依法治国全过程和各方面”是一项法治系统工程

党的十八届四中全会通过的《决定》首次明确论述了“把党的领导贯彻到依法治国全过程和各方面”，这就从方法论上解决了“党的领导”的效力问题。习近平总书记在《关于〈中共中央关于全面推进依法治国若干重大问题的决定〉的说明》中详细地解释了为什么要将“党的领导”贯彻到依法治国的全过程和各方面。习近平总书记就“党的领导和依法治国的关系”指出：“党和法治的关系是法治建设的核心问题。全面推进依法治国这件大事能不能办好，最关键的是方向是不是正确、政治保证是不是坚强有力，具体讲就是要坚持党的领导，坚持中国特色社会主义制度，贯彻中国特色社会主义法治理论。党的领导是中国特色社会主义最本质的特征，是社会主义法治最根本的保证。中国特色社会主义制度是中国特色社会主义法治体系的根本制度基础，是全面推进依法治国的根本制度保障。中国特色社会主义法治理论是中国特色社会主义法治体系的理论指导和学理支撑，是全面推进依法治国的行动指南。这三个方面实质上是中国特色社会主义法治道路的核心要义，规定和确保了中国特色社会主义法治体

---

① 中共中央政治局常委、中央纪委书记王岐山2014年10月24日在中南海紫光阁会见清华大学经济管理学院顾问委员会海外委员时明确指出：刚刚闭幕的中共十八届四中全会，对全面推进依法治国作出总体部署。依法治国必然要求依规治党。拥有8600多万党员的执政党纪律问题，关乎人心向背和国家民族命运。中共十八大以来，党中央坚持从严治党，深入推进党风廉政建设和反腐败斗争，得到党内和广大人民群众的衷心拥护。参见王岐山：《依法治国要求依规治党》，《新京报》2014年10月25日。

系的制度属性和前进方向”。由此可见，坚持党的领导，是全面推进依法治国的前提，也是中国特色社会主义的本质特征。《全面推进依法治国决定》所指出的中国特色社会主义法治道路不同于以往任何朝代和任何国家的法治模式的最重要的特点，就是我们所进行的法治建设都是在党的领导下进行的，依法治国从本质上来看，只不过是执政党依法执政的具体方式。法治建设的根本任务是为了巩固执政党的执政地位，而不是相反。所以，全面推进依法治国，必须从立法、执法、司法、守法、法治队伍建设等等各个方面体现党的领导的要求，也就是《全面推进依法治国决定》所要求的“党领导立法、保证执法、支持司法、带头守法”。

为了准确地理解党的领导与全面推进依法治国之间的辩证关系，《全面推进依法治国决定》将全面推进依法治国视为一项“系统工程”。习近平总书记在关于《全面推进依法治国决定》的说明中对此也有明确的论述，即“全面推进依法治国是一个系统工程，是国家治理领域一场广泛而深刻的革命”。既然全面推进依法治国是一个系统工程，党要领导好依法治国，也就必须适应依法治国作为系统工程的特点，党的领导必须发挥自身的主动性、积极性和引导作用，必须要贯彻到依法治国的所有领域[①]。《全面推进依法治国决定》为了加强党对全面推进依法治国各项法治工作的领导，明确提出“健全党领导依法治国的制度和工作机制，完善保证党确定依法治国方针政策和决策部署的工作机制和程序。加强对全面推进依法治国统一领导、统一部署、统筹协调”。《全面推进依法治国决定》对党领导法治工作体制和机制的规定，充分体现了依法治国所具有的“系统工程”的特点，也体现了适应依法治国所具有的“系统工程”的特性，必须从系统思维的角度来加强党的领导。由此可见，将党的领导与全面推进依法治国有机结合起来，必须要运用系统思维的方式将党的领导贯彻到依法治国的全过程和各方面。

五　应当认真研究党的政策与社会主义法律之间的有效转换机制

党的十八届四中全会通过的《全面推进依法治国决定》通过明确依法执政的内涵，将党的领导与依法治国之间关系限定为党依据宪法法律治国理政方面，将法治作为治国理政的基本方式，并将管党治党作为党内事务单独作为一个领域，提出了“依规治党”的要求。就此，王岐山 2014 年 10 月 25 日在中国共产党第十八届中央纪律检查委员会第四次全体会议上的讲话中做了很好的说明。

① 赵正永在《党的领导是社会主义法治最根本的保证》一文中全面论证了党的领导与依法治国之间的高度一致性，指出这种“一致性”表现在“性质上根本一致”“方向上根本一致”“任务上根本一致”以及“机制上根本一致”。参见《中共中央关于全面推进依法治国若干重大问题的决定》辅导读本，人民出版社 2014 年 10 月第 1 版，第 28—30 页。

王岐山指出：党规党纪是管党治党建设党的重要法宝。党的事业发展，既要求管好党、治好党，又要求建设好党。拥有一套完整的党内法规是我们党的一大政治优势。经过近百年的实践探索，我们党已经形成了包括党章、准则、条例、规则、规定、办法、细则在内的党内法规制度体系。与时俱进是我们党的理论品质。要认真总结我们党 94 年、无产阶级政党 100 多年、世界政党 300 多年制度建设理论和实践经验，立足当前、着眼长远，统筹推进党内法规制度建设，确保到建党 100 周年时，建成内容科学、程序严密、配套完备、运行有效的党内法规制度体系。要注重党内法规同国家法律的有机衔接。因此，“依规治党”是党的十八届四中全会通过的《全面推进依法治国决定》对执政党“依法执政”性质新的认识，并且将“依法执政”中的“法”扩大解释到“党内法规”，这是对依法执政理论的新发展。《全面推进依法治国决定》还从形成完善的党内法规体系的角度，将党内法规体系建设视为中国特色社会主义法治体系的重要组成部分。应当说，“党的领导”与“依法治国”之间的关系有了更清晰的界定。“依法治国”作为“依法执政”的一项重要内容主要涉及执政党依据宪法法律治国理政，执政党自身的事务则由党内法规来治理。不过，《全面推进依法治国决定》在界定“依法执政”所具有的两个方面内涵时，仍然还有两种情形没有全面纳入《全面推进依法治国决定》的视野：一是“依法治国”包含了党依据宪法法律治国理政，在实践中仍然存在着依据党的政策治国理政的问题如何解决？事实上，目前在实践中，党的政策直接治国理政的现象仍然很普遍，要采取全部转化为宪法法律治国理政并非是一蹴而就的事。例如，目前全国各地存在的国家级、省级经济技术开发区大都不是依据国家法律法规来设立的，而是依据同级党委单独发文或者是党委与政府联合发文进行的，这种状况由于没有正式有效的法律法规依据，不能不说是党的政策直接发挥了治国理政的作用[①]。二是《全面推进依法治国决定》没有正面回答国家的宪法法律能否“管党治党”，对于“党在宪法法律范围内活动”的具体制度操作方式没有作明确的规定，这里产生的理论问题就是党的政策是否可以归纳到“党内法规”的范围？还有就是“党内法规”是否要遵守国家宪法法律的规定？[②] 从《中国共产党党内法规和规范性文件备案规定》的相关内容来看，至少中央纪委和党的中央组织职能部门

---

① 例如，“国家级云南省曲靖经济技术开发区”的合法性就是依托中共曲靖市委颁发的红头文件曲发〔2012〕28 号支撑的，还没有相应的法律依据或者是地方性法规依据。全国类似的经济技术开发区有 200 多个，大致的情况都有类似之处。

② 黄树贤在《大力加强党内法规制度建设》一文中指出，“实现党内法规同国家法律的衔接和协调，必须坚持以党章和宪法为基本遵循”，参见《中共中央关于全面推进依法治国若干重大问题的决定》辅导读本，人民出版社 2014 年 10 月第 1 版，第 270 页。

制定的党内法规以及省、自治区、直辖市党委制定的党内法规，必须要服从宪法和法律。该规定第7条明确规定：中央办公厅对报送中央备案的党内法规和规范性文件进行审查。主要审查以下内容：①是否同党章和党的理论、路线、方针、政策相抵触；②是否同宪法和法律不一致。而该条所称的“报送中央备案的党内法规”主要涉及中央纪委和党的中央组织职能部门制定的党内法规以及省、自治区、直辖市党委制定的党内法规。由此可见，在一定程度上可以判断，“依规治党”本身也没有排斥依据宪法和法律来管党治党的必要性和可行性，“党在宪法法律范围内活动”对执政党内部事务的管理和约束也有一定的拘束力。

总的来说，党的十八届四中全会通过的《全面推进依法治国决定》给党的领导与依法治国两者之间的关系的阐释带来更多的可能性、更大的空间，乃至更有力的挑战。当前，学习和领会《全面推进依法治国决定》精神，一方面要准确解读《全面推进依法治国决定》关于全面推进依法治国的指导思想、总目标、基本原则和具体任务，以及190项法治改革措施的具体内涵；另一方面，也需要从实际出发、实事求是，运用科学的社会主义法治理论来构建如何把党的领导贯彻到依法治国的全过程和各方面的依法执政的系统理论和学说。只有全面准确地解读《全面推进依法治国决定》精神，才能在实际工作中处理好党的领导与依法治国两者之间的辩证关系，真正保证全面推进依法治国的各项法治工作自觉地接受党的领导，有效地体现党的领导以及始终不渝地为巩固执政党的执政地位身体力行、建功立业。

依宪治国是依法治国的重要保证①

依法治国这一提法无论在理论界还是在实践中其内涵一直存有争议。问题的核心就是依法治国这一原则要建立一个什么样的国家制度和社会关系模式。笔者认为，随着对依法治国原则不断深入地研究，对依法治国的社会价值应该重新系统地加以考虑。

很显然，近年来我国法学界对依法治国原则的内涵在一点上是几乎达成共识的，即依法治国并不是将法律单纯地作为一种管理手段，而是将依法治国作为一种独立的社会价值来认识的。因此，越来越多的学者认为用法治国家中

① 本文是作者参加中国社会科学院法学所于1996年4月13日至15日在北京召开的“依法治国，建设社会主义法治国家学说研讨会”提交的论文，并被收入会议论文集《依法治国建设社会主义法治国家》（中国法制出版社1996年8月北京第1版）。参见该书第449—457页。因该文在中国法学界首次提出“依宪治国”的概念，并强调了依宪治国的思想，故权且收入本书的理论基础部分。

“rule of law”原则来揭示依法治国的含义比较妥当，而“rule by law”只不过是人治的另一种语言表达。

在“rule of law”原则上达成共识，使得许多学者以为“rule of law”本身是一个确定性社会价值，结果以此为大前提演绎出来的依法治国模式层出不穷，并且许多法律原则已付诸实践。但从实际效果来看，依法治国原则并没有把现存的社会关系优化地组合起来，相反，新旧体制的矛盾冲突越来越突出。有的学者从发展的角度来判定依法治国原则的实现程度，尤其是把市场经济体制初步确立的主要功绩归结于依法治国，这一点，笔者认为，是应该加以重审的。因为在对法治未作成本效益分析之前，是不能得出依法治国是导致经济发展和社会发展的唯一推动力这一结论的。倒是越来越多的法律原则过度膨胀，使人们越来越难以找到依法治国中稳定的内核。

笔者认为，现在来重新考虑依法治国原则不能再停留在十几年前的讨论水准上。因为十几年来法制建设的发展提供了诸多值得思考的现象，这就是法制投入产出率不高，法制的负面效应却表现得日益明显。一个突出的现象就是目前的立法权、行政权和司法权独立发展的趋势很明显，权力的专有化功能越来越差。权力的内涵在法制原则、法治精神的掩护下正变得越来越丰富。这里无须在法治和法制两个名词的异同上兜圈子，而是要注意在一个没有大前提的法律体系中运作，法律制度本身会变得越来越非理性化。这些年来，立法、执法、司法应该在什么前提下起步、应该在什么条件下止步不甚明朗。结果各种法律体系的观念都具备了合理性，并且都有向深度方向发展的趋势。对此，不由得令人产生一些担忧。

担忧之一是：民商法原则内涵的过度膨胀，使得主观权利客观化的过程简单化或者是消失。很少看到有人站出来问一问各种如雨后春笋般涌现的民商法原则的法理和法律源泉出自何处，原则成了不证自明的公理，可以无限演绎，或者直接用比较法上的证据来论证。不加限制的民商法原则的发展致使各个部门法的存在和发展日益画地为牢，体系日益庞大，内容各自为战。一个越来越让人感到沉重的困惑就是：实践促使了民商法原则获得巨大发展，依法治国原则也需要民商法原则大步前进。

担忧之二是：一种不自觉的思维方式正在影响很多人，也就是说，谁也没有对“为维护法律尊严而为”就是法治原则的体现这一貌似很理性的命题提出过深度质疑。于是，越来越多的学者主张，为了维护法律尊严，保证法律实施，必须加强法律监督工作。与此相适应，在法律实践中，出现了多套各自独立成体系的法律监督制度，而且各自都陷入“法治原则”的漩涡中难以自拔。一些景象是值得认真思考的：国家权力机关为维护权力机关的法律地位，对各种法律纠纷的监督性介入；国家权力机关决定权的权限没有明确界定；国家行政机关纷纷总结法律实践的经验，制定各种具有法律效力的规范；大量的法律在成熟一个出台一个的思路下沿着先条例、后法律的立法道路缓慢前进；国家司法机关对法律所作的解释日益淡化了立法机关立法的重要性等等。上述现象并不是没有法理论据而仓促出台的，许多都是在严谨细密论证的基础上产生的，不过这些行为可能的发展方向和它们是否真正地属于法治原则，目前来看有说服力的辩词尚不多见。

担忧之三是：法制建设制度化、规范化、体系化、科学化的呼声一浪高过一浪，不乏煌煌论著，但是，真正出现认识论上体系意义的法律体系的实体框架和实体逻辑关系并不多见。法制建设体系化断层、短路现象比较严重。其中一个突出的特点就是法律逻辑的出发点和终点都不太清晰。这些现象过度泛化，使得法律技术越来越缺乏工程学的意义。

担忧之四是：法律制度和法律事实的对应性越来越差，制度行为与事实行为之间的背离倾向越来越明显。许多人在开具法治原则的药方时不是头痛医头，就是脚痛医脚；或者是躲矛盾、绕暗礁，寻找通向法治原则的捷径。还有一些人制度认同感很差，研究法治原则问题时的本位主义倾向很严重，似乎本位是天生就有的，非本位不成学派、观点和学说高论。

上述担忧并非杞人忧天，而是在深度研究法治原则基础上对依法治国原则功能提出的质疑。一个不能不引起人们注意的问题就是，没有宪法，能不能有法治？没有宪政，能否实现依法治国。

人治、法治观念古已有之。古希腊法学家柏拉图与亚里士多德各自为人治和法治作了最好的注解。但讲到宪法、宪政，尽管从历史资料中可以总结出古代社会立宪主义的雏形，但现代意义上的宪政却是资产阶级革命以后才出现的。工业革命和现代文明基本上是以宪法为基础产生的，“宪治”比“法治”更好地体现了人类文明建设和发展的要求，因为“宪治”是以宪法为核心建立一个规范化、系统化的法律制度体系。作为“宪治”的形式体现，宪政本身并不排斥不同的社会价值，相反，宪政使现代社会的文明价值具有了多种的制度稳定性和合理性。宪政建设成为当今法治化社会的主旋律。

当然，从比较宪法学的角度来看，宪政是不是一个已达成共识的显概念，无论在理论研究中还是在宪政实践中都存有分歧。就目前学说和法律规定动向来看，关于宪政代表性的观点有两种：一是自由宪政说；二是民主宪政说。自由宪政说以西方宪法学为盛。该学说的中心内容就是宪法担负着两个最基本的任务，一是保障公民权利，一是限制政府权力，只有实现保障公民权利与限制政府权力相统一，才能称之为有宪政。民主宪政说以第三世界和发展中国家宪法学为最。该学说的核心就是宪法是保障人民民主权利，实现社会平等的重要手段，因此，以人民民主权利和利益为核心就是宪政的实质。

笔者认为，自由宪政说和民主宪政说之所以发生冲突的根本原因并不在于各自所包含的内容，而是在回答什么是宪政这一问题时选错了角度。两种学说不自觉地把宪政的内容与宪法的功能混淆在一起。宪政是实现“自由”与“民主”的手段，而不是“自由”与“民主”本身。

要准确地理解宪政概念的内涵，就必须正确地找出宪政的矛盾统一概念。宪政是资产阶级革命胜利后否定封建专制暴政的产物，它强调的是以法为核心，摒弃封建专制暴政以人为核心的政治思想。

与封建专制暴政相对照，宪政至少包含了下列几项内容：①人民主权；②宪法至上；③宪法具有最高性；④宪法的合法性；⑤宪法的稳定性和不可改变性。这些内容归纳起来就是要法治，不要人治。

人民主权论强调国家权力属于人民，而不是属于某个人或某个团体或组织，它突出地肯定“人民群众是历史的创造者”这一历史唯物主义命题。宪法至上否定了各种神法、王法以及超世俗的法的现实性，并为人的生存和发展，为人类社会的有序运作提供一整套相对稳定有效的游戏规则，从根本上杜绝了人治主义滋生的温床。宪法具有最高性表明了依法治国本身的科学性、规范性和可操作性，避免了法治原则本身可能产生的异化。宪法的合法性指宪法的存在要以政治制度为基础，合理的宪法来自于社会的“自由”“民主”“人权”等价值实现的需要，宪法本身并不是招牌。从这一层意义上来说，根本法与宪法的本质是有所区别的，并不是冠以宪法名称的法律文件都具有实体意义上的宪法性质。宪法不变是宪法最重要的原则，因为宪法的可变或变动性太大都会严重地削弱依据宪法而实行法治的基础。宪法的内涵的变化应该是宪政意义的自然延伸，而不是另起炉灶。

宪政存在的社会基础就是发达的市场经济体系，因此，宪政发展的水平在客观性上总是与市场经济的发育程度保持某种比例的平衡关系。在宪法学的研究中，切不可将宪政抹上更多的主观色彩。

在现代社会中，强调依法治国能否脱离宪政原则来进行呢？笔者认为，依法治国的核心就是宪政。因为依法治国在法理上必须要解决好两个逻辑前提，一个是依什么样的法？另一个就是治什么样的国？没有宪法作为法律核心的法是无法依从的，因为毫无头绪、任意繁殖的法律原则只会导致法律功能本身的严重异化，即法律成为社会发展的一大负担；不讲宪政的国家，治理目的很难摆脱人治的影响，宪政原则最重要的环节就是强调制度行为和事实行为的严格对应，反对多轨并行的制度操作系统。因此，从宪政原则来看待依法治国的内涵，其实质就是依宪治国，实现“宪治”。

在市场经济条件下，实现“宪治”至少有以下几个环节是应当予以重视的：

（1）必须要有一部准确反映一国现存基本社会关系和重要社会关系的宪法，宪法要有科学性，首先必须要准确全面地反映现实。如果一国制度行为可以在宪法之外发生，那么，宪法作为依法治国的逻辑大前提其可靠性就很难演绎出有效的法治原则，一国制度行为和事实行为之间就无法完全通过法律机制来调整和连接。因此，宪治要求宪法之外无法则。

（2）部门法原则必须要有宪法上的依据或者是可以获得宪法原则的有效支持。因为如果让部门法原则脱离宪法原则独立发展，一国法律制度就无法形成统一的法律理念，依法治国本身的内涵就可能会在自身原则的演绎变化中出现各种不可克服的悖论和矛盾。所以，所谓法律的超前意识和法治先行原则是否真正地符合依法治国的本质要求是应当加以认真考虑的。

（3）宪法应具有适用性，也就是说，宪法规定应该成为判别各种法律规范、人们的法律行为是否合宪的依据。将宪法排除在司法适用程序之外无疑就是否定了依法治国的逻辑大前提，“依据宪法”就会成为一种形式法治原则，而不可能造就实质意义上的依法治国原则。

（4）宪法的最高法律效力应当排除对宪法原则的任意解释和修改，宪法本身应该对现存的社会价值作出反映，而不应该在“恶法亦法”的漩涡中难以自拔。宪法价值的选择应当立足于宪法所赖以生存的文化背景，宪法价值的共性应当体现在总体上促进人类社会不断进步和发展，而不是拘泥于采用各种具体相同内涵的宪法原则和宪法运作模式。

（5）宪法的主权特征必须呈显性状态。脱离宪法存在的主权背景，无疑也是为宪法外有法提供了条件，这样就会破坏一国法治统一原则，人为地将主权的对内、对外特征分立考察，不利于树立宪法的权威性，还会造成主权本身的逻辑矛盾。

（6）依宪治国从宪法大前提出发必须建立一整套可靠的推理演绎技术，也就是说，法治原则应该依靠独立的法律技术予以操作。法律技术非独立性和外部移植必然会削弱法学家在法制建设中的地位和作用，同时也不利于专家责任制度的建立。

（7）依宪治国的直接目的就是要从宪法出发，谋求一国社会关系总量和结构的平衡。宪法不可能依靠本位说来建立自身的逻辑体系，而必须成为社会关系的平衡器，如果宪法不能造就一个社会关系的平衡系统，那么，一国的法律体系的稳定性和清晰度就会变得很差，法律就无法给人们的行为提供准确的指引。

强调依宪治国在今天市场经济体制下看来无疑是至关重要的。因为在走向法治化社会的过程中，最大的障碍不是来自人治的干扰，而是出于法治的泛化。因为法治的泛化不仅破坏了宪政原则，而且也使人治有了更好的生存方式和生存空间。当然，对法治泛化的质疑并非反对依法治国原则的立意和出发点，而是说我们在主张依法治国时各种方案、论据应该克服自身的逻辑矛盾和现实运作中出现的弊端。托尔斯泰曾经说过，认识真理的最大障碍不是谬误，而是那些似是而非的真理。依法治国原则亦然，脱离宪政来谈依法治国，其发展前景是不容乐观的。

就建设宪政的具体制度而言，以下问题值得加以研究：

（1）宪法解释制度。应该说一部科学、严格、规范的宪法给解释学留下的空间是很小的。因为如果允许宪法被解释，就从逻辑上肯定了宪法规定的不确定性，这样就很容易演绎出依据宪法是不可能建立一个完整、统一的法律体系的逻辑结论的。于是，依法治国原则等逻辑命题的肯定性就会受到挑战。但是，宪法解释制度在实践中发展得很快，其最直接的动力来源于宪法的稳定性和灵活性的辩证统一。从事实逻辑的角度来看，宪法如果不允许解释，就意味着社会不允许进步，这一点与宪政原则的本意是相悖的。因此，就宪法解释制度存在的必要性而言，就可以获得相反方向的逻辑证据。维护宪法的确定性不允许解释和保证宪法的灵活性不得不解释的矛盾就产生了严格的宪法解释制度，即宪法应该在严格的条件下进行解释。这种制度既是宪法自身发展的需要，又是宪政实践的要求。因为如果不建立宪法解释制度，依法治国原则无法在制度上克服自身的矛盾性，也就无法建立依法治国内在的逻辑体系。

（2）宪法实施制度。宪法实施是“宪治”的动态过程，一国宪法若不能得到全方位的实施，宪法的功能就只能局限于有限的几个方面。目前，就宪法实施制度在理论上应解决的问题就是宪法规定能否在实际中实施，也就是说，是不是所有的宪法规定在实际中都能得到同等程度的实现？国内有许多宪法学者提出可以建立宪法实施的指标评价体系，据此来评定宪法规定得到实施的可能性。这种观点也必须解决一个逻辑上的难题——是否所有的宪法规定都可以指标化。从工程学的角度来看待宪法实施制度，除了要充分论证宪法实施的可行性之外，必须建立一套完整的宪法实施规划和计划系统。许多人把宪法实施中的监督机制视为宪法实施制度中很重要的环节，但这种思路很难解决由此带来的监督机制的反馈和监督机制的科学性问题。尽管如此，宪法实施制度也是实行“宪治”必须建立的法律制度。

（3）合宪评价制度。在宪法所确定的制度行为与现实中的事实行为之间，合宪评价制度是确定两者之间逻辑对应关系的中介。没有合宪评价制度，宪法规定就不可能对事实中存在的社会关系起指导和调整作用。合宪评价制度中最重要的要素包括违宪要件、违宪审查、宪法诉讼等。只有建立了合宪评价制度，“宪治”才能得到有效的法律保障。

（4）宪法责任制度。违反了宪法规定应否承担由此而产生的宪法责任也是判别“宪治”的重要前提条件。因为宪法责任是“宪治”中有效的调控手段，违反了宪法规定如果可以不承担法律责任，那么，从宪政大前提出发就可以演绎出违法行为不用承担法律责任的荒谬的逻辑结论来。承担宪法责任不仅必须接受由此产生的宪法制裁和宪法赔偿的法律后果，而且负有宪法责任本身就是一种道德谴责。所以，不建立宪法责任制度一是无法确立宪法的根本法权威；二是无法抑制部门法原则的泛化；三是对社会关系无法进行理性化的整合。

上述四种制度对于实现“宪治”都是不可或缺的，缺乏一个环节，“宪治”就无法保证其科学性、规范性。因此，在尚未建立健全宪法解释制度、宪法实施制度、合宪评价制度和宪法责任制度之前，过度地谈论依法治国无助于法治原则的存在和发展。因为作为依法治国的核心——宪政若不能有效地发挥其功能，由宪政推演的逻辑结论必然也只停留于形式主义阶段或者是成为人治存在的新形式。

第二部分
推进法治中国建设的制度设计

第一章　健全和完善宪法制度

宪法是党和人民意志的集中体现，是通过科学民主程序形成的根本法。坚持依法治国首先要坚持依宪治国，坚持依法执政首先要坚持依宪执政。全国各族人民、一切国家机关和武装力量、各政党和各社会团体、各企业事业组织，都必须以宪法为根本的活动准则，并且负有维护宪法尊严、保证宪法实施的职责。一切违反宪法的行为都必须予以追究和纠正。

——《中共中央关于全面推进依法治国若干重大问题的决定》

习近平总书记在首都各界纪念现行宪法正式施行30周年大会上的讲话中明确指出："宪法的生命在于实施，宪法的权威也在于实施。我们要坚持不懈抓好宪法实施工作，把全面贯彻实施宪法提高到一个新水平"。党的十八届四中全会审议通过的《中共中央关于全面推进依法治国若干重大问题的决定》（以下简称《全面推进依法治国决定》）也明确规定："法律的生命力在于实施，法律的权威也在于实施"。对于全面推进依法治国各项法治工作来说，最重要的工作还是宪法实施和法律实施工作，其中加强宪法实施是法律实施的制度基础和保障。

宪法实施内涵非常丰富，从广义上来看，包括了一切国家机关、社会组织和公民个人履行宪法职责的活动。我国现行宪法序言明确规定：全国各族人民、一切国家机关和武装力量、各政党和各社会团体、各企业事业组织，都必须以宪法为根本的活动准则，并且负有维护宪法尊严、保证宪法实施的职责。但从宪法实施的中心工作和核心要求来看，主要还是立足于国家机关如何全面和有效地行使宪法职权和履行宪法职责。在宪法学理论上，国家机关行使宪法职权和履行宪法职责的活动简称为"宪法适用"。所以，贯彻落实十八届四中全会决定关于加强宪法实施的精神，在制度建设方面关键是要完善"宪法适用制度"。

一　完善宪法适用制度

宪法适用在以往的宪法学理论研究中没有得到足够的重视，关于宪法适用的内涵也没有确定性的解释。在前几年的讨论中，宪法适用一般被解释为"宪法在司法审判中的适用”或者是“宪法作为司法审判的法律依据”。如王磊教授在《宪法的司法化》一书中将宪法适用定义为“国家司法机关根据法定职权和法定程序，应用宪法处理具体案件的专门活动”①。特别是在2001年最高法院“8·13”批复出台后，宪法适用往往被学者们解释为宪法在司法审判中的适用②。

其实，从宪法作为行为规范的特性来看，不论是建立具体明确的国家制度和社会制度，还是指出人们行为的方向，宪法与宪法所调整的行为之间的对应性都是以宪法评价方式来连接的，也就是说，宪法是否得到实施，不完全是通过采取主动的行为来实现宪法的行为目标的，更多的是对现实中存在的各种行为依据宪法所确立的行为标准来进行价值评估，其评价结果也不完全是合宪或者是违宪的肯定性判断，也存在着不合宪和不违宪以及各种折衷性的评价结果。

所以，只有宪法适用才能使宪法真正地对社会生活产生现实的规范调整意义。没有宪法适用，宪法就不可能介入人们日常生活中。不论是制度行为，还是纯粹的事实行为，都必须以宪法适用为前提来产生相关的宪法判断。

宪法适用与宪法实施相比，在宪法规范与人们的行为之间建立了一个价值判断和价值评价的机制，也就是说，所谓的“宪法实施”，是宪法规范对人们行为所具有的“主观”指引作用与宪法规范通过宪法适用对人们的行为产生“客观”指引作用的统一。宪法原则或者是宪法规范不可能当然地获得实施，而且也不是在所有领域都能够得到实施，特别是并非所有的宪法规范都在实际生活中得到全面地实施。宪法只有通过宪法适用才能真正地得到实施。因此，“宪法适用”是“宪法实施”的核心概念，没有“宪法适用”概念的支撑，“宪法实施”不论是在宪法学理论上，还是在宪法实践中，都很难发挥有效的作用。

（一）宪法适用的概念与类型

宪法适用主要是指依据宪法规定享有宪法职权和职责的组织和个人根据宪法的规定来行使职权，并将宪法的规定作为行使宪法职权的依据和判断行为对错的标准。因此，从广义上来说，宪法适用是指将宪法作为行使宪法职权和履行宪法职责的依据的活动。由于宪法在法律性质上具有契约性和授权性，因此，包括宪法修改、宪法解释、行使立法权、行使行政权、行使司法权和行使宪法监督权和宪法审判权等一系列活动都存在宪法适用的问题。宪法适用的种类相

---

① 王磊：《宪法的司法化》，中国政法大学出版社2000年2月第1版，第19页。

② 胡锦光教授在《现代宪法学基本原理》中使用了“宪法的司法适用性”概念，参见徐秀义、韩大元主编：《现代宪法学基本原理》，中国人民公安大学出版社2001年1月版。费善诚教授二十几年前就以“论宪法适用”为题撰文提交了中国法学会宪法学研究会学术年会，该文引起广泛的关注。

应地包括以下一个方面：

1. 宪法修改中的宪法适用

从宪法学的正当性理论来看，宪法制定是先于宪法而存在的，没有宪法制定，就没有宪法。所以，宪法制定是一个民意形成的政治行为，而不是宪法制度行为。故在宪法制定过程中，不存在什么宪法适用问题，也就是说，在制定宪法的过程中，不可能依据宪法来制定宪法。但是，由于宪法制定者可以通过宪法将宪法修改的权力赋予特定的国家机关或者组织，故依据宪法的规定获得宪法制定者授权的宪法修改主体在修改宪法的过程中，就存在如何按照宪法的规定来修改宪法的问题，也就是说，宪法修改首先必须以宪法适用为前提。这种宪法适用主要包括两个方面的内容：一是宪法修改的主体必须按照宪法所规定的宪法修改的程序来修改宪法；二是宪法修改主体必须按照宪法赋予的宪法修改权限来修改宪法，宪法规定不得加以修改的内容，宪法修改主体无权加以修改。当然，如果宪法修改是通过全民公决程序进行的，从法理上可以视为宪法制定者亲自修改宪法，因此，通过全民公决程序进行的宪法修改受到的限制就比其他依据宪法规定享有宪法修改权力的宪法修改主体所进行的修改宪法活动受到的限制要少得多。

对于宪法修改的宪法适用要求，在许多国家的宪法中都作了明确地规定。如 1958 年的《法兰西共和国宪法》第 89 条就规定：宪法修改“如果有损于领土完整，任何修改程序均不得开始或继续进行”；“政府的共和政体不得成为修改的对象”。再如 1976 年《阿尔及利亚宪法》第 195 条规定：“任何修改宪法的草案都不能有损于：（1）政府的共和形式；（2）国教；（3）社会主义选择；（4）人和公民的基本自由；（5）直接的、不记名的普选原则；（6）国家领土的完整”。我国 1982 年宪法规定全国人民代表大会有权修改宪法，但是宪法修改的提议和通过宪法修正案的法定程序必须遵守宪法的相关规定。即宪法第 64 条第一款规定的“宪法的修改，由全国人民代表大会常务委员会或者五分之一以上的全国人民代表大会代表提议，并由全国人民代表大会以全体代表的三分之二以上的多数通过”。根据上述规定，全国人民代表大会在修改宪法时必须适用现行宪法第 64 条的相关规定。

2. 宪法解释中的宪法适用

宪法解释是宪法赋予特定的国家机关和组织依据宪法的规定对宪法条文和宪法规范的含义所作出的解释和说明。因此，宪法解释也必须依据宪法的相关规定进行。首先，宪法解释必须由宪法所规定的有权主体进行解释，在实践中，有些国家的宪法解释主体所享有的宪法解释权并没有直接的宪法上的依据，但是，在大多数国家的宪法中都明确了宪法解释的主体。其次，宪法解释必须以宪法的规定为依据，宪法解释的过程实际上就是明确宪法条文和宪法规范的含义，使宪法能够更好地作为人们行为依据的过程。再次，由于宪法条文和宪法规范是基于相同的宪法原则来制定的，因此，在宪法解释的过程中，通常会引用其他的宪法条文和宪法规范来说明需要加以解释的宪法条文和宪法规范。总之，宪法解释必须以宪法适用为前提，宪法解释不能脱离宪法条文和宪法规范的指导，否则，就可能因宪法解释歪曲了宪法自身的精神实质而影响到宪法的权威性。关于在宪法解释中适用宪法的情形，各国宪法规定差异较大，一般也是通过设计限制解释的条文来防止宪法解释违反宪法。如1949年联邦德国基本法第19条第二款就规定："基本权利的基本内容在任何情况下都不得受到侵害"。

3. 立法活动中的宪法适用

立法活动是宪法适用的主要领域。主要涉及立法者自身是否具有依据宪法制定法律、法规的权限。立法者必须要根据宪法所规定的立法权限来立法，在立法活动中首先必须要说明立法的宪法依据。在立法过程中，立法者通常会发生立法依据之间相互冲突的问题，主要表现在国际条约和协定与宪法的冲突，宪法与普通法律的冲突，宪法与政策之间的冲突等等。由于宪法是一个国家的根本法，具有最高法律效力，因此，当立法者从事某项具体立法活动时发现存在着与宪法规定不同或矛盾的其他几种形式的立法依据时，立法者应当选择适用宪法，而不是适用其他立法依据，这是宪法作为根本法的基本法律要求。对于立法者行使立法权的宪法限制往往成为立法活动中宪法适用的强制性要求。如为了保障基本人权不受立法机关的侵犯，美国1791年《权利法案》第1条规定："国会不得制定关于确立宗教或禁止自由信仰宗教的法律，不得制定剥夺言论自由或出版自由的法律；不得制定法律，剥夺人民和平集会及向政府请愿的权利"。我国现行宪法也特别强调立法中的宪法适用的必要性。首先在第5条第三款规定"一切法律、行政法规和地方性法规都不得同宪法相抵触"，该条规定从行使立法权的宪法限制的角度对立法提出了适用宪法的要求。其次，在一些宪法条文中还正面强调了立法要以宪法为依据，如现行宪法第89条第（一）项款规定：国务院"根据宪法和法律"，制定行政法规。该条款规定明确地要求国务院制定行政法规时必须要根据宪法来制定，没有"宪法根据"，国务院就不能随意制定行政法规。再次，我国许多重要的法律出台时，都在法律的第1条明确声明该法是"依据宪法"制定的。如2015年新修订的《中华人民共和国立法法》第1条就明确规定："为了规范立法活动，健全国家立法制度，提高立法质量，完善中国特色社会主义法律体系，发挥立法的引领和推动作用，保障和发展社会主义民主，推进依法治国，建设社会主义法治国家，根据宪法，制定本法”。该条规定既明确交代了立法法的制定目的，也直截了当地说明立法法是根据宪法制定的，立法法的制定是宪法适用的产物，而不是依据其他立法依据制定的。

4. 行政管理中的宪法适用

行政机关一般情形下是宪法所规定的具体负责一项国家行政管理事务、组织公共机构开展公共服务职能、实施立法机关所制定的法律的国家机关。行政机关是具体执行国家公共管理权力的机构，特别是负责具体执行立法机关所制定的法律的机构，因此，行政管理活动一般主要是适用立法机关制定的法律的活动，也就是说，行政管理活动中主要涉及法律适用，也就是说如何“依法行政”。但是，在某些情况下，特别是对于依据宪法享有宪法上所赋予的行政管理职权的中央行政机关或联邦行政机构，在从事行政管理活动的过程中，也会涉及宪法适用的问题。特别是在三权分立的体制下，由于行政机关与立法机关之间存在着宪法上的权力制约关系，所以，行政机关往往可以直接行使宪法上的授权来制约立法机关制定法律的活动。如美国 1787 年宪法第 2 条“行政条款”就规定：总统就职前，应作下列宣誓或郑重声明：我谨庄严宣誓，忠诚地执行合众国总统的职务，尽最大努力维护、保护和保卫合众国宪法。很显然，美国总统在行使自身的行政权力时首先必须适用宪法来获得自己行为的宪法依据。再如 1994 年《白俄罗斯共和国宪法》第 107 条也规定：白俄罗斯共和国政府“保障宪法、法律和总统法令和指示的执行”，这一规定也体现了对行政机关从事行政管理活动适用宪法的要求。我国现行宪法对行政机关适用宪法也作出了相应规定，如第 89 条第（一）项款规定：国务院根据宪法和法律，规定行政措施，制定行政法规，发布决定和命令。这一规定表明，根据我国的宪法规定，行政机关不仅要贯彻“依法行政”的原则，而且也要遵守“依宪行政”的原则。宪法适用与行政机关的行政管理活动密切相关。

5. 司法活动中的宪法适用

宪法适用在传统的宪法学理论中，在狭义上往往被视为仅仅是“司法活动中的宪法适用”的代名词。如李步云主编的《宪法比较研究》认为，宪法的适用“狭义上仅指司法机关对宪法的适用”①。不过，对司法活动中的宪法适用含义的理解却存在不同的认识。徐秀义、韩大元主编的《现代宪法学基本原理》一书指出：“宪法存在着两种意义上的司法适用性：（一）将宪法规范作为判断当事人之间权利义务纠纷的直接法规范依据；（二）将宪法作为判断当事人之间权利义务纠纷的直接法规范依据的依据。这种意义上

① 李步云主编：《宪法比较研究》，法律出版社 1998 年 11 月第 1 版，第 338 页。

的宪法司法适用性，实际上是普通司法机关享有违宪审查权”[①]。上述观点通俗地说，就是指在司法活动中的宪法适用分为两种形式，一种是直接将宪法作为审理案件的法律依据；一种是不直接将宪法作为审理案件的法律依据，而是将宪法作为判断作为审理案件的法律依据自身是否具有宪法依据的标准。就后一种情况来看，实际上是在司法活动中运用宪法来判断在制定法律、法规的过程中是否正确地适用了宪法，这种性质的宪法适用可以看成是“立法活动中的宪法适用的司法监督”。

其实，从宪法适用的性质来看，不论是将宪法作为审理案件可以直接引用的宪法依据，还是对审理案件所引用的法律依据根据宪法的规定来进行违宪审查，在司法活动中的宪法适用都有一个共同的特点，就是由司法机关，包括行使司法职权的一切国家机关（通常在不同国家有不同的内容，一般包括检察机关和审判机关）运用宪法作为司法活动的法律依据。宪法在司法活动中的适用与宪法在立法活动和行政管理活动中的适用其功能是相似的，就是要求司法机关将宪法作为自身行为的法律依据。

值得注意的是，在司法活动中的宪法适用与通过司法活动引起的宪法解释具有不同的功能，两者不应轻易地加以混淆。在司法活动的宪法适用重点要解决在司法活动中宪法是否作为司法机关审理案件、判断行为对错的是非标准，宪法适用主要是在宪法规定与具体的法律事实之间进行价值意义上的一致性比较，如果被适用的宪法条文和宪法规范自身的含义是明确无误的，将宪法适用于具体的法律事实时，就不需要对有关的宪法条文和宪法规范的含义进行宪法解释，也就是说，宪法适用不当然涉及对宪法条文和宪法规范自身内涵的释义，只是会涉及适用宪法条文和宪法规范时的适用选择问题。例如，对于由司法机关审理的某个具体案件是否符合宪法规定，是运用一个宪法条文来作为判断是非对错的依据，还是同时运用几个宪法条文来加以判断，这种不同的适用宪法的方法虽然也会涉及宪法条文含义的整体理解，但是，这种适用的效力不具有普遍的约束力，只能约束具体案件的当事人，因此不会产生宪法创制意义上的宪法解释的意义。在司法活动中也可能会引发宪法创制意义上的宪法解释，这种情况一般发生在司法活动中适用宪法的时候发现被适用的宪法条文和宪法规范自身的含义不清晰，不能被很好地适用于具体的案件和法律事实作为司法活动中判断行为对错的具体标准。在这种情况下，就会引发实质意义上的宪法解释。通过宪法解释，不仅仅对具体案件的当事人产生效力，而且还对宪法条文

---

① 徐秀义、韩大元主编：《现代宪法学基本原理》，中国人民公安大学出版社2000年版，第325页。

和宪法规范的自身含义产生了实质性的影响。由于在司法活动中的宪法解释具有实质性的改变宪法条文和宪法规范内涵的功能，因此，在许多国家中建立了司法活动中的宪法适用和宪法解释相分离的制度，以便使得宪法解释具有更高的权威性，更能够摆脱司法机关的影响，保持宪法解释所具有的宪法创制意义。如1949年，联邦德国基本法第100条第1款规定：如果某法律是否有效与法院的裁决有关而法院认为该法为违宪，应即中止诉讼程序。如果认为违反州宪法，即由具有审理宪法争议权限的州法院作出裁决；如果认为违反基本法，则由联邦宪法法院作出裁决。如果认为州法违反本基本法或州法与联邦法律相抵触也适用这一办法。很显然，根据联邦德国基本法的规定，对宪法的解释权并没有赋予普通的法院，而是赋予了专门的宪法法院。当然，对于没有违宪争议的一般案件，联邦德国的普通法院也经常性地引用宪法来作为审理案件的法律依据。如德国联邦劳工法院一直把联邦德国基本法中的基本权利作为审理劳资案件的直接法律依据，并形成具有自身特色的判例法。著名的案件如1954年联邦劳工法院在一个案件中判决私人企业的雇员有权利利用宪法保护的言论自由权利来抗衡雇主的压制行为①。

在我国的司法实践中，虽然还没有出现实质意义上的宪法解释，但是，却出现了在司法活动中将宪法条文和宪法规范作为审理案件的法律依据的判决。比较著名的是最高人民法院在2001年作出的“8・13”司法批复，在该批复中，现行宪法中的受教育权被直接作为有约束力的法律权利来约束案件所涉的当事人。地方法院也有在判决中直接引用宪法作为审判案件的法律依据的。如1989年6月5日河北省高级人民法院在审理“王发英诉刘真及《女子文学》等四家杂志侵害名誉权”纠纷案所作出的判决中，认为根据宪法和《民法通则》第101条规定，公民名誉权受法律保护。禁止用侮辱、诽谤等方式损害公民的名誉。上诉人刘真及《女子文学》侵犯了王发英的名誉权，依法应当承担民事责任。该判决属于在法院判决中直接引用宪法解决具体案件中的法律问题的典型事例。类似的还有1988年4月11日上海市中级人民法院对“沈涯夫、牟春霖诽谤案”所作出的判决。这些判决直接引用了宪法，也就是说直接适用了宪法，但并没有导致宪法解释的出现。

6. 宪法监督中的宪法适用

宪法监督从法理上来看属于宪法制定者保障宪法能够得到实施的宪法保障行为，并且是不依赖于宪法规定而存在的政治性行为。宪法制定者通过契约赋予了公民以基本的宪法权利，通过授权赋予了国家机关、组织和个人以

① 张千帆：《西方宪政体系》（下），中国政法大学出版社2001年5月版，第450页。

特定的宪法上的职权。公民能否按照宪法的规定行使基本权利，获得宪法授权的国家机关、组织和个人能否按照宪法的规定行使宪法职权，宪法制定者基于其制定宪法的身份和正当性基础，可以对实施宪法的各项活动进行跟踪监督和检查，目的是为了推动宪法的各项规定在实际生活中得到更好的实施，防范违宪行为的发生，并对已经发生的违宪行为及时予以制止，由此来维护宪法制定者的权威。但是，宪法制定者在宪法学理论上通常是一个价值概念，而不是指具体的某个机构或个人，在宪法的正当性理论中，宪法制定者与人民的价值内涵是等同的。所以，这就决定了宪法制定者作为宪法实施的具体的监督者是很难有效地监督宪法的实施的，必须要通过设立一定的宪法监督制度来保障宪法制定者的宪法监督活动的有效实施。在宪法学理论上，宪法监督可以通过宪法制定者基于宪法的授权来进行。由此便产生了基于宪法的规定实行宪法监督的宪法制度。在这种情形下，由于宪法监督者的宪法监督职权来自于宪法，因此，宪法监督者在行使宪法监督职权时就必须严格地依据宪法的各项规定来行使宪法监督职权，而不能随意实行宪法监督。作为宪法上的授权性监督，宪法监督首先要以宪法适用为基础。如法国 1958 年宪法规定设立宪法委员会，宪法委员会根据宪法规定履行宪法监督职能，包括监督共和国总统选举的合法性，监督公民投票程序的合法性，在组织法公布之前审查其是否符合宪法的规定等等。法国的宪法委员会显然不是宪法制定者意义上的宪法监督者，其从事的宪法监督活动由宪法加以规定，因此，法国宪法委员会在开展宪法监督活动的过程中，首先必须以宪法的规定作为其开展宪法监督活动的法律依据。

我国现行宪法第 62 条和第 67 条规定，全国人民代表大会及其常务委员会有权监督宪法的实施，这种宪法监督也属于应当基于宪法适用进行的宪法监督。因为虽然根据宪法的规定，全国人民代表大会及其常务委员会有权监督宪法实施，但是，宪法并没有规定全国人民代表大会及其常务委员会有权制定宪法，故这种宪法监督在宪法学理论上仍然属于基于宪法的授权而进行的宪法监督。

7. 宪法审判中的宪法适用

宪法审判，顾名思义，是根据宪法的规定来审理案件，并作出相应的判决。宪法审判是由宪法诉讼引起的，是宪法诉讼的重要环节，是在宪法诉讼活动中，由宪法审判机关依据宪法行使宪法审判权力的活动。但是，宪法审判与宪法诉讼并不是同一个概念，宪法诉讼主要是指处理宪法争议的各项法律活动，除了包括宪法审判机关依据宪法行使宪法审判职权之外，还包括当事人的申诉、控告、抗辩等诉讼活动。所以，在宪法诉讼中，通常只有宪法审判活动才涉及宪法适用，一般宪法诉讼参与人在宪法诉讼过程中不涉及正式的宪法适用问题，只存在遵守宪法的问题。宪法审判与宪法监督也不一样，宪法审判具有被动性，如果没有产生宪法争议的当事人的申诉，那么，宪法审判机关就不可能主动去运用宪法来审理宪法案件。根据宪法诉讼的标的物的不同，宪法审判通常分为两种情形：一是运用宪法的规定来解决具体的宪法争议，包括国家机关之间的权限争议、国家机关与公民之间的权力与权利关系的争议以及有关宪法权利冲突的争议；二是运用宪法的规定来解决法院审理案件所依据的法律、法规的制定主体是否具有宪法上的立法权限，法律、法规的内容是否具有宪法上的依据。基于宪法的规定进行宪法审判的结果一般分为三种：一种是由宪法审判机关来确认受到争议的某种宪法职权或宪法权利的存在和应当受到保护的必要性；第二种是由宪法审判机关在产生宪法争议的当事人之间重新划分宪法权限，包括在不同的国家机关之间重新划分宪法职权，在国家机关与公民之间重新界定彼此的权力与权利关系的界限，对模糊不清的应当受到保护的宪法权利重新界定内涵等，以此结果来消除当事人之间的分歧；第三种是宪法审判机关在运用宪法审判案件的时候，如果发现受到审查的行为或者是法律、法规违反了宪法的规定，可以宣布有关的行为或者是法律、法规违宪，并采取相应措施撤销违宪的法律、法规，停止违宪的法律、法规的生效，消除违宪行为造成的不良影响，对实施了违宪行为的当事人给予相应的法律上的制裁等等。

宪法审判是以宪法为依据来判断具体的法律行为、法律事件、法律、法规是否具有宪法上的依据，是宪法作为人们行为是非对错的判断标准。由于导致宪法审判的宪法争议是大量和经常性地存在的，具有很强的客观性，因此，相对于宪法监督者对违宪行为的防范来说，宪法审判具有更强的保障宪法实施的功能。

8. 组织和个人遵守宪法与宪法适用问题

宪法适用是将宪法作为判断人们行为是非对错的标准。从理论上来看，任何组织和个人都可以运用宪法来作为判断行为是非对错的标准，都存在宪法适用问题。但是，相对于依据宪法享有一定的宪法职权的国家机关、组织和个人来说，不具有宪法上赋予的特定的宪法职权的组织和个人，在运用宪法约束自己的行为时，只能对自身的行为产生约束力，而不能对不特定的社会公众产生约束力，所以，一般组织和公民个人适用宪法的活动不具有制度上的意义，只是在宪法意识的培养和公民道德的建设中会产生积极的影响，故不享有宪法上赋予的特定宪法职权的组织和个人适用宪法的活动在宪法学理论上，只视为“遵守宪法”，而不构成“适用宪法”。但是，宪法要在具体的实际生活中真正地得到实施，既需要享有宪法规定的宪法职权的国家机关、组织和个人要正确地适用宪法来实施宪法上所规定的宪法职权，同时也需要所有的社会组织和公民个人能够自觉地运用宪法的规定来约束自己的行为。

（二）宪法适用的效力

宪法适用能否成为具有法律约束力的宪法实施活动关键在于宪法适用是否具有法律上的效力。如果宪法适用不具有正式的法律上的效力，那么，依据宪法的规定有义务适用宪法的国家机关、组织和个人就可能不会认真地适用宪法，结果就会导致宪法失去了作为人们行为评价标准的作用，宪法的法律功能也就会丧失殆尽，所以，宪法适用必须具有法律效力，必须要对具体的人、物、事件等法律关系主体和法律事实产生法律上的拘束力。

宪法适用的效力主要表现在以下三个方面：

1. 宪法适用的优先性

宪法适用的优先性是指当依据宪法规定享有宪法职权职责的国家机关、组织和个人在行使自身的宪法职权职责时，存在着与宪法规定不一致的其他形式的法律依据时，应当优先适用宪法。宪法的优先适用性主要表现在宪法作为根本法，应当具有最高的法律效力，在一个国家的主权管辖范围内，不论是对该国生效的国际法，还是该国立法机关制定的其他法律形式，凡是与宪法不一致的，都必须予以改正或者是不得予以适用。特别是对于同一个行为在选择是适用宪法，还是适用国际法或其他法律形式时，应当首先选择适用宪法。宪法适用的优先性是由宪法的根本大法的法律特性决定的，即便是对于缔约国已经生效的国际法，也不得与缔约国的宪法相抵触。所以，在存在明确的宪法依据的情形下，必须要优先适用宪法，而不是任何其他形式的法律或者是规范性文件。

2. 宪法适用的强制性

宪法适用是宪法法律效力的表现形式，如果宪法在实际生活中不能得到适用，那么，就说明没有一个享有公共权力的组织和个人需要从宪法上获得行使权力的法律依据。这实际上只能出现在没有宪法的社会中或者是人治的体制下。如果有宪法却不适用宪法，这恰恰反映了典型的人治和破坏法治的特征。所以，在承认主权在民、依据现代民主原则建立起来的现代法治社会中，国家机关所行使的国家权力或者是其他组织和个人行使的公共权力必须具有宪法上的依据，否则就是越权行为或者是违宪行为。宪法适用对于依据宪法享有宪法职权职责的国家机关、组织和个人来说是强制性的法律要求，不是可以加以选择的行为准则。大多数国家的宪法中对此都有明确的法律态度。如 1995 年 8 月 30 日通过的《哈萨克斯坦共和国宪法》第 74 条就规定：凡被认为不符合哈萨克斯坦共和国宪法的法律和国际条约，均不能签署、批准和生效。凡被认为损害宪法所确认的人和公民的权利和自由的法律和其他规范性法律文件，均应废除，并不得适用。我国现行宪法第 5 条第 5 款也规定：任何组织和个人都不得有超越宪法和法律的特权。上述这些规定都强调了宪法适用对于享有宪法职权职责的国家机关、组织和个人来说所具有的强制性。

3. 宪法适用的确定性

宪法适用是将宪法运用到具体的法律事实的评价中，作为人们行为是非对错的判断标准，因此，凡是正确地适用宪法所产生的行为或者是法律、法规，都具有宪法上的依据，这些行为或者法律、法规就应当得到遵守，受到宪法的保护，在具体的实际生活中，就应当具有约束力。宪法适用一经实施，就具有确定性。除非经过宪法争议处理程序，否则不得随意改变宪法适用的法律效果。所以，在没有出现宪法争议的情形下，依据宪法享有宪法职权职责的国家机关、组织和个人行使宪法职权职责的行为应当具有法律上的约束力，具有对人、对事的约束作用。

总之，宪法适用是宪法作为根本法，作为人们行为的根本准则的最重要的实现环节，是连接宪法规范与具体的法律事实之间的制度纽带。没有宪法适用制度的存在，宪法就只能是纸上的宪法，而不可能是在实际生活中对人们的行为真正起到约束作用的法律规范。所以，研究宪法学，加强宪法实施工作，必须要重点研究宪法适用制度，并建立有关宪法适用的科学的理论体系。

（三）依宪立法是宪法适用工作的重点

党的十八届四中全会审议通过的《全面推进依法治国决定》明确规定："要恪守以民为本、立法为民理念，贯彻社会主义核心价值观，使每一项立法都符合宪法精神、反映人民意志、得到人民拥护"。要"使每一项立法都符合宪法精神"，这一要求集中反映了"依宪立法"的宪法适用要求。2015 年新修订的《中华人民共和国立法法》（以下简称《立法法》）对此也有明确的规定。《立法法》第 3 条规定："立法应当遵循宪法的基本原则，以经济建设为中心，坚持社会主义道路、坚持人民民主专政、坚持中国共产党的领导、坚持马克思列宁主义毛泽东思想邓小平理论，坚持改革开放。"可见，立法应当符合宪法的要求是宪法实施的一项明确要求。但立法如何符合宪法要求，在立法实践中做法却很不统一。有的立法在立法依据中明确声明是

“根据宪法，制定本法”[①]；有的则非常具体地指出立法是根据宪法的哪条规定制定的。按照依宪立法的要求，“根据宪法，制定本法”只是一项立法原则，具有抽象性，实际上对具体的立法工作没有直接的指导意义，而在立法依据中明确指出依据宪法的哪一条制定相关法律法规，这样的依宪立法才属于真正意义上的“宪法适用”。我国目前很多法律和一部分法规中，在立法依据中确立了“根据宪法，制定本法”的立法原则，但只有《中华人民共和国兵役法》《中华人民共和国香港特别行政区基本法》和《中华人民共和国澳门特别行政区基本法》明确地指出了立法的依据来自于宪法的某个具体条文。

---

① 赵静在《对于法律第一条是否写入‘根据宪法，制定本法’的思考》一文中，通过检索新中国成立后的相关立法依据宪法制定的情况，指出了立法中存在的依据宪法规定带有很大随意性的问题。赵文指出：检索1954年9月20日以前通过施行的“法律”，对于制定的上位法依据或合法性规定，可以得出如下结论：在普选的全国人民代表大会召开之前，由中国人民政治协商会议的全体会议执行全国人民代表大会的职权，制定《中华人民共和国中央人民政府组织法》。《政务院及其所属各机关组织通则》《人民法院暂行组织条例》《最高人民检察署暂行组织条例》（各级地方人民检察署组织通则未注明）、《中央人民政府任免国家机关工作人员暂行条例》都写入根据《中央人民政府组织法》某具体条款制定，来表明其合法性根据，但不是笼统的规定根据《中央人民政府组织法》制定。

检索1954年9月20日至1977年12月31日通过施行的法律。由全国人民代表大会制定的除五四宪法、七五宪法外，只有《国务院组织法》第一条规定：“中华人民共和国国务院组织法，根据中华人民共和国宪法第四十八条第二款制定”。这可谓是写入“根据宪法”的首创者。由全国人民代表大会常务委员会制定的《城市街道办事处组织条例》《公安派出所组织条例》《人民警察条例》《国境卫生检疫条例》《户口登记条例》均没有写入“根据宪法”，第一条只是单纯的“立法目的”条款。唯一的是《农业税条例》（1958年6月3日全国人大常委会第九十六次会议通过，于2005年12月29日由全国人大常委会废止）其第一条写入：“根据宪法第一百零二条‘中华人民共和国公民有依照法律纳税的义务’制定”。

检索1978年1月1日至1979年12月31日通过施行的法律。《逮捕拘留条例》（1979年2月23日第五届全国人民代表大会常务委员会第六次会议通过）也写入根据宪法第十八条和第四十七条的规定制定。但是，《全国人民代表大会和地方各级人民代表大会选举法》（1979年7月1日第五届全国人民代表大会第二次会议通过）其第一条开先河地笼统地写入根据中华人民共和国宪法制定全国人民代表大会和地方各级人民代表大会选举法。但《地方各级人民代表大会和地方各级人民政府组织法》《人民检察院组织法》《人民法院组织法》都没有写入。此后是《刑法》《刑事诉讼法》等多部非宪法性法律笼统地写入，有的则未写入。

从现状总结如下：在宪法部门中，《立法法》《人民代表大会选举法》《香港特别行政区基本法》都写入“根据宪法”。行政法部门中，《行政诉讼法》《国家赔偿法》《行政处罚法》《行政复议法》《行政许可法》都写入“根据宪法”，但《治安管理处罚法》未写入。刑法部门中，《刑法》《刑事诉讼法》都写入“根据宪法”。民法部门中，《民法通则》《物权法》《继承法》《民事诉讼法》都写入“根据宪法”，但《合同法》《婚姻法》《仲裁法》未写入。商法部门中，《公司法》《保险法》都写入“根据宪法”，但《证券法》《海商法》《破产法》未写入。知识产权部门中，《著作权法》写入“根据宪法”，但《专利法》《商标法》未写入。

根据以上材料分析，似乎写与不写“根据宪法”毫无规律可循。宪法、行政法、刑法部门的大多数法律文本都有写入，而商法、经济法部门的大多数法律文本都没有写，传统的五部商法典尤是。参见莫纪宏主编：《案例宪法研究》（第一辑），群众出版社2008年12月第1版，第380—381页。

《中华人民共和国兵役法》（以下简称《兵役法》）第 1 条明确规定：根据中华人民共和国宪法第五十五条“保卫祖国、抵抗侵略是中华人民共和国每一个公民的神圣职责。依照法律服兵役和参加民兵组织是中华人民共和国公民的光荣义务”和其他有关条款的规定，制定本法。根据上述规定，《兵役法》的直接立法依据是现行宪法的第 55 条，或者说，《兵役法》是现行宪法第 55 条的具体“实施法”。《中华人民共和国香港特别行政区基本法》和《中华人民共和国澳门特别行政区基本法》序言都明确规定：根据中华人民共和国宪法第三十一条的规定，设立香港和澳门特别行政区，并按照“一个国家，两种制度”的方针，不在香港和澳门实行社会主义的制度和政策。国家对香港和澳门的基本方针政策，已由中国政府在中英和中葡联合声明中予以阐明。根据中华人民共和国宪法，全国人民代表大会特制定中华人民共和国香港和澳门特别行政区基本法，规定香港和澳门特别行政区实行的制度，以保障国家对香港和澳门的基本方针政策的实施。上述规定仅围绕着现行宪法第 31 条的规定来论证香港基本法和澳门基本法的立法依据直接来源于宪法。

总之，从依宪立法的角度来观察宪法在立法中的适用，目前的状况不能尽如人意。党的十八届四中全会通过的《全面推进依法治国决定》提出了“构建完善的中国特色军事法治体系”的要求，但从依宪立法的角度来看，目前我国现行宪法中并没有“军事法规”“军事规章”这样的“法律形式”，“军事法规”“军事规章”是基于《国防法》《立法法》的相关规定存在的，很显然，要强调宪法在“构建完善的中国特色军事法治体系”中的作用，并且树立“依宪治军”的法治理念，目前在制度上还存在不少需要加以研究和予以解决的问题。此外，从我国宪法与具体立法的关系来看，我国宪法实施主要是通过立法机关制定具体的法律法规来加以细化的。所以，具体立法能否严格地依据宪法来制定，直接涉及宪法本身的法律权威能否得到应有的尊重，所以，要真正贯彻党的十八届四中全会通过的《全面推进依法治国决定》所要求的“使每一项立法都符合宪法精神”，必须要在明确现行法律法规的立法依据上下功夫。不能只满足于一般性提及“根据宪法，制定本法”，而应当针对宪法中的具体条款来阐明立法的直接宪法依据，只有这样，才能保证宪法的权威在立法阶段就能得到有效地尊重，使得法治工作的源头就符合宪法的要求，就在落实宪法的精神。

依据现行宪法规定，负有“依宪立法”职责的国家机关主要涉及作为依据宪法享有国家立法权的最高国家权力机关的全国人大及其常委会、国务院、享有地方立法权的地方人大及其常委会以及民族区域自治地方的立法机关。现行宪法第 5 条第三款规定，“一切法律、行政法规和地方性法规都不得同宪法相抵触”。上述规定对全国人大及其常委会制定法律，国务院制定行政法规和有地方立法权的地方人大及其常委会明确提出了“依宪立法”的宪法要求。此外，现行宪法还在具体条文中强调了“依宪立法”的思想。例如，现行宪法第89条第（一）项规定，国务院“根据宪法和法律，规定行政措施，制定行政法规，发布决定和命令”；第100条规定：“省、直辖市的人民代表大会和它们的常务委员会，在不同宪法、法律、行政法规相抵触的前提下，可以制定地方性法规，报全国人民代表大会常务委员会备案”。此外，现行宪法第105条还规定：“自治区、自治州、自治县的自治机关行使宪法第三章第五节规定的地方国家机关的职权，同时依照宪法、民族区域自治法和其他法律规定的权限行使自治权，根据本地方实际情况贯彻执行国家的法律、政策”。由此可见，“依宪立法”早已成为现行宪法所确认的一项宪法原则，是“依宪治国”的最重要的一项内涵。其中，全国人大及其常委会作为享有国家立法权的最高国家权力机关在依宪立法方面负有重要的历史使命。

虽然说“依宪立法”对于推进“依宪治国”具有非常重要的意义，但对于具体的立法机关来说，要真正在立法中准确地贯彻“依宪立法”的思想和精神，还有很多路要走。以2013年12月28日第十二届全国人民代表大会常务委员会第六次会议通过的《全国人大常委会关于废止有关劳动教养法律规定的决定》为例，虽然该决定在废除劳动教养制度方面具有里程碑式的意义，但在贯彻落实依宪立法的精神方面在理论仍然有很多问题值得进一步探讨。最大的问题是该决定没有给予作为劳动教养制度的“宪法依据”给予足够的关注。从劳动教养制度的法律渊源来看，直接来源于1954年宪法。1957年8月1日全国人民代表大会常务委员会第七十八次会议批准、1957年8月3日国务院命令公布的《国务院关于劳动教养问题的决定》规定：“根据中华人民共和国宪法第一百条的规定，为了把游手好闲、违反法纪、不务正业的有劳动力的人，改造成为自食其力的新人；为了进一步维护公共秩序，有利于社会主义建设，对于劳动教养问题，作如下决定”。很显然，作为《国务院关于劳动教养问题的决定》的合法性依据是1954年宪法第100条，因此，《国务院关于劳动教养问题的决定》能够长期合法存在，在法理上的一个重要推断理由就是作为《国务院关于劳动教养问题的决定》的法律依据的1954年第100条的合法存在。但《全国人大常委会关于废止有关劳动教养法律规定的决定》却故意回避了这个问题。该决定做了如下的处理：“第十二届全国人民代表大会常务委员会第六次会议决定：一、废止1957年8月1日第一届全国人民代表大会常务委员会第七十八次会议通过的《全国人民代表大会常务委员会批准国务院关于劳动教养问题的决定的决议》及《国务院关于劳动教养问题的决定》。二、废止1979年11月29日第五届全国人民代表大会常务委员会第十二次会议通过的《全国人民代表大会常务委员会批准国务院关于劳动教养的补充规定的决议》及《国务院关于劳动教养的补充规定》。三、在劳动教养制度废止前，依法作出的劳动教养决定有效；劳动教养制度废止后，对正在被依法执行劳动教养的人员，解除劳动教养，剩余期限不再执行。本决定自公布之日起施行”。很显然，《全国人大常委会关于废止有关劳动教养法律规定的决定》没有说明作为1957年8月1日第一届全国人民代表大会常务委员会第七十八次会议通过的《全国人民代表大会常务委员会批准国务院关于劳动教养问题的决定的决议》及《国务院关于劳动教养问题的决定》的宪法依据——1954年宪法第100条是否被“废止”了。这个问题看起来不重要，但从“依宪立法”的角度却是极其重要的，因为既然1957年8月1日第一届全国人民代表大会常务委员会第七十八次会议通过的《全国人民代表大会常务委员会批准国务院关于劳动教养问题的决定的决议》及《国务院关于劳动教养问题的决定》截至2013年12月28日才被废止，那么，从逻辑上可以推论作为《全国人民代表大会常务委员会批准国务院关于劳动教养问题的决定的决议》及《国务院关于劳动教养问题的决定》法律依据的1954年第100条的“确定力”仍然存在，否则，就意味着《全国人民代表大会常务委员会批准国务院关于劳动教养问题的决定的决议》及《国务院关于劳动教养问题的决定》在1975年宪法产生之后就自动失效了。因为1975年宪法对1954年宪法做了全面修改，本身只有30条，而《全国人民代表大会常务委员会批准国务院关于劳动教养问题的决定的决议》及《国务院关于劳动教养问题的决定》的宪法依据是宪法第100条，很明显，自1975年宪法生效后，已经没有宪法第100条了。既然宪法第100条不存在了，那么，根据宪法第100条制定的《全国人民代表大会常务委员会批准国务院关于劳动教养问题的决定的决议》及《国务院关于劳动教养问题的决定》不也就是“皮之不存，毛将焉附”了吗?!但《全国人民代表大会常务委员会批准国务院关于劳动教养问题的决定的决议》及《国务院关于劳动教养问题的决定》一直到2013年12月28日仍然有效，法理上就必须推定作为《全国人民代表大会常务委员会批准国务院关于劳动教养问题的决定的决议》及《国务院关于劳动教养问题的决定》的宪法依据——1954年宪法第100条也一直有效。全国人大常委会要废止《全国人民代表大会常务委员会批准国务院关于劳动教养问题的决定的决议》及《国务院关于劳动教养问题的决定》在立法程序上是没有问题的，但应当在《全国人大常委会关于废止有关劳动教养法律规定的决定》中应当先明确说明作为《全国人民代表大会常务委员会批准国务院关于劳动教养问题的决定的决议》及《国务院关于劳动教养问题的决定》的宪法依据——1954年宪法第100条已经失效，故基于1954年宪法第100条制定的《全国人民代表大会常务委员会批准国务院关于劳动教养问题的决定的决议》及《国务院关于劳动教养问题的决定》也就相应失去效力。如果全国人大常委会在废止《全国人民代表大会常务委员会批准国务院关于劳动教养问题的决定的决议》及《国务院关于劳动教养问题的决定》时做上述明确的说明，至少来说，对“宪法”作为立法的“依据”这个问题给予了高度关注。但从目前处理的情况来看，这个问题被刻意回避了，说明了全国人大常委会自身对“依宪立法”问题的认识也还需要进一步加强。总之，作为贯彻落实“依宪治国”价值的具体制度要求，依宪立法在实践中要做到位，要真正使“每一项立法都符合宪法精神”，还需要在立法实践中不断加以研究和探讨。

健全宪法解释程序机制

——《中共中央关于全面推进依法治国若干重大问题的决定》

二　完善宪法解释制度

宪法解释就是有权解释宪法的机构依照一定的解释程序对宪法的含义所作的解释和说明。宪法解释的对象在哲学属性上同宪法是相通的，宪法解释的对象无疑就是宪法。宪法解释的对象的内涵和外延在逻辑上同宪法的内涵和外延是等同的，在进行宪法解释时必须对宪法进行整体、全方位、多角度意义上的释义。既要对抽象意义上的宪法进行释义，又要对具体的宪法进行解释；既要从整体上把握宪法的原则、结构、功能，又要从宪法的具体条文入手，对宪法的每一个具体的内容加以分析和明确其基本含义；既要研究具体个别宪法规范的含义，又要从整体上来把握宪法规范的结构体系和不同宪法规范之间的法律关系；既要界定规范意义比较强的宪法条文的含义，又要准确地揭示那些非规范性的宪法条文的意义；既要阐明宪法规范自身的含义，又要将宪法规范同其他法律规范在概念的内涵和外延上科学地区分开来；既要对成文的宪法进行释义，又要对不成文的宪法进行解释等。总之，只要是属于宪法某个方面或整体的性质、特征需要进一步予以明确说明的，都会产生宪法解释问题。

作为宪法规范的内涵和外延的进一步说明，一旦产生以后，应当具有确定性。也就是说，就某一具体的宪法规范而言，在特定场合下具有何种含义一旦产生了权威性的解释，这种解释就应当包含在该宪法规范的可能具有的逻辑内涵之中。很显然，权威性的宪法解释与被解释的宪法规范一样，也是现实宪法的存在方式，是宪法渊源之一。但是，应当看到的是，宪法规范所具有的法律效力与对宪法规范所作出的宪法解释的法律效力具有一定的差异，如果一个宪法规范的内涵与外延要从根本上加以改变，或者是通过宪法解释完全改变了宪法规范本来的含义，在这种情况下，宪法解释是没有存在的必要的。

作为宪法的形式渊源之一，宪法解释一般不具有独立的宪法规范的特性，必须依附于某个具体的宪法规范而存在。例如，我国现行宪法第79条第一款规定："中华人民共和国主席、副主席由全国人民代表大会选举"。根据该条款的规定，不经全国人民代表大会选举，不可能合法地产生中华人民共和国主席和副主席。因此，该条款是中华人民共和国主席、副主席产生的最基本的宪法依据。但是，由于现代汉语的构词法中名词没有复数形式，因此这样的主席、副主席，尤其是副主席到底是一名，还是一名以上，特别是如果将上述规定翻译成具有名词单复数构词法的少数民族语言或者是其他外国语言时，就必须对"副主席"的单复数属性作出判断。一旦这样的翻译文本依法产生后，很显然，不论是对"副主席"进行单数解释，还是理解成复数，应该说，由于中华人民共和国现行宪法文本没有明确"副主席"的单复数属性，这种翻译文本就具有解释现行宪法第79条第一款的功能，成为确认现行宪法第79条第一款所规定的如何产生中华人民共和国副主席的法律依据。再者，如现行宪法第79条第二款规定："有选举权和被选举权的年满四十五周岁的中华人民共和国公民可以被选为中华人民共和国主席、副主席"。此条款确立了当选为中华人民共和国主席、副主席的法定资格，其中年龄资格为年满四十五周岁。但是，由于我国长期以来不同地区有使用公历和农历计算周岁的不同习惯，所以，现行宪法第79条第二款关于当选为中华人民共和国主席或副主席的年龄资格的规定从逻辑上讲存在着一个公民可能在被提名当选中华人民共和国主席或副主席时，依照公历已经年满四十五周岁，而依照农历却仍未达到四十五周岁，或者是依照农历已经达到四十五周岁，而依据公历仍未年满四十五周岁的情况。这种情形一旦在全国人民代表大会选举中华人民共和国主席、副主席之前发生，就必须加以解释。尽管这样的问题并不会经常出现，但是，由于涉及严格依据宪法的规定进行选举的问题，所以，必须从逻辑上加以解决。对现行宪法第79条第二款关于当选为中华人民共和国主席或副主席的年龄资格一旦经有权机关解释后，应当具有与该条款一样的法律拘束力。不过，由于对现行宪法第79条第二款所进行的上述解释在实施该条款的过程中发生的可能性很小，因此，上述解释如果作为该条款的必要内容来加以确认很显然会影响该条款的规范性，所以，作为宪法解释的形式存在更加有利于发挥该条款的规范功能。从此意义上来看，宪法解释作为宪法渊源而存在，一般是针对特定情形的或者是个别情形的，它与宪法规范的关系是一般与特殊的关系。它本身不能成为独立的宪法规范，只能与它所说明和解释的宪法规范结合在一起共同构成一个在逻辑上内涵和外延完整的宪法规范。

（一）宪法解释作为宪法的形式渊源的存在方式

宪法解释在实践中根据宪法适用领域的不同主要分为四种类型，即立宪解释、行宪解释、违宪司法审查解释和监督解释。每一种解释都是为了保证宪法更好得到实施，维护宪法的权威性而进行的，并且各种不同的解释方式都遵循着宪法解释的共同原则。

1. 立宪解释

立宪解释主要是指在制定和修改宪法的过程中对宪法条文、规范、原则、结构、功能及其相关的法律关系所作的分析、说明。此种解释属于立宪范畴，有时并不严格地同制定宪法和修改宪法的行为相区分。这种解释的特征是以宪法文件为核心，围绕着宪法文件中的宪法条文、规范、原则、结构、功能及相关的法律关系的含义作进一步补充说明，因此，有些学者又称立宪解释为补充解释。但是这种补充解释对不成文宪法和宪法惯例的含义补充也是适用的，不过以成文宪法为主。立宪解释与宪法规范一样具有一般的抽象的法律约束力。

立宪解释以解释内容和宪法文件的依附关系可以分为随件解释、另件解释和特件解释三种情况。

（1）随件解释。随件解释是立宪解释中最常见的一种解释形式，也是一般法律解释通用的表达方式。它一般在宪法文件中专设条文，对宪法文件上下文提到的某个名词术语的含义，某个法律关系的特征，以及某些宪法规范、原则之间的关系和宪法结构和功能的意义作专门地说明。如 1965 年《新加坡共和国宪法》第 91 条第一款就对该宪法文本中所涉及近 30 个术语的含义作了明确的解释。该条款规定：本宪法中除另有规定或上下文另有要求，下列词语具有如下所指出的意义："内阁"是指根据本宪法成立的内阁；"新加坡公民"是指根据本宪法规定具有新加坡公民身份的人；"现行法律"是指紧接本宪法实施之前作为新加坡宪法一部分而生效的任何法律；"法律"包括成文法和联合王国立法或在新加坡实施的任何其他法律或法律文件，和在新加坡有效的普通法律以及在新加坡具有法律效力的任何风俗和习惯；"成文法律"是指本宪法和马来西亚宪法和所有在新加坡现行有效的法令、条约和补充立法，并包括根据 1958 年新加坡宪法敕令所制定的规则、规程，只要它们在新加坡仍然有效。此外，该条涉及的词语还包括"议会""总理""公职""届期""服务条件"等近 30 个专门术语。

随件解释的优点就是能够使宪法文件中的宪法条文、规范、原则，以及结构和功能及相关的法律关系的含义一目了然，但其缺陷就是适应性差，即由于随件解释已经较规范地揭示了宪法的含义，一旦在行宪实践中遇到立宪时所未遇到的新情况，就出现了需要再解释的必要。这一点从随件解释存在的法律前提来看，一般也可以一目了然。如上所引证的《新加坡共和国宪法》中对专门术语内涵所作出的解释的前提并没有否定“本宪法中除另有规定或上下文另有要求”，因此，随件解释的内容越详尽，宪法的灵活性就越差。随件解释一般不宜视为独立的宪法渊源。

（2）另件解释。另件解释也是立宪解释中的一种重要表现形式，但由于宪法的根本法地位使得宪法文件的形式仅限于宪法典、宪法修正案等具有宪法效力的法律文件，故成文宪法国家立宪解释多采取随件解释形式，即通常指宪法解释附于宪法典中，以保全宪法的权威。而用另件解释宪法的多为不成文宪法国家，这些国家多主张，用制定法的一般规则来解释宪法，如根据习惯，英国枢密院和加拿大最高法院的法官们一直认为应以适用于制定法的一般规则来解释《不列颠北美法》（标准的宪法文本）。

作为立宪解释的一种重要形式，另件解释中的“件”通常表现为专门的解释法。解释法其英文词为 Interpretation Act 或 Interpretation Statue。它规定法律解释的一般原则，并规定大量法规中最常见词的标准含义，除非特殊法规，或上下文，或其他情形指明有其他含义，这些规定的标准含义在解释所有成文法规时均适用，宪法也不例外。这些规定集中于一身的立法文件，便是解释法。《牛津法律指南》一书认为，英国制定的《解释法》（Interpretation Act），于 1837 年、1889 年、1978 年数度进行修改，即英国解释法至少制定于 1837 年以前。Reed Dickerson 著《Legislative Drafting》及 G. G. Thornton 著《Legislative Drafting》均认为 1850 年制定的著名的 Brougham's Act 是现代解释法的先驱。1954 年北爱尔兰制定《解释法》，加拿大制定 1967—1968 年《解释法》。美国也有解释法。1984 年，西澳大利亚（Western Australia）颁布了一个相似于上述规范的《解释法》。①

另件解释在成文宪法中也有示例，其中多数表现为在宪法条文中指明某种法律文件可适用于宪法的解释，这种形式的另件解释其实是成文宪法随件解释的一种方式罢了。如 1979 年孟加拉国宪法第 152 条就规定，1897 年“一般条例法”关于：①议会法令的规定同样适用于本宪法；②以议会法令使任何条例废止、无效或失效的规定同样适用于本宪法使之废止、无效或失效。

另件解释是宪法解释制度中的一项重要制度，它通常以解释法的形式出现，将涉及一国法律制度的基本原则和法律术语的含义统一化和规范化，有利于构造一个体系完整、结构严密的法律规范体系。但对于成文宪法而言，

---

① 参见曹叠云著：《立法技术》，中国民主法制出版社 1993 年 6 月版，第 203—204 页。

由于宪法典的根本法地位，故一般不宜将宪法规范和普通法律规范并同加以注释，尽管两者在逻辑结构上存在着极为相似甚或相同的特征。此外，成文宪法的法律效力也不能同解释法的法律效力相提并论，除非成文宪法对解释法中相同解释条款的法律效力予以宪法效力的认可。对于不成文宪法来说，解释法本身就可以视为宪法性法律，故另件解释的效力并不是一个非常突出的问题。

（3）特件解释。特件解释顾名思义是用特殊形态的法律文件来作宪法解释，但特定法律文件的法律效力并不能视为与宪法文本相同，只有通过宪法制定和修改程序产生的宪法条文才具有正式的宪法效力，特件解释的内容的约束力以特件自身的法律效力为限。如 1990 年 4 月 4 日由第 7 届全国人民代表大会第 3 次会议通过的《全国人民代表大会关于〈中华人民共和国香港特别行政区基本法〉的决定》中规定，“香港特别行政区基本法是根据《中华人民共和国宪法》按照香港的具体情况制定的，是符合宪法的”①。此处规定应视为宪法解释，但该决定一般不宜视为同宪法具有同等效力，而只具有法律效力。因此，特件解释仅仅以“件”中与宪法解释相合的内容而与宪法发生直接的法律关系的，一般情况下不宜对载有宪法解释内容的特件作宪法文件之观。另外，特别值得注意的是，特件解释所针对的对象也有所不同。如果特件解释所针对是宪法条文本身的内涵的，这种特件解释的效力应当与被解释的宪法条文相同，特别是应当与宪法条文一样具有一般的抽象的约束力；而如果特件解释所针对的是宪法适用的对象，这种解释如果不涉及宪法条文，仅仅涉及宪法适用的对象是否具有合宪性的话，那么，这种特件解释应当视为宪法适用中的解释，其解释效力不具有一般性，只能针对具体的适用对象或者个案生效。

因此，立宪解释在解释功用上主要是补充宪法规定的不足，这种补充既可以对宪法条文中名词术语的含义加以揭示，也可以是对宪法条文中所蕴含的宪法规范、原则以及宪法文件所载的宪法规范的整体结构和功能的意义及相关的法律关系予以说明。立宪解释立足于使宪法更完善，详尽，使其具有较强的规范性、严谨性和科学性。由于立宪解释在行为方式上表现为补充立宪的义务，因此，学理上一般视立宪解释为一种积极、主动的宪法解释，它是立宪者以积极主动的态度进行的，解释的起意不受他人或机构意志的左右，完全是立宪者自主的法律行为。

---

① 从严格意义上讲，该决定不应当视为宪法解释，而应当视为宪法适用中的解释，决定的效力只约束香港基本法，而没有涉及宪法条文自身。

2. 行宪解释

行宪解释就是行使宪法职权和履行宪法职责的机构在具体实施宪法时，对宪法中需要加以说明的名词术语、规范原则和法律关系所作的注释，这种解释只是为了便于实施宪法，且解释适用的范围具有特定性，解释的形式也不拘泥于成文化，很多场合下解释是不成文的，这种解释一般视为有权实施宪法的机构正确履行宪法职责的一项重要内容。从世界各国宪法规定来看，立法机关、国家元首和政府行政机构都可以在履行宪法职责的过程中对宪法中需要加以说明的名词术语、规范原则和法律关系作具体适用性解释，但这种解释一般只对解释宪法的机构自身实施宪法行为有拘束力，对其他有权实施宪法的机构的宪法行为就不一定有拘束力，行宪解释主要解决如何将宪法规范适用于履行宪法职权和职责的具体的行为。

以法国 1958 年宪法为例，该宪法第 5 条规定，“共和国总统监督遵守宪法”。“它通过自己的仲裁，保证公共权力机构的正常活动和国家的持续性”。法国总统据此规定可以进行行宪解释，其宪法解释之范围涉及整个第五共和国宪法（1958 年宪法）且包括第五共和国宪法序言中所载的 1789 年人权宣言和 1946 年第四共和国宪法序文，故法国总统在宪法解释中的作用是相当大的。

以法国总统行宪解释的实践来看，其涉及范围也颇为广泛。1984 年 7 月 12 日，密特朗总统在电视广播中强调，有关总统“保证国家独立”的责任中“国家独立”一义含有“国家团结”（L' unité nationale）。但此出解释含义并不十分清晰。因法国为文化、政治、种族、社会、宗教、经济均呈多元化国家，并且在海外还拥有广大领地，“国家团结”一词其义尚需进一步界定，故此种解释遭到不少非议，被誉为“为解释而解释之举”。1985 年，密特朗在出席“人口暨家庭高等委员会”（Haute Cour et de la familie）揭幕典礼上，强调“人口问题”关乎“国家存亡的利益”（les intérêts vitaux de la nation），而他本人是国家存亡利益的保障者，故人口问题与其职责有关。该项解释被认为是总统已将职责扩大到广泛的社会事务上。

由立法机关作行宪解释的也不乏立法规定。如 1980 年越南宪法第 100 条规定，国务委员会负责解释宪法、法律和命令。1968 年民主德国基本法第 71 条也规定，对宪法和法律有拘束的解释，由国务委员会进行之，但以人民议院本身未作这种解释为限。

行宪解释就其实质而言，是有权国家机关在实施宪法、履行宪法所规定的权力和职责时，对宪法条文、规范原则，以及结构、功能和相关的法律关系所作的进一步说明。从法理上来看，行宪解释是一种适用宪法的解释，不能包含在严格的立宪解释的范围之中，且行宪解释是行宪机构为实施宪法、履行宪法职权和职责而发生的，因此，行宪解释是一种主动性的宪法解释，是行宪机构因行宪之需而主动进行的。

行宪解释一般只是适用、实施宪法的解释，并不是终极意义上针对宪法条文最初的文本意义上的宪法解释，其解释的效力也只是针对具体的行为，而不能改变被解释的宪法条文自身的含义。一些国家宪法规定，对行宪解释认为不妥者，可由有关机构和个人向宪法仲裁机构提出撤销或变更的诉讼请求。特别是在多党制国家，若议会和行政机构掌握在不同党派手上，则行宪解释引起的宪法诉讼或违宪审查则是经常性的。如法国第五共和国时期，总统为了限制“共治”政府，经常委托国会议员提案请宪法委员会出面解释限制政府欲以国会多数优势强行通过某项法律。1974 年 10 月 20 日宪法第 61 条修订后，规定国会议员在聚齐 60 名时可请求宪法委员会解释。此种规定，实质上保障了总统请求释宪而又不冒政治风险的机会，对“共治”政府具有相当的制衡作用，成为总统集权的一个重要的宪法途径。①

3. 违宪司法审查解释

违宪司法审查解释是司法机关对于法律、命令甚至规则或处分（见日本国 1946 年宪法第 81 条，在宪法学理论上可概括为受司法审查的法律或行为）审查其是否合乎宪法所作的解释。违宪司法审查解释属于适用宪法的解释，解释的起因是要判明受违宪审查的法律、法规或者是行为是否合宪。因违宪司法审查的过程直接涉及对宪法条文、规范、原则及结构、功能和与之相关的法律关系的含义的理解，故违宪司法审查须以宪法解释为前提。

最早确立违宪司法审查解释制度的是美国。该制度成立背景为中世纪及近世之自然法思想与根本法思想，认为有居于各种实在法之上的自然法或根本法的存在；其次有“王与神均在法之下之格言”所表示的“法的支配”的观念与之相互呼应；此外，宪法至上以及三权分立等思想等与违宪司法审查解释都有密切关系。② 故在美国建国初期的各州立法，为防止立法权滥用起见，对于立法机关，赋予人民的限制，并以人权宣言的形式，敦促立法机关忠于职守，不得擅自超越宪法所规定的权限，因此，防止立法机关逾越之举则成为司法机关的一项专门任务。除了上述背景外，殖民地时代（17 世纪后半期），英国上议院司法委员会组成的枢密院，对于殖民地议会制定的法律，有为纯司法审查的先例，各州自 1780 年至联邦宪法制定时，也多有宣告法律违宪的先例。因此，美国违宪司法审查解释制度的产生，与美国司法机关违宪立法审查权相关。

---

① 刘嘉宁：《法国宪政共治之研究》，台湾商务印书馆 1990 年 12 月版，第 73 页。

② 林纪东：《比较宪法》，五南图书出版公司印行，第 499 页。

但 1787 年美国宪法并未明确规定法院是否有违宪司法审查解释的权力，仅在第 6 条规定，“本宪法，与依据本宪法所制定的合众国权力所缔结或将缔结之条约，均为全国之最高法律，纵与任何州之宪法或法律有抵触，各州法官均应遵守”。因此，就联邦最高法院有无违宪司法审查解释权逐成争议。及至 1803 年，联邦最高法院院长马歇尔（J. Marshall）在马伯里诉麦迪逊一案中，首创联邦最高法院有违宪司法审查解释之权。马歇尔在判决中阐述了联邦最高法院享有违宪司法审查解释权的理由有四：

第一，马歇尔认为，美国国会的立法权是有限的，仅限于宪法列举为国会所享有的立法权（美国宪法第 1 条第八款），而又未曾禁止国会行使立法权（第 1 条第九款）的事项。人民组织政府，给予各种机关以各种权限，不许各种机关有越权之事；议会也不能例外，其行使立法权，须限制在一定范围之内。欲使人们不会忘记权力之有限制，欲使限制范围不致发生错误，故将“限制”写在宪法上。倘令国家机关受了限制，而又可破坏其限制，则限制之目的何在？写在宪法之上，又有什么意义？倘令这种限制不能拘束国家机关，国家机关的行文不论是禁止的，还是允许的，均为有效，则立法与专制又有什么区别？简要之，议会不能用普通立法程序来变更宪法，乃是自明之理。

第二，宪法是国家的最高法律。宪法作为国家的最高法律，不能用一般立法程序加以变更。一般法律通过议会的普通立法程序产生。因此，宪法作为国家的最高法律，在制定程序上要严格于普通法律的制定程序。故起草宪法的人，必然以宪法为国家的最高法律，因此，在成文宪法之下，法律违宪者无效是当然之理。

第三，法院享有司法审查解释权力的根据。阐明法的意义，是法院的职权。法官适用法律规范，以审判诉讼案件，更有解释法律规范的必要。当两种法律规范相互抵触，法院必须决定适用哪一种法律规范。所以，当宪法和法律适用于同一个具体案件时，倘若法律和宪法抵触，如果法院尊重宪法，以为宪法的效力在法律之上，则宜舍法律而适用宪法，否则一切成文宪法都没有存在的必要了。

第四，马歇尔根据美国宪法条文的规定，说明法律不可不审查的理由：联邦司法权，乃管辖联邦宪法之下所发生的一切案件和争议（Cases and Controversies），这是联邦宪法明文规定的。有了这种条文，法院能够不参考宪法而乱下判决吗？举例示之，宪法禁止各州对输出的贸易货物征收直接税或间接税（宪法第 1 条第九款第五项），倘若某州法律蔑视这项条文规定，而致发生诉讼，法院能够不考虑宪法，而仅参照法律吗？又如联邦宪法禁止议会制定 bill of tander 或 export factor law（宪法第 1 条第九款第三项），倘令议会制定了一个法律与这个条文相左，而致发生诉讼，法院能够不考虑宪法，而置犯人于死地吗？显然，制宪者不但欲用宪法来拘束议会，而且要用宪法来拘束法院。①

总结马歇尔阐述的美国联邦最高法院享有违宪司法审查解释权的理由，概括起来主要是三个方面：①法理理由。宪法在其他一切法律形式之上，故违反宪法的法律、法令、命令、规则和处分等，自应无效。②制度理由。依照三权分立的观点，独立于立法部门之外的司法权，自有自主的宪法解释权，以纠正立法的谬误。在实行人民民主的国家，宪法代表了人民的最高意志，因而自然优于人民代表所组成的国会意志，法院在人民与国会之间起中介调停作用，适用法律时应视人民意志高于国会意志。③政策理由。法院作为宪法的守卫者，在处理具体争诉时，保障人民权利，使人民权利不受违宪法令的侵害。

违宪司法审查解释制度在美国产生后，最初美国最高法院一直处于消极被动的地位，在南北战争之前，不过两件。后来，联邦最高法院逐渐采取了积极的护宪行为，不仅对立法机关及行政机关的行宪行为进行合宪性司法审查，并作出相应的宪法解释，而且对于适用法律程序问题往往也进行合宪性审查且作相关解释。但联邦最高法院在审查所有立法之前，原则上均先推定为合宪，以示对立法机关的尊重。

违宪司法审查解释制度虽肇源于美国，但此种制度并未被美国成文宪法以宪法规范的形式加以规定，只是作为一项宪法惯例而被联邦最高法院所遵循。19世纪下半叶，中南美洲国家纷纷独立，许多国家多仿效美国的违宪司法审查解释制度，并在宪法中明文加以规定，其后，东亚国家如菲律宾、日本等国也效仿此制。如在中南美洲国家中，《巴西联邦宪法》第101条就规定，联邦最高法院在下列场合下，对于第一审或其他法院判决，为特别上诉之判决：①判决违反本宪法之规定，或联邦条约或条约或法律之规定者。②联邦法律是否符合宪法，发生问题，而原判决拒绝适用被控违宪之法律时。③地方政府之法律行为，被控违宪或违反联邦法律，但原判决以该法律或行为为有效时。再如，《巴拿马共和国宪法》第167条规定：最高法院，负责维护宪法之完整，故除本宪法及法律所赋予之特权外，得对于行政机关，以内容或形式不合宪法，而拒绝批准之法律草案，及对于任何公民，以同样原因，向该法院控诉之法律、条例、命令、决议及其他行为，经征询国家检察长的意见后，确定其是否合宪。宪法修正案，经行政机关，以其非依第256条的规定而通过，予以拒绝时，最高法院

① 上述马歇尔的言论由台湾学者萨孟武先生总结阐要说明，参见林纪东：《比较宪法》，五南图书出版公司印行，第499—501页。

对于该修正案之是否合宪，亦得确定之。在东亚国家中，菲律宾共和国宪法第 8 条第（一）项规定，关于条约或法律是否违背宪法之案件，应由最高法院全体法官加以审理及判决，非经最高法院全体法官三分之二之同意，不得宣告某条约或法律违宪。日本国 1946 年宪法第 81 条也规定，最高法院，有权决定一切法律、命令、规则或处分，是否符合宪法之终审法院。

违宪司法审查解释同立宪解释、行宪解释一样都是宪法解释制度的重要组成部分，并且是宪法解释制度中最主要的解释模式。同立宪解释、行宪解释相比，违宪司法审查解释在法理上有以下几个显著特点：①违宪司法审查解释中宪法解释在法律行为的性质上属于司法行为的范畴，作为司法行为，违宪司法审查解释其法理依据是三权分立的护宪观，通过司法行为作出的宪法解释对立法机关、行政机关的法律行为及其制定相关法律文件进行制约而起到维护宪法权威的目的。②违宪司法审查解释的直接行为目的并不是解释宪法，而是要对某项法律文件或法律行为作出是否符合宪法规定的合宪性判断。为了作出此种判断，就需要对被审查的法律文件或法律行为所涉及的相关宪法条文进行名词术语、规则原则、结构功能及相关法律关系含义的界定，解释宪法的前提是为审查法律文件或法律行为是否合宪为前提，而不是为解释宪法文本的含义而进行解释。所以，违宪司法审查解释一般属于适用宪法性质的解释，解释所影响的只是被审查的相关法律、法规或者是行为。③违宪司法审查解释行为在法理上通常属于被动或者说是消极的解释行为，它是附条件发生的法律行为，一般须有违宪控告才会发生，因而违宪司法审查中的宪法解释往往是针对个别具体案件的。其宪法解释的针对性很强。④违宪司法审查中的宪法解释，其解释的内容本身就有可能是有争议的，因为在许多采取此制的国家，就某个具体案件而对宪法所作的解释并不一定要求全体法官的同意，而只采取多数同意制。此外，违宪司法审查解释还会随着时间的迁移而发生变化。如 1890 年，美国路易斯安那州众议院通过了著名的“平等但隔离”的法案。后该法案因普莱西诉弗格森案而上诉到美国最高法院。在该案件判决中，美国联邦最高法院认为，路易斯安那州的“平等但隔离”法案，并没有违反联邦宪法第 13 条修正案和第 14 条修正案。到 20 世纪中叶，随着社会平等意识的不断增长，美国联邦最高法院在布朗诉肯萨斯州托皮卡地方教育委员会一案的判决中，完全否定了美国联邦最高法院在普莱西诉弗格森一案中所持的保守立场，彻底抛弃了“隔离但平等”的思想，反映了美国联邦最高法院在保护公民平等权方面的历史进步性。由此也可以体现出违宪司法审查解释的相对灵活性。

4. 监督解释

监督解释是由具有监督宪法实施职能的国家机构依照法律规定的程序对宪

法的实施进行解释，并对实施宪法中发生争议、需要进一步加以明确的宪法规定事项予以解释。监督解释从广义上说应包括一切有监督宪法实施职能的机构对宪法进行的解释，故违宪司法审查解释一般也包括在广义的监督解释的范围之内。监督解释从狭义上说主要指制宪机构、立法机关和专门监督机构对宪法实施进行监督且对宪法条文、规范、原则、结构、功能和相关的法律关系需要进一步明确含义作出解释。

监督解释中解释行为在法律行为的属性上属于积极主动的法律行为的范畴，它是有权监督宪法实施的机构采取积极有效的措施，通过审查相关的法律文件或法律行为是否合宪，对宪法条文、规范、原则、结构、功能和相关的法律关系作出解释说明，从而使宪法得到更好的贯彻实施。

制宪机构是监督解释的重要主体，许多国家宪法都将保障宪法实施的职责赋予制宪机构，以利于维护宪法和制宪机构的权威性。如 1971 年《保加利亚人民共和国宪法》第 78 条规定，国民议会负责制定和修改宪法。为了保障宪法得到准确地贯彻实施，该宪法第 85 条规定，国民议会保证使法律符合宪法；只有国民议会能够决定法律是否同宪法相抵触和法律的发布是否符合宪法规定的条件。1968 年捷克斯洛伐克联邦宪法性法令也规定，联邦宪法和联邦议会宪法性法令的制定及修改，捷克斯洛伐克社会主义共和国总统的选举，以及宣战，必须经人民议院全体议员的五分之三多数同意，以及民族院中由捷克社会主义共和国选出的全体议员和斯洛伐克社会主义共和国选出的全体议员各五分之三的多数同意。该宪法性法令还规定，由人民院和民族院组成的联邦议会可以废除政府发布的违反宪法或联邦议会其他法令的政令或决议，也可以废除联邦各部或者其他国家行政机关发布的违反宪法或者联邦议会其他法令的具有普遍拘束力的条例。

立法机关进行宪法实施的监督解释主要是基于立法机关监督宪法实施的职责。立法机关在许多国家中就是制宪机构，故这种权力机关性质的立法机关的监督解释同制宪机构的监督解释在法理上的意义是一样的。而在另外一些国家，立法机关同制宪机构并不统一，宪法规定立法机关也享有监督宪法实施的职权。如在美国，联邦最高法院的违宪司法审查解释是一种主要宪法解释形式，但立法机关和行政机关也有监督宪法实施的职责，故立法机关在监督宪法实施的过程中，对宪法所作的解释应视为宪法解释的组成部分。如美国宪法第 1 条第十款规定：无论何州，非经国会同意，不得对进口货物征收进出口税，但为执行该州的检查法律所必要者，不在此限。任何一州，对进出口货物所征收的一切进出口税的实际所得额，应充作合众国国库之用，各州的所有这种法律，应受国会修改与监督。该款又规定，无论何州，非经国会同意，不得征收船舶吨位税；不得在平时设置军队或战舰；不得与他州或外国缔结协定或盟约；不得交战，惟实际已受入侵或遇到刻不容缓的危急时，不在此限。

专门监督机构对宪法实施所进行的监督解释是宪法监督解释的主要内容。专门监督机构在有些国家宪法中确定为宪法法院，有的则确定为宪法仲裁委员会、宪法委员会，虽然专门监督机构也处理与宪法相关的具体案件，但专门监督机构的宪法监督行为不能完全纳入到司法行为中，而是一种专门的监督法律行为，即使像宪法法院也是独立于普通司法程序之外的。如 1951 年《联邦德国宪法法院法》第 13 条第五款规定：联邦宪法法院有权对基本法进行解释；1994 年俄罗斯《关于俄罗斯联邦宪法法院的联邦宪法性法律》第 3 条第四款也规定：俄罗斯联邦宪法法院应当对俄罗斯联邦宪法作出解释。由宪法法院对宪法所作出的解释，并不完全依赖于具体的诉讼案件，可以是基于国家机关的提请解释申请来行使宪法解释权。宪法法院的宪法解释往往具有一般的抽象的约束力，一经作出，所有国家机关都必须予以遵守。因此，从宪法解释制度的发展历史来看，专门监督机构的宪法解释活动构成了违宪司法审查解释制度之外的另一个重要的宪法解释形式。

监督解释作为一项重要的宪法解释，同立宪解释、行宪解释和违宪司法审查解释相比较具有以下几个重要特征：①监督解释是一种法律监督行为，其行为直接目的是保证宪法的规定得到更好的实施，监督解释中宪法解释是宪法监督的一项重要内容，但并不是唯一内容，一般来说，宪法监督中都要涉及对相关宪法条文含义的理解，但对于宪法监督来说，并不是每一个监督行为都涉及宪法解释，有些监督行为如果所依据的宪法条文含义明确、能够准确地适用于具体的法律事实，宪法解释就是不必要的。②由于宪法监督行为的实施对象的范围是广泛的，故宪法解释的发生并不一定仅因为宪法控告而发生，享有监督宪法实施职权的机构可以主动地去审查某项法律文件或某个法律行为是否合宪。因此，监督解释可以是对具体法律事实同某个宪法条文规定之间含义一致性的比较、推定，也可以是对某项抽象的法律规定同宪法规定在语言逻辑等含义属性相同或相似性的判断。③监督解释的主体较其他几种类型的宪法解释的主体复杂，在有些国家中，宪法所确定的监督解释主体是分层次的，但一般以具有最高权力的监督解释主体的宪法解释为准。

（二）充分发挥全国人大常委会在宪法解释中的作用是保证宪法实施的重要措施

我国现行宪法第 67 条第（一）项明确规定，全国人大常委会有权“解释宪法”。这就意味着，在我国，宪法解释权是全国人大常委会依据宪法规定享有的专门国家权力。由于宪法的修改必须由全国人大进行，所以，在宪法条文中对宪法条款的含义或者是宪法文本中的名词术语做出立法解释，这种宪法解释并不属于我国宪法解释制度的内涵。我国的宪法解释应当说主要是发生在宪法实施过程中，因此，行宪解释和监督解释是我国宪法解释的主要存在形式。在行宪解释和监督解释中，全国人大常委会对宪法作出的解释应当是主动型的，即全国人大常委会积极履行宪法解释职权，对宪法文本中需要进一步作出文意说明的事项予以明确，从而来保证宪法文本的有效实施。作为司法解释的宪法解释，由于宪法将宪法解释权赋予了全国人大常委会，因此，从理论上来看，我国的司法审判机关和法律监督机关在依法行使司法权的过程中，不能进行宪法解释。这种不能进行的宪法解释首先包括不得对宪法文本自身的含义做出正式的解释，其次是对宪法文本如何在司法审判活动中加以适用，也不能做出具有法律效力的解释。这就导致了作为司法审判机关的人民法院在审判行政、民事和刑事案件的过程中，不得引用现行宪法条文的规定作出生效判决，因为一旦引用了宪法条文就意味着法院认为宪法中的某个条文或某些条款应当适用于处理相关案件中存在的法律纠纷，这里必然就包含了宪法适用意义上的宪法解释。

由于我国现行宪法规定的宪法解释制度具有专门性，所以，不论是对宪法条文具体含义的进一步解释和说明，还是将宪法条文适用于具体的案件来解决具体的法律纠纷，宪法解释的职权只能由全国人大常委会来行使。从 2015 年新修订的《中华人民共和国立法法》第 99 条、第 100 条规定的情形来看，这种将宪法条文适用于具体案件解决具体法律纠纷的宪法适用解释权也属于全国人大常委会。《立法法》第 99 条规定：全国人民代表大会专门委员会在审查中认为行政法规、地方性法规、自治条例和单行条例同宪法或者法律相抵触的，可以向制定机关提出书面审查意见；也可以由法律委员会与有关的专门委员会召开联合审查会议，要求制定机关到会说明情况，再向制定机关提出书面审查意见。制定机关应当在两个月内研究提出是否修改的意见，并向全国人民代表大会法律委员会和有关的专门委员会反馈。全国人民代表大会法律委员会和有关的专门委员会审查认为行政法规、地方性法规、自治条例和单行条例同宪法或者法律相抵触而制定机关不予修改的，可以向委员长会议提出书面审查意见和予以撤销的议案，由委员长会议决定是否提请常务委员会会议审议决定。根据上述条文规定，全国人大常委会有权对受审查的行政法规、地方性法规、自治条例和单行条例是否与宪法相抵触做出宪法判断，并采取相应的措施。全国人大常委会如何做出与宪法相抵触或不相抵触的宪法判断？很显然，离不开适用具体的宪法条文，而适用具体宪法条文来判断行政法规、地方性法规、自治条例和单行条例是否与宪法相抵触，必然会遇到应当适用宪法中的哪些条文，这种对宪法条文的选择适用本身就属于宪法适用意义上的解释。值得注意的是，2015 新修订的《立法法》第 97 条第（一）项规定：全国人民代表大会有权改变或者撤销它的常务委员会制定的不适当的法律，有权撤销全国人民代表大会常务委员会批准的违背宪法和本法第六十六条第二款规定的自治条例和单行条例。上述规定实际上又涉及了全国人大依据宪法来判断全国人大常委会批准的自治条例和单行条例的职权合宪性问题，从宪法适用解释的角度来看，《立法法》第 97 条第（一）项规定在实践中如果真的能够落实，全国人大也必然会遇到宪法适用意义上的解释。而对于各级人民法院来说，尽管无法在做出具体判决时引用宪法条文的规定，但由于我国现行的司法审判体制采取二审终审制，所以，二审法院做出的具有最终法律效力的判决也包含了实质意义上的宪法适用解释。

由此可见，全国人大常委会作为现行宪法第 67 条所规定的行使宪法解释职权的专门机构，从宪法解释的形态来看，全国人大常委会只属于对宪法条文的含义进一步解释的专门机构，对于宪法条文如何适用于具体的案件这种意义上的宪法适用解释，全国人大常委会并没有获得“专有权”，全国人大以及二审人民法院都享有不同程度的宪法适用意义上的宪法解释权。但这种宪法适用意义上的宪法解释由于只与个案具有密切关系，一般很难上升到对宪法条文自身的含义做出解释的层次，所以，目前的宪法解释统一性问题并没有在制度上得到解决。

党的十八届四中全会审议通过的《全面推进依法治国决定》明确规定了“健全宪法解释程序机制”的要求，该要求主要还是针对全国人大常委会如何依据现行宪法第 67 条的规定，对宪法条文自身的含义做出宪法解释的情形。对于全国人大以及二审法院如何做出宪法适用意义上的宪法解释，目前仍然需要加以研究。一方面，启动全国人大对全国人大常委会批准的自治条例和单行条例的“合宪性”监督在现有的制度框架下几乎很难实现，关键是很难设计提请全国人大审查全国人大常委会批准的自治条例和单行条例的主体和程序，对于二审法院做出的具有终审法律效力的判决来说，实质意义上的宪法适用解释相当于违宪审查行为。如果在制度上明确了二审法院享有实质意义上的宪法适用解释，那么，必然会形成宪法解释机制“两条线”的问题，即全国人大常委会的宪法解释权和最高法院的宪法解释权。全国人大常委会的宪法解释权如何与最高法院的宪法解释权在制度上衔接起来，这个问题需要在实践中进一步加以研究。

从完善宪法解释程序机制来看，虽然法学界不断有呼声要制定《中华人民共和国宪法解释程序法》①，但由于目前宪法所规定的宪法解释权具有专有性，故即便要制定宪法解释程序类型的规则，也是围绕着全国人大常委会如何行使宪法解释权来设计。从全国人大常委会目前的工作程序来看，《中华人民共和国全国人民代表大会常务委员会议事规则》早已由中华人民共和国第六届全国人民代表大会常务委员会第二十三次会议于 1987 年 11 月 24 日通过公布，并于公布之日起生效。故对于全国人大常委会依据宪法进行宪法解释而言，程序机制并不是突出的问题，全国人大常委会进行宪法解释必须严格遵守《中华人民共和国全国人民代表大会常务委员会议事规则》的规定。目前关键的问题是如何使全国人大常委会解释宪法的活动“常态化”。例如，2011 年 8 月 26 日第十一届全国人民代表大会常务委员会第二十二次会议通过“全国人民代表大会常务委员会关于《中华人民共和国香港特别行政区基本法》第十三条第一款和第十九条的解释”。该“解释”虽然是全国人大常委会依据基本法的规定对“基本法”进行的第四次解释，但该“解释”中却包含了“宪法解释”的内涵，并且以“宪法解释”作为对基本法解释的法律依据和前提。该解释涉及宪法解释的事项如下：根据《中华人民共和国宪法》第六十七条第（四）项和《中华人民共和国香港特别行政区基本法》第一百五十八条的规定，并征询全国人民代表大会常务委员会香港特别行政区基本法委员会的意见，全国人民代表大会常务委员会就香港特别行政区终审法院提请解释的《中华人民共和国香港特别行政区基本法》第十三条第一款和第十九条的规定以及相关问题，作如下解释：一、关于香港特别行政区终审法院提请解释的第（1）个问题。依照《中华人民共和国宪法》第八十九条第（九）项的规定，国务院即中央人民政府行使管理国家对外事务的职权，国家豁免规则或政策属于国家对外事务中的外交事务范畴，中央人民政府有权决定中华人民共和国的国家豁免规则或政策，在中华人民共和国领域内统一实施。基于上述，根据《中华人民共和国香港特别行政区基本法》第十三条第一款关于“中央人民政府负责管理与香港特别行政区有关的外交事务”的规定，管理与香港特别行政区有关的外交事务属于中央人民政府的权力，中央人民政府有权决定在香港特别行

① 2005 年年底，中国人民大学宪政与行政法治研究中心承担了司法部《宪法解释程序研究》课题，由中国法学会宪法学研究会会长、中国人民大学法学院教授韩大元主持，中国政法大学、山东大学、国家行政学院、首都师范大学等单位的多位专家学者共同参与研究。课题组研究了大陆法系和英美法系宪法解释制度，召开了三次学术研讨会。在此基础上，课题组最终形成了《中华人民共和国宪法解释程序法》（以下简称《宪法解释程序法》）的专家建议稿。参见中国宪政网，http://www.calaw.cn/article/default.asp?id=10166，2016 年 1 月 19 日最新访问。

政区适用的国家豁免规则或政策。

很显然，具有法律效力的“宪法解释”已经发生了，而全国人大常委会作出上述“宪法解释”并没有存在任何机制程序上的障碍，故可以推断，机制程序问题并不是影响全国人大常委会进行宪法解释的制度障碍，重要的是对什么样的事项“不得不”启动宪法解释的手段来加以有效应对。所以，当下，加强全国人大常委会宪法解释工作，关键还是要明确地界定哪些事项在目前的立法体制下“必须”或“不得不”采取宪法解释的手段来解决，用目前立法理论通俗的话语，即必须先明确宪法解释权的“事权”，然后，才能有效地启动宪法解释工作。从 1982 年现行宪法正式施行 33 年来宪法实施的实际状况来看，从法理上看，与全国人大常委会行使宪法第 67 条第（一）项所规定的“宪法解释”职权具有密切关系的立法活动，比较明显的是 1983 年 9 月 2 日第六届全国人民代表大会常务委员会第二次会议通过的《全国人民代表大会常务委员会关于国家安全机关行使公安机关的侦查、拘留、预审和执行逮捕的职权的决定》。该决定规定：第六届全国人民代表大会第一次会议决定设立的国家安全机关，承担原由公安机关主管的间谍、特务案件的侦查工作，是国家公安机关的性质，因而国家安全机关可以行使宪法和法律规定的公安机关的侦查、拘留、预审和执行逮捕的职权。该决定还有一个“附件”，即“附：

一、宪法有关条文

第三十七条　……

任何公民，非经人民检察院批准或者决定或者人民法院决定，并由公安机关执行，不受逮捕。”

从《全国人民代表大会常务委员会关于国家安全机关行使公安机关的侦查、拘留、预审和执行逮捕的职权的决定》的立法功能来看，主要是为了解决成立国家安全机关的法律地位问题。由于这个决定最后有一个附则，并且附则涉及相关具体的宪法条文，所以，从广义上来看，该决定的性质也可以视为全国人大常委会做出的“宪法解释”。由此可见，全国人大常委会行使现行宪法第 67 条第（一）项所规定的“宪法解释”职权，并不存在真正意义上的机制和程序障碍，关键是需要通过“宪法解释”来解决的问题的“重要性”是否重要到全国人大常委会“不得不”启动宪法解释的程序。因此，加强全国人大常委会的宪法解释工作，关键还是要在法理上进一步深化对宪法解释事项的“重要性”的研究，应当建立宪法解释“重要性”理论，只有法理上说清楚了、讲明白了，才能在制度实践中敦促全国人大常委会有效地行使宪法解释职权，特别是应当将宪法解释作为一项宪法职责来对待的“宪法意识”对于全国人大常委会将宪法解释工作“常态化”具有非常重要的意义。

党中央向全国人大提出宪法修改建议，依照宪法规定的程序进行宪法修改。

——《中共中央关于全面推进依法治国若干重大问题的决定》

三　完善宪法修改制度

宪法修改是宪法制定者或者是依照宪法的规定享有宪法修改权的国家机关或其他特定的主体对宪法规范中不符合宪法制定者利益的内容加以变更的宪法创制活动。与宪法修改相关的重要问题是，宪法修改的主体、宪法修改权、宪法修改与宪法制定的关系等等。

宪法修改是变更宪法规范的活动，从保证宪法修改不影响宪法制定者的立宪意图来看，只有宪法制定者对自己制定的宪法规范进行相应的修改才能保证被修改的宪法规范符合宪法制定者的利益要求。因此，宪法修改权与宪法制定权一样都应当属于宪法制定者。但是，由于作为宪法制定者的人民通过实行直接民主的方式来修改宪法规范在实践中往往程序比较复杂，所以，在宪法制定者制定宪法规范之后，就可以将修改宪法的权力通过宪法规范的规定授予某个特定的国家机关或者是其他特定的修改宪法的主体。得到宪法规范授权可以对宪法规范进行修改的特定主体在宪法规范所授权的范围内依照宪法规范所确定的修改宪法规范的程序和步骤对宪法规范加以适当变更。这种通过宪法规范的授权而享有修改宪法的权力与宪法制定者所享有的宪法修改权在权力性质上是有所不同的。前者是一种依照宪法规范的规定而产生的宪法修改权，这种宪法修改权是由宪法规范赋予的，它是有限的，必须按照宪法规范所规定的修改宪法的程序和步骤进行，否则就会构成违宪；后者是宪法制定者本身所享有的，它是一种原始性的修改宪法的权力，不受宪法规范规定的约束。而且，在法理上，由宪法制定者所享有的宪法修改权的效力高于依照宪法规范的规定而获得的宪法修改权。

宪法修改是对不符合宪法制定者利益的宪法规范所作出的变更。修改宪法规范既包括变更宪法规范的形式，也包括变更宪法规范的内容。从变更宪法规范的形式来看，宪法规范的构成方式、宪法规范组成宪法文件的结构形式等都可以通过宪法修改活动予以变更；从变更宪法规范的内容来看，宪法规范的内容可以通过宪法修改活动予以废除、改变或者是增加。因此，对宪法规范的形式和内容的修改就存在一个质与量的规定性，也就是说，对于一个作为成文宪法的宪法典或者是一个作为不成文宪法的宪法性法律而言，在多大程度上对其中所包含的宪法规范通过宪法修改活动作出变更仍然能够保留原有的宪法典或者是宪法性法律的基本内涵，这是宪法创制活动中的一个理论问题。从宪法创制的实践来看，一般将一个新的国家诞生或者是一个新的政府产生之后首次制定宪法的活动视为宪法制定，而在新的宪法产生之后，由于社会的发展和变化而需要对宪法规范作出适当变更的活动称作宪法修改。宪法修改以不改变原有宪法规范所赖以存在的基本社会制度条件为界限。

（一）我国宪法修改制度沿革状况

中华人民共和国成立以后，我国共制定了四部宪法，即1954年宪法、1975年宪法、1978年宪法和现行宪法1988年宪法。从这四部宪法的创制特征来看，由于它们存在的基本社会制度条件都是一样的，所以，严格地说，只有1954年宪法是通过宪法制定的方式产生的，而其他三部宪法应当视为对1954年宪法的修改。只是这些宪法修改活动的幅度比较大。

现行宪法自1982年12月4日由第五届全国人民代表大会第五次会议通过并于同日由第五届全国人民代表大会公告公布施行后，又根据1988年4月12日第七届全国人民代表大会第一次会议通过的《中华人民共和国宪法修正案》和1993年3月29日第八届全国人民代表大会第一次会议通过的《中华人民共和国宪法修正案》，1999年3月15日第九届全国人民代表大会第二次会议通过的《中华人民共和国宪法修正案》，以及2004年3月14日第十届全国人民代表大会第二次会议通过的《中华人民共和国宪法修正案》予以修订，经过四次修改后，现行宪法目前共有31条修正案，这些宪法修正案与现行宪法138条正文一起共同构成了我国宪法典所确定的宪法规范的宪法条文载体。

为了保证宪法修改活动能够准确地实现宪法制定者的利益，我国现行宪法确定了依照宪法规范的授权可以行使宪法修改权的主体是全国人民代表大会，并且，全国人民代表大会在进行宪法修改活动时必须依据特殊的修改宪法的程序。现行宪法第64条规定，“宪法的修改，由全国人民代表大会常务委员会或者五分之一以上的全国人民代表大会代表提议，并由全国人民代表大会以全体代表的三分之二以上的多数通过”。上述规定将宪法修改的合理性与现实性紧密地结合起来，使得我国宪法修改活动能够准确地反映人民的利益和要求。

（二）将执政党的政策转化为宪法是依法执政的重要方式

党的十八届四中全会通过的《全面推进依法治国决定》明确界定了“依法执政”的内涵，即“依法执政，既要求党依据宪法法律治国理政，也要求党依据党内法规管党治党”。很显然，“依法执政”包含了执政党“依据宪法”治国理政。在我国，执政党是如何根据宪法来治国理政的呢？一个最重要的途径就是由执政党根据社会政治、经济、文化发展的要求，在广泛征求社会各界意见基础上，形成关于宪法修改的建议，然后提交全国人大常委会，由全国人大常委会根据宪法规定的宪法修改程序，提请全国人大审议通过宪法修正案。1982年现行宪法通过34年来的宪法修正实践表明，每一次宪法修正案的通过都是成功地将执政党的大政方针转化为宪法修改的建议，然后根据宪法修改程序，由全国人大常委会提请全国人大通过。

以现行宪法2004年第四次修改为例，首先由中共中央十六届二中全会审议通过了《中共中央关于修改宪法部分内容的建议》并决定提交第十届全国人民代表大会常务委员会审议。该建议明确指出：中华人民共和国宪法是国家的根本法，是治国安邦的总章程，是保持国家统一、民族团结、经济发展、社会进步和长治久安的法制基础。实践证明，现行宪法是一部符合我国国情的好宪法，在国家经济、政治、文化和社会生活中发挥了极其重要的作用，保障了我国改革开放和社会主义现代化建设的顺利进行，应该保持稳定。同时，根据经济社会发展的客观要求，依照法定程序，把十六大确定的重大理论观点和重大方针政策写入宪法，有利于宪法更好地发挥国家根本法的作用。修改宪法必须坚持四项基本原则，立足我国国情，充分发扬民主，广泛听取各方面的意见，严格依法办事，做到有利于加强和改善党的领导，有利于发挥社会主义制度的优越性，有利于调动广大人民群众的积极性，有利于维护国家统一、民族团结和社会稳定，有利于促进经济发展和社会全面进步①。

事实上，由中共中央提出修改宪法的建议，然后由全国人大常委会根据修改宪法的程序提请全国人大修改宪法已经成为我国宪法修改的“惯例”，它体现了党领导立法的基本精神，实践证明是很成功的。这种修改模式很好地体现了国家宪法与党的政策之间的辩证关系，反映了宪法本身的社会适应性和政策接纳能力。以现行宪法四次修改为例，1988年、1993年、1999年和2004年四次修改的政策动因来源于执政党政策的调整，特别是党的代表大会工作报告主题思想的变化通过宪法修改的方式得到了很好的体现。1988年宪法修改很好地反映了党的十三大报告提出的发展个体经济的要求；1993年宪法修改将党的十四大提出的社会主义市场经济的理念及时写入宪法；1999年宪法修改充分肯定了党的十五大报告提出的“依法治国，建设社会主义法治国家”的治国方略；2004年宪法修改又全面体现了党的十六大报告提出的“国家尊重和保障人权”的思想。上述宪法修改，都很好地体现了党对立法工作的领导，实现了党根据宪法治国理政的目标。党的十八届四中全会通过的《全面推进依法治国决定》对此

---

① 《中国共产党第十六届中央委员会第三次全体会议公报》（2003年10月14日中国共产党第十六届中央委员会第三次全体会议通过），《人民日报》2003年10月15日第一版。

明确指出：加强党对立法工作的领导，完善党对立法工作中重大问题决策的程序。凡立法涉及重大体制和重大政策调整的，必须报党中央讨论决定。党中央向全国人大提出宪法修改建议，依照宪法规定的程序进行宪法修改。法律制定和修改的重大问题由全国人大常委会党组向党中央报告。由于党的十八大，十八届三中、四中、五中全会对全面推进依法治国、全面深化改革和全面建设小康社会提出了新的政策要求，因此，遵循以往宪法修改的“惯例”，根据党的十八届四中全会通过的《中共中央关于全面推进依法治国若干重大问题的决定》所规定190项法治改革措施的要求，适时由执政党在广泛征求各民主党派人士、无党派人士和社会公众的意见和建议基础，启动现行宪法的第五次修改程序成为当下贯彻落实党的十八届四中全会通过的《全面推进依法治国决定》的重要任务。

（三）贯彻落实全面推进依法治国的各项法治改革要求必须启动新一轮宪法修改程序

党的十八届四中全会第一次以党的文件形式就全面依法治国问题作出了专门的《全面推进依法治国决定》。《全面推进依法治国决定》除了明确全面推进依法治国的指导思想、总目标、基本原则和重要任务之外，对于如何通过制度建设来实现全面推进依法治国的各项要求提出了非常具体和明确的法治改革要求。其中许多重要的“法治改革措施”确实需要通过修改宪法的方式来为这些法治改革举措提供宪法依据，否则，就会出现与现行宪法明显不一致和相抵触的情形，给进一步深化法治改革造成巨大的制度障碍。例如，《全面推进依法治国决定》在规定“优化司法职权配置”时提出要“健全公安机关、检察机关、审判机关、司法行政机关各司其职，侦查权、检察权、审判权、执行权相互配合、相互制约的体制机制”。但是要在制度实践中推行这一改革措施，很显然，现行宪法第135条的规定就必须加以修改，现行宪法第135条规定：“人民法院、人民检察院和公安机关办理刑事案件，应当分工负责，互相配合，互相制约，以保证准确有效地执行法律”。对比《全面推进依法治国决定》和现行宪法的规定，《全面推进依法治国决定》提出了“四机关”相互配合、相互制约，而现行宪法第135条只规定“三机关”相互配合、相互制约，要贯彻《决定》的“四机关”相互配合、相互制约的精神，就必须要对现行宪法第135条的规定进行修改，为贯彻落实“四机关”相互配合、相互制约的精神扫除制度上的障碍。类似于上述需要通过修改宪法才能保证《全面推进依法治国决定》所提出的法治改革措施合法性的地方还有很多，特别是在司法体制改革领域，许多地方都需要宪法加以明确和保护。如《全面推进依法治国决定》规定的“最高人民法院设立巡回法庭，审理跨行政区域重大行政和民商事案件。探索设立跨行政区划的人民法院和人民检察院，办理跨地区案件”等等，这些改革措施目前的宪法依据都不是很充分，必须要适时修改宪法，否则，就会形成改革上的制度困境。根据目前的情形，拟由中共中央在2015年下半年在征求社会各方面的意见基础上形成现行宪法第五次修改的建议，然后提交全国人大常委会审议，并提交2016年年初举行的十二届全国人大第四次会议通过。此外，要从根本上改变我国现行宪法规定与全面推进依法治国各项法治工作不相适应的被动局面，甚至可以下决心根据党的十八届四中全会审议通过的《全面推进依法治国决定》所提出的全面推进依法治国总体工作部署和各项改革措施的要求，启动现行宪法的全面修改程序，作为1982年现行宪法正式施行以来在宪法制度上的一项重大改革举措，形成以习近平为总书记的党中央“依宪治国”的“总抓手”，为实现“两个一百年”的宏伟目标奠定坚实的宪法基础。

如果要全面修改宪法，除了要将“依宪治国”“依宪执政”的精神写入宪法之外，关键是要通过宪法制度来具体实现“依宪治国”的各项价值要求，具体到制度设计上，必须要确立“依宪立法”“依宪行政”“依宪司法”“依宪监督”以及“依宪治港”“依宪治澳”等等法治理念，要以履行宪法上明确规定的宪法职权和宪法职责为核心，确立“宪法机构”的宪法地位，在肯定宪法机构代行国家职能的原则前提下，进一步强化“于宪有据”“依宪办事”的法治意识。对于公民基本权利来说，可以将公民基本权利与作为自然人享有的基本人权分别加以规定，并且设定国家机构和宪法机构在保障公民基本权利和自然人基本人权方面不同的宪法职责。与此同时，全面修改宪法一定要处理好宪法与国际法、宪法与一般部门法之间的法律关系，建立科学和合理的法律效力等级体系，构建有效的违宪审查机制，树立宪法权威，全面推动宪法实施工作。

> 任何组织和个人都必须尊重宪法法律权威，都必须在宪法法律范围内活动，都必须依照宪法法律行使权力或权利、履行职责或义务，都不得有超越宪法法律的特权。必须维护国家法制统一、尊严、权威，切实保证宪法法律有效实施，绝不允许任何人以任何借口任何形式以言代法、以权压法、徇私枉法。
>
> ——《中共中央关于全面推进依法治国若干重大问题的决定》

四　进一步健全宪法机构的组织机制

在我国传统的宪法学理论研究中，一直没有很好地区分宪法机构与国家机构的概念。在实践中，许多并不具有宪法所赋予职权职责的国家机构也被视为与宪法所规定的国家机构具有相同的法律地位，结果导致了国家机构之间法律关系的混乱以及违宪审查理论的缺位。笔者认为，从法理上和制度上区分宪法机构与国家机构是很有必要的，一是可以树立宪法以及依据宪法设立的宪法机构的法律权威；二是可以对宪法机构履行宪法职权职责的情况进行有效监督；三是可以清晰地区分宪法机构与非宪法机构之间的关系，防止出现非宪法机构越权行使宪法职权，妨害宪法机构有效地行使宪法职权职责现象的发生；四是可以为贯彻落实《全面推进依法治国决定》所要求的各项法治改革措施提供组织体制的保障。特别重要的是，在宪法理论上和宪法制度上明确宪法机构的概念，便于一切国家机关、社会组织和公民个人能够自觉地按照宪法的规定来行使自己的权力和权利，确立“于宪有据”的依宪办事理念，维护宪法法律权威。

（一）宪法机构的性质和判定标准

1. 宪法机构的性质

宪法机构，顾名思义，是作为根本法的宪法所确立的行使国家权力的机构。宪法机构在英文中可使用“Constitutional Organization”一词来表达①。宪法机构应当是成文宪法文本上所明确肯定的机构，具有明确和具体的宪法职权和宪法职责，违反了宪法职权和宪法职责可以有效地追究宪法机构的宪法责任。在不成文宪法国家，宪法机构也可以扩展到宪法习惯所认可的行使宪法权力的机构。例如，英国的国王，按照宪法惯例可以出席国会开幕大典并致辞②。宪法机构不限于依据宪法规定行使国家权力的国家机构，还应当包括宪法文本中所肯定的可以履行国家统治职能的政治机构或者是公共权力机构。无论宪法机构形式有多少种，其基本的法律性质是不变的，也就是说，宪法要赋予其明确的宪法职权和宪法职责，并且可以由自身来承担相应的宪法责任。当然，也有一些国家的法律中会明确某些机构属于“宪法机构”性质，从而赋予这些“宪法机构”比较重要的法律地位。例如，《俄罗斯联邦安全法》③ 第 13 条就规定：俄罗斯联邦安全会议是在安全保障领域为俄罗斯联邦总统的决定做准备工作的宪法机构。俄罗斯联邦安全会议审议俄罗斯联邦在安全保障领域的内外政策问题，国家、经济、社会、国防、信息、生态和其他类型安全的战略问题，保护居民的健康，预测、预防紧急状态并消除其后果，保障稳定和法律秩序，并就保护个人、社

---

① Cf. Charter for The Kingdom of the Netherlands, Chapter 4 ‘The Constitutional Organization of the Countries’, Article 42 (1): Within the Kingdom, the constitutional organization of the Netherlands is set forth in the Constitution, and that of the Netherlands Antilles and Aruba in their respective Constitutions.

② 现任英国国王伊丽莎白二世自 1952 年登基以来，除了在 1959 年及 1963 年因分别怀有安德鲁王子及爱德华王子而未出席外，历年每届的国会会期都是由她亲自主持开幕。在那两次伊丽莎白二世没有出席的国会开幕大典中，一个以坎特伯雷大主教为主席的首长专员委员会曾受托负责主持国会会期揭幕，而女王致辞则由大法官代行。

③ 1992 年 3 月 5 日通过，1992 年 12 月 25 日修改补充。

会和国家根本利益不受内外威胁的状况对俄罗斯联邦最高苏维埃负责。上述条款明确地将“俄罗斯联邦安全会议”确定为“宪法机构”。这种规定旨在提升“俄罗斯联邦安全会议”的法律地位和法律权威。当然，从严格意义上讲，这样的“宪法机构”应当通过修改宪法的途径直接体现在宪法文本中。否则，不利于确立其宪法上的职权和职责。

2. 宪法机构的判定标准

宪法机构是与宪法规定的宪法职权、宪法职责和宪法责任密切相关的机构，因此，判断一个组织机构是否属于“宪法机构”，通常可以确立以下几个标准：

（1）成文宪法文本的明确规定或者是不成文宪法体制下宪法习惯的认可。作为“宪法机构”，必须是宪法文本明确规定的，因为只有宪法文本明确规定，才能被赋予“宪法”的特性，当然在不成文宪法国家，例如英国的女王根据宪法惯例，也属于“宪法机构”。只要是规定在宪法文本中的“机构”，即便没有行使国家权力，只是享有一般的履行公共职能的权力，也应当被视为“宪法机构”①。这些“宪法机构”最大的特点就是其存在的合法性是以完成宪法上的特定的目标和任务为前提的，是与宪法的功能相关的“机构”。

（2）要有相对清晰的宪法职权和宪法职责。“宪法机构”通常都是可以通过自身的行为来独立地承担宪法的职权和职责的机构。根据“机构”与“职能”“人员”之间的组织关系，“宪法机构”存在的最显著特点就是要以宪法职能为前提，如果仅仅在宪法文本上有规定，但缺少必要的宪法上的实体职权和职务，那么，这样的“宪法机构”也无法通过自身的行为来完成宪法上的特定任务。

（3）要能够独立地承担宪法责任。“机构”通常都被赋予了法律上拟制的人格，在具体享有宪法职权和宪法职责的过程中，必须要以自身的行为来独立地承担宪法上的责任。如果不能承担独立的宪法责任，也不能被视为具有完全法律人格的“宪法机构”。例如，“宪法机构”的内部机构因为不能独立地承担宪法责任，所以，也不能被视为“宪法机构”。

（4）宪法机构相互之间的权限争议只能通过护宪机构来解决。由于“宪法机构”在性质上必须要由宪法文本明确地加以规定，因此，宪法上设立的各种“宪法机构”如果相互之间的宪法职权职责发生交叉和重叠，在实际运行中出现了权限纠纷，这样的纠纷就必须由专门的护宪机构来解决。例如，德国《联邦宪法法院法》② 第63条规定：仅仅下列成员可以作为申诉人或者是对方当事人：

---

① 1973年4月10日巴基斯坦国民大会通过、1973年8月1日生效的《巴基斯坦伊斯兰共和国宪法》第234条就规定了“省的宪法机构无法正常运转时宣布相关事宜的权力”。

② 1951年3月12日颁布，《联邦法律公报》第1期，第243页。

联邦总统、联邦议院、联邦参议院、联邦政府、由基本法或者是联邦议院和联邦参议院的程序规则授予其享有独立权限的上述这些机构的分支机构。上述规定赋予了联邦宪法法院有权解决联邦基本法所规定的不同的“宪法机构”之间发生的权限纠纷。

（5）宪法机构具有维护宪法权威、保证宪法实施的职责。被称为“宪法机构”的组织机构，不论是行使国家权力的国家机构，还是履行一般公共管理职责的特殊机构，这些机构自身都负有维护宪法权威、保证宪法实施的职责。因为如果这些机构不能很好地维护宪法权威，那么，其自身的“宪法机构”的宪法地位也会受到挑战，因此，宪法机构理所当然地具有维护宪法实施的职责。当然，也有广义上赋予宪法职责的宪法规定，例如，我国现行宪法序言规定：全国各族人民、一切国家机关和武装力量、各政党和各社会团体、各企业事业组织，都必须以宪法为根本的活动准则，并且负有维护宪法尊严、保证宪法实施的职责。很显然，如果按照职责与机构的相互关系来看，根据我国现行宪法序言上述规定，几乎所有的机构和组织都具有宪法机构的特性。这样泛化了的宪法职责在实际生活中很难得到有效的实施。

总之，“宪法机构”的法律特性应当与宪法密切相关，不论是在职权职责上，还是在宪法文本规定上，“宪法机构”的存在都是为了履行一定意义上的宪法功能，完成宪法所赋予的特殊的任务。

3. 宪法机构与国家机构的区别与联系

宪法机构与国家机构在宪法学理论上是具有不同内涵的概念。宪法机构是宪法设立的，具有宪法职权和宪法职责的机构，这种机构并不一定是国家政权机构，可以是履行国家统治职能的政治机构或者是公共权力机构。国家机构是指履行国家统治职能和管理职能的公共权力机构。在一个遵循“依宪治国”原则的法治国家中，主要的国家机构应当都由作为根本法的宪法来加以规定，凡是宪法没有明文加以规定的机构，都不得行使宪法赋予宪法机构所享有的宪法职权和宪法职责。非宪法机构性质的国家机构通常都表现为宪法机构的执行机构或者是附属机构，这些执行机构的职权和职责是由立法机关制定的机构组织法来确定的，并不具有宪法机构那样的决策权和决定权，而且必须接受宪法机构的有效监督。

（二）四部宪法的文本对宪法机构确认的内容及特征

中华人民共和国成立以后，我国先后制定的四部宪法，这四部宪法分别根据制宪时所处的特定历史时期的要求，设计了不同的宪法机构制度。相对于中华人民共和国成立初期起“临时宪法”作用的《共同纲领》来说，对于宪法机构的规定是比较全面和系统的。总体上来看，宪法机构分为中央机构、地方机构和专门机构三类，而宪法机构主要表现为“国家机构”，但有时也表现为政党机构、社会机构或者是特殊形式的公共权力机构。由于在以往的宪法学研究中，没有专门的论著来讨论宪法机构的法律特征问题，所以，宪法中的“宪法机构”的法律特征通常都被“国家机构”的政治特征所代替，“国家机构”成了宪法机构的主要构成。如果从“宪法机构”的角度来审视宪法文本对行使国家权力或公共权力的机构的设定状况，可以发现，事实上，在四部宪法文本中，或多或少地规定了一些并不是国家机构但却具有宪法上的职权和职责的“宪法机构”。这种非国家机构性质的“宪法机构”问题，在以往的宪法学理论研究中没有得到重视，甚至被误解。只有确立“宪法机构”的概念以及从宪法机构所具有宪法职权和职责的角度出发，才能准确地解释四部宪法文本中所出现的“宪法机构”的法律特征。

1. 1954 年宪法文本对宪法机构确认的内容及特征

1954 年宪法是新中国第一部宪法。该宪法建立了比较完整的宪法机构制度，当然这一制度明显不同于 1949 年 9 月 29 日由中国人民政治协商会议第一次全体会议通过的《共同纲领》所建立的“宪法机构”制度。《共同纲领》基于中华人民共和国成立初期政权建设的实际情况，规定“在普选的全国人民代表大会召开以前，由中国人民政治协商会议的全体会议执行全国人民代表大会的职权，制定中华人民共和国中央人民政府组织法，选举中华人民共和国中央人民政府委员会，并付之以行使国家权力的职权”①。“在普选的全国人民代表大会召开以后，中国人民政治协商会议就有关国家建设事业的根本大计及其他重要措施，向全国人民代表大会或中央人民政府提出建议案”②。根据《共同纲领》上述规定，中国人民政治协商会议、中央人民政府都属于具有“宪法机构”性质的临时性“国家机构”。而且《共同纲领》还规定：“凡人民解放军初解放的地方，应一律实施军事管制，取消国民党反动政权机关，由中央人民政府或前线军政机关委任人员组织军事管制委员会和地方人民政府，领导人民建立革命秩序，镇压反革命活动，并在条件许可时召集各界人民代表会议”③。“在普选的地方人民代表大会召开以前，由地方各界人民代表会议逐步地代行人民代表大会的职权”④。

由于 1954 年宪法是由基于全国第一次普选产生的第一届全国人民代表大会第一次全体会议通过诞生的，1954 年宪法成为新中国第一部宪法。作为第一部宪法，1954 年宪法在宪法文本中规定了“宪法机构”制度，在《共同纲领》中

① 《中国人民政治协商会议共同纲领》第 13 条第二款。
② 《中国人民政治协商会议共同纲领》第 13 条第三款。
③ 《中国人民政治协商会议共同纲领》第 14 条第一款。
④ 《中国人民政治协商会议共同纲领》第 14 条第二款。

出现的中国人民政治协商会议、中央人民政府没有继续加以确认，而是代之以全国人民代表大会及其常务委员会正式的国家机构性质的“宪法机构”。此外，《共同纲领》所提及的“军事管制委员会”和“各界人民代表会议”也没有进入1954年宪法所确立的“宪法机构”之列。作为全面规定国家制度的根本法，1954年宪法规定的“宪法机构”都属于“国家机构”性质，其中，属于中央国家机构的“宪法机构”包括全国人大及其常务委员会，全国人民代表大会民族委员会、法案委员会、预算委员会、代表资格审查委员会、特定问题的调查委员会和其他需要设立的委员会，中华人民共和国主席、副主席，中华人民共和国最高国务会议主席，中华人民共和国国防委员会，国务院，国务院各部、各委员会，最高人民法院，最高人民检察院等等；属于地方国家机构的“宪法机构”有：省、直辖市、县、市、市辖区、乡、民族乡、镇人民代表大会，省、直辖市、县、市、市辖区、乡、民族乡、镇人民委员会，县级以上的人民委员会领导所属各工作部门，自治区、自治州、自治县自治机关，地方各级人民法院，地方各级人民检察院，公安部队等；此外，还有不属于中央和地方国家机构性质的专门人民法院和专门人民检察院、驻外全权代表等等（参见表1）。在1954年宪法所规定的“宪法机构”中，没有属于社会组织性质的“宪法机构”，所以，总体上来看，1954年宪法所确立起的“宪法机构”是完整的国家机构组织形态。

表1

机构名称	机构性质			机构职权职责
	国家机构 非国家机构	中央机构 地方机构	混合机构	
全国人民代表大会	国家机构	中央机构	—	1954年宪法第27条
全国人大常委会	国家机构	中央机构	—	1954年宪法第31条
全国人民代表大会民族委员会、法案委员会、预算委员会、代表资格审查委员会、特定问题的调查委员会和其他需要设立的委员会	国家机构	中央机构	—	1954年第34条、第35条
中华人民共和国主席、副主席	国家机构	中央机构	—	1954年宪法第40条、第41条、第42条、第43条

续表 1

机构名称	机构性质			机构职权职责
	国家机构 非国家机构	中央机构 地方机构	混合机构	
中华人民共和国最高国务会议主席	国家机构	中央机构	—	1954 年宪法第 43 条
中华人民共和国国防委员会	国家机构	中央机构	—	1954 年宪法第 42 条
国务院	国家机构	中央机构	—	1954 年宪法第 49 条
国务院各部、各委员会	国家机构	中央机构	—	1954 年宪法第 51 条
驻外全权代表	国家机构	—	专门机构	1954 年宪法第 31 条
最高人民法院	国家机构	中央机构	—	1954 年宪法第 79 条、第 80 条
专门人民法院	国家机构	—	专门机构	第 954 年宪法 73 条、第 79 条
最高人民检察院	国家机构	中央机构	—	1954 年宪法第 81 条、第 84 条
专门人民检察院	国家机构	—	专门机构	1954 年宪法第 81 条
省、直辖市、县、市、市辖区、乡、民族乡、镇人民代表大会	国家机构	地方机构	—	1954 年宪法第 58 条、第 59 条
省、直辖市、县、市、市辖区、乡、民族乡、镇人民委员会	国家机构	地方机构	—	1954 年宪法第 64 条、第 65 条
县级以上的人民委员会领导所属各工作部门	国家机构	地方机构	—	1954 年宪法第 65 条

续表 1

机构名称	机构性质			机构职权职责
	国家机构 非国家机构	中央机构 地方机构	混合机构	
自治区、自治州、自治县自治机关	国家机构	地方机构	—	1954 年宪法第 69 条—第 72 条
地方各级人民法院	国家机构	地方机构	—	1954 年宪法第 73 条、第 79 条
地方各级人民检察院	国家机构	地方机构	—	1954 年宪法第 81 条、第 83 条
公安部队	国家机构	地方机构	—	1954 年宪法第 70 条

2. 1975 年宪法文本对宪法机构确认的内容及特征

在十年“文化大革命”期间诞生的 1975 年宪法，在确认“宪法机构”方面很有特点。这些特点表现在以下几个方面：①作为非国家机构性质的政党机构写入宪法文本，并享有宪法所赋予的职权。例如，1975 年宪法第 17 条规定全国人民代表大会的职权是：修改宪法，制定法律，根据中国共产党中央委员会的提议任免国务院总理和国务院的组成人员，批准国民经济计划、国家的预算和决算，以及全国人民代表大会认为应当由它行使的其他职权。上述条款明确赋予了中国共产党中央委员会享有任免国务院总理和国务院的组成人员的“提议权”。据此，中国共产党中央委员会成为享有宪法职权的“宪法机构”。再如，1975 年宪法第 15 条第二款规定：中国共产党中央委员会主席统率全国武装力量。根据上述规定，中国共产党中央委员会主席也成为享有宪法上的明确职权的“宪法机构”。②1975 年宪法在规定“宪法机构”时，将不同性质的国家机构的职能混合在一起赋予同一个国家机构行使，形成了国家机构角色“错位”的情形。例如，1975 年宪法第 22 条第一款规定：地方各级革命委员会是地方各级人民代表大会的常设机关，同时又是地方各级人民政府。此外，第 25 条第二款也规定：检察机关的职权由各级公安机关行使（参见表 2）。总之，1975 年宪法在“宪法机构”的设计上更具有“宪法机构”的特点，也就是说，与通常所理解的国家机构意义上的“宪法机构”有着较大的差距，出现了“以党代政”和“议行合一”的制度设计的情形。这与 1975 年宪法出台的历史背景有着密切的联系。

表 2

机构名称	机构性质			机构职权职责
	国家机构 非国家机构	中央机构 地方机构	混合机构	
中国共产党中央委员会	非国家机构	中央机构	—	1975 年宪法第 17 条
中国共产党中央委员会主席	非国家机构	中央机构	—	1975 年宪法第 15 条
全国人民代表大会	国家机构	中央机构	—	1975 年宪法第 17 条
全国人民代表大会常务委员会	国家机构	中央机构	—	1975 年宪法第 18 条
国务院	国家机构	中央机构	—	1975 年宪法第 19 条、第 20 条
国务院各部、各委员会	国家机构	中央机构	—	1975 年宪法第 19 条
驻外全权代表	国家机构	—	专门机构	1975 年宪法第 18 条
地方各级人民代表大会（省、直辖市、地区、市、县、农村人民公社、镇）	国家机构	地方机构	—	1975 年宪法第 23 条
地方各级革命委员会	国家机构	地方机构	地方各级人民代表大会的常设机关；地方各级人民政府	1975 年宪法第 23 条
民族自治地方的自治机关	国家机构	地方机构	—	1975 年宪法第 24 条
最高人民法院	国家机构	中央机构	—	1975 年宪法第 25 条

续表 2

机构名称	机构性质			机构职权职责
	国家机构 非国家机构	中央机构 地方机构	混合机构	
专门人民法院	国家机构	—	专门机构	1975 年宪法第 25 条
地方各级人民法院	国家机构	地方机构	—	1975 年宪法第 25 条
各级公安机关	国家机构	—	行使检察机关职权	1975 年宪法第 25 条

3. 1978 年宪法文本对宪法机构确认的内容及特征

1978 年宪法是在党的十一届三中全会之前通过的，当时出台的历史背景仍然处于“文化大革命”极“左”思潮的影响下，故在“宪法机构”的设计上，整体上与 1975 年宪法的规定相一致。一方面，将中国共产党中央委员会、中国共产党中央委员主席作为“宪法机构”的重要组成部分①，没有完全解决“以党代政”的问题；另一方面，1978 年宪法也没有彻底解决“议行合一”的国家机构制度的设计问题，仍然保留了省、直辖市、县、市、市辖区、人民公社、镇革命委员会。② 与 1975 年宪法唯一不同的是，1978 年宪法取消了 1975 年宪法规定的由公安机关代行检察机关职权的规定，恢复了 1954 年宪法所规定的各级检察机关的“宪法机构”的法律地位。此外，1978 年宪法还赋予了人民公社具有“宪法机构”的地位，其第 34 条第二款规定：人民公社的人民代表大会和革命委员会是基层政权组织，又是集体经济的领导机构。与此同时，1978 年宪法第 34 条第三款又赋予了行政公署作为一种“宪法机构”的宪法地位，规定“省革命委员会可以按地区设立行政公署，作为自己的派出机构”（参见表 3）。总之，1978 年宪法在规定“宪法机构”方面，除了保留了 1975 年宪法的相关特色之外，也有自身的独特的特点，其中，将“人民公社”“行政公署”作为“宪法机构”加以规定，体现了 1978 年宪法所产生的时代背景及其历史局限性。

---

① 1978 年宪法第 22 条第（四）项规定：全国人民代表大会“根据中国共产党中央委员会的提议，决定国务院总理的人选”；第 19 条第一款规定：“中华人民共和国武装力量由中国共产党中央委员会主席统率”。

② 1978 年宪法第 37 条第一款规定：地方各级革命委员会，即地方各级人民政府，是地方各级人民代表大会的执行机关，是地方各级国家行政机关。

表 3

机构名称	机构性质			机构职权职责
	国家机构 非国家机构	中央机构 地方机构	混合机构	
中国共产党中央委员会	非国家机构	中央机构	—	1978 年宪法第 22 条
中国共产党中央委员会主席	非国家机构	中央机构	—	1978 年宪法第 19 条
全国人民代表大会	国家机构	中央机构	—	1978 年宪法第 19 条
全国人民代表大会常务委员会	国家机构	中央机构	—	1978 年宪法第 25 条
全国人大和全国人大常委会专门委员会	国家机构	中央机构	—	1978 年宪法第 27 条
国务院	国家机构	中央机构	—	1978 年宪法第 32 条
国务院各部、各委员会	国家机构	中央机构	—	1978 年宪法第 31 条、第 32 条
驻外全权代表	国家机构	—	专门机构	1978 年宪法第 25 条
最高人民法院	国家机构	中央机构	—	1978 年宪法第 42 条
专门人民法院	国家机构	—	专门机构	1978 年宪法第 41 条、第 42 条
最高人民检察院	国家机构	中央机构	—	1978 年宪法第 43 条
专门人民检察院	国家机构	—	专门机构	1978 年宪法第 43 条
省、直辖市、县、市、市辖区、人民公社、镇人民代表大会	国家机构	地方机构	—	1978 年宪法第 36 条
省、直辖市、县、市、市辖区、人民公社、镇革命委员会	国家机构	—	地方各级人民代表大会的常设机关；地方各级人民政府	1978 年宪法第 37 条

续表 3

机构名称	机构性质			机构职权职责
	国家机构 非国家机构	中央机构 地方机构	混合机构	
行政公署	国家机构	—	派出机构	1978 年宪法第 34 条
人民公社	国家机构	—	综合性机构	1978 年宪法第 34 条
自治区、自治州、自治县的自治机关	国家机构	地方机构	—	1978 年宪法第 38 条
地方各级人民法院	国家机构	地方机构	—	1978 年宪法第 41 条、第 42 条
地方各级人民检察院	国家机构	地方机构	—	1978 年宪法第 43 条

4. 1982 年宪法文本对宪法机构确认的内容及特征

1982 年宪法是在党的十一届三中全会确立的以经济建设为中心的指导思想基础上制定的，是中华人民共和国成立以后最好的一部宪法，也是现行有效的宪法，其中经过 1988 年、1993 年、1999 年和 2004 年四次修改，进一步完善了与“宪法机构”相关的各项制度，建立了比较全面和系统的宪法机构体系，恢复了 1954 年宪法所构建的人民代表大会制度下的国家机构的基本制度框架。当然，1982 年宪法关于“宪法机构”的设计也有区别于 1954 年宪法、1975 年宪法和 1978 年宪法的地方，主要的特点有以下几个方面：①1982 年宪法规定了许多非国家机构性质的“宪法机构”。这些宪法机构既涉及中央机构，也包括了地方机构，主要确立了中国人民政治协商会议①、居民委员会、村民委员会以及人民调解、治安保卫、公共卫生等委员会②的宪法机构的地位，赋予了这些宪法机构不同程度的宪法职权，进一步深化了“宪法机构”的内涵和外延。②1982 年

① 1982 年宪法序言规定：中国人民政治协商会议是有广泛代表性的统一战线组织，过去发挥了重要的历史作用，今后在国家政治生活、社会生活和对外友好活动中，在进行社会主义现代化建设、维护国家的统一和团结的斗争中，将进一步发挥它的重要作用。

② 1982 年宪法第 111 条规定：城市和农村按居民居住地区设立的居民委员会或者村民委员会是基层群众性自治组织。居民委员会、村民委员会的主任、副主任和委员由居民选举。居民委员会、村民委员会同基层政权的相互关系由法律规定。居民委员会、村民委员会设人民调解、治安保卫、公共卫生等委员会，办理本居住地区的公共事务和公益事业，调解民间纠纷，协助维护社会治安，并且向人民政府反映群众的意见、要求和提出建议。

宪法在规定地方国家机构时确立了“特别行政区”的宪法地位，其中第31条规定：国家在必要时得设立特别行政区。在特别行政区内实行的制度按照具体情况由全国人民代表大会以法律规定。第62条第（十三）项也规定：全国人民代表大会“决定特别行政区的设立及其制度”。③1982年宪法将一些隶属于人民政府的职能机构突出出来，赋予其独特的宪法地位，使其成为“宪法机构”。例如，1982年宪法规定了审计机关①、公安机关②的宪法地位，国家安全机关的“宪法机构”性质也在全国人大常委会的解释③中得到了体现。总之，1982年宪法作为拨乱反正的产物，比较好地总结了中华人民共和国成立以来33年中我国政权建设的经验和教训，科学和合理地设计出符合我国新时期社会主义现代化建设要求的“宪法机构”制度，将国家机构与非国家机构、一般机构与专门机构以及“一国两制”的思想有机地结合在一起，建立起具有中国特色的社会主义“宪法机构”体系。

表4

机构名称	机构性质			机构职权职责
	国家机构 非国家机构	中央机构 地方机构	混合机构	
中国人民政治协商会议	非国家机构	中央机构	—	1982年宪法序言
全国人民代表大会	国家机构	中央机构	—	1982年宪法第62条
全国人民代表大会主席团	国家机构	中央机构	—	1982年宪法第61条、第74条
全国人民代表大常务委员会	国家机构	中央机构	—	1982年宪法第67条

① 1982年宪法第91条规定：国务院设立审计机关，对国务院各部门和地方各级政府的财政收支，对国家的财政金融机构和企业事业组织的财务收支，进行审计监督。审计机关在国务院总理领导下，依照法律规定独立行使审计监督权，不受其他行政机关、社会团体和个人的干涉。

② 1982年宪法第135条规定：人民法院、人民检察院和公安机关办理刑事案件，应当分工负责，互相配合，互相制约，以保证准确有效地执行法律。

③ 1983年9月2日第六届全国人民代表大会常务委员会第二次会议通过的《全国人民代表大会常务委员会关于国家安全机关行使公安机关的侦查、拘留、预审和执行逮捕的职权的决定》规定：第六届全国人民代表大会第一次会议决定设立的国家安全机关，承担原由公安机关主管的间谍、特务案件的侦查工作，是国家公安机关的性质，因而国家安全机关可以行使宪法和法律规定的公安机关的侦查、拘留、预审和执行逮捕的职权。

续表 4

机构名称	机构性质			机构职权职责
	国家机构 非国家机构	中央机构 地方机构	混合机构	
全国人大专门委员会、特定问题调查委员会	国家机构	中央机构	—	1982年宪法第71条
全国人大特定问题调查委员会	国家机构	中央机构	—	1982年宪法第71条
中华人民共和国主席、副主席	国家机构	中央机构	—	1982年宪法第80条、第81条
国务院	国家机构	中央机构	—	1982年宪法第89条
国务院各部、各委员会	国家机构	中央机构	—	1982年宪法第90条
国务院审计机关	国家机构	中央机构	—	1982年宪法第91条
驻外全权代表	国家机构	—	专门机构	1982年宪法第67条
中央军事委员会	国家机构	中央机构	—	1982年宪法第93条
最高人民法院	国家机构	中央机构	—	1982年宪法第124条、第127条和第128条
军事法院等专门法院	国家机构	中央机构	—	1982年宪法第124条、第127条
最高人民检察院	国家机构	中央机构	—	1982年宪法第130条、第132条、第133条
军事检察院等专门检察院	国家机构	中央机构	—	1982年宪法第130条、第132条
特别行政区	国家机构	地方机构	—	1982年宪法第31条

续表 4

机构名称	机构性质			机构职权职责
	国家机构 非国家机构	中央机构 地方机构	混合机构	
省、直辖市、县、市、市辖区、乡、民族乡、镇人民代表大会	国家机构	地方机构	—	1982年宪法第95条、第99条、第10条
县级以上的地方各级人民代表大会常务委员会	国家机构	地方机构	—	1982年宪法第96条、第100条、第104条
省、直辖市、县、市、市辖区、乡、民族乡、镇人民政府	国家机构	地方机构	—	1982年宪法第105条、第107条、第108条
省、直辖市、县、市、市辖区、乡、民族乡、镇人民政府所属工作部门	国家机构	地方机构	—	1982年宪法第108条
县级以上的地方各级人民政府审计机关	国家机构	地方机构	—	1982年宪法第109条
民族自治地方的自治机关	国家机构	地方机构	—	1982年宪法第115条到第122条
公安部队	国家机构	地方机构	—	1982年宪法第120条
地方各级人民法院	国家机构	地方机构	—	1982年宪法第124条、第127条
地方各级人民检察院	国家机构	地方机构	—	1982年宪法第130条、第132条

续表 4

机构名称	机构性质			机构职权职责
	国家机构 非国家机构	中央机构 地方机构	混合机构	
公安机关	国家机构	—	中央地方机构	1982 年宪法第 135 条
国家安全机关	国家机构	—	中央地方机构	全国人大常委会 1983 年解释
居民委员会	非国家机构	地方机构	—	1982 年宪法第 111 条
村民委员会	非国家机构	地方机构	—	1982 年宪法第 111 条
人民调解、治安保卫、公共卫生等委员会	非国家机构	地方机构	—	1982 年宪法第 111 条

（三）明确宪法机构概念的理论价值与实践意义

考察新中国四部宪法对宪法机构规定的文本演变规律，具有较高的理论价值与实践意义。

1. 理论上的价值

对四部宪法文本关于宪法机构的规定特征的分析，可以发现一些传统宪法学理论所无法有效地发现和加以揭示的理论问题。主要包括以下几个方面：

（1）非国家机构也可以承担一定的宪法职权和宪法职责。在传统宪法学理论上，一般都将“国家机构”等同于“宪法机构”，对于非国家机构能否行使宪法职权一般不持肯定态度，特别是对执政党的机构直接依据宪法来行使国家权力并没有非常明确的理论支持态度。但 1975 年、1978 年宪法的相关规定表明，作为一种历史现象，执政党的机构都曾经作为“宪法机构”直接地行使了部分宪法职权，其性质具有双重性，即既是执政党的组织机构，又是国家的“宪法机构”，表现出一定的“以党代政”的特点。但进一步的分析也可以看到，在中华人民共和国成立后制定的四部宪法文本中，除了执政党的机构充任“宪法机构”之外，其他性质的非国家机构也担负了一定的“宪法机构”的角色，具有一定的宪法职权。例如，现行宪法序言规定的“中国人民政治协商会议”，如果将其理解为“国家机构”定性则不够准确，如果使用“宪法机构”的概念来表述，则其在国家政治生活中的地位和作用等模糊不清的问题就可以迎刃而解。此外，居民委员会、村民委员会等虽然不属于国家机构，但由于是宪法明确规定的“宪法机构”，所以，也具有宪法上的职权和独特的宪法地位。至于特别行政区，更是宪法所明确肯定的特殊的“宪法机构”，具有宪法上独特的地位，具有中国特色。

（2）宪法文本中所规定的“宪法机构”，相互之间的宪法关系有时是混合交叉在一起的，如果单纯用国家机构的性质来考量，则不宜把问题说清楚。例如，1975年宪法和1978年宪法所规定的“革命委员会”，兼具权力机关常设机构和人民政府的“议行合一”双重国家机构性质，如果使用“宪法机构”的概念，则很容易从整体上来把握这一宪法机构的特性，如果只是从国家机构角度来观察，就很难认同其存在的合理性。此外，公安机关行使检察机关的宪法职权也存在着国家机构职能错位的问题。正是因为这种混合型的国家机构的存在，故使用“宪法机构”概念可以比较恰当地来评价这些“宪法机构”存在的合理性，以及是否需要进行机构改革。事实上，在现行宪法中，“议行合一”式的国家机构和代行其他国家机构宪法职能的“宪法机构”设计模式遭到了否定。“宪法机构”职能的专门化得到了现行宪法文本的肯定。

（3）宪法文本中没有出现的机构应当说不得履行宪法职权和宪法职责，在法律性质上只能从属于宪法机构。但是，各国宪法体制不同，也可能出现非宪法文本意义上的宪法机构。例如，俄联邦总统1999年8月2日第949号命令发布的《俄罗斯联邦安全会议条例》第1条规定：俄罗斯联邦安全会议是帮助俄罗斯联邦总统为保护公民、社会和国家重大利益免受内外威胁及在安全保障领域实施统一的国家政策等问题作出决策的宪法机构。1954年10月28日法案批准，1954年第503号律令公告的《荷兰王国宪章》第42条第一款规定：在王国之内，荷兰的宪法机构由荷兰本土宪法规定，荷属安地列斯和阿鲁巴的宪法机构由其各自的宪法规定。而我国宪法体制下确实在法理上也存在着宪法文本之外的“宪法机构”，例如，1983年9月2日第六届全国人民代表大会常务委员会第二次会议通过的《全国人民代表大会常务委员会关于国家安全机关行使公安机关的侦查、拘留、预审和执行逮捕的职权的决定》就确立了国家安全机关与公安机关一样的“宪法机构”身份。

总之，从理论上来看，使用“宪法机构”一词来描述宪法文本中所规定的具有宪法职权和职责的组织机构特征是具有一定的理论意义的，它可以超越“国家机构”一词内涵的狭隘性，更加灵活和有效地看待宪法所确立的组织机构制度，对依据宪法享有宪法职权和职责的机构的活动提出更加明确的“依宪办事”的要求，明确这些“宪法机构”在实现宪法功能方面的应有作用，突出宪法作为根本法的“规范效力”。此外，在法理上使用“宪法机构”一词，也可以更有效地解释宪法文本，避免对宪法文本解释的过于“政治化”，便于在宪法的框架下来认识不同性质的宪法机构的地位和作用，防止国家机构宪法职能的绝对化，有利于建立以实施宪法、维护宪法权威为核心使命的宪法机构体系。

2. 实践中的意义

总结新中国成立以来四部宪法关于宪法机构设置的经验和教训，可以发现，使用“宪法机构”的概念来表述具有宪法职权和职责的组织机构的地位和性质，进而在实践中进一步区分“宪法机构”和“国家机构”，有利于树立宪法权威，防止机构林立、部门重叠现象的产生。在我国实际政治生活中，由于一般不使用“宪法机构”的概念，只使用“国家机构”的概念，同时又接纳了“国家机构”概念下各种国家机关设置的合理性，故笼统地使用“国家机构”“国家机关”的概念，使得在实践中无法有效地区分基于宪法文本规定设立的国家机构、国家机关与非基于宪法文本规定设立的国家机构、国家机关，导致在实践中将大量的非基于宪法文本设立的国家机构、国家机关被混同为基于宪法文本规定设立的国家机构、国家机关。这种状况的存在使得国家机构、国家机关的宪法职责泛化。一方面，设立不同的国家机构、国家机关的法律依据不加区分，笼统地赋予所有的组织机构和社会团体都具有保证宪法实施的职责，导致无法建立与宪法职权职责相匹配的宪法责任制度；另一方面，由于宪法文本所规定的国家机构的“宪法特征”没有突出出来，致使在实践中，本来基于宪法文本规定负有履行宪法职责义务的国家机构在实践中似乎并没有承担与维护宪法权威相关的制度上的义务和责任。例如，各级国家行政机关、审判机关和检察机关都是我国现行宪法所确立的“宪法机构”，但由于这些“宪法机构”被限定在“国家机构”的概念下进行活动，故在实践中很容易忽略上述宪法机构在保证宪法实施方面的基本义务和责任。

所以，总结中华人民共和国成立以来四部宪法关于“宪法机构”规定的内容、特点和演变的特征可以发现，从法理上使用“宪法机构”一词来概括宪法文本所规定的享有宪法职权职责的组织机构的法律特性和组织特征具有非常重要的意义。特别是在当下高度重视“依宪治国”的基本价值的大的社会环境下，使用“宪法机构”一词有利于增强宪法文本所规定的享有宪法职权职责的组织机构自身的“宪法意识”，并在依法行使宪法职权职责的过程中，更加自觉和有效地维护宪法权威，推动宪法的有效和正确地实施。在学理上明确使用“宪法机构”一词，通过将“宪法机构”与宪法职权和宪法职责精确地结合起来，可以在宪法实施中严格地区分一般意义上的宪法职责和专门意义上的宪法职责，使得现行宪法序言中所要求的“泛主体”的宪法职责能够得到“宪法机构”的宪法职责的具体落实，从而进一步强化宪法实施效果评价结论的客观性，有针对性地推动宪法实施工作，提高宪法实施的效率和效益。

完善全国人大及其常委会宪法监督制度。

——《中共中央关于全面推进依法治国若干重大问题的决定》

五 完善宪法实施的监督机制

党的十八届四中全会审议通过的《中共中央关于全面推进依法治国若干重大问题的决定》(以下简称《全面推进依据治国决定》)。《全面推进依法治国决定》意义重大，在执政党的执政史上第一次以党的文件形式全面和系统地阐述了执政党依法执政、依宪执政的基本理论框架和具体的行动纲领，为全面推进依法治国，建设社会主义法治国家提供了明确的行动指引和前进方向。作为全面推进依法治国的一项重要保障措施，健全宪法实施和监督制度成为《全面推进依法治国决定》关注的一项重要议题。习近平总书记在关于《全面推进依法治国决定》的说明中对此解释到：宪法是国家的根本法。法治权威能不能树立起来，首先要看宪法有没有权威。必须把宣传和树立宪法权威作为全面推进依法治国的重大事项抓紧抓好，切实在宪法实施和监督上下功夫。

党的十八届三中全会提出，要进一步健全宪法实施监督机制和程序，把实施宪法要求提高到一个新水平。党的十八届四中全会审议通过的《全面推进依法治国决定》则明确规定：完善全国人大及其常委会宪法监督制度，健全宪法解释程序机制。加强备案审查制度和能力建设，把所有规范性文件纳入备案审查范围，依法撤销和纠正违宪违法的规范性文件，禁止地方制发带有立法性质的文件。

根据《全面推进依法治国决定》对健全宪法实施和监督制度提出的改革要求，当前和今后一段时间，完善中国特色的宪法实施和监督制度，特别是完善中国特色的宪法监督制度主要应当从以下几个方面来着手：

(一)宪法实施监督制度要以宪法实施制度的完善为前提，两者是手段与目标的关系

从宪法学理论的角度来看，宪法实施的监督制度是一种附属性和手段性制度，根本的制度宗旨是为了强化宪法实施的效果，因此，从制度实践角度来看，如果宪法实施工作做得比较好，那么，对宪法实施进行的监督工作所面临的压力就要小得多。所以，应当首先抓好宪法实施工作。

宪法作为国家的根本法，它具有最高法律效力。宪法在中国特色社会主义

法律体系中居于统帅地位，宪法的最高法律权威不仅仅依赖于宪法自身的性质和法律文本的规定，更关键的是宪法作为法律规范，在实际生活中必须对人们的行为产生实际的法律约束力。习近平总书记在纪念现行宪法正式施行30周年大会上的讲话中明确指出：宪法的生命在于实施，宪法的权威也在于实施。我们要坚持不懈抓好宪法实施工作，把全面贯彻实施宪法提高到一个新水平。

宪法实施，顾名思义，就是宪法上的各项规定要在实际生活中得到有效实现。宪法本身是法律，具有约束人们行为的作用，宪法所设定的国家权力与责任、国家机构的宪法职权与职责以及公民的基本权利和基本义务要能够在实践中得到有效落实，宪法的各项规定不能只停留在文本上，必须要对人们的现实生活发挥实际的约束作用。从宪法本身设定的行为规范类型来看，宪法实施主要包括两个大的行为类型，一是国家机构依据宪法规定有效地履行宪法职权与职责，做到各种行使国家权力的活动“于宪有据”；二是公民享有的宪法上的基本权利在实践中要能够成为保护公民合法利益的有效法律武器，与此同时，公民也要依据宪法诚实地向国家履行必要的宪法义务。

要做好宪法实施工作，关键看两点：一是国家机关行使国家权力的行为是否“于宪有据”，二是公民能否运用宪法上的基本权利保护自身的合法利益。如果上述两点做得比较好，就说明宪法在实际生活中起到了根本法的法律作用，如果国家机关不顾宪法上的规定随意行使权力，或者是公民根本无法使用宪法上规定的基本权利来有效地保护自己的合法利益，那么，从制度和实践两个角度来看，宪法就没有得到好的实施。

当然，怎样才能让国家机关行使国家权力的行为“于宪有据”呢？怎样能够让公民有效地使用宪法上所规定的公民基本权利这一有效的宪法武器呢？从技术上来看，还需要一些保障措施。这些措施主要有以下几点：

（1）要有比较健全的宪法解释制度。宪法要得到实施，关键在于要弄清楚宪法到底告诉了我们什么？我国实行的是成文宪法制度，以现行宪法为例，自1982年宪法施行以来，总共进行了四次修改，产生了31个条文的修正案，连同1982年现行宪法正文138条，总共169个条文。从“于宪有据”的角度来看，宪法实施工作首先就是怎样保障现行宪法的169个条文在实践中都能够得到有效落实。而要保障国家机关行使国家权力“于宪有据”，逻辑上的第一个问题就是国家机关如何判明自身在宪法上享有何种和哪些类型的宪法职权与职责。虽然宪法文本上有明确的规定，但是，毕竟宪法条文不能简单地等同于宪法规范，国家机关依据宪法来行使自身的职权与职责时，首先还会遇到如何理解宪法文本的含义问题。如果对宪法文本上所规定的宪法职权与职责的含义理解模糊不清，那么，要想在实践中正确和有效地行使宪法所赋予的国家权力也是不可能的。所以说，宪法要得到有效实施，第一项工作就是要做好对宪法的解释工作。我国现行宪法第 67 条将宪法解释的职责赋予了全国人大常委会，因此，全国人大常委会在通过宪法解释方式来保障宪法实施方面负有重要的使命。如果全国人大常委会不能积极主动地解释宪法，让享有宪法职权与职责的国家机关根据自身对宪法文本所规定的宪法职权与职责的理解来随意行使权力，久而久之，势必会形成宪法实施中的“部门主义”“本位主义”，导致对相同宪法条文理解出现不同的含义。不同国家机关之间在履行宪法职权与职责时可能就会发生理解上的不一致，并由此发生宪法实施中的冲突。

（2）要有相对完善的落实基本权利的立法制度。我国采取的是成文宪法制度，并且由全国人大及其常委会行使国家立法权。宪法上的大量的条文规定需要通过国家立法机关制定具体的法律才能加以有效实施。特别是现行宪法第二章所规定的公民的各项基本权利，这些基本权利只是在道义上形成了对国家机关采取有效制度措施来保护公民基本权利实现的道德责任，但尚未产生对国家机关保障公民基本权利的法律义务与责任，必须要通过国家立法机关制定具体的法律，明确规定宪法上所规定的公民基本权利的内涵，确定哪些国家机关对实现特定的公民基本权利负有法律上的保障义务。与此同时，当公民的基本权利受到侵犯时，公民如何通过法律上提供的救济手段来保护自己的基本权利不受侵犯等等。这些离开了立法机关的具体立法，通常是很难实现的。特别是在我国现行宪法所确立的公民基本权利保障体系下，由于我国不存在类似国外宪法法院或者是人权法院一样的司法机构，公民的基本权利的实现更需要通过立法机关制定法律的形式来实现。所以，如果立法机关不积极主动地将宪法上所规定的各项公民基本权利通过法律形式加以具体化，不通过制定法律的形式来明确国家机关在保障公民基本权利实现中的具体法律义务和责任，要想使得宪法上规定的公民基本权利得到有效实现是比较困难的。

（3）宪法实施效果好坏需要建立一套有效的评价制度，如果不存在对宪法实施状况好坏的评价制度，即便是依据宪法规定享有宪法职权与职责的国家机关也未必会主动和认真地寻求自身行使国家权力行为的“宪法依据”。所以，凡是依据宪法享有宪法职权与职责的国家机关应当通过法律上的固定程序定期向负有监督宪法实施职责的国家权力机关报告如何履行宪法职权与职责的，听取汇报的国家权力机关对提出报告的国家机关履行宪法职权与职责的情况要进行评价、分析，在指出成绩的同时还要分析存在的问题和不足，并提出改进措施的意见和建议。这种宪法实施评价机制的建立很显然有利于推进国家机关依据宪法规定正确和有效地行使宪法职权与职责。

然而，在现实生活中，依据宪法规定享有宪法职权与职责的国家机关并不一定会主动地寻求宪法上的依据，并且由于缺少宪法思维，也很少运用宪法方式来处理在行使国家权力过程中所遇到的各种宪法问题，由此就产生了宪法被束之高阁的问题。要解决这种问题，就必须在制度上建立一套机制，要监督和强迫依据宪法享有宪法职权与职责的国家机关在行使国家权力时必须自觉和主动地按照宪法的规定去行使权力，使得自身的活动“于宪有据”。所以，从理论上来看，宪法实施监督制度是附属于宪法实施制度的一项监督性制度，这一制度只是保障宪法实施的一项重要措施，如果宪法实施状况好，实践对宪法实施的监督需求相应就会小，如果宪法实施状况差，实践对宪法实施的监督呼声就会迫切。关注宪法实施监督制度，必须要从如何发挥宪法实施监督制度的功能入手，在理论上切不可用宪法实施监督制度来简单地代替宪法实施制度本身，宪法要得到很好的实施，关键还在于依据宪法规定享有宪法职权与职责的国家机关应当自觉地履行宪法上的义务。对此，我国现行宪法序言有明确的规定，即：全国各族人民、一切国家机关和武装力量、各政党和各社会团体、各企业事业组织，都必须以宪法为根本的活动准则，并且负有维护宪法尊严、保证宪法实施的职责。

（二）宪法实施的监督关键在于监督和制止违反宪法的行为

宪法实施状况的好坏首先取决于享有宪法职权与职责的国家机关自身是否具有较高的宪法意识，能否运用宪法思维和宪法方式来处理行使国家权力所遇到的各种问题，如果国家机关自身宪法素质很高，那么，宪法实施工作就可以通过国家机关自身的努力来有效地予以保障。但是，各国宪法实施的实践表明，即便是国家机关素质再高，也会因不同国家机关对宪法文本认识不一致而对宪法上所赋予的宪法职权与职责产生不同性质的理解，在实践中也会产生不一样的宪法实施行为。对此，为了保障宪法实施工作的统一性，维护宪法的权威和尊严，就必须建立宪法实施的监督制度。宪法实施的监督制度从总体上来看，这是一种顶层设计思路上的权威性制度。它必须赋予法律权威高于一般国家机关的特别的护宪机构来履行监督宪法实施的职责，否则，宪法实施监督者缺少应有的监督权威，对国家机关实施宪法的监督工作必然就会缺少影响力。目前世界各国主要采取三种模式：一种是美国式的由普通法院承担的“附带型监督模式”。这种模式下，由诉讼中的当事人或审理案件的法院对当事人在案件审理中提出的违宪问题或者是法院自身发现的违宪问题，依据法律程序进行单独处理，在得出是否存在违宪问题的最终结论之前，停止对已经审理案件的审理。这种模式的好处是有针对性，作为监督宪法实施的法院在行使宪法实施监督权时面临的是一个一个具体问题，因此，在监督宪法实施过程中必须要给予明确的回答。一种是德国宪法法院模式。这种模式规定只有宪法法院才有权监督宪法实施，其他任何机构如果发现存在违宪问题的，应当将这些违宪问题提交宪法法院处理，并等待宪法法院的最终处理结果再来决定是否要继续从事被审查的行为。这种模式的好处是由专门的宪法法院负责监督宪法实施工作，宪法法院在监督宪法实施方面具有很高的权威性，一旦宪法法院作出决定，对所有国家机关都具有约束力，有利于维护宪法权威和宪法实施监督机构的权威。三是法国的宪法委员会模式。这种模式是对立法中可能存在的违宪问题进行事先审查，防止违宪的法律进入法律实施领域。这种模式的好处是防患于未然，但也存在主动审查不易发现法律实施工作在实践中出现的新问题、真问题。不管怎么说，目前，上述三种宪法实施的监督制度都能够有效存在，都可以从不同角度对宪法实施工作起到很好的保障和推动作用。

我国目前的宪法实施监督制度也是围绕着监督和纠正违宪行为来展开的。我国现行宪法第 62 条和第 67 条将宪法实施的监督职责赋予了全国人大及其常委会。与此同时，2015 年新修订的《立法法》[①] 还规定全国人大常委会作为享有监督宪法实施职责的专门机构享有对行政法规、地方性法规、自治条例和单行条例是否存在违宪问题的监督权。《立法法》第 99 条和第 100 条详细规定了全国人大常委会监督行政法规、地方性法规、自治条例和单行条例是否符合宪法的监督程序。主要内容包括：第 99 条规定：国务院、中央军事委员会、最高人民法院、最高人民检察院和各省、自治区、直辖市的人民代表大会常务委员会认为行政法规、地方性法规、自治条例和单行条例同宪法或者法律相抵触的，可以向全国人民代表大会常务委员会书面提出进行审查的要求，由常务委员会工作机构分送有关的专门委员会进行审查、提出意见。前款规定以外的其他国家机关和社会团体、企业事业组织以及公民认为行政法规、地方性法规、自治条例和单行条例同宪法或者法律相抵触的，可以向全国人民代表大会常务委员会书面提出进行审查的建议，由常务委员会工作机构进行研究，必要时，送有关的专门委员会进行审查、提出意见。第 100 条又规定：全国人民代表大会专门委员会在审查中认为行政法规、地方性法规、自治条例和单行条例同宪法或者法律相抵触的，可以向制定机关提出书面审查意见；也可以由法律委员会与有关的专门委员会召开联合审查会议，要求制定机关到会说明情况，再向制定机关提出书面审查意见。制定机关应当在两个月内研究提出是否修改的意见，并向全国人民代表大会法律委员会和有关的专门委员会反馈。全国人民代表大会

① 《中华人民共和国立法法》已于 2015 年 3 月 15 日第十二届全国人民代表大会第三次全体会议予以修订。

法律委员会和有关的专门委员会审查认为行政法规、地方性法规、自治条例和单行条例同宪法或者法律相抵触而制定机关不予修改的，可以向委员长会议提出书面审查意见和予以撤销的议案，由委员长会议决定是否提请常务委员会会议审议决定。①

由上规定可知，总体上来看，我国监督宪法实施的机制是存在的，既有专门的监督宪法实施机构，即全国人大及其常委会，也存在对一部分宪法实施工作是否符合宪法要求的宪法实施监督程序，并且由于我国现行宪法和立法法所规定的宪法实施监督制度既包括了像法国宪法委员会模式的事先主动监督，也涵盖了如德国宪法法院模式的事后专门审查活动，所以，从制度设计层面来看，我国现行宪法实施的监督制度是相对较为合理和完善的，目前主要工作还是要抓落实。

（三）我国宪法实施监督工作存在的主要问题及今后加强宪法实施监督工作的重点事项

习近平总书记在“12·4”讲话中指出，当前我国宪法实施及宪法实施监督中存在的问题主要表现在：保证宪法实施的监督机制和具体制度还不健全，有法不依、执法不严、违法不究现象在一些地方和部门依然存在；关系人民群众切身利益的执法司法问题还比较突出；一些公职人员滥用职权、失职渎职、执法犯法甚至徇私枉法严重损害国家法制权威；公民包括一些领导干部的宪法意识还有待进一步提高。对这些问题，我们必须高度重视，切实加以解决。

根据现行宪法和立法法的相关规定，由于监督宪法实施工作是由全国人大常委会负责的一项专门工作，所以，要真正完善宪法实施监督制度，就必须要从如何加强全国人大及其全国人大常委会对宪法实施的监督工作入手，具体说，应当着力完善全国人大常委会汇报宪法实施及其监督情况的报告机制。

我国的全国人大常委会作为最高国家权力机关的法律地位是由我国现行宪法明确加以规定的。现行宪法第57条规定：中华人民共和国全国人民代表大会是最高国家权力机关。它的常设机关是全国人民代表大会常务委员会。作为最高国家权力机关的常设机关，全国人大常委会依据现行宪法的相关规定，享有一定的宪法职权，其中最重要的就是宪法第67条第（一）项规定的“解释宪法，监督宪法实施”。“解释宪法，监督宪法实施”是保证宪法实施的重要制度，全国人大常委会依据宪法规定享有上述两项职权，也就意味着全国人大常委会在保障宪法实施方面相比其他国家机关来说，承担更多更大的宪法责任。因此，

---

① 参见修订后的《立法法》第99条、第100条。

从制度上来看，如果宪法实施状况不理想，那么，首要的责任承担者应当是全国人大常委会。为了保障宪法实施，全国人大常委会应当有效地履行宪法赋予的“解释宪法，监督宪法实施”的宪法职责。1982 年 12 月 10 日第五届全国人民代表大会第五次会议通过、1982 年 12 月 10 日全国人民代表大会公告公布施行的《中华人民共和国全国人民代表大会组织法》第 34 条规定：常务委员会在全国人民代表大会每次会议举行的时候，必须向全国人民代表大会提出工作报告。上述规定是全国人大常委会作为最高国家权力机关的常设机构接受全国人大监督的一项重要制度。事实上，在每年一度的全国人大全体会议上，全国人大常委会委员长都要代表全国人大常委会向出席全国人大全体会议的全国人大代表报告工作，听取全国人大代表对常委会工作报告的意见和建议，全国人大代表在表决常委会工作报告时还可以自由地表达自己的评价态度。例如，在 2013 年 3 月 17 日十二届全国人大一次会议举行的决议草案表决中，全国人民代表大会常务委员会工作报告的赞成率是 92. 83%。虽然是高票通过，但是，仍然有近 7%的全国人大代表对全国人大常委会的工作表示了不满或者是不同意见。从保障全国人大代表言论自由的角度来看，这一结果可能属于正常的无可非议的范围，但是，如果认真地反思近三十年来全国人大常委会的工作，在立法方面取得巨大成就的同时，在履行现行宪法赋予的“解释宪法，监督宪法实施”的宪法职责方面确实亟待改进。

早在 2002 年 12 月 4 日胡锦涛总书记在纪念宪法施行 20 周年大会上的讲话就强调：全国人大及其常委会，要从国家和人民的根本利益出发，在立法过程中充分保障宪法规定的公民的自由和权利；要切实担负起监督宪法实施的职责，坚决纠正违宪行为；要切实履行解释宪法的职能，对宪法实施中的问题作出必要的解释和说明，使宪法的规定更好地得到落实。但是，在过去的三十年中，不仅全国人大常委会没有依据现行宪法的规定做出一次正式有效的“宪法解释”，就“监督宪法实施”而言，全国人大常委会也没有采取特别有效的措施。特别是 2015 年新修订的《立法法》第 99 条明确规定了全国人大常委会对行政法规、地方性法规、自治条例和单行条例享有违宪审查权。但迄今为止，全国人大常委会尚未启动《立法法》第 99 条规定的“违宪违法审查程序”来“监督宪法实施”，而且 2000 年《立法法》首次出台后全国人大常委会也没有就此问题的状况及引发的原因在一年一度向全国人大全体会议所作的工作报告中作过明确的说明。全国人大常委会的工作报告实际上刻意回避了自身是否有效地履行了现行宪法第 67 条第（一）项所规定的“解释宪法，监督宪法实施”的宪法职责。以全国人民代表大会常务委员会委员长吴邦国在 2013 年 3 月 8 日在第十二届全国人民代表大会第一次会议上所作的《全国人民代表大会常务委员会工作报告》为例，该报告对“过去五年工作的简要回顾”中提出了“如期形成并不断完善中国特色社会主义法律体系”“扎实开展监督工作”“做好代表履职服务保障工作”“形成人大对外交往新格局”“常委会高度重视自身建设”等几点工作内容，作为国家最高权力机关——全国人大及其常委会如何履行宪法所规定的“解释宪法”和“监督宪法实施”的宪法职责这一至关重要的事项则语焉不详。从制度建设的角度来看，全国人大常委会向全国人大代表所作的工作报告中对履行宪法职责的情况避而不谈，这种状况对于加强宪法实施工作极为不利。

中共中央总书记习近平在首都各界纪念现行宪法公布施行30周年大会上发表的重要讲话中指出：“宪法是国家的根本法，具有最高的法律地位、法律权威、法律效力，具有根本性、全局性、稳定性、长期性”“宪法的生命在于实施，宪法的权威也在于实施”“依法治国首先是依宪治国，依法执政关键是依宪执政”。可见，以习近平为总书记的新一代党的领导集体将宪法实施及宪法实施监督工作放在了很高的位置，而保证宪法实施的责任主体首先是作为国家最高权力机关的全国人大及其常委会。如果全国人大及其常委会高度重视宪法实施工作，带头遵守宪法，那么，宪法实施工作就会起到事半功倍的效果；如果全国人大及其常委会不重视宪法实施工作，那么，即便是其他国家机关、社会组织和公民个人再怎样热心推动，宪法实施工作很难真正有效地进行。有鉴于此，特建议，从2016年十二届全国人大四次会议开始，全国人大常委会的工作报告应当增加“全国人大及其常委会履行宪法职责、加强宪法实施监督”事项的报告程序，通过增加监督宪法实施的事项报告来赢得更多的全国人大代表对全国人大及其常委会工作的肯定，进一步树立全国人大及其常委会作为国家最高权力机关的权威以及在保障宪法实施方面应有的重要地位和作用。以制度化的行动来真正贯彻落实习近平总书记在首都各界纪念现行宪法公布施行30周年大会上发表的重要讲话中所强调的“宪法的生命和权威在于实施”的宪法精神和时代要求。

当然，全国人大常委会要有效地履行自身监督宪法实施的职责，其工作的重点还是要放在《立法法》所规定的对行政法规、地方性法规、自治条例和单行条例的合宪性监督与审查上。党的十八届四中全会审议通过的《全面推进依法治国决定》还明确提出：加强备案审查制度和能力建设，把所有规范性文件纳入备案审查范围，依法撤销和纠正违宪违法的规范性文件，禁止地方制发带有立法性质的文件。对于规范性文件究竟怎样审查，这个问题在过去是有一些好的制度可以使用的。

2015年新修订的《中华人民共和国立法法》第99条明确以下几项程序和制度，进一步完善了违宪审查制度。(1)《立法法》确立违宪审查的启动程序，增加了违宪机构进行违宪审查的可能性。在《立法法》出台之前，违宪审查的启动程序是不明确的，1982 年宪法没有明确规定违宪审查的启动程序，其他相关法律、法规也没有规定这一程序。在法理上可能存在和制度上可以确认的违宪审查启动程序只可能附属于全国人大及其常委会行使宪法实施的监督权限的过程中，也就是说，是否要进行违宪审查，完全由全国人大及其常委会说了算。全国人大及其常委会从法理上来说，在对宪法实施进行监督的过程中发现了违宪问题，必然会依据职权来对违宪问题进行审查，并作出是否违宪的审查结论或者是相关的宪法解释。这样的违宪审查启动程序很容易导致在违宪审查的启动程序方面的消极主义。也就是说，如果全国人大及其常委会不愿意或者是不启动违宪审查程序，那么，尽管宪法规定了违宪审查制度，但在实际生活中，具有法律效力的违宪审查活动却很难发生。2015 年新修订的《中华人民共和国立法法》第 99 条的规定彻底改变了违宪审查的启动程序缺位的局面。根据该条规定，至少有两种途径可以启动违宪审查活动。一是国务院、中央军事委员会、最高人民法院、最高人民检察院和各省、自治区、直辖市的人民代表大会常务委员会可以通过向全国人民代表大会常务委员会书面提出进行违宪审查的要求的方式启动违宪审查程序；二是其他国家机关和社会团体、企业事业组织以及公民可以通过向全国人民代表大会常务委员会书面提出进行违宪审查的建议的方式启动违宪审查程序。这两种启动程序都会导致有违宪审查权力的全国人大常委会的相关工作机构必须采取一定的措施来处理相关的提请违宪审查的要求或者是建议。这样的启动程序可以弥补仅仅依靠全国人大及其常委会在行使宪法实施的监督职权时自己来启动程序的不足，降低了违宪审查的门槛，增加了全国人大常委会行使违宪审查权的机会。(2)《立法法》进一步明确受违宪审查的对象范围，将违宪审查的对象限制在行政法规、地方性法规、自治条例和单行条例上，避免了因为违宪审查的对象过于不确定和范围的过于泛化而在实际中导致违宪审查制度的能力缺失。根据《立法法》的规定，依据《立法法》所规定的两种违宪审查启动程序可以提请违宪审查的对象仅仅包括行政法规、地方性法规、自治条例和单行条例四种法律形式，其他法律形式不得以《立法法》所规定的启动程序来提请违宪审查。（3）有权提请违宪审查的主体必须按照《立法法》的规定分别提请违宪审查，而不是随意地可以启动违宪审查，并且都必须以书面形式提出违宪审查的要求和建议。（4）违宪审查活动由专门机构进行，对于以书面形式提出的违宪审查要求和建议，根据《立法法》的规定，应当由全国人大的专门委员会进行审查。(5）违宪审查必须有相关的结论。《立法法》关于违宪审查的规定一个最重要的特点就是要求对提请的违宪审查的要求和建议，要有具体的意见，也就是说，依据《立法法》的规定提出的违宪审查的要求和建议不仅是一般政治监督意义上的反映情况，还必须认真加以研究和提出具体处理意见的法律机制。违宪审查程序在启动之后，必须使具有违宪审查权的机构采取一定的措施来对违宪审查的要求和建议作出正式的答复和结论。

应当说，2015 年新修订的《中华人民共和国立法法》第 99 条规定在健全和完善我国宪法所规定的违宪审查制度方面大大前进了一步，使得违宪概念从法理层面发展到实践层面，而且积极地促进了违宪审查程序的启动。其中最具影响的是 2003 年针对“孙志刚事件”的“三博士上书”事件。2003 年 5 月 14 日，华中科技大学法学院的俞江、中国政法大学法学院的腾彪和北京邮电大学文法学院的许志永三位法学博士以中国公民的名义，将一份题为《关于审查〈城市流浪乞讨人员收容遣送办法〉的建议书》传真至全国人大常委会法制工作委员会，建议全国人大常委会对收容遣送制度进行违宪审查。三位博士指出，根据《中华人民共和国宪法》第 37 条规定，中华人民共和国公民的人身自由不受侵犯。任何公民，非经人民检察院批准或者决定或者人民法院决定，并由公安机关执行，不受逮捕。禁止非法拘禁和以其他方法剥夺或者限制公民的人身自由，禁止非法搜查公民的身体；《中华人民共和国行政处罚法》第 9 条规定，限制人身自由的行政处罚，只能由法律设定；《中华人民共和国立法法》第 8 条和第 9 条规定，对公民政治权利的剥夺、限制人身自由的强制措施和处罚，只能制定法律。因此，1982 年由国务院颁布的收容遣送办法及其实施细则中限制公民人身自由的规定，违反了宪法、行政处罚法和立法法。所以“三博士上书”，建议对《城市流浪乞讨人员收容遣送办法》进行违宪和违法审查。“三博士上书”虽然并不是 2000 年出台的《立法法》制定后首次依据《立法法》的规定请求对符合 2000 年《立法法》第 90 条①所规定的违宪审查对象进行违宪审查的公民，但是，却是在社会上产生巨大影响，使社会公众认识到《立法法》第 90 条所规定的启动违宪审查程序所具有的制度意义。虽然全国人大常委会有关部门并没有给予“三博士”明确具体的答复，但是，一个直接的后果是 2003 年 6 月 20 日，国务院总理温家宝签署国务院第 381 号令，公布施行《城市生活无着的流浪乞讨人员救助管理办法》（以下简称《办法》）。《办法》自 2003 年 8 月 1 日起施行。《办法》规定，1982 年 5 月国务院发布的《城市流浪乞讨人员收容遣送办法》同时废止。如果从考察中国传统法律文化强调“中庸之道”和“与人为善”的精神出发，由国务院主动废止存在违宪问题的《城市流浪乞讨人员收容遣送办法》，实际上已经达到了“三博士上书”提请违宪审查的目的。可以说，2000 年出台的《立法法》第 90 条所规定的启动违宪审查的程序在实践中是可以

① 2000 年出台的《立法法》第 90 条经 2015 年修正后成为新修订的《立法法》的第 99 条。

对违宪的法规和条例起到一定程度的监督作用的，立法法无疑在推动违宪审查从制度规范到法律实践方面起到了非常重要的促进作用。

在《立法法》确立启动违宪审查的两项法律程序之后，为了进一步完善违宪审查的程序，使得违宪审查成为一项可重复的、并且简便易行的宪法实施监督制度，十届全国人大常委会第 40 次委员长会议 2005 年 12 月 16 日完成了对《行政法规、地方性法规、自治条例和单行条例、经济特区法规备案审查工作程序》（简称《法规备案审查工作程序》）的修订，并通过了《司法解释备案审查工作程序》，以进一步建立健全法规和司法解释备案审查制度，维护国家法制统一。鉴于全国人大常委会已在法制工作委员会增设了法规备案审查机构，修订后的《法规备案审查工作程序》规定，国务院、中央军事委员会、最高人民法院、最高人民检察院和各省、自治区、直辖市的人大常委会认为法规同宪法或者法律相抵触，向全国人大常委会书面提出审查要求的，常委会办公厅有关部门接收登记后，报秘书长批转有关专门委员会会同法制工作委员会进行审查。上述机关以外的其他国家机关和社会团体、企业事业组织以及公民认为法规同宪法或者法律相抵触，向全国人大常委会书面提出审查建议的，由法制工作委员会负责接收、登记，并进行研究；必要时，报秘书长批准后，送有关专门委员会进行审查。修订后的《法规备案审查工作程序》还规定，专门委员会认为备案的法规同宪法或者法律相抵触的，可以主动进行审查，会同法制工作委员会提出书面审查意见；法制工作委员会认为备案的法规同宪法或者法律相抵触，需要主动进行审查的，可以提出书面建议，报秘书长同意后，送有关专门委员会进行审查。关于同宪法或者法律相抵触的法规的纠正，修订后的《法规备案审查工作程序》规定了三个步骤：一是与制定机关进行沟通协商；二是通过有关专门委员会提出书面审查意见，要求制定机关纠正；三是经过上述工作，制定机关仍不纠正的，通过常委会审议决定，撤销同宪法或者法律相抵触的法规。

为了维护国家法制统一，十届全国人大常委会第 40 次委员长会议还通过了《司法解释备案审查工作程序》。《司法解释备案审查工作程序》规定，最高人民法院、最高人民检察院制定的司法解释，应当自公布之日起三十日内报送全国人大常委会备案。国务院等国家机关和社会团体、企业事业组织以及公民认为司法解释同宪法或者法律相抵触，均可向全国人大常委会书面提出审查要求或审查建议。此外，《司法解释备案审查工作程序》还就有关司法解释的报送和接收、审查工作的分工负责、被动审查和主动审查、同宪法或者法律相抵触的司法解释的纠正程序等作出了具体规定。

可以说，《法规备案审查工作程序》和《司法解释备案审查工作程序》为健全和完善我国现行宪法所确立的违宪审查制度，以及《中华人民共和国立法法》所确立的违宪审查程序做出了突出的贡献。这两个备案审查工作程序，不仅扩大了违宪审查的对象范围，而且也规范了违宪审查活动的过程、步骤，明确了违宪审查应当产生的法律上的后果，进一步使得宪法和立法法所规定的违宪审查制度具有法律上的权威性和明确的法律效力。

值得注意的是，2013 年 5 月 27 日公布的《中国共产党党内法规和规范性文件备案规定》第 14 条规定的“建立党内法规和规范性文件备案审查与国家法规、规章和规范性文件备案审查衔接联动机制”也为进一步加强全国人大常委会在监督宪法实施方面的作用提供了有效的政策依据，为建立和完善中国特色的宪法实施监督制度提供了很好的制度平台。可以预见，只要按照党的十八届四中全会通过的《全面推进依法治国决定》关于“健全宪法实施和监督制度”的精神去落实，就一定能够在充分发挥全国人大常委会作为专门的监督宪法实施机构作用的基础上，将我国宪法实施监督工作提升到一个新高度和新水平。

制度化、规范化、程序化是社会主义民主政治的根本保障。

健全党领导依法治国的制度和工作机制，完善保证党确定依法治国方针政策和决策部署的工作机制和程序。

健全宪法解释程序机制。

依照宪法规定的程序进行宪法修改。

——《中共中央关于全面推进依法治国若干重大问题的决定》

六　健全和完善宪法实施程序机制

党的十八届四中全会审议通过的《中共中央关于全面推进依法治国若干重大问题的决定》以前所未有的关注度强调了“程序”对于全面推进依法治国的重要意义。关于宪法实施制度也明确了健全和完善“宪法解释程序”“宪法修改程序”的重要性。因此，加强宪法实施、维护宪法权威，首先必须要在制度上下大力气努力建设“宪法程序”。

宪法程序在我国传统的宪法学理论中，并没有作为一个必要的宪法概念和宪法学范畴而存在。在宪法实施过程中，宪法程序问题也没有得到应有的重视，特别是通过宪法程序所体现出来的宪法价值基本上没有引起我国宪法学界的关注。

其实，程序问题具有独立的价值。宪法程序对于实体宪法关系的建立起着承上启下的作用，它可以使得各种宪法关系能够有机地衔接起来，避免因为程序失范而导致实体的宪法关系无法有效地发生。近年来，我国宪法学界对于宪法程序的价值以及特征进行了一定程度的研究，特别是在一些具体的宪法制度中，程序问题被放到比较重要的位置。笔者也曾在《现代宪法的逻辑基础》① 一书中对宪法程序的基本价值作了若干探讨，但总的来说，还没有进行系统性研究。

其实，就宪法程序的特征来说，与一般法律程序是完全相同的。但是，由于宪法程序所支撑的实体宪法关系与一般的法律关系性质有所差异，因此，由此产生的功能就具有自身的特点。下文着重论述宪法程序的不同类型以及不同的宪法程序在构建不同的实体宪法制度中的作用。

（一）宪法发生程序及其功能

宪法发生程序涉及宪法自身是否具有稳定的法律形态，以及宪法规范是否具有确定性。就宪法发生的形态来说，可以分为宪法制定程序、宪法解释程序和宪法修改程序。

宪法制定程序的实体价值就是要体现人民主权原则，因此，不能通过一种恰当的程序将人民的意志集中起来，由此产生的宪法可能就不具有必要的正当性。如我国历史上出现的“袁记约法”“曹锟宪法”，以及二战期间法国维希政府炮制的“维希宪法”等都没有通过体现人民意志的宪法制定程序来制定宪法，其结果，这样的宪法也就只能是体现少数人意志、维护少数人专政的工具。

宪法解释程序是使宪法解释行为具体产生的宪法程序。如果宪法中肯定了宪法解释制度的存在，并且还规定了宪法解释的主体和权限，却没有相应的宪法解释程序来启动宪法解释行为，那么，即便有宪法解释规定的存在，宪法解释在实际中也不可能具体化，宪法解释就不可能作为一种现实的宪法制度而存在。我国 1954 年宪法中没有规定宪法解释制度，当然也就没有规定宪法解释程序的必要，在实际生活中也不可能出现宪法解释行为。1975 年宪法也没有宪法解释制度的规定。1978 年宪法明确规定全国人民代表大会常委会有权解释宪法，但是没有规定全国人大常委会如何基于宪法解释程序来行使宪法解释权。现行宪法第 67 条规定，全国人大常委会的首要宪法职权是解释宪法，但是，在整个宪法中却没有相应的关于宪法解释程序的规定。由于宪法解释程序的短缺，使得虽有宪法的规定，但在实践中，迄今为止还没有一起严格意义上的宪法解释事例的发生。比较 1954 年宪法、1975 年宪法、1978 年宪法和 1982 年宪法关于宪法解释制度的规定，虽然前两部宪法缺少关于宪法解释制度的规定，而后两部宪法明确规定全国人大常委会有权解释宪法，但由于 1978 年宪法和 1982 年宪法在规定宪法解释制度时仅仅注重了宪法解释的权力属于谁，而没有关注有权

① 参见莫纪宏：《现代宪法的逻辑基础》，法律出版社 2001 年 12 月版，2002 年 11 月第 2 次印刷。

解释宪法的主体如何来具体行使宪法解释权，因此，宪法解释行为在实际生活中还是不能有效地发生。宪法解释程序的缺少对宪法价值产生的直接影响就是宪法规范的不确定性，一旦宪法规范与客观情况不相吻合，很容易产生违宪或修宪的价值判断。

宪法修改程序对于宪法修改的活动的价值影响也是非常巨大的。严格的修宪法程序往往使得宪法修改活动受到严格限制，宪法的稳定性可以获得有效的维护。如美国 1787 年联邦宪法第 5 条规定：国会遇两院议员三分之二多数认为必要时，得提出对本宪法的修正案，或根据各州三分之二的州立法机关的请求，召集宪法会议以提出修正案。以上述两种方式提出的修正案，经全国四分之三的州立法机关或各州四分之三的宪法会议批准后，得作为本宪法的一部分而生效。事实上，美国联邦宪法第 5 条的规定确立过于严格的修宪程序，以致迄今为止总共才有 27 条修正案。其中第 27 条修正案在 1789 年就已经被提议，直到 1992 年才获得通过①。由此可见，严格的修宪程序会限制宪法规范自身内涵和外延的扩展。更容易确立宪法的规范性和确定性等价值。而我国自 1954 年宪法颁布之后，已经先后经过三次大的修改和六次小的修改。我国现行宪法第 64 条第一款规定：宪法的修改，由全国人民代表大会常务委员会或者五分之一以上的全国人民代表大会代表提议，并由全国人民代表大会以全体代表的三分之二以上的多数通过。这样的修宪程序使得修宪动议很容易被提起，宪法修正案也比较容易被通过。相对于现行宪法规定的宪法解释制度而言，由于现行宪法既规定谁有权修订宪法，又规定通过何种程序修改宪法，故使得宪法规定的宪法修改制度既有实体规范，又有程序保障，宪法修改成为在实践中可操作的宪法制度。

（二）国家权力运作程序及其功能

宪法规定了国家政权的组织形式。在我国，国家权力配置制度是依据人民代表大会制度的民主集中制原则建立起来的。首先，现行宪法规定，中华人民共和国一切权力属于人民；其次，人民行使国家权力的机构是各级人民代表大会；再次，行政机关、检察机关和审判机关由国家权力机关产生，对国家权力机关负责，受国家权力机关的监督；最后，中央和地方的国家机构职权的划分，遵循在中央的统一领导下，充分发挥地方的主动性、积极性的原则。上述制度可以说是我国现行宪法所规定的实体性的国家权力配置机制，其最大的特点就

---

① ［美］保罗·布莱斯特等编著：《宪法决策的过程：案例与材料》，张千帆等译，中国政法大学出版社 2002 年 8 月第 1 版，第 14 页。

是构建不同的国家权力形式以及不同性质的国家权力相互之间的关系。但是，如何通过一整套行之有效的国家权力运作程序来使得上述宪法所确立的各项实体国家权力关系能够有效地存在，并对社会生活的各个领域起到有效地调控作用，至少在我国现行宪法中没有将这个问题提到与确立基本的国家权力关系一样的宪法地位。这就很容易造成，往往实体性的国家权力关系比较清晰，而不同权力之间的相互衔接和相互关联比较模糊，特别是由于我国现行宪法并没有明确规定国家权力发生冲突时的权限争议解决程序，所以，在实践中很容易滋生两种制度上的弊端。一是国家机关的权力冲突最终以权力所具有的权威性为依据，权力的合法性和合理性成为解决权限争议次要考虑的因素。二是由于缺少必要的权力运作程序，国家权力很容易膨胀为无限大，国家权力的自我形成能力比较强，法治原则的约束比较软。从目前我国宪法的有关规定来看，在国家权力运作程序方面主要存在以下问题：

第一，权力的产生程序不完整，致使国家权力很容易形成法律上的真空状态。以目前的各级人民代表大会的产生程序来说，新的一届人大与旧的一届人大之间缺少权力移交程序，导致了在法律上由新的一届人大来审议旧的一届选举产生的国家行政机关、国家检察机关和国家审判机关所做的工作报告，由旧的一届人大代表选举产生的国家机关领导人在新的一届人大代表选举出来之后脱离了旧的一届人大代表的监督，而新的一届人大代表在新的一届人大会议举行之前又无法行使必要的监督权。

第二，权力启动程序不健全。如现行宪法第67条第（七）项规定，全国人大常委会有权“撤销国务院制定的同宪法、法律相抵触的行政法规、决定和命令”。这一规定赋予了全国人大常委会对国务院行政立法的实体立法监督权，但是，通过何种程序来提请全国人大常委会来审议国务院制定的有关的行政法规、决定和命令，宪法并没有作明文规定，甚至连专门规定立法监督制度的《立法法》也没有予以明确。所以，在实际生活中，全国人大常委会享有的对国务院行政立法的立法监督权由于缺少权力启动程序而无法行使。

第三，权力运作程序不清晰。如现行宪法第93条、第94条规定了中央军事委员会的宪法职权，但却没有规定中央军事委员会行使相应宪法职权的宪法程序，这种规定方式很容易导致宪法规范的不确定性，影响相关宪法规范的法律权威。

第四，权力运作程序相互交叉，容易使权力的法律效力等级的失序。尤其是现行宪法有关下级国家机关宪法职权的规定，往往规定了众多相互交叉的权力运作程序。如现行宪法第107条第二款规定：“乡、民族乡、镇的人民政府执行本级人民代表大会的决议和上级国家行政机关的决定和命令，管理本行政区域内的行政工作”。对于乡镇人民政府来说，既执行本级人大的指示，又执行上级人民政府的决定，如果所执行的事项发生冲突，很容易使得其中一个指示或决定失去应有的法律约束力。

第五，权力之间缺少协作程序，容易形成职权范围的冲突。如现行宪法第135条规定：“人民法院、人民检察院和公安机关办理刑事案件，应当分工负责，相互配合，相互制约，以保证准确有效地执行法律”。上述规定确立了人民法院、人民检察院和公安机关之间的权力协作关系，但是，由于并没有规定与这种权力协作关系相应的宪法程序，因此，使得相关的立法很难解决上述三个国家机关之间的权力协作程序。最突出的问题就是人民检察院在刑事案件审判中究竟应当在什么阶段介入，在哪些阶段介入，不仅在法律没有解决好，在实践中也一直存在着严重的分歧意见。

第六，权力运作的控制程序不健全，权力运作的效果无法得到准确地评价。现行宪法第126条规定，人民法院依照法律规定，独立行使审判权，不受行政机关、社会团体和个人的干涉；第131条规定，人民检察院依照法律规定独立行使检察权，不受行政机关、社会团体和个人的干涉。但是，宪法却没有规定相应的控制程序来防止可能会影响人民法院和人民检察院独立行使审判权和检察权的情况的发生，所以，在法律上和实际生活中，人民法院和人民检察院行使审判权和检察权的活动仍然会受到来自行政机关、社会团体和个人的干涉，严重地影响上述宪法所规定的人民法院和人民检察院所享有的实体宪法职权的行使。

总之，我国现行宪法在确立国家权力发生和运作机制的过程中，很明显，过于注重对国家机关所享有的宪法职权的规定，而忽视对国家机关行使宪法职权所必须依据的宪法程序的规定。这就很容易导致在实际生活中出现国家机关“有职无权”“权力自我扩张”“权力冲突”等现象，严重地影响了宪法所设计的国家权力机制的运行。所以，对国家权力发生和运作程序给予充分的关注是提高国家机关依宪活动能力的必要前提。在某种意义上，明确宪法职权行使的程序比仅仅规定宪法职权更能体现法治原则。

（三）公民宪法权利的保护程序及其功能

对公民的基本权利通过宪法的方式来加以确认是现代法治社会宪政精神和人权理念的重要体现。对于一个体现了法治社会基本宪政精神和人权理念要求的宪法来说，一方面，应当逐步吸收已经被世界各国宪法和国际人权公约所确认的普遍意义上的人权作为公民的宪法权利。另一方面，又应当设置必要的保障公民宪法权利得以实现的程序。缺少宪法程序保护的公民宪法权利其价值功能仅仅限于政治性的“宣示”，而不具有保障公民权利的实体意义。美国宪法第

5条修正案和第14条修正案，确立了“正当法律程序”原则，这样的立宪技术的意义不仅仅在于将实体法与程序法紧密地结合在一起来保障公民权利的实现，更重要的是“正当法律程序”原则在国家权力与公民宪法权利之间建立了一个制度性的连接渠道，使得宪法在调整国家权力与公民权利之间的关系方面的功能变得非常明晰。

我国现行宪法对公民实体宪法权利的规定是比较充分的，但在对公民宪法权利保护程序方面的规定却相对滞后。我国现行宪法涉及公民宪法权利保护程序规定主要有两个条款，一是第37条第二款，该款规定：“任何公民，非经人民检察院批准或者人民法院决定，并由公安机关执行，不受逮捕”；一是第40条规定：除因国家安全或者追查刑事犯罪的需要，由公安机关或检察机关依照法律规定的程序对通信进行检查外，任何组织和个人不得以任何理由侵犯公民的通信自由和通信秘密。这两个条款对公民的“人身自由”“通信秘密”和“通信自由”规定了必要的宪法程序的保护。但是，从总体上来说，我国现行宪法对公民宪法权利的程序保护还存在着以下两个问题：一是缺少一般性的宪法权利保护程序的规定，也就是说，没有像美国宪法那样的“正当法律程序”原则，因此，国家权力与公民权利之间的关系并不是非常的清晰，在宪法制度上为国家权力侵犯公民宪法权利留下了比较大的法律空间；二是即便是像“人身自由”“通信秘密”和“通信自由”依据宪法规定具有必要的宪法程序的保护，但由于宪法对实际生活中存在的公共权力没有进行有效的全面整合，所以，实践中出现的“双规”和“双指”做法很显然超越了宪法的规定，但却仍然具有一定的合法性基础。

由此可见，对公民基本权利的宪法保护力度不仅仅在于宪法中所规定的公民所享有的实体宪法权利的数量，更重要的还取决于宪法对国家权力与公民权利之间关系的界定。如果宪法对国家权力与公民权利之间关系作了明确的界定，特别是规定了一般性的保护宪法权利实现的“正当法律程序”原则，那么，宪法中所规定的公民宪法权利就是具有实效的，否则，公民的宪法权利就很难获得宪法手段的保护，特别是得到国家权力的必要尊重。从这个意义上来看，通过宪法修改的方式来规定“正当法律程序”原则对于保护公民宪法权利的实现具有至关重要的意义。

（四）宪法救济程序及其功能

“无救济就无权利”，这是现代法治社会所遵循的一条基本法治原则。我国现行宪法虽然比较全面地规定了公民的宪法权利和人民代表大会制度，但是，却没有规定必要的宪法救济程序来解决在实施宪法过程中可能会产生的国家机关之间的宪法权限之争，以及立法机关的立法可能侵犯公民宪法权利的问题。与一般法律救济程序不同的是，宪法作为国家的根本法，首先具有政治性，因此，宪法的实施首先要通过政治途径来保障。我国现行宪法规定全国人大及其常委会有权监督宪法的实施。但是，从宪法作为法律的基本法律特征来看，在实施宪法过程中，出现宪法争议是不可避免的，出现了宪法争议就应当设立相应的解决宪法争议的制度，包括解决宪法争议的宪法程序，否则，宪法争议就无法有效解决，甚至会导致通过简单地修改宪法的方式来解决宪法与社会现实生活之间发生的各种价值矛盾，严重影响了宪法规范的稳定性。

因此，宪法争议程序具有维护宪法规范确定性的功能，没有宪法争议程序，宪法规范要在实际生活中成为人们的行为规范是比较困难的，宪法规范必须同时具备“行为规范”和“仲裁规则”的规范功能，宪法才能作为法律真正地对社会生活起到有效地调控和规范作用。

总之，宪法程序问题在我国现行宪法中没有得到系统地规定，这不仅使得许多价值设计比较好的制度无法有效地运作，而且还很容易造成各种宪法冲突，使得国家权力与国家权力、国家权力与公民权利处于经常性的冲突和矛盾状态之中。要真正地使我国宪法成为具有法律效力的根本法，应当通过宪法改革的方式，强化宪法程序意识，并在今后修改宪法的过程中将必要的宪法程序规定在宪法条文之中，使宪法成为一个具有可操作性的法律规范。

（五）宪法程序建设的制度化措施

宪法作为根本法，毫无疑问，是实体规范与程序规范的结合体。在以往的宪法条文设计中，我们过多地关注了宪法文本对“实体规范”的表述，却没有对“实体规范”如何通过“程序规范”来加以落实做出有效的制度安排。例如，现行宪法第 63 条规定“全国人民代表大会有权罢免下列人员：（一）中华人民共和国主席、副主席；（二）国务院总理、副总理、国务委员、各部部长、各委员会主任、审计长、秘书长；（三）中央军事委员会主席和中央军事委员会其他组成人员；（四）最高人民法院院长；（五）最高人民检察院检察长”。上述规定在实体意义上赋予了全国人大享有“人事任免权”和“监督权”。但如何在法律程序上来实现上述规定的“人事任免权”和“监督权”，现行宪法却没有其他相关条文来承担“程序规范”的功能，因此，尽管现行宪法第 63 条的实体意义很好，却在实践中难以有效地实现。

再如，“正当程序”作为一项重要的宪法程序在我国现行宪法文本中没有得到一般意义上的体现，致使宪法所规定的国家机关行使的国家权力很难受到有效限制，宪法所规定的公民基本权利很难得到有效的救济路径。从“正当程序”

理论的发展历史来看，最初只适用于司法程序中，后来扩展到一切行使公权力的程序，[①] 美国宪法首先将正当程序上升为宪法原则，1791 年美国宪法第 4 条、第 5 条、第 6 条及 1868 年宪法第 14 条修正案都对正当程序作出规定。[②] 对此，还有学者认为，宪法程序的建构模式分为严格规则模式和正当程序模式两种，[③] 前者对法典编纂更为重视，从行为结果着眼，并以此为标准评价程序的有效性，对程序的健全与完善相对忽视，而后者恰好相反，强调程序，但却有一种忽视程序正当性的倾向，即仅强调法定程序而忽视其内在价值。有学者甚至认为，我国宪法中包括有正当程序的规定。[④] 如宪法第 31 条规定，“任何公民，非经人民检察院批准或决定或者人民法院决定，并由公安机关执行，不受逮捕。”但是严格地说，“正当程序”条款并不仅仅限于人身，还应该涉及更广阔的范围。国家的立法、行政、司法甚至都可以被其约束。[⑤] 在欧美国家的宪法体系中，如果“缺少了这一条款，那些法官们必然会感觉他们失去了一个极其重要的武器以维护公民的权利。”[⑥] 在中国当下，加强宪法程序的制度建设，目前最重要的工作应当落脚于“正当程序条款”的建设。有了一般意义上的“正当程序条款”，宪法所规定的公民的基本权利就可以得到制度上一般性救济程序，尤其是对程序性权利的规定缺失，就更显得“正当程序”条款的必要性。[⑦] 在这里，“程序性”概括条款比实体性的权利列举条款有着非同寻常的扩权作用。

此外，要在宪法“实体规范”与“程序规范”之间应当建立起“手段与目的”的逻辑关系，也就是说，要建立一个宪法实体规范与程序规范有机结合的整体意义上的宪法规范体系。对于单个的宪法规范来说，其规范功能具有“实体”与“程序”双重功能。任何一个具体的宪法规范，相对于另一个宪法规范来说，两者的逻辑关系上可能承担的是“手段性功能”，而相对于第三个宪法规范而言，则有可能成为第三个宪法规范所追求的“目的性规范”。在发挥宪法规范的“手段性功能”上，任何一个宪法规范都具有“程序性功能”，而宪法规范的“程序性”在制度建设上根本宗旨在于将一个国家宪法文本中的所有宪法规范组成一个有机联系的整体。故建立具体个别意义上的宪法规范与整体意义上

① 罗智敏：《论正当行政程序与行政法的全球化》，《比较法研究》2014 年第 1 期，第 22 页。

② 董云武：《世界人权约法总览》，四川人民出版社 1990 年版，第 285 页。

③ 孙笑侠：《法律对行政的控制》，山东人民出版社 1999 年版，第 117 页。

④ 谢维雁：《程序与宪政》，《四川师范大学学报（社会科学版）》2000 年第 3 期，第 39 页。

⑤ 王名扬：《美国行政法》，中国法制出版社 1995 年版，第 328 页及以下。

⑥ 吕尚敏：《论宪法规定中的程序性条款》，《江苏社会科学》1999 年第 2 期，第 41 页。

⑦ 持此观点的人较多。文正邦，唐芬：《论重视和加强宪法的程序性建设》，《政治与法律》2005 年第 1 期，第 18 页；吕尚敏：《论宪法规定中的程序性条款》，《江苏社会科学》1999 年第 2 期，第 44 页；李昌道：《美国宪法史稿》，法律出版社 1986 年版，第 110 页。

的宪法规范相结合的复合意义上的宪法规范有助于增强宪法规范自身的程序性，从总体意义上有效地推进宪法实施工作。故从增强宪法规范的程序性功能角度来看，只有以全面修改宪法的方式，通过加强宪法规范设计的科学性来增强宪法规范的程序性和可适用性，才能真正有效地推进宪法实施工作，维护宪法的根本法权威。

牢固树立有权力就有责任、有权利就有义务观念。

党政主要负责人要履行推进法治建设第一责任人职责。

建立重大决策终身责任追究制度及责任倒查机制。

——《中共中央关于全面推进依法治国若干重大问题的决定》

七 建立和完善宪法责任制度

党的十八届四中全会通过的《中共中央关于全面推进依法治国若干重大问题的决定》高度关注“责任”在全面推进依法治国中的重要意义，并将“责任”落实到立法、执法、司法、守法、法律教育、法律宣传、党对法治工作的领导等法治工作的各个领域。《全面推进依法治国决定》明确提出了“坚持依法治国首先要坚持依宪治国，坚持依法执政首先要坚持依宪执政”的要求。那么在制度实践中，究竟是什么因素阻碍了“依宪治国”和“依宪执政”的开展呢？应当说，因素是非常复杂的，但一个重要因素是缺少“宪法责任”制度和机制的约束。因为没有“宪法责任”制度和机制，在宪法实施的实践中就出现了“违法不违宪”“违宪不违法”的错误认识，宪法是根本法，但也被一些人视为“根本无用的法律”，宪法成为“没有牙齿的老虎”①。宪法的根本法权威受到了严重挑战。为此，要在全面推进依法治国的制度实践中加强宪法实施，将宪法实施提高到一个新的水平，除了要建立有效的宪法实施监督机制和保障机制之外，将宪法实施活动与宪法责任制度紧密地结合起来，无疑可以增强宪法实施的法律执行力和法律拘束力，使得宪法作为调整人们行为的根本行为准则的“权威性”真正得以发挥。所以，全面推进依法治国，加强宪法实施，必须要建立宪法责任制度。

在传统的宪法学理论研究中，相对于“宪法义务”而言，“宪法责任”是一个价值属性相对较弱的概念，而且由于缺少“宪法禁律”的概念，也不存在与“宪法禁律”相对应的“宪法责任”。在相当长的一段时期，宪法只是作为一种道德规范为社会成员所接受的。美国最高法院在 1803 年确立的司法审查原则可

① 傅达林：《让至高无上的宪法长出“牙齿”》，《中国青年报》2014 年 10 月 31 日第 2 版。

以说是在世界上最早确立了“宪法责任”制度。但“宪法责任”价值的意义得到广泛的探讨应该说是二战以后随着宪法审判制度在各国的建立而发展起来的。

相对于民事责任、刑事责任、行政责任等法律责任来说，“宪法责任”具有自身的特点。如犯罪嫌疑人一旦被证明实施了某种犯罪行为，那么，该犯罪嫌疑人就必须承担相应的刑事责任。这种责任具有因果性。我国刑法学家高铭暄教授认为，刑事责任是“对违反刑事法律义务的行为（犯罪）所引起的刑事法律后果（刑罚）的一种应有的承担”。[①] 我国法理学界对“法律责任”的认识一般是与“法律义务”“法律能力”联系起来的。如李步云先生主编的《法理学》就强调了法律责任的以下几项原则，包括：无义务则无责任原则，无能力则无责任原则，过错责任原则等。[②] 但是，严格地说，从逻辑学的角度来对法律责任的正当性、合理性、确定性和有效性进行系统的论著并不多见。以往的法律责任理论基本上集中在对法律责任合理性、确定性和有效性的探讨上，并且已经形成了比较完善的法律责任理论。但是，关于法律责任正当性的研究就显得较滞后。

“宪法责任”是以“宪法义务”“宪法禁律”为基础的吗？能否以违反“宪法义务”“宪法禁律”作为确立“宪法责任”的逻辑前提？

从确立“宪法责任”的正当性来看，“宪法责任”是一种“违宪”后承担相应的法律后果的“应然性”。它是以“违宪”为逻辑前提的，并且又是与一定的法律后果相联系。

（一）宪法责任的主体

法律责任首先是一定法律关系主体的责任。宪法责任毫无疑问应当是宪法关系主体依据宪法规定应当承担的责任。宪法不同于普通的法律，它是两种意义上的法律规范，一是宪法是一种“契约”；二是宪法是一种“授权委托书”。因此，基于宪法自身的性质，宪法责任的主体是双重意义上的。当宪法发挥“契约”功能时，参与“宪法契约”的主体应当就“宪法权利”和“宪法义务”的履行承担法律责任，这是一种“契约责任”。当宪法作为“授权委托书”时，参与“宪法授权”的是授权者和被授权者，宪法责任也就表现在授权者的责任，其中最重要的是监督责任，被授权者的责任，主要包括越权责任和滥用权力的责任。

1. 参与“宪法契约”主体的“宪法责任”

根据现代宪法的基本原理，宪法首先是“人民的总契约”，即人民通过宪法将组成一个有秩序的法治社会人民所应当享有的各种权利和自由以及应当履行

① 高铭暄等著：《中国刑法词典》，学林出版社1989年版，第130页。

② 李步云主编：《法理学》，经济科学出版社2000年12月第1版，第327页。

的各种义务确定下来，作为所有个人活动的基本准则。作为参与“宪法契约”的各方，对于不履行“契约”可能引起的主要责任形式包括“侵权责任”和违反“宪法义务”“宪法禁律”的责任。

“侵权责任”主要是参与“宪法契约”者不尊重宪法赋予每一个人的“宪法权利”和宪法所予以保障的“合法权益”而应当承担的法律责任，这种责任形式是以剥夺“侵权”者的主权者身份和公民身份为特征的。因为从逻辑上来看，既然一个人不愿意服从组成一个社会的基本秩序的要求，肆意破坏一个社会基本的宪法秩序，否定宪法所体现的基本价值，那么，这个人也就无法获取在该社会继续生存的权利。实践中，引起“侵权责任”的行为包括践踏基本人权、危害公共安全等等，由这些行为所导致的“应当”承担的法律后果包括：剥夺公权、取消公民身份等。

违反“宪法义务”“宪法禁律”应当承担法律责任的行为，一般包括破坏基本宪法秩序、投敌叛变、颠覆国家政权、拒不纳税、拒绝服兵役等。这些“宪法义务”“宪法禁律”是建立宪法秩序的前提，也是“宪法权利”存在的“正当性”基础。对违反“宪法义务”的行为，一般应当承担的法律后果包括取消公民身份、剥夺国籍和驱逐出境、不得入境等等。

2. 作为“授权委托书”主体的“宪法责任”

作为“授权委托书”，宪法是主权者（宪法制定权主体）向国家机关授予“宪法权力”的证明。这种宪法上的授权，表现为“宪法职权”。被授权的国家机关有义务按照“宪法授权”来行使“宪法权力”，并对其行使“宪法权力”的行为承担“越权”和“滥用权力”的法律责任。作为授权者，主权者应当就授权行为承担责任，这种责任包括两个方面：一是“自治责任”，二是“监督责任”。作为“自治责任”，主权者应该对自身的行为承担全部责任，这种责任包括了主权者应当对国家机关依照宪法规定行使“宪法权力”的行为负责。因此，当国家机关在行使“宪法权力”时侵犯了公民的权利和自由，并由此造成损害的，主权者必须对由此造成的损失承担赔偿责任，这种责任应当是主权者自身的“自治责任”，任何受害者都有权要求主权者来承担这种“自治责任”。主权者在依据法律承担了相应的责任后，可以要求实施了侵权行为的国家机关承担相应的连带赔偿责任。所以，国家赔偿责任实际上是主权者授权行为必须支付的最低成本。当国家机关在行使“宪法权力”时，主权者有义务来监督国家机关行使“宪法权力”的行为是否“合宪”，如果主权者忽视了这种监督义务，那么，主权者就应当承担这种监督“失职”的责任。当然，从逻辑上来看，主权者可以通过宪法的规定来确定一个具体地代替主权者行使监督权力的机构，该机构在依据宪法行使“监督权力”时，如果违反了宪法的规定，则应当向主权者和宪法承担监督责任。此外，作为“授权委托书”，宪法在赋予被授权者一定的宪法职权的时候，也赋予了一定的与宪法职权不直接关联的“宪法职责”，需要被授权者依据宪法的规定去主动地实施一些行为，如果被授权者漠视宪法的规定不去“做”，那么，就构成了“失职”，由此也应当依据宪法规定承担不作为的宪法责任。

（二）宪法责任的判定标准

由于“主权者”以及“宪法制定主体”都属于“应然”范畴的概念，所以，在宪法制度上要建立具体明确的宪法责任制度就会遇到许多逻辑问题。如“宪法权利”与“宪法义务”的享有者和履行者是否具有“确定性”？什么样的主体才有可能违反“宪法义务”“宪法禁律”？从宪法作为“人民的总契约”的性质来看，对于缔结宪法契约的主体而言，是否仅仅应当履行“契约必须信守”的“宪法义务”？这是一种道德义务？还是一种法律义务？这些问题都是比较复杂的。

相对于宪法的契约性质来说，宪法作为“授权委托书”时引起的“宪法责任”比较容易确定。因为不论主权者的性质如何处于“不确定状态”，通过“宪法”规定来行使“宪法权力”的国家机构在制度上是比较明确的概念。所以，国家机关在履行宪法职权和宪法职责时的“不作为”“侵权”“越权”和“滥用权力”很显然是不符合宪法作为“授权委托书”的要求。因此，相应的国家机构必须对这些行为承担法律责任。不过，主权者的“自治责任”与“监督责任”也因为主权者自身的“应然性”而很难实体化。但是，如果在宪法制度上设计了代替主权者行使监督权力的国家机关，那么，这种专门的宪法实施监督机构就必须承担相应的监督责任。

在主权者责任弱化的逻辑背景下，通过宪法修改、宪法制约的形式可以比较容易回避主权者的宪法责任问题。因此，相对于民事责任、刑事责任、行政责任等传统的法律责任形式而言，宪法责任的正当性本身存在很大的不确定性。国家机构履行宪法职权和宪法职责是否存在违背主权者意志的情况，在制度设计上无法完全客观化，故国家机构在行使“宪法权力”时更多的是“权限冲突”问题，而不是“权力违宪”的问题。

由于在违宪的“正当性”问题上具有一定的不确定性，因此，宪法责任在制度上可以具体化的主要有“宪法必须信守的义务”“宪法权力”的运作背离了宪法的基本要求、宪法所确立的一系列程序受到破坏等方面。“宪法必须信守的义务”是针对所有的宪法关系主体而言的，是基于宪法的“契约”特征而形成的。不论是公民，还是组织、国家机关，抑或是社会团体，都必须以宪法作为自身的基本行为准则。宪法具有平等的适用性，任何组织和个人不得拥有超越于宪法之上的特权，这是宪法作为根本法的一条基本原则。“宪法权力”的运作背离了宪法的基本要求主要指行使“宪法权力”组织和个人没有按照宪法所赋予的基本要求去做，也就是说，“宪法权力”没有完成作为保障基本人权实现的手段性功能。包括立法机关在内的国家机关，都可能利用自己手中的权力来非法剥夺公民的基本宪法权利和自由。所以，对国家机构忽视“宪法权力”的手段性功能的行为，相应的国家机关应当承担宪法责任。程序是制度运行的方式、步骤，没有按照宪法规定的程序去行使权利或者是行使“宪法权力”，履行宪法职责，使得宪法所确立的各项制度事实上无法发挥应有的作用，那么阻挠程序发挥作用的主体不论是“作为”，还是“不作为”，都应当对此承担责任。因为宪法程序是“合宪性”的具体形式，离开了“宪法程序”的保障，“合宪性”问题就无法得到准确地评价。

（三）宪法责任的作用

“宪法责任”是相对于宪法“应然性”而言的，是宪法作为根本法所具有的法律自身的矫正和保障功能。也就是说，根据宪法规定“应该”的而没有“应该”，或者是说，根据宪法“不应该”事实上“应该”了，这种事实与价值的背离会严重地损坏宪法“应然性”的基础，因此，必须予以纠正。宪法责任的确立就是为了保证宪法“应然性”成为一种价值现象或者是价值事实，而不仅仅是停留在价值规范或价值理念阶段。

从逻辑学的视野来看，“宪法责任”是宪法学不可或缺的逻辑范畴，是宪法“应然性”的一种价值补充，它可以使得宪法的“应然性”从纯粹的价值形式转化为一种价值事实，是宪法价值制度化的逻辑中介。没有宪法责任，宪法“应然性”在实践中发展的方向可能就会偏离“手段—目的”的既定的逻辑轨道。因此，“宪法责任”也属于宪法“应然性”的范畴，它是实施宪法的行为与一定的法律后果之间因果关系的“确定性”联系，即实施了一定性质的宪法行为之后“应当”承担相应的法律后果。“宪法责任”是宪法“应然性”的自我矫正和自我协调机制。

“宪法责任”是针对宪法“应然性”而言，它并不与具体的“宪法权利”“宪法义务”“宪法职权”“宪法职责”和“宪法禁律”相对应。只要宪法主体没有按照宪法的规定来行使“宪法权利”“宪法职权”和履行“宪法义务”“宪法职责”，触犯“宪法禁律”，都构成对宪法“应然性”的破坏，所以，都必须在逻辑上与旨在纠正这种破坏宪法所蕴含的“应然性”价值行为的法律后果联系起来。这种逻辑联系也是“应然性”的，即“应该”联系起来，否则，宪法

“应然性”就无法发挥其价值功能。

以“宪法权利”来说，如作为主权者的公民依据宪法享有抵抗权、知情权、诉权、请愿权等对抗“宪法权力”的“公权利”，公民依据宪法规定行使这些权利就可以有效地防范“宪法权力”的异化，特别是防止行使“宪法职权”的国家机构利用“宪法权力”搞“特权”，或者是利用“宪法权力”来随意侵犯公民的“宪法权利”。但是，如果公民遭到“宪法权力”的侵害而不去行使上述“宪法权利”，致使公民“宪法权利”的宪法地位不断萎缩，那么，这种不行使“宪法权利”的行为也应当承担一定的“宪法责任”。在这里，公民应当承担的“宪法责任”所对应的后果就是自己作为主权者身份的丧失或者是受到“威胁”，就可能成为“宪法权力”统治下的“被统治者”。当然，这样的法律后果显然是政治性的，因为被迫成为“被统治者”是不符合“应然”宪法的要求的，是与宪法作为“人民的总契约”的价值设计自相矛盾。所以，与公民放弃“私权”造成一定的“法益”损害不一样的是，放弃“宪法权利”会导致公民的“基本人权”以及“宪法自由”的正当性的丧失。因此，与放弃“私权”相比，放弃“宪法权利”不仅引起的法律后果是消极的，而且是“否定性”的。所以，行使“宪法权利”的“宪法责任”的意义就显得非常重要。

行使“宪法权力”的责任很明显是与失去继续获得授权相联系在一起的。因为行使“宪法权力”者如果不按照主权者的意思行事，不依据宪法的规定来行使权力，那么，因错误地行使“宪法权力”而造成的损失必须由自己承担，同时，作为被授权者也会失去授权者的信任，不能继续获得授权。

根据宪法“应然性”的要求，行使“宪法权利”与“宪法权力”本身都是与“宪法义务”“宪法职责”相联系着的，即“宪法权利”与“宪法权力”都是“宪法”范围内的“宪法权利”与“宪法权力”，超越了“宪法”的“许可”范围，“宪法权利”与“宪法权力”其权能的辐射力就必须终止。当然，因受宪法“应然性”的限制，在行使“宪法权利”与“宪法权力”过程中所产生的“宪法义务”之外，作为与“宪法权利”相对应的带有绝对性的“宪法义务”（如遵守基本宪法秩序的义务，服兵役的义务和纳税的义务等等）都是不能违背的，一旦违背，就应该接受“否定性的法律后果”（如宪法制裁）等。

所以，“宪法责任”的核心作用就是将实施宪法的行为与一定的法律后果在逻辑上通过“应然性”连接起来，从而来保证基于宪法规定所确立的一系列现代宪法的基本价值在实际中得到很好的实现。

（四）宪法责任的形式

宪法责任在制度上的表现非常丰富，其性质可以分为“契约性责任”和

“授权性责任”两种。其中，“契约性责任”中最重要的是“社会监督责任”“公民责任”；“授权性责任”中最明显的是“代表责任”“国家机构和宪法机构的宪法责任”。

1. 社会监督责任

宪法是主权者意志的体现，这是“应然”宪法的基本要求。因此，从逻辑上来看，主权者应当对“宪法”负责。这种“负责”首先表现在宪法的“应然性”应当符合主权者的意志和利益要求，应当是主权者主体性的高度体现；其次，主权者应当有效地监督宪法的实施。

由于主权者是一个“应然性”概念，它必须依靠制度上的法律主体形式体现出来。所以，公民个人、由公民个人组成的社会团体，特别是代表了全体社会成员意见的大众传播媒介，都从各个角度反映了“应然”状态的“主权者”。在制度化的主权者中，新闻媒体对国家机关行使“宪法权力”的监督责任是最重要的宪法责任形式。

新闻舆论被称为“第四权力”，它汇聚了作为主权者的社会全体成员的声音和意见，是主权者意志的“制度化”表现。作为制度化的主权者，它不是以主权者的数量来获得自身的正当性的，而是通过自由地汇集社会全体成员的意见、看法和主张这样的意志表达途径体现出来的。在监督国家机关行使“宪法权力”时，新闻媒介扮演的就是“主权者”的身份。

基于新闻媒介上述属性，新闻媒介就必须获得两种自由，一种是“新闻自由”，这种自由不得因为“宪法权力”而被否定，它是对抗“宪法权力”的“应然性”武器。另一种就是“宪法下的新闻自由”。由于新闻媒介不是事实上的主权者，因此，它不可能超越于宪法之上来监督和控制“宪法权力”的运作和行使。所以，新闻监督必须在宪法规定的程序和范围下活动。这就决定了新闻媒介与“宪法权力”必须彼此尊重。一方面，“宪法权力”无权剥夺“新闻自由”；另一方面，“宪法权力”可以依据宪法的规定来对抗“新闻监督”。如作为“宪法权力”之一的“司法权力”，它作为解决法律纠纷和争议的一种国家权力，在发现事实与适用法律方面具有确定性的“权威”。“司法权力”基于法律规定的程序可以建立“法律事实”，尽管这种“法律事实”不等于“客观事实”，是一种“价值化的事实”。“司法权力”应当对“法律事实”具有最终的确定性认定权威，因为没有这种确定性的认定权威，“司法权力”作为一种国家权力在宪法中的设立就是无效的，或者说是不经济的，不符合价值的“有效性”原则。新闻媒介在监督“司法权力”时，必须尊重“司法权力”对“法律事实”的确认权，而不能以“新闻事实”来取代“法律事实”。因此，新闻媒介在监督“宪法权力”运作时，就必须承担尊重合宪运作的“宪法权力”的“宪法义务”，如果违反了这种“宪法义务”，就必须承担相应的“侵权责任”或者是“刑事责任”或“政治责任”，而不应该用新闻监督权利来片面对抗“宪法权力”的合宪性。当然，在“新闻监督权利”与“宪法权力”对抗的过程中，就各自所体现的主权者的利益或者说在制度上表现出来的国家利益、社会利益的大小、轻重程度都是应该考虑的“合宪性因素”。“新闻监督权利”与“宪法权力”在维护主权者利益问题上既有价值冲突，更多的还是价值目标上具有一致性。不过，新闻监督绝对不能成为一种“宪法权力”，因为一旦新闻监督成为另一种“宪法权力”，那么，它对“宪法权力”的监督就变成“宪法制约”关系，而不是“宪法监督”关系。那么，它与其他“宪法权力”之间首要的是划分权力的界限，而不是解决价值冲突。

2. 公民责任

公民责任是约束作为主权者的公民个人的，它通过对违反宪法义务的公民剥夺其“宪法权利”来引导公民个人自觉地服从宪法所体现出来的各种价值，维护宪法价值的基本权威。如 1949 年《联邦德国基本法》第 18 条就规定，如果任何人滥用宪法所规定的言论、新闻、教育、集会、通信秘密、财产权以及庇护权，其目的在于挑战基本的民主秩序，那么，联邦宪法法院享有唯一地剥夺滥用权利者继续享有这些权利并决定剥夺到何种程度的权力。这里明显可以看出，公民的“宪法权利”与国家机关的“宪法权力”在实现宪法的基本价值目标上的价值互动关系。宪法的“法治”意义远远地超出了宪法作为主权者意志的价值功能。

3. 代表责任

代表是由选民基于宪法所确立的选举程序产生的，他们是制度意义上的“主权者”，他们在宪法规定的范围内来实现“主权者”的意志。但是，代表本身只是一种“制度化”的“主权者”，而不是真正“应然”意义上的“主权者”，因此，一旦代表不能按照选民的要求来行事，代表就应该承担相应的“宪法责任”。这种“宪法责任”主要表现在代表不履行“宪法义务”或者是不能实践选民的委托，就应该承担被选民罢免或者是代议机构撤销其代表职务的法律责任。当然，代表个人因为触犯了刑事法律而承担刑事责任，或者是代表因为民事纠纷而发生民事责任，这些责任都与代表职务无关，因此，不属于代表应当承担的“宪法责任”的范围。代表的“宪法责任”更多的是一种“政治责任”，其法律后果是由选民来赋予的。

4. 国家机构和宪法机构的宪法责任

在传统宪法学理论上，只有“国家机构”这样的名词与宪法所规定的“国家权力”相联系，而在“于宪有据”的“依宪治国”理念下，“宪法机构”可以更有效地表述依据宪法规定行使国家权力应当承担的“宪法责任”。由于在宪法规定的范围内活动的“宪法权力”不存在着“宪法责任”的问题，因此，合宪的“宪法权力”纵然是损害了公民的合法权益也不应该承担“宪法责任”，由合宪的“宪法权力”所导致的损害属于主权者“自治责任”的范围，而不应该属于“宪法责任”。

与“宪法权力”相关的“宪法责任”实际上是依据宪法获得授权的组织和个人在行使宪法赋予的“职务权利”和履行宪法赋予的“职务义务”时违反了宪法的规定而承担宪法所规定的相应的法律后果。对于依据宪法行使“宪法权力”的个人来说，他（或她）的“宪法权力”来源于宪法对其进行的“授权”，他（或她）是通过“行使宪法权力的宪法权利”（即宪法职权）与宪法发生逻辑关系的。所以，一旦这种权利的行使超出了宪法规定的界限，或者是没有认真行使这种权利，那么，就应该承担被罢免或遭撤职的“宪法责任”。对于行使“宪法权力”的组织来说，特别是行使“宪法权力”的国家机关，如果出现行使“宪法权力”违宪的问题，那么，就面临着受到违宪审查的危险。一旦存在违宪事实，那么，因违宪产生的有关法律、法规、决定、判决的法律效力就应该遭到否定。例如，1961 年 1 月 23 日通过的《委内瑞拉共和国宪法》第 250 条就明确规定：本宪法纵使被用暴力干扰的方法废除时仍不失效。在发生这样的情况下，每一个公民不论是否被授予权力，在重新恢复宪法的合法效力上有提供合作的义务。他们在对上述破坏宪法的责任者，对相继组织政府而不在恢复宪法效力方面尽力的主要官员，应当按照本宪法和法律予以审判。国会可以根据其绝对多数议员的同意的决定，命令没收这些人的和那些曾经在篡位当局的保护下非法致富的人们的全部或一部分财产，以便偿还他们给共和国造成的损害。不过，对于行使“宪法权力”的国家机关而言，在相当多的时间里更容易发生的不是违宪问题，而是“宪法权力”相互之间的冲突。所以，“宪法责任”问题又与宪法本身的“确定性”联系在一起。由于宪法本身具有一定的不确定性，这种不确定性就会影响到宪法的正当性。由于存在着这种宪法的正当性与确定性相互依存的逻辑联系，因此，“宪法责任”相对于民事责任、刑事责任和行政责任具有更大的不确定性。另外，由于宪法是通过法律效力的不同与其他法律形式区分开来的，因此，“宪法责任”与民事责任、刑事责任和行政责任相互之间应该存在着逻辑上的交叉关系。只有“宪法责任”与“法律责任”“法规责任”“决定责任”和“判决责任”相互关联，才能在逻辑上建立起来一个相互独立的法律责任体系。

对“国家机构和宪法机构的宪法责任”的追究，“宪法监督”与“宪法诉讼”程序都起着非常重要的价值调控作用，它们都承担着对“国家机构和宪法机构的宪法责任”“应然性”的矫正功能，是作为“应然的宪法”的民主性价值对“宪法权力”合宪性的控制。也就是说，“实体价值相对于程序价值而言，无疑具有预决的意义。以一部宪法为裁量器的宪法诉讼，如果缺少其民主性的先导，则机制本身的民主性价值必将流于空谈。对宪法本身民主价值的探究因之而成为宪法诉讼民主价值探讨的前提”。[①] 因此，从广义上来看，也可以将“国家机构和宪法机构的宪法责任”归入“宪法职责”的范围。“宪法职责”作为实体的价值控制与“宪法程序”一道将“宪法权力”有效地控制在宪法所提供的“正当性”和“合理性”的范围之内。

---

① 韩大元、刘志刚：《宪法诉讼的民主价值》，《法商研究》2000年第4期。

第二章　健全和完善立法制度

加强党对立法工作的领导，完善党对立法工作中重大问题决策的程序。凡立法涉及重大体制和重大政策调整的，必须报党中央讨论决定。

加强对全面推进依法治国统一领导、统一部署、统筹协调。

——《中共中央关于全面推进依法治国若干重大问题的决定》

一　加强党对立法工作的监督制度建设

党的十八届四中全会通过的《中共中央关于全面推进依法治国若干重大问题的决定》（以下简称《全面推进依法治国决定》）从党的领导与全面推进依法治国之间的辩证关系以及党对立法工作领导角度，全面和系统地肯定了党对立法工作领导的必要性以及加强党对立法工作领导的具体制度路径。上述规定对于将党的领导贯彻到全面推进依法治国的全过程和各个方面具有非常重要的意义。党对立法工作的领导从法理上来看，应当是多层次的。首先，党对立法工作的领导表现在党对宪法修改工作的领导，也就是十八届四中全会《全面推进依法治国决定》所要求的“党中央向全国人大提出宪法修改建议，依照宪法规定的程序进行宪法修改”。其次，党对立法工作的领导体现在党对立法机关党组或党委的领导，关键在于重大的立法事项应当由立法机关的党组审议并提交同级党委审核，《全面推进依法治国决定》还特别强调了“法律制定和修改的重大问题由全国人大常委会党组向党中央报告”。最后，党对立法工作的领导应当体现在立法工作的薄弱环节，从目前我国立法工作的总体状况来看，加强地方党委对同级人大及常委会立法工作的领导，是加强党对立法工作进行领导的重点事项。

2012 年 1 月 5 日，由笔者牵头组成的“加强和完善党对立法工作的领导”中国社会科学院法学研究所调研小组曾赴辽宁省沈阳市进行调研。辽宁省委办公厅高度重视此次调研活动，根据调研小组事先准备的调研提纲，组织辽宁省委办公厅、辽宁省人大法工委、辽宁省人民政府法制办，以及辽宁省沈阳市、鞍山市委办公厅、市人大法工委和市人民政府法制办等九家单位，事先认真撰写书面汇报材料和发言提纲，全面和系统地介绍了目前党领导立法工作的现状，就调研提纲所提出的重点问题都逐一作答。笔者根据上述几个单位提交的书面材料和座谈会上的发言，结合党的十八届四中全会《全面推进依法治国决定》对党对立法工作领导提出的各项要求，对当前加强党对地方立法工作的领导提出若干对策和建议。

（一）调研反映出来的党领导地方立法工作的状况

从受访的九家单位的书面材料和座谈会的汇报来看，辽宁省委和沈阳市委、鞍山市委对地方立法工作总的来说还是比较重视的，党对立法工作领导的形式主要是政策指导和政治领导，具体的途径和方式有以下几个方面：

（1）通过发布规范性文件的形式，明确党领导地方立法工作的主要方式，确保党对立法工作的领导地位和指导作用。例如，《中共鞍山市委关于加强和改进人大工作的意见》（鞍委发〔2010〕8号）第7条规定：加强对立法工作的领导，研究确定立法工作的方针和指导思想以及立法规划、年度计划，对需要通过立法加以规范的重大问题及时提出指导意见。

（2）同级党委通过召开人大工作会议的形式，对地方立法工作作出全面部署和提出全面和系统的要求。在辽宁省人大法工委提交的书面答复介绍到：省人大常委会每次换届后，省委都组织召开人大工作会议，其中立法工作都是一项重要内容。2003年和2008年两次省人大常委会换届后，辽宁省委还专门召开了人大地方立法工作会议，出席会议的除了相关部门和单位的负责同志，还包括省人大常委会分管立法工作领导、省政府分管法制工作领导，省委书记两次都参加会议并作重要讲话，对辽宁省地方立法工作提出了明确的要求。

（3）地方人大制定五年立法规划和年度立法计划需要提交同级党委会常委会审核批准。据辽宁省人大法工委提交的书面材料，自1980年地方人大常委会开展立法工作以来，每年都有年度立法计划，本届人大常委会在2008年还制定了五年立法规划，上述立法计划和立法规划都是经省人大常委会主任会议审议通过后，以省人大常委会党组名义报请省委批转。

（4）将同级党委制定和发布的重要文件，通过立法程序，及时地转化成地方性立法，既作为制定立法计划的参考依据，同时也直接作为起草地方立法的具体要求。以辽宁省人大为例，为了保证地方性立法能够充分反映同级党委决策的要求，一是在制定立法计划和立法规划时，注意围绕着省委中心任务和工作大局，全面落实和体现省委工作会议的决议、决定、规划、目标和任务；二是在具体法规的制定过程中，注意贯彻落实和体现省委、省政府的相关文件精神，如《沿海经济带促进条例》《煤矿安全生产管理条例》《辽河保护区条例》《凌河保护区条例》《老年人保护条例》《未成年人保护条例》等等。辽宁省人民政府法制办提交的书面汇报材料也表示，同级党委文件是制定地方政府规章的依据，有些涉及政府工作的具体事项往往通过制定地方政府规章来贯彻落实，例如农村土地承包的具体权利义务关系等。再例如，鞍山市人大根据2011年《鞍山市委、鞍山市人民政府关于加快民营经济发展的决定》文件精神，将《鞍山市促进中小企业发展条例》列入年度立法计划项目，并在当年度加紧制定出台，为中小企业和民营经济的发展提供了有力的政策支持；为了贯彻鞍山市委有关促进社会和谐、创新社会管理方式的会议精神，鞍山市人大常委会及时地制定和发布了《鞍山市劳动争议调解条例》；根据鞍山市委提出的开展平安建设的建议，鞍山市人大常委会又将该建议的精神贯彻到《鞍山市社会治安综合治理条例》中。

（5）同级党委注重对人大党组工作的指导，充分发挥人大党组在引导和保证地方性立法中的重要作用。例如，《中共鞍山市委关于加强和改进人大工作的意见》（鞍委发〔2010〕8号）第3条规定：坚持人大常委会党组向同级党委请示、报告工作制度，认真传达贯彻党委重要会议精神和重大工作部署，在行使立法、监督和决定重大事项和选举任免各项职权中，切实保证党的路线、方针、政策和党委重大决策的贯彻实施。为体现人大党组在地方性立法中的重要作用，据鞍山市委提供的材料，对于重大地方立法项目，鞍山市人大常委会主要领导（人大党组书记）参与，直接领导法规起草工作，协调解决具体问题。例如，2011年开展的《鞍山市科学技术进步条例》这一地方立法工作，市人大常委会专门成立了以市人大常委会主任为组长的领导小组，统一组织推进工作，有力地保证了立法进度和法规草案的质量。

（6）由于我国实行的是以共产党作为执政党、其他民主党派和人民团体共同参与、多党合作的政治体制，这种政治体制的特点反映到地方性立法中，主要体现为民主党派的地方组织通过地方政协组织向地方人大和地方政府提交立法议案，来积极地影响地方性立法工作。辽宁省人民政府法制办提交的书面汇报材料详细介绍了民主党派的地方组织对地方立法的影响途径。民主党派的地方组织提交立法议案一般是通过同级政协组织提出的，政协组织收到立法议案后向省政府反映，并由专门机构与政府法制部门协商，纳入政府立法计划草案报省政府决定。对纳入政府立法计划的事项，政协组织协调有关提案者会同政府法制部门一起起草、调研、讨论，充分参与立法过程，直至立法事项完成。这类事项在地方立法中居多。比如2011年省人民政府制定和发布的《辽宁省科学技术普及办法》《辽宁省企业工资集体协商规定》等等。

据上可知，党对立法工作的领导地位和指导作用目前在实践中是运行良好的制度，既有党领导立法工作的一般性政策要求和基本的程序和制度设计，同时也有很好的组织和法律保障渠道，地方党委对同级人大及其政府制定地方性法规和地方政府规章的工作进行有效地指导、监督，从而保证党的政策及时地转化为地方立法，为维护社会安定团结、发展地方经济、保障公民权利的实现提供了健康和有效的立法环境和制度背景的支持。

（二）地方党委对地方立法工作领导体制中存在的问题

根据被调研的对象提供的书面汇报材料以及座谈会中进一步探讨的调研事项，在充分肯定党领导立法工作取得一定成绩的同时，也发现了一些可能会影响党领导立法工作效率的制度和机制问题，这些问题概括起来有以下几个方面：

第一，同级党委对地方立法工作并没有设立统一领导的组织体制，在同级党委班子中，分管地方人大立法工作的领导与分管地方政府立法工作的领导往往不是同一人，如鞍山市委提交的书面材料介绍，一般在市委领导班子成员中，主要领导负责人大工作，而政府法制工作由市委常委、市政府常务副市长负责；沈阳市委提供的材料也表明，党委领导班子成员中，市委书记分管人大工作，市政府常务副市长分管市政府立法工作。由于在领导体制上，同级党委领导班子成员有两人以上的分管事项涉及地方立法工作，这就容易造成地方党委对地方立法工作的领导缺少统筹性和全局意识，对于地方立法，特别是地方性法规与地方政府规章之间可能出现的规范冲突也缺少很好的事先防范和协调机制。

第二，同级党委办事机构中没有设立以党委领导地方立法为工作事项的专门的法制工作机构，对同级人大、同级人民政府送交审查的立法计划和规划，以及重要的地方性法规、地方政府规章的审核，很容易流于形式，往往在同级党委审议时仅仅是走形式，很少能够从党领导立法工作这个大局出发来考虑地方立法的正当性和有效性。例如，在辽宁省委办公厅下，目前只是由文电处来负责与地方性立法有关的事项，缺少为同级党委服务的专门法制工作机构和具有专门法律素养的法学人才。

第三，关于党委书记兼任人大常委会主任是否有助于加强党对人大立法工作的领导，调研材料和座谈会的情况表明，大多数被调研对象都认为，党委书记兼任人大常委会主任的做法并不能从根本上改善人大立法工作的地位。鞍山市委提交的书面材料认为：我们感到地方党委书记是否兼任人大常委会主任，对党加强对立法工作的领导没有实质性影响。辽宁省人大常委会法工委提交的书面材料指出：党委书记兼任人大常委会主任这一做法从帮助人大在立法中解决重大问题是有效的，但是，人大立法平时涉及的是一般事项，需要让党委书记直接出面解决的毕竟是少数。党委书记岗位与人大常委会主任岗位相比较，必然是担子更重、责任更大、需要思考的重大问题更多，然而每个人的精力毕竟还是有限的，因此从这个角度讲，党委书记兼任人大常委会主任不利于更多地关注日常人大工作包括立法工作。

总的来说，据被调研对象反映，目前党领导立法工作存在的主要问题就是地方党委中心工作主要放在发展本地区经济上，不仅党委领导班子成员自身法律素质不够，而且也缺少有效地辅助党委加强对地方立法工作指导和领导的专门工作机构，党对地方立法工作的领导方式还仅仅流于形式，必须要真正从制度和机制上采取有效的改进措施强化党对立法工作的领导。

（三）加强和完善党领导立法工作的建议

根据笔者在辽宁省调研的情况，结合党的十八届四中全会《全面推进依法治国决定》所提出的要求，笔者认为，要加强和完善党对立法工作的领导，拟在制度和机制上作以下四个方面的改进和创新：

（1）各级地方党委对有立法权的同级地方人大和人民政府立法工作的领导应当制度化和规范化，应当通过与地方人大和人民政府协商的方式，制定和发布同级党委领导地方立法工作的相关程序和制度的正式文件，供相关各方共同遵循使用，形成一个上下互动的良好运行机制。

（2）依照《全面推进依法治国决定》的要求，地方党委或党组下直接成立全面推进依法治国领导小组，明确党委领导班子成员职责分工，确定一名成员全面负责地方立法工作，保证党领导地方立法工作的统一性和整体性。

（3）在党委办公厅下设专门的法制办事机构，全面负责党委领导地方立法工作的具体日常事务，以及审核地方立法、提出相关建议、与地方立法机构进行有效沟通等等，同时还可以作为本级党委系统起草和制定相关党内法规和规范性文件的具体办事机构。

（4）对地方人大和地方人民政府送交审核的立法计划和立法规划要进行实质性审查，提出修改和完善建议；对涉及本行政区域的重大事项的立法草案，可以组织有关立法机构对立法草案进行有针对性的说明，允许相关立法机构对党委提出的意见和建议进行解释，形成一个上下互动、富有实效的领导机制。

加强备案审查制度和能力建设，把所有规范性文件纳入备案审查范围，依法撤销和纠正违宪违法的规范性文件，禁止地方制发带有立法性质的文件。

——《中共中央关于全面推进依法治国若干重大问题的决定》

二 健全规范性文件备案审查制度

（一）目前我国规范性文件备案审查“合法性”方面存在的制度缺陷

党的十八届四中全会通过的《全面推进依法治国决定》提出了要将“所有规范性文件”纳入备案审查范围，这是对“备案审查”制度功能提出的新要求。从法理上来看，规范性文件有广义和狭义两种角度上的理解。广义上的规范性文件包括了法律、法规、规章等等立法形式在内的所有起到规范作用的行为规则；狭义上的规范性文件则指除了立法形式之外的其他性质的规范性文件。但在实践中，要严格区分广义和狭义上的规范性文件是比较困难的，所以，目前的立法体制还只能限于对所有性质的规范性文件提出总体性的要求。

对规范性文件进行“备案审查”，是我国现行《立法法》《监督法》所建立的重要立法监督制度，其制度设计的宗旨在于通过对规范性文件的备案审查来解决法律规范自身的统一性问题。[①] 在立法监督的实践中，备案审查制度起到了一定的作用，但是，由于备案审查在制度的设计上存在若干重大缺陷，致使这种制度在运行过程中产生了不少阻力，投入产出的“效益”不太高，特别是在立法价值方面，由于备案审查的基本法律性质不是非常清晰，使得备案审查制度在“合法性”方面存在比较严重的缺陷。以《监督法》对规范性文件备案审查制度的设计为例，该法第五章专门规定“规范性文件的备案审查”，共有 6 个条文。但每个条文所设计的规范性文件备案审查制度在法理上都存在重大的缺陷，需要在贯彻落实党的十八届四中全会审议通过的《全面推进依法治国决定》所规定的立法改革措施过程不断加以解决。

1.《监督法》第 28 条的缺陷

《监督法》第 28 条规定：行政法规、地方性法规、自治条例和单行条例、规章的备案、审查和撤销，依照立法法的有关规定办理。根据《监督法》上述规定，涉及行政法规、地方性法规、自治条例和单行条例、规章的备案审查，

① 有专家撰文指出：规范性文件备案审查包括“备案”与“审查”两个工作环节。其中，备案是前提，审查是手段，维护国家法制统一、维护公众合法权益、维护地方和谐稳定是目的。谢怡：《规范性文件审查应当坚持“三为主”原则》，参见 http：//www. esrd. gov. cn/eHtml/GongzuoYanjiu/esrd_ 11718103937HBA. shtml，2016 年 1 月 23 日最新访问。

根据立法法的规定处理，据此可以推断，对行政法规、地方性法规、自治条例和单行条例、规章进行备案审查的法律依据具有专门性。以备案为例，2015 年新修订的《立法法》的相关规定是第 98 条。该条规定：行政法规、地方性法规、自治条例和单行条例、规章应当在公布后的 30 内依照下列规定报有关机关备案：

（1）行政法规报全国人民代表大会常务委员会备案；

（2）省、自治区、直辖市的人民代表大会及其常务委员会制定的地方性法规，报全国人民代表大会常务委员会和国务院备案；设区的市、自治州的人民代表大会及其常务委员会制定的地方性法规，由省、自治区的人民代表大会常务委员会报全国人民代表大会常务委员会和国务院备案；

（3）自治州、自治县制定的自治条例和单行条例，由省、自治区、直辖市的人民代表大会常务委员会报全国人民代表大会常务委员会和国务院备案；

（4）部门规章和地方政府规章报国务院备案；地方政府规章应当同时报本级人民代表大会常务委员会备案；设区的市、自治州的人民政府制定的规章应当同时报省、自治区的人民代表大会常务委员会和人民政府备案；

（5）根据授权制定的法规应当报授权决定规定的机关备案。

《立法法》第 98 条所规定的备案制度，其基本特点是"双重备案""下级向上级备案"。所谓"双重备案"，即地方国家权力机关制定的地方性法规，既要向全国人大常委会备案，又要向国务院备案。"下级向上级备案"指下级国家机关制定的规范性文件向上级国家机关备案，例如，部门规章和地方政府规章报国务院备案。这种备案制度表面上看是强调了上级国家机关在立法监督的作用，但是由于"双重备案"与"下级向上级备案"采取的是简单的"行政层次式"监督模式，没有考虑到立法统一性和权威性的特点，所以，实践的效果必然是丧失了备案制度应当有的制度功能。例如，《立法法》第 98 条规定省、自治区、直辖市的人民代表大会及其常务委员会制定的地方性法规，报全国人民代表大会常务委员会和国务院备案。从立法监督的合法性来看，应当认定需要备案的地方性法规，存在着两类合法性来源，一类是依据全国人大及常委会制定的法律制定的地方性法规，另一类是依据国务院行政法规制定的地方性法规。问题的关键是《立法法》并没有做出这种细致的分类，第 98 条字面的含义包含了下列可能，即省、自治区、直辖市的人民代表大会及其常务委员会依据全国人大及常委会制定的法律所制定的地方性法规，需要同时全国人民代表大会常务委员会和国务院备案；与此同时，省、自治区、直辖市的人民代表大会及其常务委员会依据行政法规制定的地方性法规，也需要报全国人民代表大会常务委员会和国务院备案。上述制度设计最大的缺陷就在于，在法理上如何解释省、自治区、直辖市的人民代表大会及其常务委员会依据全国人大及常委会制定的法律所制定的地方性法规为什么要报国务院备案，以及省、自治区、直辖市的人民代表大会及其常务委员会依据行政法规制定的地方性法规为何要报全国人大常委会备案。显然是很难解释通的，而实践中要让备案文件报送单位在备案之前首先区分一下备案文件各自的法律依据也是不现实的。正因为如此，导致了备案的合法性依据欠缺，备案的制度功能只能限于层次管理，无法通过备案来审查备案文件是否具有明确的法律依据。① 从法理上看，只有《立法法》第98条第（五）项的规定的备案程序具有较清晰的合法性，该条款规定“根据授权制定的法规应当报授权决定规定的机关备案”，很明显，授权机关有权通过备案程序来审查被授权的机关是否依据授权机关的授权要求来制定相关的法规，这种备案监督的制度功能在于保障授权的“有效实施”。

2.《监督法》第29条、第30条的缺陷

《监督法》第29条规定：县级以上地方各级人民代表大会常务委员会审查、撤销下一级人民代表大会及其常务委员会作出的不适当的决议、决定和本级人民政府发布的不适当的决定、命令的程序，由省、自治区、直辖市的人民代表大会常务委员会参照立法法的有关规定，作出具体规定。

第30条规定：县级以上地方各级人民代表大会常务委员会对下一级人民代表大会及其常务委员会作出的决议、决定和本级人民政府发布的决定、命令，经审查，认为有下列不适当的情形之一的，有权予以撤销：

（1）超越法定权限，限制或者剥夺公民、法人和其他组织的合法权利，或者增加公民、法人和其他组织的义务的；

（2）同法律、法规规定相抵触的；

（3）有其他不适当的情形，应当予以撤销的。

上述规定实际上赋予了省、自治区、直辖市的人民代表大会常务委员会有权决定县级以上地方各级人民代表大会常务委员会审查、撤销本级人民政府发布的不适当的决定、命令的程序。但是该规定与现行宪法第89条第（十四）项的规定有明显的冲突。宪法第89条第（十四）项规定：国务院有权“改变或者撤销地方各级国家行政机关的不适当的决定和命令”。上述条款并没有说明国务

① 规范性文件的备案审查的“合法性”离不开规范性文件制定的法律依据。目前，我国不同层次和形式的规范性文件所制定的法律依据非常复杂，导致了从法理上来看，同一机关制定的规范性文件来自于不同的法律依据，而从立法权限上来看，这种随意依据上位法不加限制的立法方式是不具有合法性的。这种“泛依据”的立法模式导致了立法监督没有具有“合法性”。以经2011年6月2日民政部部务会议通过，2011年6月10日中华人民共和国民政部令第42号公布的《民政部规范性文件制定与审查办法》为例，该办法第4条规定：制定规范性文件，应当符合法律、行政法规、规章以及国务院决定、命令的规定，应当坚持公开、效能和权责统一原则。上述规定导致了规范性文件的制定依据多元化，故要对规范性文件进行监督也很难具有针对性和“合法性”。

院可以改变或撤销哪一个层次的地方国家行政机关的不适当的决定和命令，而是笼统地规定可以“改变或者撤销地方各级国家行政机关的不适当的决定和命令”。这就意味着凡是地方国家行政机关制定的不适当的决定和命令，国务院都可以审查和撤销，这是现行宪法赋予国务院的一项专有的立法监督职权。很明显，《监督法》第29条和第30条的规定缺少宪法依据，只是简单地列出《立法法》的法律依据，而《立法法》并没有如此规定。这就使得在监督“地方国家行政机关制定的不适当的决定和命令”上的基本立法监督权到底是属于国务院还是省、自治区、直辖市的人民代表大会常务委员会，在制度设计上产生了权限交叉和重叠，在实践中也必然会导致“双重监督”体制的出现。

3.《监督法》第31条、第32条和第33条的缺陷

《监督法》第31条规定：最高人民法院、最高人民检察院作出的属于审判、检察工作中具体应用法律的解释，应当自公布之日起三十日内报全国人民代表大会常务委员会备案。第32条规定：国务院、中央军事委员会和省、自治区、直辖市的人民代表大会常务委员会认为最高人民法院、最高人民检察院作出的具体应用法律的解释同法律规定相抵触的①，最高人民法院、最高人民检察院之间认为对方作出的具体应用法律的解释同法律规定相抵触的，可以向全国人民代表大会常务委员会书面提出进行审查的要求，由常务委员会工作机构送有关专门委员会进行审查、提出意见。前款规定以外的其他国家机关和社会团体、企业事业组织，以及公民认为最高人民法院、最高人民检察院作出的具体应用法律的解释同法律规定相抵触的，可以向全国人民代表大会常务委员会书面提出进行审查的建议，由常务委员会工作机构进行研究，必要时，送有关专门委员会进行审查、提出意见。第33条又规定：全国人民代表大会法律委员会和有关专门委员会经审查认为最高人民法院或者最高人民检察院作出的具体应用法律的解释同法律规定相抵触，而最高人民法院或者最高人民检察院不予修改或者废止的，可以提出要求最高人民法院或者最高人民检察院予以修改、废止的议案，或者提出由全国人民代表大会常务委员会作出法律解释的议案，由委员长会议决定提请常务委员会审议。

---

① 所谓的“相抵触”或“不相抵触”的立法原则，截至目前，全国人大常委会并没有给予统一的解释和说明。学术界提出的观点五花八门，但大多解释得似是而非。例如，有观点认为：“不相抵触究竟是什么，如何掌握，善于运用，大有文章。‘抵触’一词，在古汉语中意指冒突、顶撞。它的实质是要求合乎国家法律的基本精神，朝着发展社会主义民主，健全社会主义法制的方向发展，地方立法顺着这个精神和方向去补充、增添、延伸、完善，尽管不一致，甚至有了新规定，国家法律都是允许的，能容纳的，从根本上讲就不存在抵触的问题。按照社会主义法制原则，如果发生抵触，那就应依法撤销，否则，就意味着没有相抵触。”参见沈关成：《对地方立法权的再认识》，《中国法学》1996年第1期。

《监督法》上述三个条文的规定目的是建立对最高人民法院、最高人民检察院作出的属于审判、检察工作中具体应用法律的解释的“备案审查”制度，但是，上述条文最大的制度缺陷在于没有明确提请对最高人民法院、最高人民检察院作出的属于审判、检察工作中具体应用法律的解释的“备案审查”的条件。虽然第32条规定国务院、中央军事委员会和省、自治区、直辖市的人民代表大会常务委员会，甚至其他国家机关和社会团体、企业事业组织以及公民都可以提出审查要求或审查建议，但没有说明这些提请审查主体在何种情况下可以提请审查。这在法理上就产生了一个对最高人民法院、最高人民检察院作出的属于审判、检察工作中具体应用法律的解释提请审查的随意性问题。特别是如何发现“同法律规定相抵触”的，通过什么程序来确定“同法律规定相抵触”的，都是言语不详，导致实践中出现两种极端化倾向：一是国务院、中央军事委员会和省、自治区、直辖市的人民代表大会常务委员会作为提请审查的主体不知何时以何种理由提请审查是合适的，故实践很难提出审查要求；二是其他国家机关和社会团体、企业事业组织以及公民提出审查的建议没有条件限制，出现了一些随意提请审查的行为。两个方面问题的出现，都与《监督法》的上述条文制度设计欠缺严谨性有关。

（二）解决规范性文件备案审查制度“合法性”的理论对策

鉴于《立法法》《监督法》在“规范性文件的备案审查”制度设计方面存在的缺陷，笔者认为，要保证备案审查制度在实践中真正能够发挥自身应有的立法监督作用，同时也能够强化立法监督主体的监督责任心，提高备案审查工作的实效，针对《监督法》第五章所设计的“规范性文件的备案审查”，应当在制度上做以下调整：

1. 要将目前的立法监督的“层级化”转变为“规范化”

目前我国的《立法法》《监督法》所设计的立法监督制度，基本上是依据行政层次来设计的，只要是下级国家机关，都有义务向上级机关提请规范性文件的备案审查，而不问备案机关与被审查机关各自的国家机构性质。《监督法》第28条设计的规范性文件备案审查制度，实际上是基于中央与地方的关系采取的“一案两备”。至于说送交备案的规范性文件与备案机关自身制定的法律文件有何直接的联系，是否会影响备案机关自身的立法权威则没有认真考虑，这样做的结果使得《监督法》第28条设计的备案审查制度，将应备案的规范性文件的“合法性”问题又上交到全国人大常委会和国务院这两个备案机关。至于这两个备案机关是否会对备案文件采取一致性的态度则不得而知，故此种备案审查制度的设计缺少效率，只是简单地将矛盾上交，没有从制度上有效解决备案的规范性文件的合法性问题。从法理上来看，应当明确备案机关与备案文件的法律联系，也就是说，全国人大常委会只应当对依据全国人大及常委会制定的法律所制定的地方性法规实行“备案审查”，对于依据国务院制定的行政法规制定的地方性法规则无权也没有必要备案，因为这涉及国务院的宪法职权。反之，道理也是一样的。国务院无权要求地方人大提交依据法律制定的地方性法规，否则在法理上就构成了对全国人大及其常委会的立法权及立法监督权的侵犯①。

2. 要解决“双重领导”与立法监督制度的矛盾设计

《监督法》第 29 条和第 30 条涉及的国务院与省、自治区、直辖市的人民代表大会常务委员会在立法监督职权上的矛盾，问题点在于如何理解我国现行人民代表大会制度下各个不同的国家机关的性质。国务院是国家最高行政机关，主要宪法职能是实施法律，而不是制定法律或者是监督法律，虽然国务院可以依据宪法和法律制定行政法规，但立法监督不应当是国务院作为国家行政机关的主要任务。国务院作为最高国家行政机关对下级国家行政机关的领导应当体现在具体事务的领导上面，而不应当事无粗细、大包大揽。故下级国家行政机关制定的规范性文件的备案审查监督在法理上应当由同级人大常委会进行。因为现行宪法确立的人民代表大会制度的本质特征就是人大对“一府两院”具有一般法律监督权。故可以保留《监督法》第 29 条和第 30 条的设计，但是需要对现行宪法第 89 条第（十四）项的规定做相应的修改。

3. 要建立“统一解释”制度来解决司法解释可能违法的问题

《监督法》第 31 条、32 条和 33 条的立法目的是要解决对最高人民法院、最高人民检察院作出的属于审判、检察工作中具体应用法律的解释的“备案审查”问题，但是，在法理上没有认真考虑提请备案审查主体的合法性。从法理上来看，最高人民法院、最高人民检察院都是依据宪法产生的国家机构，都有实施宪法和法律的职权职责，如果作出的属于审判、检察工作中具体应用法律的解释可能出现违反法律的情形，必须具有非常充足的“法律依据”和必要的“法律上的利益”，才有必要启动对两院作出的属于审判、检察工作中具体应用法律的

---

① 行政权对立法权的侵犯问题，在我国现行的立法体制下被行政立法权的概念所掩盖。北京大学王磊曾在其博士学位论文里指出了这个问题，他认为：以前的研究主要是对立法体制和制度的研究，忽视了对立法权这一立法学核心问题的研究。王磊的论文弥补了传统立法学在研究立法权问题上的不足和缺陷。这一不足和缺陷主要体现在：一是没有把握立法权的本质和核心，如果立法权作为专门代表民意的权力这一本质得到充分实现，那么，立法质量肯定会有大的提高，执法也会因为立法时高质量的民意基础而变得容易。所以，从这个意义上讲，要想解决执法难，不能仅关注行政权和司法权的运作，还要关注立法权的运作；二是没有充分注意立法权与行政权、司法权在权力性质上的区别，而是将立法权误解为可以被分割的并为性质不同的行政机关、司法机关所分享。参见王磊：《论我国立法权的本质及其与行政权等的区别》，博士学位论文，参见 http：//full-text. lib. pku. edu. cn/was40/detail？record=22127&channelid=22949，2016 年 1 月 23 日最新访问。

解释的备案审查机制。对于国务院、中央军事委员会和省、自治区、直辖市的人民代表大会常务委员会来说，如果两院作出的属于审判、检察工作中具体应用法律的解释不涉及自身所发布的规范性文件的效力，也就是说，如果没有“规范冲突”或“权限争议”，就没有必要提请对两院作出的属于审判、检察工作中具体应用法律的解释的备案审查。对于普通公民来说，如果两院作出的属于审判、检察工作中具体应用法律的解释没有具体影响到其某项法律权益时，在制度上也没有必要启动对两院作出的属于审判、检察工作中具体应用法律的解释的审查建议机制，否则就会导致权利滥用和干扰两院正常工作秩序和司法权威的问题。

关于“统一解释”的性质及制度意义，我国现行宪法、立法法和监督法的规定存在较大的缺陷。但是，从立法史考察，这个问题还是比较清晰的。早在中华人民共和国成立之前的司法院大法官会议对《中华民国宪法》（1946 年）所作出的第二号宪法解释中就已经非常清晰地表达了立法事权冲突纠纷可以基于立法职权机制来解决，这种解决最大的特点就是“立法监督”。1949 年 1 月 6 日（中华民国 38 年 1 月 6 日）释宪第二号解释（宪法第 78 条）[①] 声称：宪法第七十八条规定司法院解释宪法并有统一解释法律及命令之权。其于宪法则曰解释，其于法律及命令则曰统一解释，两者意义显有不同。宪法第一百七十三条规定宪法之解释由司法院为之，故中央或地方机关于其职权上适用宪法发生疑义时，即得声请司法院解释，法律及命令与宪法有无抵触发生疑义时亦同。至适用法律及命令发生其他疑义时，则有适用职权之中央或地方机关，皆应自行研究以确定其意义而为适用，殊无许其声请司法院解释之理由。惟此项机关适用法律或命令时，所持见解与本机关或他机关适用同一法律或命令时，所已表示之见解有异者，苟非该机关依法应受本机关或他机关见解之拘束或得变更其见解，则对同一法律或命令之解释，必将发生歧异之结果，于是乃有统一解释之必要，故限于有此种情形时，始得声请统一解释。本件行政院转请解释，未据原请机关说明，所持见解与本机关或他机关适用同一法律时所已表示之见解有异，应不予解释。据上解释，如果两个国家机关发生立法事项划分或职权上的冲突和争议，可以通过立法监督途径，由有权监督机关作出“统一解释”即可以解决。就国务院、中央军事委员会和省、自治区、直辖市的人民代表大会常务委员会对最高人民法院、最高人民检察院作出的属于审判、检察工作中具体应用法律的解释是否“同法律相冲突”提请审查的程序设计，应当以立法职权或其他法律职权相冲突为条件，就两个相互冲突的立法事项提请全国人大常委会进行审查监督，更加具有效率，更符合规范性文件备案审查的制度目标。

---

① 该宪法解释目前在中国台湾地区仍然有效。

对于普通公民来说，应当通过具体的案件或者具体的可能影响其合法权益的事项处理机制来延伸出对最高人民法院、最高人民检察院作出的属于审判、检察工作中具体应用法律的解释的审查机制。

现行的立法法、监督法所设计的规范性文件的备案审查制度的“行政色彩”很浓，只是注重了备案机关的“行政层次”，而忽视了备案的规范性文件与备案机关之间的法律上的有机联系，没有注重将立法监督中的“权威”与“效率”有机结合在一起，导致了立法监督工作与政府行政管理工作一样，要么是“多头管理”，要么是“管理缺位”。解决这个问题的根本要点在于从法理上重新梳理我国立法监督制度的基础理论，要以树立宪法作为根本法的法律权威为前提，特别是最终应当建立有效的违宪违法审查制度。

4. 加大对限制公民权利的地方规范性文件的实质审查

党的十八届四中全会通过的《全面推进依法治国决定》明确规定：加强备案审查制度和能力建设，把所有规范性文件纳入备案审查范围，依法撤销和纠正违宪违法的规范性文件，禁止地方制发带有立法性质的文件。由于目前理论界对不包含立法的狭义上的“规范性文件”究竟包括哪些事项也没有达成一致性看法，所以，贯彻落实《全面推进依法治国决定》精神，除了要遵循立法法、监督法关于规范性文件备案审查规定的各项原则性要求之外，将行政机关制定的规范性文件完全纳入“抽象行政行为”范畴，通过人民法院受理行政案件的途径来加强对行政机关制定的规范性文件的合法性审查，这是规范性文件合法性监督的一项重要制度。2014 年 11 月 1 日十二届全国人大常委会第 11 次会议通过的《行政诉讼法》修正案增加了两条，其中第 14 条规定：

“公民、法人或者其他组织认为具体行政行为所依据的国务院部门和地方人民政府及其部门制定的规章以外的规范性文件不合法，在对具体行政行为提起诉讼时，可以一并请求对该规范性文件进行审查。”

第 66 条又规定：

“人民法院在审理行政案件中，发现本法第十四条规定的规范性文件不合法的，不作为认定具体行政行为合法的依据，并应当转送有权机关依法处理。”

上述两项规定对规章以外的规范性文件设定了人民法院通过行政诉讼进行司法审查的制度，这是规范性文件合法性监督制度建设的一个重大进步。当然，这一制度仍然将对规范性文件合法性审查的请求权与行政诉讼案件的申请立案权关联在一起，还没有扩展到行政管理相对人直接有权提起人民法院审查规范性文件合法性的阶段。从加强对行政机关的规范性文件合法性监督角度来看，还有一定的理论上的讨论空间。因为新修订的《立法法》第 99 条设定了公民可以向全国人大常委会审查行政法规、地方性法规、自治条例和单行条例是否违法违宪的建议权制度，对于行政机关制定的规范性文件，依据《立法法》的上述精神，也应当赋予行政管理相对人相应的直接提请司法审查的建议权。按照目前的立法体制，强化行政复议机关在对行政机关制定的规范性文件合法性监督方面的作用是一个非常有效的路径。

2014 年 12 月 29 日，深圳市政府发布了《深圳市人民政府关于实行小汽车增量调控管理的通告》（以下简称《通告》）。东南大学交通法治与发展研究中心顾大松认为《通告》违法，并依据《广东省行政机关规范性文件管理规定》（广东省人民政府令第 93 号）第 21 条规定，建议广东省法制办依法撤销《通告》，并提交了建议书。2015 年 1 月 20 日，省法制办在规定的 15 个工作日内复函顾大松，称“已根据《广东省行政机关规范性文件管理规定》依法启动程序对相关文件进行处理”。[①] 顾大松提请广东省法制办审查《深圳市人民政府关于实行小汽车增量调控管理的通告》合法性的建议书发挥了公民在监督政府依法行政方面的作用，特别是有利于从制度上来及时发现违法的规范性文件的存在，因为该《通告》已经实质性地影响到公民财产权利的实现，这一事件的进展状况必然会引起学术界的广泛关注，对推动行政复议机关加强对违法的规范性文件的审查肯定会起到很好的示范效应。

（三）加强党内法规的备案审查制度建设

2013 年 5 月 27 日，经中央批准，《中国共产党党内法规制定条例》《中国共产党党内法规和规范性文件备案规定》（以下简称《备案规定》）公开发布。这两部党内法规的制定和发布，对于推进党的建设制度化、规范化、程序化，提高党科学执政、民主执政、依法执政水平，具有十分重要的意义。

根据《中国共产党党内法规制定条例》《中国共产党党内法规和规范性文件备案规定》的规定，建立起了正式和规范意义上的“党内法规备案机制”。作为党内法规备案机制，与国家的法规规章备案机制一样，从法规备案机制本身的功能来看，主要是要解决法律的统一性和立法监督问题。由于党内法规备案机制刚刚运行不久，相比国家的法规规章备案机制来说，还有许多制度尚未建立，关于备案主体、备案方式、备案程序和备案审查、备案效力等等诸多方面还有许多理论和实践问题需要进一步加以研究。本书拟就党内法规备案机制的完善提出几点建议和看法。

1. 党内法规的制度特征

根据《中国共产党党内法规和规范性文件备案规定》的规定，属于该《备

---

① 《广东省法制办正式启动对深圳限牌合法性审查》，《南方都市报》2015 年 1 月 23 日。

案规定》所要求的“备案对象”范围是比较清楚的。该《备案规定》第2条规定：

本规定适用于中央纪律检查委员会、中央各部门和省、自治区、直辖市党委制定的党内法规和规范性文件的备案工作。

本规定所称规范性文件，是指中央纪律检查委员会、中央各部门和省、自治区、直辖市党委在履行职责过程中形成的具有普遍约束力、可以反复适用的决议、决定、意见、通知等文件，包括贯彻执行中央决策部署、指导推动经济社会发展、涉及人民群众切身利益、加强和改进党的建设等方面的重要文件。

下列文件不属于备案范围：

（1）人事调整、内部机构设置、表彰决定方面的文件；

（2）请示、报告、会议活动通知、会议纪要、领导讲话、情况通报、工作要点、工作总结；

（3）机关内部工作制度和工作方案；

（4）其他不具有普遍约束力、不可反复适用的文件。

根据上述规定，属于《中国共产党党内法规和规范性文件备案规定》所规定的应当“备案”的“党内法规”是包括了“规范性文件”在内的广义上的“党内法规”，其“法”的特点有二：一是在实践中具有普遍的约束力，不是针对个别问题形成的决定，具有针对不特定“党员或党组织”的“适用特征”；二是可以“反复适用”，即在没有通过相应的修改或废止程序予以变更之前，“党内法规”的适用效力是连续有效的。当然，《中国共产党党内法规和规范性文件备案规定》对“备案对象”还做了一点“限制”，也就是说，必须是“中央纪律检查委员会、中央各部门和省、自治区、直辖市党委”制定的党内法规和规范性文件。如果不是上述党的机构制定的党内法规和规范性文件，即使具有约束“党员或党组织”的普遍约束力，也不属于《中国共产党党内法规和规范性文件备案规定》规定的“备案对象”的范围。不属于《中国共产党党内法规和规范性文件备案规定》规定的“备案对象”范围的其他性质的党内法规和规范性文件是否也要“备案”，从党内法规备案机制的功能来看，应当涵盖所有的党内法规和规范性文件，但在实践中如何操作，还需要认真加以研究。

《中国共产党党内法规和规范性文件备案规定》也使用了狭义上的“党内法规”的概念，并且与“规范性文件”相并列，但到底哪些规范性文件属于“党内法规”，《备案规定》并没有予以明确，故无法从制度意义上来给出严格意义上的“党内法规”的内涵和外延。但是，从《备案规定》相关条文来看，“党内法规”有以下两个特性：

第一，“党内法规”有“上位”和“同位”之分。《备案规定》第7条规定：中央办公厅对报送中央备案的党内法规和规范性文件进行审查。主要审查以下内容：（3）是否同上位党内法规和规范性文件相抵触；（4）是否与其他同位党内法规和规范性文件对同一事项的规定相冲突。上述规定确立了“党内法规”的效力层次，但并没有说明具有最高效力的“党内法规”的表现形式，根据《备案规定》第7条第（一）项规定，党章和党的理论、路线、方针、政策不属于具有最高效力的“党内法规”，但在效力应当高于“党内法规”。

第二，“党内法规”有“联合发布”和“单独发布”之别。《备案规定》第4条规定：依照本规定应当备案的党内法规和规范性文件，自发布之日起30日内由制定机关报送中央备案，联合发布的党内法规和规范性文件由主办机关报送中央备案。具体工作由制定机关或者主办机关所属负责法规工作的机构承担。根据《备案规定》第14条规定：建立党内法规和规范性文件备案审查与国家法规、规章和规范性文件备案审查衔接联动机制。结合《备案规定》第4条和第14条规定，“联合发布”的“党内法规”应当涵盖了联合发布主体一方是有权发布“党内法规”的党内机构。由此可见，“联合发布”的“党内法规”就其内容和事项来说也分为两种情形，一是“联合发布”的“党内法规”仅仅涉及党内事务，不具有对党外事务的约束力；二是“联合发布”的“党内法规”也具有约束党外行为的效力。在“联合发布”的“党内法规”事项中，是否存在着中国共产党作为执政党与参加人民政协的八个民主党派联合发文的问题，这个问题在《备案规定》中并没有涉及，需要深入加以研究。

2. 完善党内法规备案机制应当解决的几个理论问题

由于党内法规备案审查机制刚刚建立，如何根据党内法规自身的规范特征来确立上下一体、协调统一的备案审查制度，在理论上还有很多值得认真研究的问题，这些理论问题在《中国共产党党内法规和规范性文件备案规定》中所设计的党内法规备案审查机制中也能够反映出来。主要的理论问题包括以下几个方面：

（1）“党内法规”的制定主体需要在制度上明确化。《备案规定》对受备案审查的“党内法规”的制定主体规定得相对较为明确，主要包括“中央纪律检查委员会、中央各部门和省、自治区、直辖市党委”。但是，由于《备案规定》采用了“上位党内法规”的提法，故需要在理论上明确的是，权威在“中央纪律检查委员会、中央各部门和省、自治区、直辖市党委”之上党的机构哪些有权制定“党内法规”，这些“党内法规”谁来进行备案审查。从目前的《备案规定》来看，似乎只有“中央”这个概念。但根据《中国共产党章程》的规定，“中央”是一个含义很广的概念，涉及中央委员会、中央政治局、中央政治局常务委员会等等中央机构。事实上，明确“中央纪律检查委员会、中央各部门和省、自治区、直辖市党委”之上党的机构作为“党内法规”的制定主体，涉及“党内法规”的最高法规地位问题，只有最高效力的“党内法规”地位明确，才有可能建立起适合法规备案审查的“下位法规不得抵触上位法规”的备案审查原则。

（2）法规备案审查，不论是国家性质的，还是党内性质的，设立备案审查机制的制度目标都在于保证上下位法律法规之间遵循相同的原则。为确保上下位法规之间的“一致性”，对“上位法规”的解释是法规备案审查必不可少的制度工具。例如，为保证国家法律法规的统一性和便于法律法规备案审查工作的开展，我国现行宪法第 67 条就规定全国人大常委会有权解释宪法和法律。正因为全国人大常委会有权解释宪法和法律，故当接受备案审查的法律法规是否与作为最高效力的法律的宪法相抵触时，对相关的宪法条文的宪法解释就非常重要。同理，接受备案审查的法规、规章和规范性文件是否与法律相抵触，也需要全国人大常委会对相关法律进行解释。因此，“党内法规”备案审查制度要真正发挥自身的监督作用和保证法规自身的统一性，就需要对审查党内法规的“合法性依据”或“正当性前提”做出解释。从《备案规定》现有的规定来看，“党章和党的理论、路线、方针、政策”是“党内法规”最高的正当性前提，故需要建立对“党章和党的理论、路线、方针、政策”的解释制度。与此同时，在明确具有最高效力的“党内法规”的法规形式基础之上，对“最高党内法规”也应当建立起必要的法规解释制度。只有法规解释制度跟进，“党内法规”的备案审查机制才能发挥真正的监督作用。

（3）《中国共产党党内法规和规范性文件备案规定》第 14 条确立了一项“法规联动审查机制”，该条规定“建立党内法规和规范性文件备案审查与国家法规、规章和规范性文件备案审查衔接联动机制”。将“党内法规”备案审查与“国家法律法规”备案审查结合在一起，确立相互衔接、相互补充的备案审查制度，完全符合我国的政治和法律国情，也是执政党依法执政的重要形式，是正确处理“党的政策”与“国家法律”一致性的必要保障机制。但要在制度上保证“法规联动审查机制”的有效运行，实际上关键还在于确立法规效力层级体系。虽然在党的领导地位层面，党的政策高于国家法律，但具体到党内法规与国家法规之间的关系时，就必须进行法规层次上的效力分类。否则，就会出现备案审查依据相互之间的矛盾和冲突。从我国目前的政治体制来看，中国共产党的党章和国家的宪法毫无疑义应当作为“党内法规”和“国家法律法规”备案审查的最高依据。而一般性的党内政策或者文件，不仅不得与党章矛盾，也不得与宪法相抵触。对于中央机构发布的“党内法规”与作为国家最高立法机关制定的国家法律，如果相互之间出现不一致的，也要尽量采取法规解释的手段，避免相互矛盾和冲突现象的产生。在这一方面，需要相关部门通力合作，制定出切实可行的“法规联动审查机制规则”。

3. 完善党内法规体系首先要明确党内法规的形式体系

党的十八届四中全会审议通过的《全面推进依法治国决定》第一次将“完善党内法规体系”作为“建设中国特色社会主义法治体系”的一项重要任务。“党内法规”长期存在，是执政党以规治党的基本准则，但由于“党内法规”的制定机关比较复杂，故“党内法规”的体系化特征还不是很明显。在《全面推进依法治国决定》明确提出了完善党内法规体系的要求之后，从体系化的角度来清理党内法规，提高党内法规的制度化水平就显得非常重要。结合《中国共产党党章》《中国共产党党内法规制定条例》以及《中国共产党党内法规和规范性文件备案规定》的相关规定，目前大致上从学理上可以推断党内法规的形式体系包含了四个层次的“党内法规”。第一个层次具有效力的党内法规是党章；第二次层次的党内法规是党的中央组织制定的党内法规；第三层次的党内法规是中央纪律检查委员会以及党的中央组织的职能部门制定的党内法规；第四层次是省、自治区、直辖市党委制定的党内法规。不过，从实践中来看，完善党内法规体系还需要明确党的中央组织制定的党内法规具体的制定主体、程序等事项，党内法规的解释制度及修改制度，党内法规的合法性审查制度等等。这些问题目前制度特征不太明显，需要在认真研究的基础上不断加以明确和完善。

总之，“党内法规”备案审查机制的建立意义非常重大。一方面，解决了执政党自身法规建设的问题；另一方面，又在党的政策与国家法律之间建立起保证相互一致性的具体备案审查制度。该制度的建立和运行，必然会给执政党依法执政带来全新的思路，为法治中国的建设营造一个良好的法律和制度环境。

明确立法权力边界，从体制机制和工作程序上有效防止部门利益和地方保护主义法律化。对部门间争议较大的重要立法事项，由决策机关引入第三方评估，充分听取各方意见，协调决定，不能久拖不决。加强法律解释工作，及时明确法律规定含义和适用法律依据。明确地方立法权限和范围，依法赋予设区的市地方立法权。

——《中共中央关于全面推进依法治国若干重大问题的决定》

三　规范地方立法事权，扩大地方立法权

（一）地方性法规与地方政府规章事权划分的意义

地方性法规与地方政府规章，是我国现行立法制度下地方立法的重要表

现形式，在保证国家宪法、法律、行政法规在本行政区域内有效实施，建立有利于地方社会、经济和文化发展的法律环境方面起到了非常重要的作用。但就目前两者的立法机制和立法事项的分布格局来看，不论是在法理上，还是在地方立法实践中，都存在着诸多不能令人如意的地方。从法理上来看，地方性法规被视为“中国特色社会主义法律体系”中的一种重要的“法律形式”，而地方政府规章尽管很重要，却不在组成“中国特色社会主义法律体系”的法律形式种类之内，地方政府规章的“法律性质”有待进一步澄清，“法律地位”在制度上有待进一步明确。从立法实践来看，地方政府规章由于其相对于地方性法规具有立法程序上的简便性，往往成为地方立法的重要载体，在某些方面甚至超过了地方性法规，并且产生了地方政府规章与地方性法规立法事项交叉和事权划分不清的问题。由于地方性法规属于被正式承认的“法律形式”，而地方政府规章虽然具有法律效力，但不属于正式的“法律形式”，从法理上来看，地方政府规章必须从属于地方性法规，在地方立法中起到辅助作用。从立法实践来看，要增强地方立法的法律权威，应当更多地运用地方性法规的形式来肯定和确认为地方社会、经济和文化发展所必需的适用于本行政区域的法律规范。为此，有必要从法理上来进一步明确地方性法规与地方政府规章事权划分标准，防止事权不做划分或者是划分不清而导致立法职权划分失去应有的法律权威。

（1）事权划分有利于明确地方性法规作为“中国特色社会主义法律体系”独立的法律形式的法律权威地位。地方性法规作为“中国特色社会主义法律体系”的重要法律形式，在现行宪法、《立法法》和《地方组织法》中都得到了明确的肯定，属于地方立法的重要形式。但由于《立法法》《地方组织法》等一系列法律法规中有规定了地方政府规章也是地方立法的一种重要形式，特别是在实践中，地方政府规章在事实上成为有地方立法权的地方政府制定规范性文件的重要，甚至是主要手段，所以，在法理上进一步明确地方性法规与地方政府规章之间的事权划分，有利于突出地方性法规在地方立法中的重要性，保证地方立法的科学性和规范性。

（2）事权划分有助于确立地方政府规章与地方性法规之间的“下位法”与“上位法”之间的从属关系。从目前立法法对地方性法规与地方政府规章的立法事项的相关规定来看，虽然《立法法》对地方政府规章规定了比较抽象的立法事项的范围，但是，从地方立法的整体框架来看，地方政府规章通常属于实施地方性法规的实施办法，一方面与地方性法规之间在立法事项上存在从属关系，另一方面地方政府规章也具有一定的立法上的自主性，但地方政府规章在立法事项上一定的自主性并不能从法律性质上改变地方政府规章从属于地方性法规的附属性规范性文件的特征，地方性法规与地方政府规章之间的事权划分原则服从于两者之间的职权划分原则，即地方政府规章作为“下位法”必须要在立法事项上服从作为“上位法”的地方性法规，地方政府规章的立法事项原则上属于地方性法规立法事项的具体化。

（3）事权划分可以从制度上改进地方人大立法工作，有助于提高有地方立法权的地方人大的法律地位。地方性法规与地方政府规章作为地方立法的两种重要的法律形式，在通过法律形式规范本行政区域内的自主性地方事务方面发挥了重要的作用。但从我国人民代表大会制度的基本原则出发，地方人民政府的主要任务还是要在本行政区域内负责贯彻落实宪法、法律、行政法规以及地方性法规，制定地方政府规章不应当成为地方政府的主要法律职能。在地方立法工作中，要充分发挥有地方立法权的地方人大在制定地方性法规方面的重要作用。地方性法规的制定是地方人大的一项重要宪法和法律职权，也是地方人大作为地方国家权力机关的制度权威性所在。所以，明确地方性法规与地方政府规章之间的事权界限，有利于正确和充分发挥地方人大在地方立法工作中的“主导”作用，突显地方人大作为地方国家立法机关的机构功能。

（4）事权划分可以防止地方政府滥用地方政府规章制定权，敦促地方政府进一步“依法行政”。由于当前地方性法规草案的起草与地方政府规章的制定往往都是由地方人民政府法制部门负责，地方人民政府在地方立法中的作用过于“突出”和“重要”，使得地方人民政府本身的“执行”功能下降，地方人民政府的“能动行政”色彩很浓，容易通过扩张地方政府规章立法事权的方式，实际上架空了“依法行政”，存在着“依行政而行政”的制度缺陷。在地方性法规与地方政府规章之间建立起严格的立法事项划分原则和标准，可以有效地限制有地方立法权的地方政府的立法权力，更好地保证地方人大充分和有效地行使地方立法权，防止地方政府过于“扩权”和相对于地方人大所产生的过度“强势”。

（5）事权划分可以保证立法职权划分具有保证地方人大享有实质性的“地方立法权”。地方性法规与地方政府规章之间的立法事项划分清晰，有助于有立法权的地方人大和地方政府各司其职，特别是在地方政府负责起草地方性法规草案的立法程序下，可以防范起草地方性法规草案的政府机构将本来属于地方人大应当行使的职权变相地规定成地方政府可以行使的权力，可以进一步扩大地方人大对地方性法规的实际“支配”能力，增强地方人大在制定地方性法规中的主动性和积极性。

总之，在制度上进一步理清地方性法规与地方政府规章之间的事权界限，明确各自的立法事项，可以从制度上强化地方人大的立法职权，充分发挥地方人大作为地方国家权力机关在决定本行政区域内重大事项方面的决断能力，进一步完善人民代表大会制度的理论与实践，使得地方人大更加有效地对“一府两院”实施宪法、法律和法规的活动进行有效的法律监督。

（二）地方性法规与地方政府规章立法事项的法律依据

在我国现行宪法、《立法法》以及相关法律、法规中，涉及地方性法规、地方政府规章的相关立法规定很多，但是，明确界定地方性法规、地方政府规章各自的立法事项的法律规定主要集中在2015年修订后的《中华人民共和国立法法》中。

《中华人民共和国立法法》第73条规定，地方性法规可以就下列事项作出规定：（一）为执行法律、行政法规的规定，需要根据本行政区域的实际情况作具体规定的事项；（二）属于地方性事务需要制定地方性法规的事项。除本法第八条规定的事项外，其他事项国家尚未制定法律或者行政法规的，省、自治区、直辖市和设区的市、自治州根据本地方的具体情况和实际需要，可以先制定地方性法规。在国家制定的法律或者行政法规生效后，地方性法规同法律或者行政法规相抵触的规定无效，制定机关应当及时予以修改或者废止。第82条规定：省、自治区、直辖市和设区的市、自治州的人民政府，可以根据法律、行政法规和本省、自治区、直辖市的地方性法规，制定规章。地方政府规章可以就下列事项作出规定：（1）为执行法律、行政法规、地方性法规的规定需要制定规章的事项；（2）属于本行政区域的具体行政管理事项。

根据《立法法》的上述规定，可以明确得出地方性法规与地方政府规章两者立法事项存在着明显区分的法理判断结论。也就是说，根据《立法法》第82条第二款第（一）项，地方政府规章在原则上其立法事项来源于地方性法规，也就是说，为执行地方性法规的规定而制定的地方政府规章，在立法事项上与地方性法规是相互重合的，不具有事权划分的价值。只有《立法法》第73条第二款第（二）项的规定，赋予了地方政府规章在立法事项上有一定的“独立性”。该条款规定，地方政府规章可以规定“属于本行政区域的具体行政管理事项”。而与此相对应的是《立法法》第73条第一款第（二）项的规定，即地方性法规可以规定“属于地方性事务需要制定地方性法规的事项”。尽管上述规定非常模糊，所谓的“属于地方性事务”是否涵盖了“本行政区域的具体行政管理事项”，由于缺少来自全国人大常委会的权威法律解释，故从法理上判断，地方政府规章由此获得了立法上的一定的自主权，也就是说，《立法法》第82条第二款第（二）项赋予了地方政府规章一定范围内的自主立法事项，但到底这样的自主立法事项的边界在哪里？与地方性法规的立法事项如何衔接和划分，立法法本身并没有给予明确的回答，而是采用了非常模糊的政策语言。这样的立法规定一方面为地方性法规与地方政府规章之间的事权划分提供了制度上的原则和依据，但另一方面也引发了立法实践中界限不清导致立法事项发生冲突、地方政府规章的立法事项过度扩张的立法事权相互矛盾的问题。

（三）地方性法规与地方政府规章立法事项划分的现状、存在的问题及原因

目前我国地方性法规与地方政府规章的立法事权，不仅在法理上没有认真加以研究，在制度实践中，也是比较混乱的。由于理论不明、制度不清、实践混乱，导致了地方性法规与地方政府规章之间立法事项界限不清、事权划分标准不一等问题的出现，严重影响了地方立法的权威性和科学性。从立法制度本身的状况来考察，可以更好地认识我国地方性法规与地方政府规章立法事项划分的现状。

1. 立法本身的界定

（1）宪法。我国现行宪法（1982 年宪法）文本中只有三处提到了“地方性法规”① 的概念，没有提到“地方政府规章”的概念。因此，从法理上可以判断，地方性法规与地方政府规章在我国现行宪法文本中没有事权划分的制度问题，由于“地方政府规章”缺少“法律形式”上的宪法依据，故可以简单推论，从宪法文本上来看，地方政府规章相对于地方性法规来说，没有自身独立的立法事项，两者之间也不存在立法事权划分的问题。

（2）地方组织法。《中华人民共和国地方各级人民代表大会和地方各级人民政府组织法》② 法律文本中涉及“地方性法规”的规章有八处③，涉及“地方政

---

① 1982 年宪法涉及“地方性法规”的条款是：

第 5 条第三款：一切法律、行政法规和地方性法规都不得同宪法相抵触。

第 67 条第（八）项：全国人民代表大会常务委员会行使下列职权：……（八）撤销省、自治区、直辖市国家权力机关制定的同宪法、法律和行政法规相抵触的地方性法规和决议。

第 100 条：省、直辖市的人民代表大会和它们的常务委员会，在不同宪法、法律、行政法规相抵触的前提下，可以制定地方性法规，报全国人民代表大会常务委员会备案。

② 1979 年 7 月 1 日第五届全国人民代表大会第二次会议通过，根据 1982 年 12 月 10 日第五届全国人民代表大会第五次会议《关于修改〈中华人民共和国地方各级人民代表大会和地方各级人民政府组织法〉的若干规定的决议》第一次修正；根据 1986 年 12 月 2 日第六届全国人民代表大会常务委员会第十八次会议《关于修改〈中华人民共和国地方各级人民代表大会和地方各级人民政府组织法〉的决定》第二次修正；根据 1995 年 2 月 28 日第八届全国人民代表大会常务委员会第十二次会议《关于修改〈中华人民共和国地方各级人民代表大会和地方各级人民政府组织法〉的决定》第三次修正；根据 2004 年 10 月 27 日第十届全国人民代表大会常务委员会第十二次会议《关于修改〈中华人民共和国地方各级人民代表大会和地方各级人民政府组织法〉的决定》第四次修正；2015 年 8 月 29 日十三届全国人大常委会十六会议进行第五次修正。

③ 《中华人民共和国地方各级人民代表大会和地方各级人民政府组织法》关于“地方性法规”的八处规定涉及的具体条文有第 7 条、第 43 条、第 60 条。

府规章”（或推定为“地方政府规章”）有三处[①]。其中第60条规定：“省、自治区、直辖市的人民政府可以根据法律、行政法规和本省、自治区、直辖市的地方性法规，制定规章，报国务院和本级人民代表大会常务委员会备案。省、自治区的人民政府所在地的市和经国务院批准的较大的市的人民政府，可以根据法律、行政法规和本省、自治区的地方性法规，制定规章，报国务院和省、自治区的人民代表大会常务委员会、人民政府以及本级人民代表大会常务委员会备案”。“依照前款规定制定规章，须经各该级政府常务会议或者全体会议讨论决定”。根据《地方组织法》第60条关于“地方政府规章”的规定精神，从法理上可以推定，制定“地方政府规章”必须以“地方性法规”为依据，因此，“地方政府规章”相对于“地方性法规”来说，没有自身的独立的“自主立法事项”，故在地方性法规与地方政府规章之间也不存在立法事权的划分，“地方政府规章”在立法事项上只能从属于“地方性法规”。

（3）地方性法规和地方政府规章。目前，全国范围内根据宪法、地方组织法和立法法的规定享有地方立法权的地方人大及地方人民政府大多数都制定和颁布了起草地方性法规草案与地方政府规章制定的相关办法。由于有权制定地方政府规章的地方人民政府通常也有权向同级人大及常委会提出地方性法规议案，所以，就有权起草地方性法规草案与地方政府规章的地方人民政府来说，哪些立法事项应当通过地方性法规来规定，哪些应当采用地方政府规章的立法形式，在相关的“地方性法规草案与地方政府规章制定程序”中，从法理上来看，应当有明确区分和界定，但从实际立法情况来看，这种区分至少在立法文本上还不是非常清晰的。以湖南省为例，2003年10月10日湖南省人民政府第18次常务会议通过，自2004年1月1日起施行的《湖南省人民政府制定地方性法规草案和规章办法》通篇没有对地方性法规草案与地方政府规章的立法事项如何划分做出明确规定，只是将“法规”与“规章”捆绑在一起，强调“制定法规草案、规章应当从实际出发，一般不重复上位法的规定；内容具体、表述准确、操作性强”（第3条第二款）。唯一可以看出两者相互之间关系的是该办法的第8条第二款。该条款规定：制订法规草案年度工作计划，省政府法制机构在报请省人民政府批准之前，应当与省人民代表大会法制委员会和有关专门委员会充分协商。上述规定虽然没有直接地说明地方性法规与地方政府规章的立法事项划分问题，但至少在立法程序上存在着依据立法职权上的效力等级关系，省政府法制机构在报请省人民政府批准地方性法规草案之前，应当与省人民代

① 《中华人民共和国地方各级人民代表大会和地方各级人民政府组织法》关于“地方政府规章”的三处规定都集中体现在第60条中。

表大会法制委员会和有关专门委员会充分协商。这样至少可以防止省政府法制机构起草的“地方性法规草案”在立法事项上不符合省人大的“要求”。但是，该条款的规定无法防止省人民政府仍然可以将从法理上应当属于地方性法规的立法事项通过制定地方政府规章的形式简单地来加以处理这一现象的发生。与此相适应的是从制定地方性法规的地方人大角度来看，对于地方性法规与地方政府规章之间可能存在的立法事项的划分问题也没有在制度上通过立法的形式加以界定，只是通过工作机制来协调可能出现的问题。以湖北省为例，2001 年 2 月 18 日湖北省九届人大四次会议通过的《湖北省人民代表大会及其常务委员会立法条例》[①] 第 11 条规定：向省人民代表大会或者常务委员会提出法规案，由提案人组织起草法规草案。常务委员会认为需要由它起草的法规草案，可以交由有关专门委员会或者常务委员会工作机构组织起草。第 12 条还规定：起草法规草案，应当进行深入的调查研究，广泛征求各方面的意见。涉及行政管理的法规草案，应当通过适当途径征求行政管理相对人的意见；涉及多个行政管理部门的，应当征求相关部门的意见。有关专门委员会可以提前参与有关单位的起草工作，了解情况，提出意见。法规草案的起草单位应当主动向有关的专门委员会报告起草工作情况。上述规定只是从立法程序上通过强调省人大常委会的立法职权的权威性来解决地方性法规的立法事项的合理性问题，并没有对可能侵占地方性法规立法事项的地方政府规章的立法事权做出界定或者是限制。

与上述将“地方性法规”与“地方政府规章”立法事项捆绑在一起的立法形式不同的是，也有一些地方政府制定的地方性法规草案起草与地方政府规章制定程序的办法特别关注了地方性法规与地方政府规章各自的立法事项范围，例如 2007 年 9 月 3 日南昌市人民政府第 13 次常务会议审议通过的《南昌市人民政府拟订地方性法规草案和制定规章程序规定》第 3 条规定，下列事项可以拟订地方性法规草案：①为实施法律、行政法规和省人民代表大会及其常务委员会制定的地方性法规的规定，需要根据本市实际情况作出具体规定的事项；②国家尚未制定法律或者行政法规，而根据本市的具体情况需要制定地方性法规的事项，《中华人民共和国立法法》第八条规定的事项除外；③属于本市地方性事务，需要制定地方性法规的事项。第 4 条规定，下列事项可以制定规章：①为执行法律、行政法规、地方性法规的规定，需要作出具体规定的事项；②属于

① 该《条例》分总则、立法准备、立法程序、法规解释、其他规定、附则 6 章 63 条，自 2001 年 5 月 1 日起施行。1988 年 7 月 22 日湖北省七届人大常委会第 2 次会议通过的《湖北省人大常委会制定地方性法规程序的规定》和 1998 年 7 月 31 日湖北省九届人大常委会第 4 次会议通过的《湖北省人民代表大会常务委员会关于批准自治条例和单行条例的规定》同时废止。

具体行政管理的事项。不过上述过于“原则性”的立法事项划分的规定，在法理上的清晰度和可操作度并没有超过《立法法》的相关规定，只不过相对于“捆绑式”的立法模式来说，这种明确地方性法规与地方政府规章各自立法事项的立法模式已经具有了明确的“立法事权划分”的立法意识。特别难能可贵的是，该规定在第 6 条第三款和第四款也突出强调了地方政府规章在立法形式和立法内容上的两个法律界限，即“规章不得设定行政许可和行政收费”和“规章名称不得称‘条例’”。

2. 立法事项划分存在的问题及原因分析

地方性法规与地方政府规章事权划分之所以在理论上忽视，在实践中没有通过制度上的措施界定清楚，其原因非常复杂，就存在的问题类型而言，这些问题背后都有自身独特的制度背景和文化因素，具体来说，可从以下几个角度来考察：

（1）制度因素。地方性法规与地方政府规章作为我国地方立法的重要法律形式，这一点在法理上已经公认，在制度实践中也得到了部分确认，但是，对于两者的法律地位和法律性质，最高立法机关却有着前后立场不一致的矛盾态度。首先是现行宪法只确认了地方性法规的宪法地位，没有提及地方政府规章的概念。按照一般立法学原理，地方政府规章缺少宪法文本上的明文规定，就意味着地方政府规章是一种附属性的地方立法，不具有自身的独特的立法事项及范围。其次，作为制定法律依据的立法法对地方政府规章这种形式作了法律上的肯定，但是，在具体文本中，并没有给予地方政府规章明确的立法事项范围，使得地方性法规与地方政府规章之间的立法事项划分既有问题存在的合法依据，同时又缺少解决问题的制度标准。再次是在地方立法中，由于有地方政府规章制定权的地方政府同时也担负着起草地方性法规草案的任务，因此，由同一机关来制定两种地方性立法，对于如何划分这两种立法的调整对象，无疑是很困难的事情，这是人为地在制度上为地方性法规与地方政府规章事权之间的划分设置了程序上的障碍。最后，地方政府规章与地方性法规在规章审查备案制度程序上被简单地纳入到从属于地方性法规的法律地位中，因此，事权上的问题被职权上的分工所取代，地方政府规章制定机关失去了对地方政府规章的“目的性解释”的立法职权。所以，制度上的暧昧态度使得地方性法规与地方政府规章事权划分成为一个悬而未决的问题。

（2）法理上的认知因素。尽管在立法法和地方组织法等法律法规中都提及了地方政府规章作为地方立法的重要法律形式的法律性质和法律地位，但是，最高立法机关在法理上并没有充分肯定地方政府规章的法律性质，甚至将其排除在“中国特色社会主义法律体系”的法律形式之外。例如，吴邦国委员长在

2011年3月10日所做的全国人大常委会工作报告中宣布中国特色社会主义法律体系已经形成时，对这个体系特征和组成的描述是：一个立足中国国情和实际、适应改革开放和社会主义现代化建设需要、集中体现党和人民意志的，以宪法为统帅，以宪法相关法、民法商法等多个法律部门的法律为主干，由法律、行政法规、地方性法规等多个层次的法律规范构成的中国特色社会主义法律体系已经形成，国家经济建设、政治建设、文化建设、社会建设以及生态文明建设的各个方面实现有法可依，党的十五大提出到2010年形成中国特色社会主义法律体系的立法工作目标如期完成。很显然，地方政府规章还没有重要到成为“中国特色社会主义法律体系”的最重要的法律形式，由此，地方政府规章是否属于正式的“法律形式”，在法理上也无法给予清晰的解答。再以2011年10月27日国务院新闻办发布的《中国特色社会主义法律体系》白皮书为例，该白皮书只是肯定了“地方性法规”作为中国特色社会主义法律体系的法律形式的作用，对于地方政府规章，只在规范性文件的备案审查工作中提及。

白皮书指出：依法治国，建设社会主义法治国家，是中国共产党领导人民治理国家的基本方略。新中国成立以来特别是改革开放30多年来，经过全国人大及其常委会、国务院、地方人大及其常委会以及社会各方面坚持不懈的努力，截至2011年8月底，中国已制定现行宪法和有效法律共240部、行政法规706部、地方性法规8600多部，中国特色社会主义法律体系已经形成，这是中国社会主义民主法制建设的一个重要里程碑，是中国特色社会主义制度逐步走向成熟的重要标志。白皮书进一步指出：地方性法规是中国特色社会主义法律体系的又一重要组成部分。根据宪法和法律，省、自治区、直辖市和较大的市的人大及其常委会可以制定地方性法规。这是人民依法参与国家事务管理、促进地方经济社会发展的重要途径和形式。省、自治区、直辖市的人大及其常委会根据本行政区域的具体情况和实际需要，在不同宪法、法律、行政法规相抵触的前提下，可以制定地方性法规。较大的市的人大及其常委会根据本市的具体情况和实际需要，在不同宪法、法律、行政法规和本省、自治区的地方性法规相抵触的前提下，可以制定地方性法规，报省、自治区的人大常委会批准后施行。民族自治地方的人民代表大会有权依照当地民族的政治、经济和文化特点，制定自治条例和单行条例；自治条例和单行条例可以对法律和行政法规的规定作出变通规定，但不得违背法律和行政法规的基本原则，不得对宪法和民族区域自治法的规定以及其他法律、行政法规专门就民族自治地方所作的规定作出变通规定；自治区的自治条例和单行条例报全国人大常委会批准后生效，自治州、自治县的自治条例和单行条例报省、自治区、直辖市的人大常委会批准后生效。经济特区所在地的省、市的人大及其常委会根据全国人大及其常委会的授权决定，可以根据经济特区的具体情况和实际需要，遵循宪法的规定以及法律、行政法规的基本原则，制定法规，在经济特区范围内实施。地方性法规可以就执行法律、行政法规的规定和属于地方性事务的事项作出规定，同时除只能由全国人大及其常委会制定法律的事项外，对其他事项国家尚未制定法律或者行政法规的，可以先制定地方性法规。地方性法规在中国特色社会主义法律体系中同样具有重要地位，是对法律、行政法规的细化和补充，是国家立法的延伸和完善，为国家立法积累了有益经验。

对于地方政府规章，白皮书在强调推进多层次立法和加强规范性文件的备案审查中，虽然有所涉及，但没有说明地方政府规章的法律性质和法律地位。白皮书指出：在完善各项法律制度的同时，更加注重保障法律制度的有效实施。建立健全工作机制，做好法律法规配套规定制定工作；完善法律解释机制的途径和方法，建立法律解释常态化机制，对需要进一步明确法律规定的具体含义或者法律制定后出现新情况需要明确法律适用依据的，及时作出法律解释；健全备案审查机构，完善备案审查机制，改进备案审查方式，加强对法规、规章、司法解释等规范性文件的备案审查；健全法律法规清理工作机制，逐步实现法律法规清理工作常态化，确保法律体系内在科学和谐统一。与此同时，白皮书还强调：坚持多层次立法齐头并进。适应中国的基本国情，根据宪法确定的在中央统一领导下充分发挥地方积极性、主动性的原则，在维护国家法制统一前提下，全国人大及其常委会行使国家立法权，国务院根据宪法和法律制定行政法规，省、自治区、直辖市以及较大的市的人大及其常委会制定地方性法规，民族自治地方制定自治条例和单行条例，经济特区所在地的省、市的人大及其常委会根据全国人大的授权决定制定在经济特区范围内实施的法规。并逐渐形成了多层次立法共同推进的立法工作格局，既大大加快了法律体系建设的步伐，又充分照顾到了各地经济社会发展的实际需要，为形成中国特色社会主义法律体系提供了可行的工作模式。

从上述白皮书对于地方性法规与地方政府规章的态度来看，地方性法规属于正式的“法律形式”，而地方政府规章的法律性质和地位只能推定为“规范性文件”。由此，在法理上也不难判断，当地方政府规章与地方性法规发生立法事项上的冲突时，地方政府规章应当无条件地服从地方性法规。但问题的关键是，在实践中，由于起草地方性法规草案往往与制定地方政府规章属于同一政府机构或部门，地方性法规与地方政府规章的立法事项的划分和界定，实际上的“处分权”掌握在制定地方政府规章的政府机构或部门手上，依靠立法监督的手段和途径来解决地方政府规章立法事项不当或者是超职权立法的问题，在地方立法实践中其制约作用是很小的。

（3）实践中试点因素。事实上，对于本行政区域的地方性事务，采取先制定规章，后通过地方性法规的立法试点模式的做法是很普遍的。因此，在许多重要事项上，地方政府规章与地方性法规并没有严格的立法事项的划分，只是在立法时机和立法的功能方面存在着先后主次的重要性差异。以地方人才工作的地方立法为例，虽然大部分地方都采取了地方性法规的形式来规定地方人才工作，但也有一些地方是通过制定有关地方人才工作的地方政府规章的形式来规范地方人才工作的。

许多地方人大有地方性法规立法权，就本地区的人才工作，从本地区的实际情况出发，制定了政策统一、制度健全的调整人才工作的地方性法规。目前绝大多数省、自治区、直辖市都有这一方面的立法。既包括省级层面的地方性法规，也包括设区的市制定的有关人才工作的地方性法规。前者如2005年3月31日甘肃省第十届人民代表大会常务委员会第十五次会议通过《甘肃省人才市场条例》，自2005年5月1日起施行。该条例第1条规定：为了规范人才市场活动，促进各类人才的合理流动和使用，维护人才、用人单位和人才中介服务机构的合法权益，根据有关法律、法规、结合本省实际，制定本条例。1998年6月26日陕西省第九届人民代表大会常务委员会第三次会议通过、根据2004年6月4日陕西省第十届人民代表大会常务委员会第十一次会议《关于修改〈陕西省人才市场条例〉的决定》修正的《陕西省人才市场条例》。该条例第1条也明确了制定条例的目的，即为了规范人才市场活动，保障与其相关的单位、个人和中介机构的合法权益，促进人才资源的合理配置，根据本省实际，制定本条例。后者如1997年3月28日沈阳市第十一届人民代表大会常务委员会第二十八次会议通过、1997年5月30日辽宁省第八届人民代表大会常务委员会第二十八次会议批准的《沈阳市人才市场管理条例》。该条例共四章30条，第1条确立条例的立法宗旨是：为了促进人才资源合理配置，规范人才市场行为，维护人才市场秩序，保护当事人合法权益，加强人才市场管理，根据有关法律、法规规定，结合本市实际，制定本条例。

与此同时，通过制定地方政府规章的方式来规范地方人才工作，是目前地方人才立法的一个非常重要的形式。目前绝大多数省、自治区、直辖市都有这一方面的立法。既包括省级层面的地方政府规章，也包括设区的市制定的有关人才工作的地方政府规章。前者如2002年7月12日甘肃省人民政府第160次常务会议讨论通过、自2002年9月1日起施行的《甘肃省专业技术人员继续教育规定》第1条规定：为适应科技、教育与经济发展的需要，进一步提高专业技术人员的素质，促进专业技术人员继续教育事业健康发展，根据国家有关规定，结合本省实际，制定本规定。第2条又规定：本规定适用于本省行政区域内企业、事业及民办非企业单位（以下统称为企业、事业单位）中的在职专业技术人员。后者像1999年12月21日贵阳市人民政府颁布的《贵阳市人才流动管理暂行办法》。该办法第2条规定：凡本市人才流动及其相关活动，均适用本办法。前款所称人才流动，是指以双向选择为特征，使具有中专以上学历、取得专业技术职务任职资格、其他具有专业特长和管理水平从事专业技术和管理工作等人员的职业或者工作单位发生的变动。在地方政府规章针对人才工作的具体立法方面，例如，2002年11月1日省政府第59次常务会议通过《吉林省人事争议仲裁暂行办法》，自2003年1月1日起施行。该办法第2条规定：本办法适用于本省行政区域内下列人事争议：行政机关与工作人员之间因录用、调动、履行聘任合同发生的争议；事业单位与工作人员之间因辞职、辞退以及履行聘任（聘用）合同发生的争议；依照法律、法规、规章规定，可以仲裁的人才流动争议和其他人事争议。该条例第4条规定：仲裁人事争议，应当遵循及时、公平、合理的原则，以事实为依据，以法律、法规、规章为准绳。条例第3条还建立了人事争议仲裁的几项制度：人事争议仲裁实行回避制度、辩论制度、合议制度和一裁终结制度。在通过规范性法律文件来规定人才流动方面，例如，济南市人事部门为适应该市经济发展的需要，积极引进和储备高层次人才，对愿意来该市工作，暂未落实就业单位的普通高等学校取得学士学位的大学本科（含本科）以上学历的毕业生，采取“先接收后落户”的政策，在济南市人才交流服务中心设立集体户口，并于2002年2月20日出台了《关于加强济南市人才交流服务中心集体户口管理的意见》（济人字〔2002〕40号）来加以保障。

由此可见，地方性法规与地方政府规章作为地方立法的两种形式，在地方立法工作的作用是相互补充的，其立法事项在实践中并没有产生严格的界定及划分标准，地方立法职权与地方立法事权在制度实践中被“混淆”，有地方立法权的地方人大的地方立法的权威性也没有得到应有的重视，这是需要从理论与实践两个方面都要加以认真研究和予以有效解决的。

（四）地方性法规与地方政府规章事权划分的标准及法理依据

地方性法规与地方政府规章事权划分对地方立法工作的实质影响不能单纯地视为只是立法事项上的分工，或者是简单地从法理上看成是地方性法规与地方政府规章调整对象的甄别，更重要的是，地方性法规与地方政府规章之间的事权关系反映的是一个国家立法制度所确立的不同立法机关应当遵循的宪法原则和法治原则。因此，在法理上，单纯地以某个问题领域、某类社会现象是否具有特殊性来区分地方性法规和地方政府规章的立法任务是无法对两者之间的事权作出有效的法律界限的。从法治意义上来看，地方性法规与地方政府规章之间的事权划分实质上是制定地方性法规与地方政府规章的不同的立法机关在宪法和法律上的立法职权的划分，是制定地方性法规与地方政府规章的地方人大和地方政府应当遵守的法律界限。根据目前我国现行宪法、立法法、地方组织法及相关法律、法规的规定，可以确立下列事权划分的标准。

1. 限制性标准

限制性标准是一个非常明显的地方性法规与地方政府规章的事权划分标准，该标准直接针对的是地方政府规章制定机关的立法权限，而不是地方政府规章所调整的社会问题领域。这一方面，我国现行法律中有许多明确的规定。例如，2003 年出台的《中华人民共和国行政许可法》（以下简称《行政许可法》）第 15 条规定："本法第十二条所列事项，尚未制定法律、行政法规的，地方性法规可以设定行政许可；尚未制定法律、行政法规和地方性法规的，因行政管理的需要，确需立即实施行政许可的，省、自治区、直辖市人民政府规章可以设定临时性的行政许可。临时性的行政许可实施满一年需要继续实施的，应当提请本级人民代表大会及其常务委员会制定地方性法规"。"地方性法规和省、自治区、直辖市人民政府规章，不得设定应当由国家统一确定的公民、法人或者其他组织的资格、资质的行政许可；不得设定企业或者其他组织的设立登记及其前置性行政许可。其设定的行政许可，不得限制其他地区的个人或者企业到本地区从事生产经营和提供服务，不得限制其他地区的商品进入本地区市场"。根据《行政许可法》上述规定，地方政府规章原则上不得设立行政许可事项，只能设定临时性的行政许可，这一规定对于行政许可问题来说就为地方性法规的立法事项提供了很大的立法空间。这种明确的"限制性标准"有助于界定地方性法规与地方政府规章的立法事权。同样的规定在 1996 年出台的《中华人民共和国行政处罚法》（以下简称《行政处罚法》）中也有所体现。该法第 13 条规定：省、自治区、直辖市人民政府和省、自治区人民政府所在地的市人民政府以及经国务院批准的较大的市人民政府制定的规章可以在法律、法规规定的给予行政处罚的行为、种类和幅度的范围内作出具体规定。尚未制定法律、法规的，前款规定的人民政府制定的规章对违反行政管理秩序的行为，可以设定警告或者一定数量罚款的行政处罚。罚款的限额由省、自治区、直辖市人民代表大会常务委员会规定。

2. 排他性标准

在地方性法规与地方政府规章的立法事权划分上，法律明确规定只能由地方性法规规定的事项，不得制定地方政府规章，这种法律规定构成了地方性法规与地方政府规章事权划分的"排他性标准"。这一类标准在现行的立法中也是经常可见的，其制度背后的依据在于地方性法规属于被正式承认的"中国特色社会主义法律体系”的一种法律形式，而地方政府规章则缺少地方性法规作为正式的法律形式所应当具有的立法权威，当然更深层次的原因还在于地方性法规制定机关地方人大作为地方国家权力机关的性质，即有地方立法权的地方人大属于地方国家权力机关，对有权制定地方政府规章的地方人民政府有监督权。例如，2011 年出台的《中华人民共和国行政强制法》（以下简称《行政强制法》）第 10 条明确规定：行政强制措施由法律设定。尚未制定法律，且属于国务院行政管理职权事项的，行政法规可以设定除本法第九条第一项、第四项和应当由法律规定的行政强制措施以外的其他行政强制措施。尚未制定法律、行政法规，且属于地方性事务的，地方性法规可以设定本法第九条第二项、第三项的行政强制措施。法律、法规以外的其他规范性文件不得设定行政强制措施。根据行政强制法的上述规定，行政强制措施的设定属于法律、法规的专门立法事项，具有“排他性”，地方政府规章根本无权涉及。

3. 从属性标准

在我国现行立法法、地方组织法等一系列法律法规中，地方政府规章作为地方立法的一种重要形式，其立法任务首先是地方性法规的具体化，也就是说，地方政府规章在立法事项上从属于地方性法规，大量的地方政府规章只是地方性法规的实施办法，没有自身的独特的立法事项。从属性标准是地方性法规与地方政府规章事权划分的最重要的判断标准。例如，《陕西省人民政府起草地方性法规草案制定政府规章程序的规定》第 5 条规定：省人民政府根据法律、行政法规和地方性法规，可就下列事项制定政府规章（以下简称规章）：（1）为执行法律、行政法规、地方性法规的规定需要制定规章的事项；（2）本行政区域的具体行政管理事项。上述规定的第（1）项很显然明确了地方政府规章可以规定为执行地方性法规的规定需要制定规章的事项，这是一种内容非常明确、法律关系非常清晰的“从属性标准”。

4. 实效性标准

地方性法规与地方政府规章在我国现行宪法和法律中的法律性质与法律地位不一样，不仅表现在地方性法规被视为“中国特色社会主义法律体系”中的重要法律形式之一，具有宪法地位，更重要的是地方性法规在司法审判程序中的法律地位也有很大差别。因此，从保障公民权利、限制国家权力的宪政原则出发，不能在司法审判程序中被公民充分有效利用的立法事项一般不应当由地方政府规章所规定，也就是说，从地方性法规与地方政府规章在保护公民权利中的法律效力的不同，也可以将有利于保障公民权利的立法事项在立法程序上划归地方性法规的立法事项的范围。例如，1989 年通过的《中华人民共和国行政诉讼法》第 53 条第一款规定：人民法院审理行政案件，参照国务院部、委根据法律和国务院的行政法规、决定、命令制定、发布的规章以及省、自治区、直辖市和省、自治区的人民政府所在地的市和经国务院批准的较大的市的人民政府根据法律和国务院的行政法规制定、发布的规章。根据上述规定，地方政府规章在行政案件的审判过程中只能作为人民法院审理行政案件的“参照”依据，而地方性法规却是应当适用的法律依据，在行政诉讼中“官”与“民”不对等的法律知识背景下，同样的公民权利，如果通过地方性法规来加以保护可能更加有利于行政案件的原告在行政审判程序中充分加以利用。因此，地方性法规与地方政府规章事权划分也应当考虑到两者事权划分的实际效果，特别是要以是否有利于保障公民权利来加以甄别。

5. 职权性标准

从立法制度的本质特征来看，地方性法规与地方政府规章的立法事项划分只能是相对的，两者之间不能划出一个完全清晰明了的界限，所以，在立法事项不清楚的情况下，更多的是需要建立一种事权冲突纠纷解决机制。这一点早在1949年中华人民共和国成立之前的司法院大法官会议对《中华民国宪法》（1946年）所作出的第二号宪法解释中就已经非常清晰地表达了立法事权冲突纠纷可以基于立法职权机制来解决，这种解决最大的特点就是“立法监督”。1949年1月6日（中华民国38年1月6日）释宪第二号解释（宪法第78条）① 声称：宪法第七十八条规定司法院解释宪法并有统一解释法律及命令之权。其于宪法则曰解释，其于法律及命令则曰统一解释，两者意义显有不同。据上解释，如果地方性法规与地方政府规章发生立法事项划分上的冲突和争议，可以通过立法监督途径，由有权监督机关作出“统一解释”即可以解决。所以说，要从制度上建立起比较科学和合理的地方性法规与地方政府规章事权划分机制，必须要建立法律、法规和规章之间争议纠纷解决机制。

总之，从法理上和制度上来明确划分地方性法规与地方政府规章之间的立法事项，可以充分和有效地发挥地方人大在地方立法中的主动性、积极性和主导作用，可以很好地规范有地方立法权的地方政府制定地方政府规章的立法行为，可以从保障公民权利的实效出发，建立起与“中国特色社会主义法律体系”相适应的地方立法体系，同时也有利于有地方立法权的地方人民政府在负责起草地方性法规草案和制定地方政府规章时，更加科学和合理地界定地方性法规与地方政府规章的立法任务，以立法事项的科学和合理分工为契机，全面和有效地推进地方政府的依法行政工作，促进地方人大的立法工作的不断有序和健康向前发展。

---

① 该宪法解释目前在中国台湾地区仍然有效。

（五）严格界定设区的市享有地方立法权的立法事权

党的十八届四中全会通过的《全面推进依法治国决定》明确规定：明确地方立法权限和范围，依法赋予设区的市地方立法权。上述改革措施的提出除了通过立法法的修订来加以体现之外，关键是在立法权限划分上，如何面对地方立法权主体扩大之后，不同的立法主体所享有的地方立法权相互之间的权限划分问题。

2015 年修订后的《立法法》第 72 条规定：省、自治区、直辖市的人民代表大会及其常务委员会根据本行政区域的具体情况和实际需要，在不同宪法、法律、行政法规相抵触的前提下，可以制定地方性法规。设区市的人民代表大会及其常务委员会根据本市的具体情况和实际需要，在不同宪法、法律、行政法规和本省、自治区的地方性法规相抵触的前提下，可以制定地方性法规，报省、自治区的人民代表大会常务委员会批准后施行。省、自治区的人民代表大会常务委员会对报请批准的地方性法规，应当对其合法性进行审查，同宪法、法律、行政法规和本省、自治区的地方性法规不抵触的，应当在四个月内予以批准。省、自治区的人民代表大会常务委员会在对报请批准的设区的市的地方性法规进行审查时，发现其同本省、自治区的人民政府的规章相抵触的，应当作出处理决定。修订后的《立法法》规定的“设区的市”涵盖2000 年《立法法》所规定的“较大的市”，即：省、自治区的人民政府所在地的市，经济特区所在地的市和经国务院批准的较大的市；同时又包括了新增加的“设区的市”。

目前，在我国，较大的市包括省、自治区的人民政府所在地的市，经济特区所在地的市和经国务院批准的较大的市这三类城市，总共有 49 个城市。省、自治区的人民政府所在地的市 27 个：哈尔滨市、长春市、沈阳市、石家庄市、呼和浩特市、太原市、济南市、合肥市、南京市、杭州市、南昌市、福州市、郑州市、武汉市、长沙市、广州市、南宁市、海口市、乌鲁木齐市、兰州市、银川市、西安市、西宁市、成都市、贵阳市、昆明市、拉萨市；经济特区所在地的市 4 个：深圳市、汕头市、厦门市、珠海市；经国务院批准的较大的市 18 个：1984 年批准的唐山市、大同市、包头市、大连市、鞍山市、抚顺市、吉林市、齐齐哈尔市、无锡市、淮南市、青岛市、洛阳市，1988 年批准的宁波市，1992 年批准的淄博市、邯郸市、本溪市，1993 年批准的徐州市、苏州市。较大的市对于推动城市的经济、社会、文化和基础设施的建设，最大限度地发挥大城市在国民经济建设和社会发展中的排头兵的角色起到了很好的保障作用。但由于国务院自 1993 年之后就停止了对较大的市的确认，使得一些地方已经具备了“较大的市”的批准条件的城市的发展遇到了前所未有的问题，如何在政策许可的范围内进一步用好“较大的市”的城市建制，日益成为城市发展的突出的问题。

2013年11月12日，党的十八届三中全会通过的《中共中央关于全面深化改革若干重大问题的决定》明确提出，“逐步增加有地方立法权的较大的市数量”。2014年10月23日党的十八届四中全会审议通过的《全面推进依法治国决定》进一步明确了地方立法权的立法主体应当扩大的范围，即扩展到“设区的市”。结合立法法关于享有地方立法权的立法主体范围的规定，贯彻落实《全面推进依法治国决定》拟将过去享有的地方立法权的49个较大的市扩大至全部282个设区的市，由此享有地方立法权的主体会增加133个。这新增加的133个地方立法权主体究竟如何行使地方立法权，是否仍然按照现行宪法和立法法的相关规定，在立法权限上享有“半个立法权”[①]或者是“四分之一立法权”[②]，还是享有完整的“地方立法权”，需要认真加以研究。此外，设区的市享有了地方立法权之后，这种地方立法权究竟有无独立的立法事项，是否存在立法权限划分意义上的确定性和独立性，这也是需要加以关注的。从笔者2014年10月28日至31日在云南省曲靖国家级经济技术开发区调研[③]的实际情况来看，在设区的市享有地方立法权这一立法改革措施通过立法法的修改予以确认后，该经济技术开发区就可以成立一级国家权力机构，并行使地方立法权。但从目前的立法事项覆盖面来看，曲靖国家级经济技术开发区并非没有地方立法事项上的地域覆盖，完全可以由云南省制定相关的地方性法规来满足曲靖国家级经济技术开发区的立法需求。调研发现的设区的市真实的立法需求也只是城市管理、环境保护和社会保障等等很窄的领域。这些与设区的市经济、社会发展密切相关的事项如果要设定地方立法权，在立法权限上与省、自治区、直辖市的地方

---

① “半个立法权”是指目前较大的市制定地方性法规时，必须要经过省、自治区、直辖市人大常委会批准才能生效，所以，较大的市制定地方性法规的地方立法权是受到省、自治区、直辖市人大常委会的制约的。从立法权与立法责任相统一的角度来看，真正对较大的市制定的地方性法规承担法律责任的应当批准较大的市制定的地方性法规的省、自治区、直辖市的人大常委会。故学理上习惯称较大的市享有的地方立法权威“半个立法权”，以此表明较大的市享有的地方立法权的立法权性质的非独立性以及在立法权限上的不确定性。

② “四分之一立法权”是指设区的市一旦获得地方立法权，如果设区的市的上级国家机关直接属于省、自治区、直辖市，那么，其享有的地方立法权不可能超过较大的市享有的“半个立法权”。如果设区的市的上级国家机关属于较大的市国家机关，在立法体制上就会出现是否需要两个层次的审查批准问题，也就是说，设区的市人大首先制定地方性法规草案，然后呈交较大的市人大常委会审核，再由省、自治区、直辖市人大常委会批准。如果属于后一种情形，设区的市所享有的地方立法权也就成了“四分之一”意义上的“立法权”了。

③ 此项调研系笔者承担的2014年中国法学会重大课题“维护宪法法律权威”的调研事项，详细的调研报告已经提交中国法学会。

立法权的立法事权如何划分，设区的市的地方立法权的立法事项是否具有独立性或者是不可替代性，这些问题需要在创新试点过程中不断谨慎地加以探索。特别重要的是，设区的市享有地方立法权必须要建立严格的立法监督制度，要防止设区的市将地方立法权的立法事项泛化，导致地方立法权的权限划分陷入相互矛盾和冲突的状态中。

第三章　健全和完善人大制度

必须坚持党领导立法、保证执法、支持司法、带头守法，把依法治国基本方略同依法执政基本方式统一起来，把党总揽全局、协调各方同人大、政府、政协、审判机关、检察机关依法依章程履行职能、开展工作统一起来，把党领导人民制定和实施宪法法律同党坚持在宪法法律范围内活动统一起来，善于使党的主张通过法定程序成为国家意志，善于使党组织推荐的人选通过法定程序成为国家政权机关的领导人员，善于通过国家政权机关实施党对国家和社会的领导，善于运用民主集中制原则维护中央权威、维护全党全国团结统一。

——《中共中央关于全面推进依法治国若干重大问题的决定》

一　完善人民代表大会程序制度建设

人民代表大会制度是我国的根本政治制度。在中国实行人民代表大会制度，是中国人民在人类政治制度史上的伟大创造，是深刻总结近代以后中国政治生活惨痛教训得出的基本结论，是中国社会100多年激越变革、激荡发展的历史结果，是中国人民翻身作主、掌握自己命运的必然选择。

中华人民共和国成立66年来，特别是改革开放30多年来，人民代表大会制度不断得到巩固和发展，展现出蓬勃生机活力。60多年的实践充分证明，人民代表大会制度是符合中国国情和实际、体现社会主义国家性质、保证人民当家作主、保障实现中华民族伟大复兴的好制度。邓小平同志曾经说过：“我们实行的就是全国人民代表大会一院制，这最符合中国实际。如果政策正确，方向正确，这种体制益处很大，很有助于国家的兴旺发达，避免很多牵扯。”江泽民同志强调：人民代表大会制度“是我们党长期进行人民政权建设的经验总结，也是我们党对国家事务实施领导的一大特色和优势”。胡锦涛同志也指出：“人民代表大会制度是中国人民当家作主的重要途径和最高实现形式，是中国社会主义政治文明的重要制度载体。”习近平总书记在庆祝全国人民代表大会成立60周年大会上的讲话中也明确指出：人民代表大会制度是中国特色社会主义制度的重要组成部分，也是支撑中国国家治理体系和治理能力的根本政治制度。新形势下，我们要毫不动摇坚持人民代表大会制度，也要与时俱进完善人民代表大会制度。优化人大常委会、专门委员会组成人员结构，完善人大组织制度、工作制度、议事程序。各级党委要加强和改善党对人大工作的领导，支持和保证人大及其常委会依法行使职权、开展工作。

党的十八届四中全会审议通过的《全面推进依法治国决定》也明确指出：人民代表大会制度是保证人民当家作主的根本政治制度。以保障人民当家作主为核心，坚持和完善人民代表大会制度，坚持和完善中国共产党领导的多党合作和政治协商制度、民族区域自治制度以及基层群众自治制度，推进社会主义民主政治法治化。人民代表大会制度从制度形态上来看，既包括保证人民当家作主的民主权利行使的实体法律制度，也包括组织各级人民代表大会有效地代表人民行使国家权力的程序制度。当下，程序制度建设相对于实体制度建设具有更重要的紧迫性，必须要作为健全和完善人民代表大会制度的工作重点。

（一）湖南“衡阳贿选事件”引发了怎样的制度风险

2013 年岁末，12 月 29 日《人民日报》发表了“湖南严肃查处衡阳破坏选举案件”的“要闻”，并同时配发了题为《严肃党纪国法、坚决铲除腐败》的“本报评论员”文章，[①] 由此揭开了“衡阳贿选事件”的盖子，引发了国内民众和国际社会的广泛关注，成为近期热点新闻。

如果对《人民日报》关于“衡阳贿选事件”披露的各项信息整理一下，主要包括以下几个要点：1. 2012 年 12 月 28 日至 2013 年 1 月 3 日，湖南省衡阳市召开第十四届人民代表大会第一次会议，在差额选举湖南省人大代表的过程中，发生了严重的以贿赂手段破坏选举的违纪违法行为。2. 涉案人员分为三部分，其中，行贿方面：56 名当选的省人大代表存在送钱拉票行为。受贿方面：518 名衡阳市人大代表和 68 名大会工作人员收受钱物。另外，湖南省政协副主席童名谦（时任衡阳市委书记、市人大换届领导小组组长）失职渎职，对本案负有直接领导责任。3. 涉案金额：人民币 1.1 亿余元。4. 目前对涉案人员的初步处理情况，行贿者方面：对以贿赂手段当选的 56 名省人大代表依法确认当选无效并予以公告；对 5 名未送钱拉票但工作严重失职的省人大代表，依法公告终止其代表资格。受贿者方面：衡阳市有关县（市、区）人大常委会会议分别决定，接受 512 名收受钱物的衡阳市人大代表及 3 名未收受钱物但工作严重失职的市人大代表辞职。另有 6 名收受钱物的衡阳市人大代表此前因调离本行政区域已经

---

① 《人民日报》2013 年 12 月 29 日第 2 版。

终止代表资格。领导责任方面：中央已决定免去童名谦领导职务，现正在按程序办理，由中央纪委立案调查。

《人民日报》对“衡阳贿选事件”的定性使用了“三个挑战”，即是对我国人民代表大会制度的挑战，是对社会主义民主政治的挑战，是对国家法律和党的纪律的挑战。这一定性是基于对“衡阳贿选事件”所造成的社会危害性程度的客观事实和主观认识做出的科学判断，对于下一步妥善处理“衡阳贿选事件”所产生的负面影响和消极后果具有非常重要的方向性指导作用。

正如《人民日报》所指出的那样，“衡阳贿选事件”构成了对我国根本政治制度人民代表大会制度的“挑战”。根据我国现行宪法第 2 条的规定：中华人民共和国一切权力属于人民。人民行使国家权力的机关是全国人民代表大会和地方各级人民代表大会。宪法第 3 条也规定：全国人民代表大会和地方各级人民代表大会都由民主选举产生，对人民负责，受人民监督。国家行政机关、审判机关、检察机关都由人民代表大会产生，对它负责，受它监督。宪法上述条款确立了我国人民代表大会制度的若干基本原则，是我国现行政治制度的合法性基础。但“衡阳贿选事件”的发生对现行宪法所确立的人民代表大会制度的基本原则构成了严重挑战，这种挑战至少表现在以下三个方面：一是宪法规定全国人民代表大会和地方各级人民代表大会都由民主选举产生，对人民负责，受人民监督。“衡阳贿选事件”表明，衡阳市第十四届人民代表大会第一次会议产生湖南省人大代表的选举活动已经无法用“民主选举”这个宪法原则要求来衡量了，76 名[①]衡阳市省人大

---

① 根据湖南人大网最新公布数据，目前湖南省第十二届人民代表大会实有代表 702 人，与理论分析值 707 人有差距，说明湖南省第十二届人民代表大会代表总数已经有变化。具体根据参见 2013 年 12 月 28 日《湖南省第十二届人民代表大会常务委员会公告》（第 13 号）。该公告内容如下：湖南省第十二届人民代表大会代表名额为 774 名。省十二届人大常委会第五次会议时，实有代表 763 名。省十二届人大常委会第六次会议听取和审议了省人大常委会代表资格审查委员会关于部分省十二届人大代表当选无效的报告，听取了关于部分省十二届人大代表资格终止的报告。

根据《选举法》第五十五条关于以金钱或者其他财物贿赂代表，妨害代表自由行使选举权而当选的，其当选无效的规定，确认由衡阳市人民代表大会选举产生的以下 56 名省十二届人大代表当选无效（以姓氏笔画为序）：于国君（女）、万伟、王泽火、王竞仪（女）、邓光忠、邓湘衡、左建国（女）、刘云奎、刘友华、刘安辉、刘买生、刘晓宁（女）、刘爱国、刘跃中、许冬生、许光程、阳存元、李洪芳、李爱平（女）、李清定、李新容（女）、杨立辉、肖开武、肖红梅（女）、肖智勇、吴群（女）、何平、何东会、何秋生、何爱民、陆巍源、陈国华、陈树生、陈素生、范茂林、林坤、罗剑锋、岳学旺、周骥、周江森、周兴荣、周楚政、赵自清、段建国、贺洪林、贺尊彪、贺禄飞、徐友灼、唐萌、曹建军、蒋新华、程昌衡、曾巧敏（女）、谢柯、谢宗廷、詹国发。衡阳市人民代表大会选举产生的 5 名省十二届人大代表提出辞去代表职务，衡阳市第十四届人大第三次会议筹备组已接受其辞职，根据《选举法》和《代表法》的规定，以下 5 名省十二届人大代表资格终止（以姓氏笔画为序）：王鹏、王雄飞、左慧玲（女）、唐学石、唐勇君。现在，湖南省第十二届人民代表大会实有代表 702 名。http：//www. hnrd. gov. cn/Item/Show. asp？ m = 1&d = 13110，2016 年 1 月 25 日最新访问。

代表中有56名都存在贿选问题，[①] 这样的人大代表选举活动还具有“民主选举”的性质吗？二是现行宪法规定，人民行使国家权力的机关是全国人民代表大会和地方各级人民代表大会。“衡阳贿选事件”发生后，由529名市人大代表组成的衡阳市第十四届人民代表大会目前只剩下8名代表了，8名代表还能组成一届合法的行使地方国家权力机关职能的衡阳市人民代表大会吗？如果依法产生的衡阳市人民代表大会在法律上不存在了，在衡阳市行政管辖范围内，衡阳市人民如何行使国家权力？三是根据宪法规定，国家行政机关、审判机关、检察机关都由人民代表大会产生，对它负责，受它监督。“衡阳贿选事件”发生后，521名市人大代表辞职，由衡阳市第十四届人民代表大会选举产生的衡阳市人民政府、衡阳市人民法院和衡阳市人民检察院在目前的情形下对谁负责？受谁监督？当然，由此延伸出来的问题还很多，例如，在组成衡阳市第十四届人民代表大会人大代表中的绝对多数辞职后，由人代会选举产生的政府、法院和检察院还具有合法性吗？是否需要停止行使宪法和相关法律法规规定的行政职权、审判权和检察权？56名贿选产生的衡阳市省人大代表代表资格失去效力，时间起点如何计算？是从衡阳市第十四届人民代表大会第一次会议选举产生这些贿选代表之日起失效，还是从代表资格被宣告无效之日起算？如果从当选之日起无效的话，这些贿选代表在过去一年中履职行为是否具有法律效力，是否会影响湖南省人大相关工作事项的合法性？等等。上述这些问题因为在我国现行宪法、地方组织法、代表法和选举法等法律法规中都没有涉及，故从人民代表大会制度的制度框架设计的角度来看，“衡阳贿选事件”发生后有关涉案人员被初步处理之后，在湖南省衡阳市行政区域内，由于我国现行关于地方人大组织制度的相关法律规定不健全，在制度意义上确实产生了一定程度上的“国家权力真空状态”，这种局面的出现显然构成了对我国现行人民代表大会制度的“挑战”，使我国现行人民代表大会制度的运转面临着很大的制度风险。

“衡阳贿选事件”在构成对我国人民代表大会制度“挑战”的同时，也暴露出我国现行宪法制度存在一定程度的“危机”。“衡阳贿选事件”涉及的“宪法危机”包括三个层次：一是为什么现有的宪法制度没有能够成功阻止“衡阳贿选事件”的发生，我们现有的宪法制度是否具备防范“衡阳贿选事件”发生的制度功能？很显然，作为正常状态下匪夷所思的“衡阳贿选事件”

---

① 根据相关资料分析，参加湖南省第十二届人民代表大会的衡阳市省人大代表只剩下：万伏秀（女）、王迪生、刘克利、李江、李际平、肖刚强、邹学明、宋凯楚、张自银、陈雪楚、段志刚、徐明华、梅克保、梁尔源、童名谦等15名代表。

在现实中已经真实地发生了，因此，只能从结果推定原因，也就是说，目前的宪法制度存在着防范“衡阳贿选事件”发生的自我调控方面的“危机”。或者是现有的宪法制度在设计之初，就没有认真地考虑出现“衡阳贿选事件”这样的极端性问题时如何采取有效的制度调控机制来防范制度运作的风险问题。二是“衡阳贿选事件”导致了衡阳市两级人大代表绝大部分被停止行使代表职务，但现有的宪法制度没有对这种现象发生后，是否会影响现有制度运行的合法性作出必要的事先的制度安排。在总共529名代表组成的衡阳市第十四届人民代表大会，有521名停止行使代表职务，那么剩下的8名代表还能组成合法的一届人民代表大会吗？如果说不行，宪法和组织法上的依据何在？如果说行，那么如何继续有效地行使作为地方国家权力机关的法律职责？另外，如果说不行的话，为什么不行？剩下多少比例的代表一届人民代表大会仍然可以合法有效地工作？在不行的情况下，衡阳市留下的国家权力机关的权力行使真空怎样填补？由衡阳市第十四届人民代表大会第一次会议选举产生的衡阳市人民政府、衡阳市人民法院和衡阳市人民检察院还能具有继续合法运行的宪法依据吗？等等。上述这些问题是真实存在的，在实践中可以暂时淡化处置，但在法理上却无法搁置。这种性质的“宪法危机”对于作为根本政治制度的人民代表大会制度本身的制度自信的冲击和伤害是致命性的，因此，使用“宪法危机”一词一点也不能称为过分。三是“衡阳贿选事件”发生后，党中央采取了果断措施，敢于壮士断臂，敢于揭丑，及时地向社会曝光，这充分反映了以习近平同志为总书记的新的党的领导集体对自身执政能力的高度自信，也是对当下紧锣密鼓开展的反腐治权工作的信心支持，从宏观效果来看，无疑是积极和有效的。但是，如何从制度上找到比较可靠的解决“衡阳贿选事件”遗留下来的各种政治问题和法律问题的方法，特别是能否在处置“衡阳贿选事件”问题上坚持“依法办事”原则，有条不紊地按照制度办事，用制度化的力量来解决非制度化的问题，避免使用非制度化的手段作简单处置和轻率的调和，这是对当下执政党执政能力的一种考验，也可以说是在应对一场不大不小的“宪法危机”。

关于由谁来出面对“衡阳贿选事件”进行善后法律处理，这是“衡阳贿选事件”发生后善后工作遇到的最大法律难题。对于56名被宣告当选无效的衡阳市省人大代表，当选无效的决定和公告目前是由湖南省十二届人大常委会第六次会议听取和审议了省人大常委会代表资格审查委员会关于部分省十二届人大代表当选无效的报告，根据《选举法》第55条关于“以金钱或者其他财物贿赂代表，妨害代表自由行使选举权而当选的，其当选无效的”规定，确认由衡阳市人民代表大会选举产生的56名省十二届人大代表当选无效的。由于现行选举法没有明确当选无效的决定由谁做出，故由湖南省十二届人大常委会根据人大常委会代表资格审查委员会的报告确认当选无效的作法在法理还需要进一步加以说明。但衡阳市人民代表大会选举产生的5名省十二届人大代表提出辞去代表职务，由“衡阳市第十四届人大第三次会议筹备组”接受其辞职的做法根据现行选举法第52条的规定却存在一定程度的法律适用上的瑕疵。现行《选举法》第52条第一款规定：全国人民代表大会代表，省、自治区、直辖市、设区的市、自治州的人民代表大会代表，可以向选举他的人民代表大会的常务委员会书面提出辞职。常务委员会接受辞职，须经常务委员会组成人员的过半数通过。接受辞职的决议，须报送上一级人民代表大会常务委员会备案、公告。很显然，衡阳市人民代表大会选举产生的5名省十二届人大代表提出辞去代表职务，应当向选举他们的衡阳市第十四届人大常委会提出，而不是向“衡阳市第十四届人大第三次会议筹备组”提出。因为“衡阳市第十四届人大第三次会议筹备组”只是根据湖南省第十二届人民代表大会常务委员会第六次会议决定成立的，其任务是负责筹备衡阳市第十四届人民代表大会第三次会议的有关事宜，接受由衡阳市选出的部分省人大代表辞职并报省人大常委会备案、公告，接受衡阳市所属县、不设区的市、市辖区人大常委会报送的代表资格终止的报告并公告，召集衡阳市第十四届人民代表大会第三次会议。筹备组下设代表资格审查委员会，负责审查补选衡阳市第十四届人民代表大会代表的选举是否符合法律规定等相关工作。从目前宪法、组织法、选举法和立法法的各项规定来看，由湖南省人大常委会作出决定来成立“衡阳市第十四届人大第三次会议筹备组”法律上的依据不是十分充分。由于“衡阳市第十四届人大第三次会议筹备组”涉及地方人大的组织体制问题，故在法理上应当报请全国人大常委会批准。因为根据2000年《立法法》第8条第（二）项的规定，“各级人民代表大会、人民政府、人民法院和人民检察院的产生、组织和职权”等关于国家机构的立法应当属于法律的立法事项，在此，湖南省人大常委会通过的“关于成立衡阳市第十四届人民代表大会第三次会议筹备组的决定”有明显的超越职权的嫌疑。而且衡阳市人民代表大会选举产生的5名省十二届人大代表提出辞去代表职务在实际操作过程中可以在521名衡阳市人大代表提出辞职之前，由衡阳市人大常委会作出接受辞职的决定，并发布公告，这样可能更符合目前选举法和立法法规定的精神。

总之，湖南“衡阳贿选事件”引发的制度风险是非常巨大的，它暴露出的最大制度缺陷是我国现行宪法和法律法规所设计的人民代表大会制度还缺少“底线思维”和“负面思维”意识。所谓“底线思维”就是指一项制度发挥作用的极限和临界点[①]。在国外政治实践中经常采用的议会对政府投不信任票导致政府首脑解散议会重新举行选举就属于一种制度设计中的“底线思维”。所谓“负面思维”[②] 就是一项制度运行要多考虑制度可能出现的风险和危机。“负面思维”有助于在制度上提早发现各种可能出现的极端性情况设计出比较有针对性和妥善的应对风险和危机的方案。湖南“衡阳贿选事件”反映出我国现有的人民代表大会制度设计尚缺少“底线思维”和“负面思维”意识，导致事先根本无法预见这样极端性的事件在实践中可能出现，并且也没有设想过人民代表大会制度存在可能无法有效运转的情形。这些是值得我们在法理上认真加以反思的。当然，湖南“衡阳贿选事件”对于推动我国人民代表大会制度的不断完善也具有一定的启发意义，它成为触发人民代表大会制度改革的最佳反面教材，各级人民代表大会都可以“衡阳贿选事件”为戒，认真总结经验教训，不断健全人民代表大会运行的各种制度，进一步发挥我国人民代表大会制度作为我国根本政治制度的政治优势。

（二）我国现行人民代表大会制度的程序缺陷及其原因

“衡阳贿选事件”暴露出来的我国现行人民代表大会制度存在的制度缺陷主要是程序缺乏和制度不连贯两个方面，有一定的个性，也具有某种程度上的共性，对此必须要认真加以总结，为从整体上完善我国人民代表大会制度寻找解决问题的出发点。人民代表大会制度作为我国的根本政治制度是由 1954 年宪法正式确立的，并且得到了 1975 年宪法、1978 年宪法和 1982 宪法的继承和发展。根据宪法关于人民代表大会制度的各项规定，我国又先后制定了保障人民代表大会制度有效运转的《选举法》《代表法》《地方组织法》《全国人大组织法》《国务院组织法》《人民法院组织法》和《人民检察院组织法》等法律，这些法律对人民代表大会制度的各个方面都作了较为详细的规定，成为当今我国人民代表大会制度的法律基础。但应当看到的是，受到我国长期以来“重实体轻程序”的传统法律文化意识的影响，在人民代表大会制度的法律保障方面，也很难避免“重实体轻程序”的问题。制度设计往往重视权力应当属于谁，而对权力如何依照一定的程序来有效的运转却不太重视，结果导致许多基本政治制度

---

① 百度百科注释：底线思维（bottom-line thinking）是一种思维技巧，拥有这种技巧的思想者会认真计算风险，估算可能出现的最坏情况，并且接受这种情况。参见 http：//baike. baidu. com/link？url = 6hS2xpWnBcVDzgPEwnp - nV9m6HAjjwPLIa941elE - cQyjlkyTUwoB3BluRtSfpjNc - rRQ1BWZQ3QLZ5 - tvlhx_ ,2016 年 1 月 25 日最新访问。

② “负面思维”也有人称之为“负面思考”，参见（日）最上悠：《负面思考的力量》，黄玉萍译，华夏出版社 2010 年 8 月第 1 版。

在宪法和法律文本上有明确的规定，但也只限于某项职权应当由哪个国家机关来行使，至于说行使宪法和法律职权的程序是什么，在制度设计上往往言语不详，导致了许多宪法和法律上已经规定下来的实体制度在实践中无法得到有效落实，宪法和法律程序的欠缺使得很多基本政治制度看起来很美，但却很难发挥实效。例如，现行宪法第63条规定：全国人民代表大会有权罢免下列人员：①中华人民共和国主席、副主席；②国务院总理、副总理、国务委员、各部部长、各委员会主任、审计长、秘书长；③中央军事委员会主席和中央军事委员会其他组成人员；④最高人民法院院长；⑤最高人民检察院检察长。上述规定确立了全国人民代表大会作为国家最高权力机关对国家机构主要负责人的罢免权，是对全国人大人事任免权制度的相关规定。但值得注意的是，现行宪法第63条除了明确了全国人大对国家机构的主要负责人的罢免权实体职权外，并没有规定相应的行使罢免权的法定程序，比如说谁有权提出对国家机构主要负责人的罢免案，罢免案如何审议，全国人大以何种程序通过罢免案。由于这些罢免程序并没有跟进，在实践中，除了国务院若干部长遭到罢免之外，其他的国家机构主要负责人的罢免案从来没有提起过。制度设计不连贯的问题在我国现行人民代表大会制度中也是比较突出的，例如，目前宪法和法律中关于人大常委会和人大主席团的规定就存在一定的制度不连贯。以地方人大主席团为例，地方人大主席团是根据我国现行法律由地方各级人民代表大会通过选举程序产生的，在地方各级人民代表大会会议期间，主持地方各级人民代表大会会议，依据宪法和法律行使相关职权的“临时性”国家权力机构。虽然现行宪法中只有关于全国人大主席团的规定①，没有地方人大主席团的规定，但从宪法学理论上可以推断地方人大主席团是符合宪法精神的。目前，规定地方人大主席团的法律性质、地位及其活动的重要法律主要有《中华人民共和国地方各级人民代表大会和地方各级人民政府组织法》《中华人民共和国立法法》《中华人民共和国全国人民代表大会和地方各级人民代表大会代表法》《中华人民共和国全国人民代表大会和地方各级人民代表大会选举法》等等。由于我国现行宪法只是明确了全国人民代表大会常务委员会是全国人民代表大会的“常设机关”②，而地方各级人民代表大会与地方各级人民代表大会常务委员会之间的“组织关系”

---

① 现行宪法涉及全国人大主席团的文本规定共有两处，一处是第61条第2款：全国人民代表大会举行会议的时候，选举主席团主持会议。一处是第74条：全国人民代表大会代表，非经全国人民代表大会会议主席团许可，在全国人民代表大会闭会期间非经全国人民代表大会常务委员会许可，不受逮捕或者刑事审判。

② 1982年《中华人民共和国宪法》第57条规定：中华人民共和国全国人民代表大会是最高国家权力机关。它的常设机关是全国人民代表大会常务委员会。

并没有得到宪法文本的精确定义①，加上其他法律中，“地方人大主席团”在代表地方各级人民代表大会行使宪法和法律职权方面发挥着很重要的作用，所以，“地方人大主席团”实际上与“地方人大常委会”一样，都是代表地方人大行使地方国家权力的“组织机构”。在很多领域，“地方人大主席团”甚至起着至关重要的作用。再如，全国人大主席团与全国人大常委会的关系也没有在相关法律中解释清楚。《全国人民代表大会组织法》第9条规定：全国人民代表大会主席团，全国人民代表大会常务委员会，全国人民代表大会各专门委员会，国务院，中央军事委员会，最高人民法院，最高人民检察院，可以向全国人民代表大会提出属于全国人民代表大会职权范围内的议案，由主席团决定交各代表团审议，或者并交有关的专门委员会审议、提出报告，再由主席团审议决定提交大会表决。从上述条文可以看到，《全国人民代表大会组织法》很显然将“全国人大主席团”视为与“全国人大常委会”一样的国家机构了，作为全国人大的常设机构，“全国人大常委会”在全国人大会议期间的法律地位明显存在法律制度上的缺陷。

总结目前我国有关人民代表大会制度的各项法律规定，在人大制度结构上存在的问题仍然是程序缺乏。最大的程序风险是各级人民代表大会两届人代会之间的法律衔接问题，具体表现为以下几个方面：①在选举产生新一届人代会人大代表后，尚未到期的人大代表如何继续履行代表职务这个问题在现有法律制度上没有很好地回答。以全国人大代表为例，《全国人民代表大会组织法》第1条规定：每届全国人民代表大会第一次会议，在本届全国人民代表大会代表选举完成后的两个月内由上届全国人民代表大会常务委员会召集。第2条又规定：全国人民代表大会常务委员会应当在全国人民代表大会会议举行一个月以前，将开会日期和建议大会讨论的主要事项通知全国人民代表大会代表。第39条还规定：全国人民代表大会代表每届任期五年，从每届全国人民代表大会举行第一次会议开始，到下届全国人民代表大会举行第一次会议为止。分析上述规定可见，《全国人民代表大会组织法》第39条对全国人大代表的任期起止时间规定得是很清晰的，但是由于法律并没有完全明确两届全国人大之间的交接程序，所以，在制度上仍然存在着在下届全国人大举行第一次会议之前，如果发生了无法举行会议的特殊情形，在特殊情形存在期间，在国家体制上，是由上届人大代表组成的全国人大继续履行宪法和法律职责，还是由已当选的下届人大代表来行使宪法和法律职责。这种问题虽然目前只是理论上的，但一旦在实践中

① 1982年《中华人民共和国宪法》第96条规定：地方各级人民代表大会是地方国家权力机关。县级以上的地方各级人民代表大会设立常务委员会。

出现，必然会引发制度危机。②两届人代会权力交接体制存在很多制度空白，甚至存在着诸多不合理的制度设计。例如，在下届人代会举行第一次全体会议听取人大常委会工作报告时，实际上是听取上届人大常委会的工作报告。但在实践中，由于换届的原因，往往在下届人代会举行第一次会议时，上届人大常委会的绝大多数组成人员已经不参加下届人代会第一次会议。而根据法律的规定，作为上届人大常委会组成人员的代表身份在下届人代会第一次会议举行之日就已经届满，所以，在下届人代会第一次会议听取上届人大常委会作工作报告时，实际上在制度上上届人大常委会的组成人员已经很难达到法定的议决事项的人数了，如果下届人代会审查上届人大常委会工作报告要产生一些法律上具有一定效力的决定或表决结论，这样的决定或表决结论的针对性和拘束力就存在“空洞无物”的风险。③由“衡阳贿选事件”反映出来的人大制度设计问题也具有代表性，即不论是全国人大，还是地方人大，都是由人大代表组成的。但目前相关法律法规只是规定了人代会做出决议或决定生效的法定人数，至于组成人代会的人大代表总数至少应当保持在某个百分比才能维持一届人代会的有效存在，这个问题在人大制度设计上根本没有考虑。一般情况下是不会出现上述情形的，但是在战争或严重违法犯罪现象存在的情况下，人代会自身存在的合法性问题就显得相当重要了。国外议会实践中采取了每隔两年轮换三分之一代表的做法，就可以在制度上保证议会始终有三分之二的议员处于工作状态。我国现行人大制度没有设立代表轮换制度，所以，一旦出现组成一届人代会的人大代表出现大幅度变化的情形，就很容易引发制度危机。

究查目前我国人民代表大会制度设计存在的程序缺陷问题，主要的原因还在于我国现行的政治体制本身。也就是说，由于我国实行的党政合一的政治体制，虽然人民代表大会制度在制度层面属于国家的根本政治制度，但在政治生活的实践中，政治权力的运行体系是以执政党对国家生活和社会生活实行政治领导为依托的。因此，只要执政党的组织管理体制始终能够有效地运行，国家制度的运转就不可能出现真正的制度危机。即便像“衡阳贿选事件”这样恶性案件发生导致了组成衡阳市第十四届人民代表大会的绝大多数人大代表离职无法行使职权的情形下，衡阳市地方的政权建设仍然在衡阳市委的领导下有条不紊地进行，在政权运转的实际生活中并没有出现权力真空现象。正是考虑到在实际生活中很难出现各级政权机关无法行使权力的问题，所以，通过宪法和法律建立的根本政治制度即便是在程序建设方面存在着重大缺陷，也不可能导致实践中真正的制度危机的出现。但是，作为基本国家制度，各级人民代表大会毕竟是通过宪法和法律规定行使国家权力的机构，如果因为程序设计的缺陷导致了制度上危机的出现，虽然不会影响政权的稳定，但是由于涉及人数众多，加上法律上的善后处理方法也不到位，所以，也构成了《人民日报》定为的“三个挑战”，是在坚持和发展人民代表大会制度过程中必须面对的制度风险和制度难题。

（三）完善人民代表大会程序制度有助于防范制度风险和危机

现代法治是程序法治，法治的核心价值就是通过公平公正的程序来分配权利义务和社会正义，没有程序意识，就没有法治意识①。没有健全的程序，就不可能有有效的实体法治。人民代表大会制度是我国现行宪法确立的根本政治制度，各级人民代表大会作为各级国家权力机关，依据宪法和法律代表人民行使当家作主的国家权力。要保证人民充分和有效地依托各级人民代表大会行使人民当家作主的权利，除了通过宪法和法律明确赋予公民各项基本民主政治权利之外，通过宪法和法律规定各级人民代表大会的各项宪法和法律职权职责，依据科学和合理的程序来行使国家权力，是各级人民代表大会充分有效地发挥自身国家权力机关作用的重要制度保障。人民代表大会制度同样需要实体法与程序法两种法律制度的保障，如果仅仅关注人民代表大会制度的实体法规定，不重视程序法规定，那么，即便是在宪法和法律文本上已经规定了很多具体的实体制度，但由于缺少相应配套的程序设计，往往导致许多重要的制度长期被束之高阁，无法真正地在实际生活中发挥自身的作用。有鉴于我国现行人民代表大会制度程序法欠缺的问题，并且由于程序缺失导致实践中存在着很多制度风险，甚至在极端情况下出现意想不到的制度危机，有必要从程序法建设的角度，来全面完善我国人民代表大会制度中的程序法制度。具体说，当下，最需要建设的程序制度主要包括以下几个方面：

（1）上下届人代会任期有效衔接程序制度。我国人民代表大会实行的是整体换届制度，这种换届制度的优点是上下届人代会换届一次性完成，上下届人代会的组织系统相互界限比较清晰。存在的问题是下届人代会第一次会议举行期间选举工作完成之前，如果产生了令人无法事先预见的突发事件或紧急状态影响人代会会议举行的，由于上下届人代会正处于交接状态，在法律上可能引发的问题是国家政权机构缺失、国家权力由谁合法行使的问题。为了解决这个问题，实际上通过制度设计赋予下届人代会第一次会议人大主席团在下届人代会选举产生新一届国家机构和国家机构负责人之前暂时行使下届人代会的宪法和法律职权。那么，即便在完成新一届国家机构和国家机构负责人选举之前发生了突发事件或紧急状态影响人代会如期举行会议的，也可以由下届人代会第

---

① 孙洪坤：《程序与法治》，中国检察出版社2008年3月版。

一次会议主席团暂时行使下届人代会的宪法和法律职权，通过做出一系列紧急决定来填补可能出现的“权力真空”，并在条件允许的情形下，尽快恢复举行下届人代会会议，选举产生新一届国家机构和国家机构领导人。

（2）人大常委会与人大主席团职责分工制度。人大常委会作为各级人大的常设机构，在人代会闭会期间其法律地位是非常明确的，问题的关键是在人代会会议期间，由于人代会会议期间由人大主席团主持人代会会议。所以，实际上在人代会期间存在着两个代表人代会的机构。考虑到我国人民代表大会制度本身的特点，人大主席团制度的存在有一定合理性，故在人代会期间，人大常委会应当中止行使人代会的职权，除了可以依据宪法和法律向人代会提请议案之外，不应当以人大常设机构的身份来行使职权，否则就很容易与人大主席团的法律地位相冲突。

（3）人代会法定最低组成人数制度。“衡阳贿选事件”反映出来的一个非常严峻的制度设计缺陷问题就是在总共529名人大代表组成的第十四届衡阳市人民代表大会只剩下8名人大代表合法有效的情形下，第十四届衡阳市人民代表大会如何履行国家权力机关的宪法和法律职责。很显然，8名代表是不可能履职的，问题上是在制度设计上可以接纳的人代会合法存在的最低人数是多少？如果按照人代会对重大事项作出有效决定的法定最低人数的一般选择标准来看，只要有过半数的人大代表依然具有合法的代表资格，就可以在法律上认定人代会依然可以合法有效地存在。但考虑到出席会议的人大代表总是要小于合法有效的人大代表数，所以，60%以上的具有合法代表身份的人大代表的存在可以确保人代会有效履行职权。故在一届人代会仍有不低于60%的合法有效的人大代表存在的情形下，就不应当终止本届人代会的工作，可以采取限定期限补选人大代表的方式来填补人大代表空缺。如果低于60%，就应当由全国人大常委会通过临时决定，通过重新选举的方式，产生人数足够的人大代表继续履行本届人代会的宪法和法律职责。

（4）人大代表罢免启动程序制度。尽管目前《选举法》（2015年修改）专设一章，规定了对代表的监督、罢免、辞职和补选，并且规定了罢免的几种程序，但是，对于由选民直接选举产生的人大代表的罢免却在制度上容易受到县级人大常委会决定的影响。2015年8月29日最新修订的《选举法》第49条规定：对于县级的人民代表大会代表，原选区选民五十人以上联名，对于乡级的人民代表大会代表，原选区选民三十人以上联名，可以向县级的人民代表大会常务委员会书面提出罢免要求。在实践中往往会出现如果选民提出罢免的人大代表本身从事了严重的违法犯罪行为，选民向县级人大常委会提交的罢免要求容易得到批准，如果选民只是以人大代表没有很好地代表选民利益提出罢免要求，这样的罢免要求一般很难得到县级人大常委会的批准。结果导致了许多消极履职、选民不满意的人大代表长期占据代表职务，选民对之无可奈何。拟可在制度设计上对选民提出罢免的情形作出分类，对于以人大代表不认真履职提出罢免的，只要提出罢免要求的选民人数达到选举被提请罢免代表的选民人数的十分之一，选民提出的罢免要求应当自动进入罢免程序，以此制度设计来防范人大代表消极履职无法有效监督的问题。

（5）人大紧急会议制度。虽然我国现行宪法第 61 条规定：全国人民代表大会常务委员会认为必要，或者有五分之一以上的全国人民代表大会代表提议，可以临时召集全国人民代表大会会议。但各级人大的紧急会议制度并没有通过全国人大组织法和地方组织法建立起来，这种紧急会议制度设计的欠缺在实际生活中一般不会产生负面影响或应对危机，但如果在下届人代会第一次会议举行前一天发生了紧急状态，实际上依据宪法规定的人大临时会议制度精神，应当由上届人大常委会提议临时召集人大会议，而出席临时人代会的人大代表应当是上届人代会人大代表，而不应当是下届人代会人大代表。我国现行宪法和组织法对这个问题的重要性没有给予必要关注，必须要在制度设计中进一步加以完善。

（6）人大代表团法定人数制度。根据我国目前选举法、地方组织法和全国人大组织法的相关规定，我国各级人民代表大会的人大代表由直接选举和间接选举两种方式产生。县级以下人民代表大会的人大代表由选民直接选举产生，对选民负责。县级以上人民代表大会的人大代表由下级人民代表大会选举产生。对于由间接选举产生的人大代表组成的人民代表大会来说，通常是由不同的人大代表团组成了召集人大代表出席会议、履行职务的最基本的代表组织。间接选举产生的人大代表的数额也是按照一定的地域特征来分配的。所以，依托间接选举产生的人大代表组成的人民代表大会实际上受到了人大代表团是否能够有效出席人代会的影响。“衡阳贿选事件”反映出来的问题是衡阳市省人大代表团 76 名成员只剩下 15 名成员能否代表衡阳市继续在湖南省人大履行自身的代表职责的问题。如果一个人大代表团无法有效组成，在法律上是否会影响间接选举的人民代表大会合法举行人代会会议。这些问题必须在完善地方组织法的过程中具体加以明确。就一个人大代表团的人数来说，对于整个人民代表大会的议决程序可能不会产生根本性影响，但由于人大代表团反映了间接选举产生的人大代表的“地域特征”，所以，在一个人大代表团不能出席人民代表大会时，应当在制度上推迟人代会会议的召开，在通过选举程序保证人大代表团能够合法有效地出席人代会之后，再继续召开人代会。从人大代表团组成人数的合法性来看，过半数的人大代表可以参加人大代表团活动的，应当视人大代表团在法律上具有组织或团体的议事行为能力。

（7）人大常委会成员人身特权决定许可回避制度。以 2015 年最新修订的《代表法》第 30 条规定的“代表人身豁免权”而言，《代表法》规定：“县级以上的各级人民代表大会代表，非经本级人民代表大会主席团许可，在本级人民代表大会闭会期间，非经本级人民代表大会常务委员会许可，不受逮捕或者刑事审判。如果因为是现行犯被拘留，执行拘留的机关应当立即向该级人民代表大会主席团或者人民代表大会常务委员会报告”。“对县级以上的各级人民代表大会代表，如果采取法律规定的其他限制人身自由的措施，应当经该级人民代表大会主席团或者人民代表大会常务委员会许可。”《代表法》第 30 条的上述规定表面上看是针对所有人大代表确立的“人身豁免权”，但如果区分了作为人大常委会组成人员的人大代表和作为普通人大代表在人大常委会会议上的不同代表职权之后，就可以发现，作为人大常委会组成人员的人大代表如果在人大常委会会议期间需要做出限制人身自由的许可，就可能出现无法排除需要被采取限制人身自由的作为人大常委会组成人员的人大代表亲自参与决定自己是否应当被许可限制人身自由的情形。这种制度上的可能性实际上为作为人大常委会组成人员的人大代表提供了比普通人大代表更加特殊的“法律保护”，甚至基本上可以认定为是一种“法律特权”。故需要在制度上明确规定，县级以上的各级人民代表大会代表，非经本级人民代表大会主席团许可，在本级人民代表大会闭会期间，非经本级人民代表大会常务委员会许可，不受逮捕或者刑事审判。许可涉及做出决定的主席团成员或人大常委会成员的，有关人员应当回避作出与本人相关的决定。

（8）人大代表表决权利平等制度。自从 1979 年 7 月 1 日第五届全国人民代表大会第二次会议通过《关于修正〈中华人民共和国宪法〉若干规定的决议》规定“县和县以上的地方各级人民代表大会设立常务委员会，它是本级人民代表大会的常设机构，对本级人民代表大会负责并报告工作，它的组织和职权由法律规定”以来，地方人大常委会作为地方人大的常设机构，其组成方式和会议形式已经与本级人大代表没有太多的关系，特别是地方各级人大代表除了依据《地方组织法》和《代表法》规定可以参加本级人大会议或者是在人大会议闭会期间参加由本级人大常委会组织的代表活动之外，除地方人大常委会组成人员之外的本级人大普通代表，基本上被排除在本级人大常委会的会议之外，无法对本级人大常委会通过常委会会议行使国家权力的活动来进行有效参与和实施必要的监督。在代表制度上，事实上形成了作为人大常委会组成人员的“人大代表”与不作为人大常委会组成人员的“人大代表”在代表职权和职责方面的差异，特别是在依法享有代表职权方面的“不平等”待遇。这种制度设计与我国人民代表大会制度下的代表制度理论是不相吻合的。1992 年的《代表法》只规定了非人大常委会组成人员的人大代表可以列席人大常委会会议，但列席人大常委会会议的普通人大代表没有作为人大常委会组成人员的人大代表的“表决权”。《代表法》列举了非人大常委会组成人员的人大代表可以列席人大常委会会议的情形，包括第 23 条规定“县级以上的各级人民代表大会代表可以应邀列席本级人民代表大会常务委员会会议。全国人民代表大会代表，省、自治区、直辖市、自治州、设区的市的人民代表大会代表可以应邀列席本级人民代表大会各专门委员会会议”；《代表法》第 24 条规定的“全国人民代表大会代表，省、自治区、直辖市、自治州、设区的市的人民代表大会代表可以列席原选举单位的人民代表大会会议，并可以应邀列席原选举单位的人民代表大会常务委员会会议”。有鉴于普通人大代表参加人大常委会会议无法享有与作为人大常委会组成人员的人大代表一样的代表职权可能引发的代表权利不平等的问题，有必要通过改革地方人大常委会会议制度的方式来解决目前存在于我国人大代表制度中的上述特殊问题。具体方案从改革“应邀列席”制度出发，将普通人大代表被动“应邀列席”人大常委会会议转变为直接选举产生的人大代表 10 人以上联名申请，可以出席本级人大常委会会议；间接选举产生的人大代表 5 人以上联名或一个代表团提议，可以出席本级人大常委会会议。对于申请出席本级人大常委会会议的非人大常委会组成人员的人大代表，10 人以上联名的可以向本级人大常委会提出供审议的议案，出席本级人大常委会会议的非人大常委会组成人员的人大代表的三分之二以上反对的，本级人大常委会不得通过生效的决定或决议。如果在制度上赋予非人大常委会组成人员的人大代表享有出席人大常委会会议的申请权以及对人大常委会作出的决定或决议的实质性的否决权，这就保证了作为非人大常委会组成人员的人大代表与作为人大常委会组成人员的人大代表享有的代表职权的“实质性平等”。而在人大代表中作普通代表与作为人大常委会组成人员的人大代表之分，只是为了解决因人大代表数量过多导致人大常委会无法有效地履行职责的实际问题。

纵观目前的地方人大常委会会议制度设计，由于赋予了作为人大常委会组成人员的人大代表享有超过普通代表的“表决权”和相关的代表权利，虽然人大常委会作为人大的常设机构提高了人大议事工作的效率，但却在制度上形成了作为我国根本政治制度人民代表大会制度所要求的“人民性”欠缺的问题。事实上，各级人大常委会组成人员成了“代表”人民代表的“再代表”。很显然，“再代表”的制度设计与我国人民代表大会制度的本质要求是不相适应的，它在理论上造成地方人大常委会沦为西方代议民主制度下的“代议机构”，地方人大常委会很容易在实践中成为脱离人大代表监督和选民监督的国家机构，为此必须引起有关部门的高度警惕。而在实践中，“人大常委会组成人员的专职化”更是与我国人民代表大会制度的基本原则不相适应的“代议化”改革倾向，呈现出与改进人大常委会会议制度、让人大代表有效地参与人大常委会会议的“平民化”① 制度设计方案相向而行的“贵族化”② 趋势。

> 坚持和完善人民代表大会制度。
>
> 完善国家机构组织法，完善选举制度和工作机制。
>
> ——《中共中央关于全面推进依法治国若干重大问题的决定》

二　保障被选举权的有效实现，进一步完善选举制度③

被选举权作为一项公民的基本政治权利，长期以来，在法理上一直没有真正地从选举权的权利理论中分离出来。事实上，被选举权虽然与选举权具有密切的联系，但是，它是一项独立的政治权利，从权利性质、特征、内容和实现方式等方面都与选举权有着不同的法律意义，要完善我国选举制度，必须要认真地对待被选举权。

被选举权作为公民的政治权利，它所要实现的核心利益是能够担任正式候选人（或正式当选）的资格，能够给选民提供选择的机会，能够有被选举担任公职的资格。由于被选举权的核心是成为正式候选人，而成为候选人的最重要前提就是被提名，因此被提名权成为被选举权最重要的实现方式。

在现代民主社会中，由于实行选举中的普遍原则，因此，在被提名权上所设定的特殊条件的限制被取消了，如社会地位、性别、教育程度、民族和种族背景等等。但是，由于被选举权实行的方式仍然受到选举制度所要追求的政治目标的影响，因此，事实上，年龄、国籍以及区域等因素还会在很大程度上影响被选举权的实现，成为限制被选举权的法定事由。这些限制理由可能在法律上是合法的，但是，在实际生活中可能就是不合理的。如在外国人居住的小区，如果外国人的人口比例占到小区人口的50%以上，那么，小区管理机构如果没有外国人的代表，小区管理机构的管理目标就无法正确地反映小区居民的要求和利益。再如，如果一个城市中外来人口的比例达到50%以上，而在这个城市中的代表机构却因为选举制度的局限，没有任何外来人口的代表，那么，这种代表机构的民主性就会大打折扣。所以，被选举权不能仅仅从公民个人行使权

---

① 巴图：《人大代表“平民化”是一个进步》，《北方周末报》2012年3月15日。

② 庞清涛呼吁对人大代表“贵族化”苗头也要关注。庞清涛：《别让“代表活动”走了样》，《检察日报》2004年5月29日。

③ 本部分的内容参照了笔者指导的王声博士撰写的《被选举权研究》博士后出站报告的观点。

利的制度来认识其保证民主制度的价值功能，更关键的还是要从被选举权所要实行的民主制度的价值目标的角度来认识其功能，所以，被选举权具有集体人权的性质。认识到被选举权的这一特性，就可正确地对待目前我国各级人民代表大会选举中如何保障外来人口的代表权及外国人在小区的被选举权等问题。

被提名权作为被选举权的重要内容，是被选举权中最为重要的权能。如果被提名权存在着制度设计上的瑕疵，那么，尽管选举过程中严格地遵循选举制度所规定的公平和公正的程序，其选举结果也可能是不公正的。

我国目前《选举法》规定了政党、社会团体提名以及选民提名的制度，在被提名阶段，候选人还可以与选民广泛接触，新修改的《选举法》还规定了预选制度，应当说，这些规定对于保证被提名权的充分实现是非常重要的。但是，也要看到，在正式候选人的确认程序上还存在一定的缺陷。选民推荐的候选人往往要比政党、社会团体推荐的候选人入选的可能性要小，候选人之间的竞争性还没有充分地展现出来，所以，必须对被提名程序加以适当改革。目前可以采取的做法是应当允许候选人在介绍自己的时候，可以对其他参选的候选人的施政纲领进行质疑，同时可以组织一定的选举班子来向选民系统地宣传和介绍自己。在基层选举中，尤其是在村民委员会和居民委员会的选举中，应当鼓励选民自我推荐和“海选”，在城市小区，还要注意小区选民的基本构成，让各方面的利益和要求都能通过被提名程序得到充分的反映。

总之，要健全和完善我国的选举制度，除了要重视保障选举权的充分实现之外，对被选举权的理论和实践加以认真地研究具有非常重要的理论意义和实践意义。

（一）被选举权的内涵

关于被选举权的性质，学界有的认为它是选举权的一种，附属于选举权。例如许崇德教授认为：“宪法规定公民的选举权利，是指公民参加人民代表大会代表选举的权利，内容包括：第一，公民有权按照自己的意愿选举人民代表；第二，公民有被选为人民代表的权利；第三，公民有权依照法定程序罢免那些不称职的人民代表。”① 台湾学者许志雄等人认为：“选举权的概念涵括被选举权，是指公民依照法定的程序与方法参与代议机关代表和其他公职人员选举的权能。”② 但一般情况下，学者们对选举权、被选举权是进行分别界定的。如：

---

① 许崇德：《中国宪法》，中国人民大学出版社1989年版，第404页。

② 许志雄、陈铭洋等：《现代宪法论》，元照出版公司1999年版，第223页。

“被选举权是指公民依法享有被选举为代议机关代表和国家机关公职人员的权利。”① 或“被选举权，就是指公民按照法律规定享有的被选为国家代表机关代表或者其他由选举产生的国家机关领导人的权利。”② 抑或“公民参与政治生活并不限于参与对公共事务的决定。每一公民都有权根据自己的意愿依照法定标准并经法定程序，使自身成为公共权利的行使者，从而参与国家权力的运行。这就是担任国家公职的权利。国家公职包括代议机关、行政机关、司法机关的职位，一般称为被选举权。”③ 从基本内涵上来讲，选举权利、选举权、被选举权都是公民的政治权利；从本质属性上来看，三者都是公民的基本权利；从法律特征上来看，三者都是公民的宪法权利。然而，通过分析这些定义，我们不难发现，学者们在对选举权利、选举权和被选举权进行界定时，都没有将它们的内容构成反映出来。实际上，选举权利、选举权和被选举权在内容构成上，都属于复合型权利，即它们都是由若干权利分支构成的权利群或称为权利体系。例如，选举权利包含了选举权和被选举权；选举权包含了资格确认权、提名权、投票自由权、投票代理权、物质保障权、知情权、选举救济权等；被选举权包含了资格确认权、竞选权、隐私权、表达自由、选举救济权等。

笔者也比较赞同将选举权和被选举权区分开来进行表述，主要是由于两者在诸多方面存在区别，同时两者的关系是对应关系。从区别上来看，第一，选举权和被选举权的权利主体是不同的，前者是选民，而后者是符合被选举权资格的公民；第二，选举权和被选举权的权利主体的资格是不同的，一般而言，后者对权利主体的要求要比前者高；第三，选举权和被选举权的权利内容是不能重合的，前者享有的推荐权、投票自由权、知情权不为后者享有；而后者享有的被提名权、竞选权、隐私权等则不为前者享有；第四，选举权和被选举权的实现结果是不同的，前者是权利人选择出其利益代表，而后者是权利人主张自己成为候选人或参与竞选并接受选民的选择。从两者的对应关系方面来看，选举权和被选举权密不可分，它们都是民主政治国家中公民最基本的政治权利，同样来源于人民主权。公民不仅有权利选举他人执掌国家权力，代其行使国家权力，进行国家管理；也有权利被选举进入国家机关担任国家公职、直接行使国家权力，参与国家管理。

因此，在借鉴上述定义的基础上，笔者对被选举权的概念界定如下：被选

① 周叶中：《宪法》，高等教育出版社2000年版，第262页。

② 韩大元、周望舒：《试论被选举权享有一者的资格限制》，载《法制与社会发展》1997年第4期。

③ 李琦：《公民政治权利研究》，载《政治学研究》1997年第3期。

举权是指具有法定资格的公民依照法定的程序与方法被选举为国家代议机关代表和某些国家公职人员时所享有的一系列权利集合。

（二）被选举权的性质

关于被选举权的性质，存在不同的学说和观点，不同的理念往往决定着选举制度的设计和选举权的范围。

第一种观点是固有权利说，又称个人权利说。认为被选举权是公民当然享有的，与生俱来的且不可转让的权利。它属于公民的自然权利，不得任意地被限制与剥夺。固有权利说源于资产阶级革命时期启蒙思想家提出的天赋人权学说、社会契约思想和人民主权理论。他们从自然法的立场出发，主张国家主权属于全体人民，人民为表达他们的公共意志，都有权参与主权的行使。参加选举就是表达意见的一种方式，因此人民应当享有被选举权。固有权利说理论中，因对权利的来源与限制认识不同，又可分为本源权利说和既得权利说。本源权利说认为，作为自然权利的被选举权，无须国家宪法和法律的赋予，也不为国家宪法和法律所剥夺。既得权利说认为，被选举权必须以宪法和法律的形式确认，并依法予以保障。①

第二种观点是社会职务说，又称社会义务说。认为被选举权是国家依据法律赋予公民的一种社会义务。国家基于公共利益的目的授予公民被选举权，要求公民以国家的名义必须行使被选举权。② 从这个意义上讲，被选举权不是公民的权利，而是受国家委托的义务，授予被选举权的公民必须依法履行被选举为国家公职人员的职责，否则应承担不履行社会职责的法律责任。社会职务说的形成主要受到了社会连带主义理论的影响。社会连带主义认为，社会成员之间的依赖性（连带性）是社会生活和政治生活的基本原则，也是法律规范的基础。社会连带关系中的法律主体只能执行因社会地位产生的一定社会职责，履行社会规范赋予的义务。人们的一切社会行为（包括选举活动）都是社会职务的体现，或者说是义务。根据社会职务说，国家可以基于社会利益而规定公民行使职务的相当资格，对被选举权做出必要的限制，如国籍、年龄、住所等。同时公民负有履行所当选职务的义务，不得自行放弃和转让。

第三种观点是权利义务说，又称权利兼职务说。认为被选举权具有权利和义务两种性质。首先，被选举权是宪法和法律赋予公民的权利，该权利不是固有的，而是赋予的。但是被选举权不同于一般的权利，它是为了公共利益而设

---

① 王玉明：《选举论》，中国政法大学出版社 1992 年版，第 43 页。

② 吴大英、任允正、李林：《比较立法制度》，群众出版社 1992 年版，第 87 页。

定的公权利，公民行使选举权也应当为了国家利益和维护公共利益。其次，被选举权也是公民的社会责任或义务。由于选举是以公益为目的，对于公民个人来说，是一种权利性的社会公务。对于国家和社会，则是一种社会责任。被选举权不仅关系到权利享有者的个人利益，而且涉及公共利益。因此，行使被选举权是履行社会公益的职务，公民不宜任意放弃。根据权利义务说，既然被选举权是法律赋予的权利，任何对被选举权的侵犯或疏漏都应获得法律救济；既然被选举权蕴涵着社会职务（义务）性质，则不得转让、委托或放弃。国家必要时可依法采取一定措施对公民的被选举权进行限制，保障社会公益的实现。

以上三种理论从不同的角度诠释了被选举权的法律属性，并且它们都曾经为一些国家设计有关被选举权的制度提供了理论依据。但由于各家学说产生的历史背景不同，因而不可避免地带有时代的印迹和局限性。固有权利说是资产阶级在反对封建的王权神授说和职位世袭制度的过程中形成的思想武器，这种理论对打破封建势力对被选举权的控制，改革限制被选举权的制度起到了积极的推动作用。社会职务说产生于强调个人责任的时代，这种理论有助于促使公众参与政治生活和社会生活，让国家活动更能够体现民意。权利义务说注意到了个人权利与公共利益的统一与协调。但是，不可否认各家学说都难免有其片面性。

马克思主义人权观认为，基本权利是作为构成社会整体的个人，为确保生存和发展，维护其作为人的尊严而享有，并在人类社会中不断形成和发展的权利。被选举权既是人所固有的，同时又是为法律确认和保障的权利，是固有性和规定性的统一。同时，从宪法的发展趋势上看，公民的民主自由权利不断扩大，被选举权的权利的法律属性日趋明显，但是，如果完全取消对被选举权的限制，或把被选举权作为义务加以推行将是难以实现的。因此笔者认为，被选举权的性质应当建立在“权利”基础上，但这种权利在现实社会中不应是绝对的。它是固有性和规定性的统一，基本性和法定性的统一。

首先，被选举权是公民的基本权利，具有固有性，被选举权是公民所固有的权利。基本权利是公民作为社会成员在社会生活中不可缺少的权利。近代宪法确立的人身权利、精神权利和经济权利三大基本权利奠定了现代社会中人的基本权利的基础。被选举权作为基本权利表明它是公民固有的权利，宪法和法律规范只是将公民这一权利予以确认和表述，并加以保障和实施。虽然被选举权在权利的产生、演进和发展中有过被忽视（认为是法律所赋予或创造的）、甚至被曲解（认为是社会责任或义务）的情形，但是当权利观念和权利类型发展到一定历史阶段，被选举权必然被法律规范重新认识并予以确认和保障。基本权利的属性决定了被选举权的平等性和广泛性。

其次，被选举权是法定权利，具有规定性。被选举权是被宪法和法律所确认的权利，确认就是通过宪法性规范对被选举权的内容加以表述和规定。这种表述和规定将被选举权利纳入法律的范畴。其根本目的在于确认和保护被选举权的享有和行使，保障被选举权的不可侵犯性。法定权利的特点排斥了被选举权的绝对性，权利的相对性是限制被选举权的基础。当然，选举权的可剥夺性并不否认选举权的固有性。因为只有在承认选举权是固有权利的前提下，才可能存在剥夺权利的问题，否则只能是取消权利。因为，剥夺的对象是主体的权利本身的固有性，取消的对象是主体的权利的附加性。

再次，被选举权应为公法上的权利。将法律划分为公法和私法是大陆法系国家中公认的基本法律分类。这种分类有很长的历史，最早可追溯到古代罗马法时期。公民担任国家公职的权利（被选举权）是政治权利的一部分，它应当属于“公权利”。每一公民都有权根据自己的意愿依照法定标准并经法定程序，使自身成为公共权力的行使者，从而参与国家权力的运行。被选举权是通过保障公民的被提名权和候选人的当选权来保障公民享有直接参与社会公众事务管理的权利，因此从公民能平等地担任国家公职的性质上看，这属于公法上的权利。它是基于公民担任国家公共职务与国家的关系而成立的。

第四，被选举权是一项独立的权利。人民实现自己的主权，参与国家事务体现为两个方面：一方面，作为公民身份在法律上所享有的参政权，如选举权、被选举权等。这类权利凡具有一定的公民资格的个人，均可依据法律积极行使自己的权利；另一方面，人民基于特定的资格所享有的参与国家公务的权利。这种权利只有具备法定条件时，由国家选任之后，方能担任公职，如应考试权、选任公职权及指任公职权等。因此，相对于作为公民身份的参政权来说，这是特殊的权利。而作为公民身份的参政权各国在法律中都加以规定，但并没有明确其参政权的内容。规定较为明确的是《公民权利和政治权利国际公约》，其第25条涉及的是唯一的政治性权利，也就是参政权，其中规定包括选举权、被选举权与担任公职权。参政权是一国公民行使主权的重要方式。公民通过行使选举权与被选举权，选出自己的代表来执行国家事务，以行使主权，并对所选的代表进行监督。在这个权利体系中，被选举权是与其他权利相平行的，处于参政权的核心地位，它对其他权利的实现具有重要的保障作用。

（三）被选举权的权利内涵

公民的被选举权不是单纯被动地等着选民投票，赞成自己当选为某一公职，而是能够积极主动地参与选举的，通过自己的行为展示自己，让选民对自己有一个充分的认知和良好的判断，从而获得更多的选民投票支持，以使自己能够赢得选举。因此，被选举权的内容包括多个方面，主要有如下几种权利：

1. 资格确认权

资格确认权是指符合某一任职资格的公民通过法定程序主张参与选举，他/她的被选举权即应得到尊重和确认，选举组织机构应允许其参加选举。资格确认权从性质上看，更多地体现为一种主张权，是否最终成为候选人，还取决于其他诸多因素，资格确认权只是使被选举人被提名为候选人成为一种可能，而不是一种必然。根据2015年新修订的《选举法》第31条的规定，中国直接选举的人大代表候选人被提名后，由选民小组讨论、协商，间接选举的人大代表候选人被提名后，由全体代表酝酿、讨论，最终确认正式代表候选人名单。如果经过讨论、协商、酝酿后不能对正式代表候选人形成较为一致意见时，则需要先行预选，并根据预选得票数量多少的顺序，最终确定正式代表候选人名单。

2. 自荐与被推荐权

自荐是人大代表竞选的方式之一，即拥有被选举权的公民通过向选民自荐的方式获得正式候选人的资格。自荐模式是发扬民主的重要形式，扩大了代表候选人提名方式，有利于激发选民参政热情，是制度正义、机会平等的重要体现。如西方资本主义国家议员或总统候选人即实行自愿申报制度，即个人提出申报，党内挑选确定，再以某选区候选人正式提出。在我国也有通过自荐当选人大代表的实例，如姚立法①就是我国大陆第一个以自荐竞选人身份竞选为人大代表的人。虽然竞选之路曲折多波，但最终成功竞选为湖北省潜江市第四届人大代表。成功的例子还有王亮②，在深圳福田区人大换届选举中，以自荐候选人身份击败正式候选人，成为人大代表。自荐选举的模式给选举增加民主竞争的成分，本身也具有相当大的发展空间。因此，自荐选举应得到法律的承认和支持，我们的选举工作应该与时俱进，在法律上给予自荐选举更多的支持。

被推荐则是现行人大代表竞选的主要方式，即具备候选人资格的公民，经过法定程序由法定主体推荐为人大代表候选人的制度。《选举法》第29条第二款规定："各政党、各人民团体，可以联合或者单独推荐代表候选人。选民或者代表，十人以上联名，也可以推荐代表候选人。推荐者应向选举委员会或者大会主席团介绍候选人的情况。"可见，我国代表候选人的推荐方式主要是以共产党、各民主党派和各人民团体联合提名，这比较符合我国的国情，显示了中国选举权利保障制度的特色和优势。对于整个选举过程来讲，推荐环节是选举的

---

① 百度百科．姚立法，参见http：//baike.baidu.com/link？url=0iqbAw25yzme0RurAD08zdAyw Apxslz-kGO-HJaTuW0WPItutf3t-TcY5n2dT5-B1qd4i9552savmoQl6IicCxa，2016年1月24日最新访问。

② "深圳福田区人大代表举行换届选举独立候选人王亮直接参选高票胜出"，《中国青年报》2003年5月21日。

最初的，也是最重要的阶段，它的存在有着重大的意义。

3. 竞选权

竞选权是指被选举权人组织竞选机构、开展竞选活动的权利，主要表现为被选举权人享有表达政治观点的权利，享有为了竞选的目的而在选区内自由行动的权利。在实践中，候选人一般都具有政党背景，代表某一政党参加选举。所以，在选举中，政党承担着重要的职责，组织专门负责的选举机构，开展宣传活动，服务选举活动。现代社会选举制度一个重要的发展趋势是政党在选举中的作用逐渐弱化，候选人自身的作用慢慢凸显，形成一种“以候选人为中心”的选举形势。在美国，自 20 世纪 40 年代至 70 年代后期，候选人在选举制度中占主导地位。职业性竞选人员和政治顾问的出现使候选人能够雇用政党以外的职业人员帮助自己竞选。随着科技的发展，借助高科技的传媒，选民能够充分了解候选人，候选人也可以便捷地与选民交流，对选民进行动员。[①] 候选人可以利用现代传媒如网络、电视、报纸等与选民展开直接对话，向选民宣传自己，候选人的个人的政策主张、人格品质成为决定选民投票倾向的因素。如在德国 2002 年的议会选举中，有调查表明，50%的选民对竞选的内容根本不关心，而倾向于根据个人因素做出选择，在媒体作用的影响下，甚至有人认为选举是在选总理而不是选议员。[②] 在我国，被选举权人的竞选权并没有得到充分的行使。2015 年新修订的《选举法》第 33 条规定：“选举委员会或者人民代表大会主席团应当向选民或者代表介绍代表候选人的情况。推荐代表候选人的政党、人民团体和选民、代表可以在选民小组或者代表小组会议上介绍所推荐的代表候选人的情况。选举委员会根据选民的要求，应当组织代表候选人与选民见面，由代表候选人介绍本人的情况，回答选民的问题。但是，在选举日必须停止代表候选人的介绍。”这一规定首次为选民和候选人直接接触提供了制度条件，但是并没有为加强选举的竞争性进行更多规定。明确规定选民能够在法律规定的范围内采取各种措施宣传自己的政策主张，应是我国选举法进一步完善的方向。

竞选权要得到充分行使需要稳固的物质保障，这就必然使竞选权包含有获得公共财政支持的权利和自行筹集选举经费的权利。正如西谚所言“金钱是政治的母乳”，任何选举都需要一定的成本。我国选举法规定选举经费由国库开支。西方国家的选举经费虽然主要来自于候选人的募集，但政府亦给予一定的支持。如法国 1993 年制定的有关预防腐败、增加政治透明度的法律规定，国民

---

① 谭融：《美国利益集团政治研究》，中国社会科学出版社 2002 年版，第 111 页。

② 连玉如、王瑞贺：《德国联邦议会研究》，载王晓民：《国外议会研究文丛》（第二辑），中国财政经济出版社 2003 年版，第 113 页。

议会议员候选人的选举活动如果符合一定的条件，即可由国家报销竞选经费上限的50%（其选举经费的上限为：25万法郎加上该候选人所在选区所有居民人数乘以1法郎所得总和）。还有些国家，如德国，国家在选举中按一定标准向政党提供选举经费，虽然不是直接针对候选人，但这种资助实质上还是使候选人获得了来自于国家的公共财政支持。由于选举经费的不断上涨，仅凭国家的财政支持已远远不能满足选举的需要。因此，西方各国均允许候选人自己或其所属政党进行募集选举经费。虽然不加限制的政治捐款和急剧上升的选举经费使本应由民意决定的选举结果在一定程度上受到经费的影响，但候选人通过向选民宣传政治主张赢得选民的信仰从而获取一定的捐款对于保证候选人的竞选权具有积极的意义。但对候选人自行募集选举经费，要积极加强立法对其进行规范，以保障选举活动公正有效。①

4. 当选确认

当选确认是指有权机关根据选票计算的结果依据当选规则对当选效力进行确认的制度。当选确认的内容主要包括两个方面：一是根据选票计算的结果，依据当选规则锁定当选人；二是对当选人的当选资格进行审查和确认。当选人的当选资格被确认符合法律规定时，选举管理机关即可对选举结果予以宣布。例如，2015年新修订的《选举法》第45条规定："选举结果由选举委员会或者人民代表大会主席团根据本法确定是否有效，并予以宣布""当选代表名单由选举委员会或各人民代表大会主席团予以发布"。在投票选举模式下，投票结束以后，即进入选举结果的确定程序。代表候选人以"两个过半数"当选。一方面，全体选民过半数参加投票，选举有效；每次投票所投的票数多于投票人数的无效，等于或少于投票人数的有效。另一方面，代表候选人获得参加投票的选民过半的选票才能当选。若获得过半数选票的代表候选人的人数超过应选代表名额时，以得票多的当选；如遇有相等不能确定当选人时，应当就票数相等的候选人重新投票，以得票多的当选；当获得过半数选票的当选代表的人数少于应选代表的名额时，不足的名额应当根据第一次投票时得票多少的顺序，并按法定差额比例确定候选人名单（若只选一人，候选人应为二人），进行另行选举，以得票多的当选，但得票数不得少于三分之一。选举结果由选举委员会依法确定是否有效，并予以宣布。

---

① 近日，中国台湾地区领导人马英九深陷"选举门"，一些媒体报道，马英九在2012年选举中筹集的选举经费未用完的部分去向不明，而且也未报税，可能面临贪污的指控。《马英九涉顶新政治献金案扩大回顾事件始末》，大公网，参见 http：//zy. takungpao. com/2015/0114/182166_ 2. html，2016年1月25日最新访问。

5. 救济权

有权利必有救济，没有救济就没有权利。一种无法诉诸法律保护的权利，实际上根本不能称之为权利。人类的权利自始就是与救济相联系的，当人类脱离了盲动或依附而获得了一定的权利时，也必有与之相应的救济手段相随，没有救济可依的权利是虚假的。被选举权的救济，在本质上是一种权利，当被选举权人行使被选举权受到侵害或被选举权行使的结果不能表达和反映其意志的时候，从法律上获得自行解决或请求司法机关及其他机关给予解决的权利，作为主权利的一种辅助权利，它是选举权主体所取得的一种合法权利。在功能方面，它是被选举权实现的保障，通过冲突的解决，为权利的实现提供一种程序化的机制。从逻辑的角度来看，被选举权救济的产生或起点必须以原有的实体的被选举权利受到侵害为基础，被选举权救济的结果或终点是选举冲突或纠纷的解决，即通过救济的程序使作为原权利的被选举权得以恢复或实现。

（四）建立选举诉讼制度，保护公民的被选举权实现

1. 设立专门的选举诉讼管辖机关

从世界各国的立法经验来看，设立专门的选举诉讼处理机关如选举法院或选举法庭来管辖选举诉讼案件都取得了不错的效果，并且在我国也是可行的。首先，无论是设立选举法院还是选举法庭，都不会突破我国现有的宪政体制，有利于法律体系的稳定性。我国现行宪法第 124 条规定："中华人民共和国设立最高人民法院、地方各级人民法院和军事法院等专门人民法院。"而《中华人民共和国人民法院组织法》第 2 条则规定了中华人民共和国的审判权由地方各级人民法院、军事法院等专门人民法院、最高人民法院行使。我国已经设立了军事法院、海事法院和铁路法院三种专门法院分管不同性质的案件，若在宪法规定基础上再设立选举法院是完全可行的，需要的只是全国人大常委会作出一个专门的决定。若在各级法院内部设立选举法庭更是没有任何法律障碍。《人民法院组织法》第 24 条第二款、第 27 条第二款都规定，"中级人民法院、高级人民法院，除设刑事审判庭、民事审判庭、经济审判庭外，根据需要可以设立其他审判庭。"第 31 条第二款规定："最高人民法院设刑事审判庭、民事审判庭、经济审判庭和其他需要设的审判庭。"其次，设立专门的选举诉讼处理机关，有利于实现选举裁判机关一定程度上的专业化与专门化，若设立选举法院还能体现出选举裁判机构的独立性与权威性。

当然，从我国的现实国情出发考虑，在已有的人民法院基础上设立专门的选举法庭操作可行性更强。一则，设立专门的选举法庭并不需要动用太多的人力物力，可以充分发挥我国现有审判资源的效用；二则，通过一定时期选举诉

讼案件审判经验的积累，出于民主法制建设的需要，可以在此基础上设立选举法院或宪法法院专门管辖选举诉讼案件，条件更为成熟。因此，短期内，在中级以上各级人民法院内部设选举法庭，管辖人大代表选举和其他公职选举中产生的选举诉讼案件。待我国违宪审查制度真正建立起来时，再设立宪法法院或选举法院，或将选举诉讼案件交由其他违宪审查机构管辖更为稳妥。

2. 违法选举行为的立法规制

（1）候选人的违法选举行为。人大代表所具有的政治光环，并且其“职务”头衔能够带来一定的经济利益，促使一些候选人使用各种手段极力争取能够当选人大代表，甚至包括贿选和使用暴力、威胁、欺诈等违法手段。候选人的违法选举行为具体表现为：①以财物或其他利益贿赂选民和选举组织的工作人员，如对选区内的社团或财团捐款以期获取选票，或者设宴招待选民以影响其投票；②以暴力或利用职务便利威胁、利诱、限制选民投票，妨碍选民自由行使选举权；③伪造或非法持有选票；④侮辱、诽谤其他候选人，如通过一些手段在报刊上刊登不利于其他候选人的文字、图片等；⑤雇人游说拉票；⑥其他违法选举行为。我国 2006 年至 2007 年的换届选举中就发生多起选举违法事件。如 2006 年 6、7 月份，吉林省长春市县党委换届期间，时任市委副书记的田忠利利用分管干部工作的职务便利，收受巨额贿赂。2006 年 10 月，浙江省永康市人大换届期间，某村党支书记为了当选市人大代表，先后向周边的村干部行贿 10 余万元，请他们帮助拉票，同时还通过村老年协会向部分村的 60 岁以上的村民送现金，进行拉票。最严重的“湖南衡阳贿选事件”中，不仅参与贿选的人数创历史之最，涉案金额达到了令人咋舌的 1 亿元人民币。故贿选问题已经严重影响到公民的被选举权的正常行使。

（2）选举组织及其工作人员的违法选举行为。选举组织及其工作人员的违法选举行为可按照选举工作的程序进行区分，主要包括：选举准备工作中，选民登记工作出现失误，如错登、漏登选民的情况；不依法划分选区和分配代表名额，擅自扩大代表名额或为照顾领导当选任意划分选区等；提名协商推荐代表候选人阶段，利用职权妨碍、阻止选民联名推荐候选人或者包办候选人推荐工作，剥夺选民的知情权。在 2003 年广州市人大代表换届选举时，一位因涉嫌违法违纪已经被“双规”的广州国企老总当选广州市人大代表的事件就暴露出我国选举程序中诸多亟待解决的问题。选举过程中，代填选票、篡改选票或者滥用职权、妨碍选民行使选举权，或者在计票前私自掺入选票以影响选举结果，甚至故意错误地计算选票，或者纵容不合格的选民参加投票等。如《人民日报》曾报道 2001 年重庆市巴南区二圣镇进行人大代表换届选举过程中，某选区一个投票点的工作人员在选民不知情的情况下，代填了 279 名选民的 276 张选票，引起选民强烈不满的事件；此外，由于人大代表政治光环的强烈吸引力，出于利益驱使，不少金钱贿选的违法行为也相继浮出台面。选举组织及其工作人员接受候选人或助选人的贿赂也成为相对严重的违法选举行为之一。如山西某县在人大选举县长过程中，某副县长候选人就给其中 3 位人大代表行贿，企图登上县长宝座。“湖南衡阳贿选事件”中，涉案的选举工作人员达到了 68 人之多，情形触目惊心。为此，明确违法选举规制，有利于明确违法者和追究违法者的法律责任，更能够保证违法行为得到有效的制止与制裁，以最终实现对公民选举权和被选举权的保障。

3. 拓宽选举诉讼的受案范围

我国的选举诉讼受案范围过于狭窄，不仅缺乏对选区划分、选民登记、候选人的确定、选民投票、当选计票（计票失误）等关系到选举结果的问题的救济，也缺乏对选举无效及当选无效这两种类型的选举诉讼的规定。尽管 2015 年修订后的《选举法》第 45 条规定：“选举结果由选举委员会或者人民代表大会主席团根据本法确定是否有效，并予以宣布。”但是，选举委员会或人民代表大会主席团作为选举工作的组织者，本身可能就会成为违法选举行为的主体。我们并不能保证在选举活动中所发生的违法选举行为不会影响选举结果的公正性和合法性。此时如果剥夺公民对选举结果质疑、提出司法救济的权利，实际上也就在某种程序上限制了公民选举权和被选举权的完全实现。因此，在遵循我国宪法规定的基础上，修改现行选举法的相关规定或直接制定《中华人民共和国选举诉讼法》，将选举无效之诉和当选无效之诉也纳入到我国选举诉讼的受案范围中，允许公民或候选人对选举结果提起司法救济，以便更好地保障公民或代表的选举权和被选举权的实现。

4. 重新定位提起选举诉讼的主体

我国选举法、民事诉讼法和刑法已经规定了选民资格诉讼和破坏选举罪的诉讼。有的学者提出选民资格案件的主体确定失当，认为无论是中国公民或是外国人都可以提起选民资格诉讼，对其他社会团体是否可以提起诉讼也没有明确规定。① 笔者并不赞同此种观点，尽管《选举法》第 28 条仅是规定“对于公布的选民名单有不同意见的，可以向选举委员会提起申诉，申诉人如果对处理决定不服，可以在选举日的五日以前向人民法院起诉”，并没有限制提起诉讼的主体。但是，《民事诉讼法》第 164 条却将提起选民资格诉讼的主体严格限制为公民。因此，并不存在上述学者提出的疑虑。关于破坏选举罪的诉讼，由于我国将此类诉讼纳入刑事诉讼的范围，提起诉讼的主体为人民检察院。建议将此

---

① 焦洪昌：《选举权的法律保障》，北京大学出版社 2005 年版，第 177 页。

类诉讼也移交给专门的选举诉讼管辖机关管辖，并将提起该类诉讼的主体扩大到公民或社会团体等。另外，各国都对提起选举无效之诉和当选无效之诉的主体作了一定的限制，如日本法律规定选区内的任何选举人或公职候选人都可以提起有关选举效力的诉讼，而只有未当选的候选人才能提起有关当选效力的诉讼，而英、美等国规定得较宽泛。鉴于选举诉讼不仅是对公民个人选举权的救济，也是对民主政治的维护与保障，选举诉讼本身就具有公益诉讼的特点，因此，宽泛设置提起选举诉讼的主体的范围，更有利于维护选举主体的合法权益。

5. 完善对选举违法行为的处罚

世界各国在长期的选举实践中，都在不断地探索防止、减少违法选举行为的办法，各国的基本经验之一就是对于破坏选举的违法行为，应当施以严厉而有效的制裁。[①] 然而，我国无论是选举法或是刑法，对选举违法行为的处罚都不尽如人意。前文中也提到，在我国人民日益重视选举权的同时，选举违法行为越来越频繁，不仅是选民、候选人会成为选举违法行为的主体，选举工作的组织者也有可能为了谋求私利而妨碍公民自由行使选举权，或是破坏选举活动的公正性。因此，可借鉴国外的先进立法经验，按照主体标准对选举违法行为进行分类，并分别予以制裁。另外，从世界许多国家对选举犯罪的制裁看，除了人身罚外，多数规定了财产罚，有的还规定可以剥夺选举权。我国对违法选举行为的制裁也可采用人身罚、财产罚、行为罚及精神罚四罚并重，以切实保障公民的选举权，促进国家民主政治的发展。

2014 年 6 月 17 日，中共湖南省委发布了《中共湖南省委关于巡视整改情况的通报》（以下简称《通报》），该《通报》对“衡阳贿选事件”涉案当事人作出了初步处理，《通报》披露：针对中央巡视组反馈的问题，湖南省委按照中央要求依法依纪、严肃处理衡阳破坏选举案。目前，已依法终止 596 人（含具有县人大代表资格的大会工作人员）、749 名省、市、县（市、区）人大代表资格，分两批给予 466 人党纪政纪处分，第一批 409 人已下达处分决定，其中涉及厅级干部 18 人、处级干部 139 人，第二批将于 6 月底处理到位。此外，加大司法处理力度，湖南省检察机关立案侦查 68 人，其中 50 人已侦查终结移送起诉[②]。上述《通报》是目前能够公开获得的有关衡阳贿选事件涉案当事人承担相关法律责任的最新的资料来源，后续的措施肯定还会不断推出。但从完善选举法律制度、保障公民被选举权的角度来看，对衡阳贿选事件涉案当事人的法律处理，目前还应当立足于选举法和刑法的规定。1997 年现行宪法涉及选举权、

① 焦洪昌：《选举权的法律保障》，北京大学出版社 2005 年版，第 186 页。

② 《湖南贿选案新进展 50 人被诉 18 厅官获处分》，《第一财经日报》，2014 年 6 月 18 日。

被选举权和选举制度的有两个条文。一是第256条关于破坏选举罪的规定，该条规定："在选举各级人民代表大会代表和国家机关领导人员时，以暴力、威胁、欺骗、贿赂、伪造选举文件、虚报选举票数等手段破坏选举或者妨害选民和代表自由行使选举权和被选举权，情节严重的，处三年以下有期徒刑、拘役或者剥夺政治权利"。一是第54条第（一）项的规定，即剥夺政治权利首先包括剥夺"选举权和被选举权"。现行《刑法》对于破坏选举行为的"刑罚"设定虽然严厉性不够，但完全符合选举制度的要求。第256条规定破坏选举的行为，可以单独判处"剥夺政治权利"，结合现行《刑法》第54条第（一）项的规定，剥夺政治权利包括剥夺"选举权和被选举权"。故对衡阳贿选事件涉案当事人来说，不论其在破坏选举行为中承担的是何种角色，其行为的客观后果都是对选举制度的严重破坏和侵犯，对于这种违法犯罪行为的惩处，简单的人身罚和财产罚并不一定起到应有的威慑作用，对违法犯罪涉案当事人加大剥夺政治权利的处罚力度，让这些违法犯罪者不得再有机会涉足公职选举领域，让他们通过实施破坏选举的违法犯罪行为想要得到的"不法利益"永远也得不到，这样的惩罚应当更具有"精准性"。此外，根据《选举法》的规定，构不成刑事责任的，还应当按照治安管理处罚法的规定进行相应的行政处罚。特别重要的是，如果通过新闻媒介将这些破坏选举的违法犯罪分子依法应施加的行政处罚、剥夺政治权利的刑事处罚向社会公众公布出来，尽管人数多，但却能受到实实在在的教育效果和警示作用。所以，对"衡阳贿选事件"涉案当事人的后续法律处理，一定要严格依法办事，才能产生制度上应有的权威。

完善纠错问责机制，健全责令公开道歉、停职检查、引咎辞职、责令辞职、罢免等问责方式和程序。

——《中共中央关于全面推进依法治国若干重大问题的决定》

三　完善人大代表辞职制度

（一）人大代表辞职制度法律规定的状况及特点

代表制度是作为我国根本政治制度的人民代表大会制度的重要组成部分。根据我国人民代表大会制度的基本原则，各级人民代表大会作为各级国家权力机关，由人民选出的人民代表组成，由人民代表代表人民行使当家作主的国家权力。因此，从代表制度与人民代表大会制度的逻辑关系来看，没有人民代表的产生，就不可能组成人民代表大会，故在逻辑时序上应是现有代表制度，后有基于代表制度产生的人民代表大会制度。而人民代表在制度上又是基于选举程序产生的，故代表制度与选举制度的关系应是选举制度在先，代表制度在后。我国的代表制度的形成大致上也遵循了上述选举制度、代表制度和人民代表大会制度三者之间的关系。但是，由于我国直至1992年才制定了《代表法》[①]，故在《代表法》出台之前，我国的代表制度相对于选举制度和人民代表大会制度来说，并没有形成完整的制度体系，只是通过《选举法》《地方组织法》和宪法的相关规定形成了一定形式与内容相结合的代表机制。例如，作为新中国第一部《选举法》的1953年《选举法》[②] 和1954年宪法都涉及了人民代表的相关规定，但是没有形成完整的代表制度。

作为代表制度的重要组成部分代表辞职制度，在产生的时序上更是落后于代表制度。1953年《选举法》和1954年的《地方各级人民代表大会和地方人民委员会组织法》[③] 都涉及了代表职务变更的规定，1953年选举法涉及了代表的撤换，1954年的《地方各级人民代表大会和地方人民委员会组织法》赋予了代表职务变更制度更多的内涵，涉及代表的罢免、撤换和补选，但是上述两部涉及代表机制的法律都没有确立代表辞职制度。1954年宪法强调了对人民代表的“监督”，涉及“撤换”代表相关事项，但也没有明确代表辞职制度。1954年宪法第38条规定：全国人民代表大会代表受原选举单位的监督。原选举单位有权依照法律规定的程序随时撤换本单位选出的代表。第61条又规定：省、直辖市、县、设区的市的人民代表大会代表受原选举单位的监督；不设区的市、市辖区、乡、民族乡、镇的人民代表大会代表受选民的监督。地方各级人民代表大会代表的选举单位和选民有权依照法律规定的程序随时撤换自己选出的代表。由此可见，在代表制度设计之初，代表职务变更中并没有包括“辞职”，代表一旦被选民或选举单位选上，只有认真履行职务，不得以任何理由辞职，如果不称职，可以被罢免或撤换。代表本人缺少制度上的职务变更选择权。

1979年修订的《选举法》[④] 和《地方组织法》基本上沿袭了1953年《选举法》和1954年《地方组织法》关于代表制度的相关规定，唯一有所进步的是

---

① 1992年4月3日第七届全国人民代表大会第五次会议通过，根据2009年8月27日第十一届全国人民代表大会常务委员会第十次会议《关于修改部分法律的决定》第一次修正；根据2010年10月28日第十一届全国人民代表大会常务委员会第十七次会议《关于修改〈中华人民共和国全国人民代表大会和地方各级人民代表大会代表法〉的决定》第二次修正；2015年8月29日，第十二届全国人大常委会十六会议第三次修正。

② 1953年2月11日中央人民政府委员会第二十二次会议通过，1953年3月1日中央人民政府公布施行。

③ 1954年9月21日第一届全国人民代表大会第一次会议通过。

④ 《全国人民代表大会和地方各级人民代表大会选举法》制定于1953年，1979年重新修订，其后经过1982年、1986年、1995年、2004年、2010年、2015年共6次修正。

1979 年《选举法》单设一章第九章，规定“对代表的监督、罢免和补选”。其中第 40 条规定：全国和地方各级人民代表大会的代表，受选民和原选举单位的监督。选民或者选举单位都有权罢免自己选出的代表。罢免代表，由选民直接选出的，须经原选区过半数的选民通过；由各级人民代表大会选出的，须经各该级人民代表大会过半数的代表通过，在代表大会闭会期间，须经常务委员会过半数的委员通过。被罢免的代表可以出席上述会议或者书面申诉意见。罢免的决议，须报送上一级人民代表大会常务委员会备案。第 41 条规定：任何公民或者单位对违法乱纪或者严重失职的代表，都可以提出罢免的要求。公民或者单位要求罢免代表时，可以向各级人民代表大会常务委员会提出。受理机关必须及时组织调查，并应听取被指控代表的申辩。对代表的指控经查证属实后，提交原选区或者原选举单位罢免。第 42 条又规定：代表在任期内，因故出缺，由原选区或者原选举单位补选。县级以上的地方各级人民代表大会闭会期间，可以由本级人民代表大会常务委员会补选上一级人民代表大会代表。根据上述规定，1979 年《选举法》实际上确立了代表职务变更制度的几项内涵，即罢免制度和补选制度。相对于 1953 年《选举法》来说，“撤换代表”被“罢免代表”所代替，对代表的“监督”程序更加严厉。1982 年《选举法》修订时增加了地方各级人民代表大会人民代表在任期内迁出或调离本行政区域，代表资格自行终止的事项，由此丰富了代表职务变更制度的内容。1986 年《选举法》首次规定了代表辞职制度，该《选举法》第 41 条规定：全国人民代表大会代表，省、自治区、直辖市、设区的市、自治州的人民代表大会代表，可以向选举他的人民代表大会的常务委员会提出辞职。由此可见，我国的代表辞职制度经过了将近 33 年的时间才成为代表职务变更的一项重要内容。这说明，随着我国人民代表大会制度的不断完善，作为人民代表大会制度重要组成部分的代表制度也得到了立法的高度重视，代表制度的完整性和科学性得到了决策层的高度重视，代表制度由原来附属于选举制度和人民代表大会制度的“代表机制”逐渐发展成为具有完整和独立形态的法律制度。

代表辞职制度是伴随着《代表法》的出台而真正形成和完善的。1992 年 4 月 3 日第七届全国人民代表大会第五次会议通过的《中华人民共和国全国人民代表大会和地方各级人民代表大会代表法》第 41 条规定：代表有下列情形之一的，其代表资格终止：①地方各级人民代表大会代表迁出或者调离本行政区域的；②辞职被接受的；③未经批准两次不出席本级人民代表大会会议的；④被罢免的；⑤丧失中华人民共和国国籍的；⑥依照法律被剥夺政治权利的。上述规定具有两个方面的意义，一是将代表辞职正式确认为“代表资格终止”的一种情形，通过法律条文明确了“代表职务变更制度”的存在，二是对辞职规定了“接受”的要求，这意味着“辞职”不仅仅是1986年《选举法》所倡导的代表单方面行为，而且是相关代表机构必须“接受”的双方合意认可行为。在1992年《代表法》关于代表辞职相关规定的要求基础上，1995年修订的《选举法》则对代表辞职的程序作了较为详细的规定，使得代表辞职完全成为一种程序化，具有程序保障的代表职务变更制度。1995年选举法第49条规定：全国人民代表大会代表、省、自治区、直辖市、设区的市、自治州的人民代表大会代表，可以向选举他的人民代表大会的常务委员会书面提出辞职。县级的人民代表大会代表可以向本级人民代表大会常务委员会书面提出辞职，乡级的人民代表大会代表可以向本级人民代表大会书面提出辞职。第50条又规定：县级以上的各级人民代表大会常务委员会组成人员，全国人民代表大会和省、自治区、直辖市、设区的市、自治州的人民代表大会的专门委员会成员，辞去代表职务的请求被接受的，其常务委员会组成人员、专门委员会成员的职务相应终止，由常务委员会予以公告。乡、民族乡、镇的人民代表大会主席、副主席、辞去代表职务的请求被接受的，其主席、副主席的职务相应终止，由主席团予以公告。及至2010年的《选举法》通过时，代表辞职制度得到了该法的高度重视，在第十章明确规定了“对代表的监督和罢免、辞职、补选”，至此，“辞职”成为与“罢免”“补选”具有同等重要意义的代表职务变更制度。2010年《选举法》对“代表辞职制度”作了比较完善的规定，使得代表辞职的程序更加清晰和易于操作。该法共有两个条文涉及了代表辞职。一是第52条，该条款规定：全国人民代表大会代表，省、自治区、直辖市、设区的市、自治州的人民代表大会代表，可以向选举他的人民代表大会的常务委员会书面提出辞职。常务委员会接受辞职，须经常务委员会组成人员的过半数通过。接受辞职的决议，须报送上一级人民代表大会常务委员会备案、公告。县级的人民代表大会代表可以向本级人民代表大会常务委员会书面提出辞职，乡级的人民代表大会代表可以向本级人民代表大会书面提出辞职。县级的人民代表大会常务委员会接受辞职，须经常务委员会组成人员的过半数通过。乡级的人民代表大会接受辞职，须经人民代表大会过半数的代表通过。接受辞职的，应当予以公告。二是第53条则进一步明确规定：县级以上的各级人民代表大会常务委员会组成人员，全国人民代表大会和省、自治区、直辖市、设区的市、自治州的人民代表大会的专门委员会成员，辞去代表职务的请求被接受的，其常务委员会组成人员、专门委员会成员的职务相应终止，由常务委员会予以公告。乡、民族乡、镇的人民代表大会主席、副主席，辞去代表职务的请求被接受的，其主席、副主席的职务相应终止，由主席团予以公告。与1995年《选举法》相比，2015年现行《选举法》对代表辞职被接受的公告程序作了明确要求，体现了代表辞职制度本身对正当程序提出的法律要求。

总之，代表辞职制度随着我国代表制度的不断健全而逐渐加以完善的，代表辞职制度属于代表职务变更制度的重要事项，是代表职务变更的重要环节，对于有效地解决人民代表在履职中可能出现的履职能力缺陷或者是履职困难给予了充分的现实关注，很好地适应了我国人民代表履职活动的实际需求，因此，代表辞职制度成为近年来我国代表制度运行中使用比较多、效果比较明显的一项代表制度。

（二）人大代表辞职制度存在的法理问题和实践问题

尽管代表辞职制度在我国现行《选举法》中已经作为代表职务变更的一项明确制度肯定下来，并且与罢免代表、代表补选制度相并行，但是，无论是在法理上，还是在实践中，仍然存在着许多需要认真加以深入研究的问题。

1. 从法理上来看，主要是以下几个方面的问题需要从理论上进一步加以论证。

一是辞职制度与罢免制度的关系。从代表职务变更制度发展的历史来看，我国的代表职务变更制度在 1953 年《选举法》最初的设计中只是立足于“撤换”，而“撤换”的理念是与“人民代表人民选、人民代表为人民”的代表观密切相关的。在“撤换”的理念下，代表职务中，选举代表的选民和原选举单位占据主动权，而被选民或原选举单位选出的“人民代表”只能将“代表职务”作为自己的一项无条件履行的“法律义务”，只能干好，不能干坏。干好了如同连任 12 届全国人大代表的山西籍全国人大代表申纪兰一样，[①] 干得不好就要被选民或原选举单位“撤换”。在这种代表与选民或原选举单位的相互关系上，担任人大代表的人是处于法律上的“被动”状态的，特别是与“撤换”相并行的“罢免”制度，在 1954 年地方组织法将“撤换”与“罢免”相并列之后，人大代表所承担的法律责任和道德义务的水准是相当高的。在 1986 年代表辞职制度正式出现在法律条文之后，特别是 1995 年《选举法》明确代表辞职要“被接受”，这就意味着代表辞职制度实际上赋予了人大代表基于某种原因辞去代表职务的“权利”，当然这种“权利”是受到相关人大机构“接受”的条件限制的。如果代表提出“辞职”，相关人大机构“不予接受”，这样的辞职也不可能生效。因此，在法理上就存在着如果受理人大代表提出辞呈的人大机构认为人大代表提出辞职存在“规避罢免”风险的情形，就会产生因为受理辞呈的人大机构把关不严，而让本来应当通过“罢免”程序终止代表职务的人大代表通过辞职

① “榜样的力量——党员干部风采录：申纪兰”，参见中国共产党新闻网，http：//cpc. people. com. cn/GB/64093/64104/158494/9501802. html，2016 年 1 月 25 日最新访问。

“被接受”的方式，达到“大事化小、小事化了”的目的。因此，人大代表辞职的“被接受”标准和结果实际上与“罢免”制度密切联系的，但现有的法律规定并没有将这种情形单列出来加以规范，法理上存在明显的缺陷。

二是辞职制度与补选制度的关系。辞职与补选的关系，在法理上本来是比较清晰的。通常按照《选举法》所确立的各级人大代表的构成方式，在保持每届人大代表数量总体规模不变的情形下，一旦出现人大代表辞职“被接受”的情形，人大代表职位“空缺”的问题就需要通过补选方式来加以解决。2015 年新修订的《选举法》第 56 条第一款规定了这一原则：代表在任期内，因故出缺，由原选区或者原选举单位补选。不过与被“罢免”不同的是，被“罢免”的代表通常是具有违法犯罪行为或者是严重失职的，个人的政治“声誉”已经通过“罢免”行为被彻底否定了，或者说被选民或原选举单位彻底“抛弃”了。但提出辞职“被接受”的人大代表往往是自己主动提出“辞呈”的，在法理上没有细化的问题就是，如果在补选之前，提出辞职被“接受”的人大代表又表现愿意“复职”，或者是选民或原选举单位在补选中仍然选举辞职“被接受”的人大代表继续担任人大代表，这种情形在法律上是否要加以限制并没有明确的法律规定。也就是说，提出辞职的人大代表继续担任人大代表的资格是否要受到法律上的限制，受到何种限制，这种限制对区域和时间上的要求是什么，这些问题在法理上似乎没有很深入地讨论，需要今后结合补选实际认真加以研究。

三是辞职制度与代表监督制度的关系。目前我国的《选举法》《代表法》是将代表辞职与代表监督并列加以规定的，2010 年《选举法》第十章明确规定了“对代表的监督和罢免、辞职、补选”，但从该章的条文设计来看，至少在法理上还没有完全甄别清晰辞职制度与监督制度之间的关系。“罢免”与“监督”通过“和”加以并列，但“辞职”和“补选”是与“监督和罢免”相并列的，这种表述方式容易产生“辞职”是与“监督”完全相并列的事项。这就在制度上留下了“辞职”可以规避“监督”的巨大漏洞。如在“湖南衡阳贿选事件”中，衡阳市第十四届人民代表大会总计 529 名人大代表中，有 512 人存在“受贿”问题，平均每人受贿金额在 20 万元左右，按照现行刑法规定的受贿罪量刑标准，都属于可以判处无期徒刑以上刑罚的严重刑事犯罪行为，但这 512 名受贿的人大代表都以“辞职”方式①比较体面地离开了人大代表岗位，本来应当承担

① 2013 年 12 月 29 日《人民日报》第 2 版发表的《湖南严肃查处衡阳破坏选举案件》的“要闻”对“衡阳贿选事件”作为以下角度的报道和述说：湖南省人大常委会 2013 年 12 月 27 日至 28 日召开全体会议，对在衡阳市十四届人大一次会议期间，以贿赂手段当选的 56 名省人大代表，依法确认当选无效并予以公告。衡阳市有关县（市、区）人大常委会 12 月 28 日分别召开会议，决定接受 512 名收受钱物的衡阳市人大代表辞职。

的“罢免”责任被简单地规避了，这不能不说这样的处理方式是在制度上钻了“辞职”制度的漏洞。

总之，当下代表辞职制度在理论上存在着诸多需要加以认真研究的问题，这些问题的存在既有代表辞职行为法律性质上认定的模糊，也有制度设计中对辞职与罢免等等相互关系的混淆①，只有在法理上重新作出细致的缕析，才能使代表辞职制度发挥更好的制度功能。

2. 从代表辞职在实际中发生的情况来看，主要问题是“代表劝辞制”现象如何在制度上加以规范。

近来，在基层人民代表大会制度的实践中，产生了代表本人不一定愿意但有关人大机构积极规劝代表辞职的“代表劝辞制”现象。所谓“代表劝辞制”，即当人民代表离开了原选区的居住地、迁往本行政区域内的其他地方常年居住和工作的，因不能有效地履行代表职责，而由该代表所在的地方人大劝其辞职，以便地方人大更好和更有效地开展工作。据报道，2006年7月，江苏省灌南县的22名县人大代表被劝辞职②，这一数字占全县人大代表总数的近十分之一，这一全国罕见的事件引起了社会广泛的关注。这22名代表全部是近年由乡镇调进县城工作的。人大代表从乡镇进入县直机关后，如何处理与选民的互动关系，促进地方经济发展，已成为人大制度与时俱进的重要课题。

对“代表劝辞制”，目前社会各界反映不一样，有赞同的，也有反对的。从我国现行宪法所确立的人民代表大会制度的基本精神来看，“代表劝辞制”虽然针对实际中出现的因职务变动而导致人民代表与原选区的选民缺乏联系的现象，可以解决一些燃眉之急。但是，从代表制度的性质来看，实践中这种做法又是值得商榷的，不宜轻易地加以推广，必须要认真研究，区分情形，特别是要区分直接选举和间接选举所产生的人大代表法律性质以及代表性之间的价值差异。

首先，这种做法缺少明确的法律依据。众所周知，人民代表大会制度是我国的根本政治制度，而代表制度又是人民代表大会制度的重要组成部分。作为基本的政治制度，人民代表的产生、法律地位、活动、权利义务、法律责任等等一系列问题都必须由规范代表制度的基本法律《代表法》来规定，如果《代表法》没有规定，在实践中，一般不适宜搞创新。最简单的法律依据就是代表

① 2010年新修订的《代表法》则在第五章“对代表的监督”来规定代表辞职问题。

② 《江苏：22名县人大代表被劝辞职》，《成都商报》2006年7月4日，参见http：//news.sohu.com/20060724/n244407702.shtml，2016年1月25日最新访问。

制度是一种国家制度，必须由国家法律加以规范。如果地方立法任意改变代表制度的基本规则，就会削弱代表制度的正当性基础，人民代表大会制度的统一性就会受到破坏。很显然，目前的《代表法》缺少关于“代表劝辞制”的规定，一些地方人大在实际中劝辞代表的做法，不论基于何种原因，在法律上都很难找到充分的正当性依据，所以，应当慎重而为。

其次，根据我国现行宪法和《代表法》《组织法》等法律的规定，人民代表是基于法定的选举程序选举产生的，在法律性质上，人民代表既是民意的代表，也是社会公共利益的代言人。人民代表的产生、活动以及职务变动等，都必须充分反映民意，经过民主程序来加以确认。人民代表是一种特殊的法律职务，除非代表本人不愿意担任代表，并且经过法定的程序，征得选民同意，才能终止代表职务；或者是代表有严重的违法犯罪行为，由选民依据法定程序加以罢免，否则，任何组织和个人，包括人大及其常委会本身，都不得随意通过各种方式暗示或者是强迫代表辞去代表职务。为什么连人大及其常委会也不能随意终止代表职务呢？这是由代表制度的民主性决定的。在我国，各级人大是由人民代表组成的，没有人民代表就没有人大，这表明了人民通过人民代表对人大的民主监督作用。因此，由人民代表组成的人大本身无权随意终止代表职务，除非符合法律规定的条件。如果人大可以随意终止代表职务，在代表制度理论上就无法防范一部分代表利用这一制度来将与自己意见相左的另一部分代表从人大机构中清理出去。所以，代表不能决定代表的职务变更，这是代表制度赖以建立的一项重要民主原则。

最后，关于代表职务的变更，我国现行的《代表法》有比较明确的规定，应当严格按照代表法规定的条件，根据《宪法》《选举法》《组织法》等具体法律的相关规定来实行代表职务的变更。现行《代表法》第五章专门规定了“停止执行代表职务和代表资格终止”，其中，第 40 条规定：代表有下列情形之一的，暂时停止执行代表职务：①因刑事案件被羁押正在受侦查、起诉、审判的；②被依法判处管制、拘役或者有期徒刑而没有附加剥夺政治权利，正在服刑的。前款所列情形在代表任期内消失后，恢复其执行代表职务，但代表资格终止者除外。第 41 条规定：代表有下列情形之一的，其代表资格终止：①地方各级人民代表大会代表迁出或者调离本行政区域的；②辞职被接受的；③未经批准两次不出席本级人民代表大会会议的；④被罢免的；⑤丧失中华人民共和国国籍的；⑥依照法律被剥夺政治权利的。根据《代表法》的上述规定，很显然，目前在一些地方人大采取的“代表劝辞制”是不符合法律要求的。例如，仅仅因为县人大代表从农村到县城工作，但没有离开本行政区域，就要劝其辞职，实质上不符合《代表法》所规定的“迁出或者是调离本行政区域”的终止代表职务的法定条件。

总之，在对待代表职务变更这个问题上，一定要把握好两个界限，一是要有法律依据，符合法定条件；二是要有民意基础，符合民主程序。如果偏离了这两个最基本的正当性依据，那么，即便是实践中的创新做法可能会在某些方面给人大工作带来一些便利，但这种做法对制度所产生的负面和消极影响是不容忽视的，应当引起地方各级人大的高度关注。当然，更加值得警惕的是，一些地方人大对于本来应当通过“罢免”程序来彻底否定某些具有违法犯罪行为的人大代表的政治声誉的情形，为了达到“捂盖子”和息事宁人的目的，采取了劝说“有问题”代表辞职的办法，导致了许多本来应受到法律严厉惩罚的人大代表通过代表辞职程序获得了“逃之夭夭”的机会，这种现象无疑会损害代表辞职制度的威信，损害人民代表大会制度的形象，必须要通过完善制度设计来加以杜绝。[1]

（三）完善人大代表辞职制度的几点建议

根据我国目前代表辞职制度在理论上和在实践中出现的问题，特别是近年来各级人大代表辞职数量逐年增加的现象，有必要从制度层面来全面和系统地规范人大代表辞职问题，从而为代表辞职的具体实践提供更加有效的制度保障。尤其是为了贯彻落实党的十八届四中全会通过的《全面推进依法治国决定》所规定的“责令辞职”“引咎辞职”的要求，具体而言，可以从以下几个方面来考虑进一步完善代表辞职制度：

1. 将代表辞职制度作为一项独立的代表制度通过立法加以规范

从法理和实践两个角度来看，代表辞职制度应当是代表制度中的一项重要内容，它赋予了人大代表在履行代表职务中更大的自主决定权，无论是履行其他公务导致履行代表职务能力和条件下降，还是因为个人原因不愿意继续担任人大代表。只有将辞职确定为人大代表的一项权利，才能真正保证人大代表自身履职的素质。人大代表对履职有了法律上的选择权，就可以在制度上避免产生“指派代表”或者“强迫性代表”，当然也能够有效防范“终身代表”现象的存在。事实上有些连续多届担任人大代表却又不能很好履职的人，更多的时候是本人不愿意当代表，但组织上或者是职务上有需求不得不保留一个代表职务应对相关社会事务或满足日常工作需要。要在制度上将代表辞职制度化和规

---

① “湖南衡阳贿选事件”中接受行贿的518名衡阳市第十四届人民代表大会代表就是接受上级人大机构的建议被“劝辞”的，但这种“劝辞”存在规避法律所规定的监督人民代表的“罢免”程序和价值的嫌疑和风险。

范化，一是可以由全国人大常委会制定关于代表辞职的专项规定，为代表辞职提供具体和系统的法律依据，二是可以修改《代表法》[①]，在《代表法》中专列一章，规定代表辞职制度，将代表辞职制度从"对代表的监督"中单列出来，赋予人大代表以更多的选择权，就可以将代表制度上升到一项常态的国家制度的层面来保证其有效运行。故应从提高代表制度的效率角度来不断改进代表辞职制度，使其更好地适应人大代表履职情形的需要。

2. 进一步通过立法明确代表辞职制度适用的对象与条件

根据现行《选举法》和《代表法》的有关规定以及人大工作的实际需要，一般情况下，拟将下列对象列入应辞去代表职务的范围：①调离原选区或原选举单位，不能参加本选区有关代表活动或代表小组活动，不便于执行代表职务的[②]；②担任乡镇党委书记、人大主席、乡镇长的县人大代表调至县直单位或其他部门工作，不利于人代会期间乡镇代表团正副团长人选产生的；③担任乡镇党政主要领导和人大主席职务的县人大代表改任非领导职务或退休，不便于人大工作开展的；④因健康原因不能正常执行代表职务的；⑤因职务调整、工作变动或其他原因失去代表性，不利于人大工作开展的[③]；⑥对于职务或工作变动离开原选举单位行政区域的全国人大代表，特别是那些在科研、咨询机构工作，由上级机关协商产生的，可以继续保留代表职务不一定要辞职，只需要在法律程序上增减一下不同行政区域的参加全国人大的代表人数就可以，这样仍然最大限度地实现推选这些全国人大代表最初的目标继续有效地在全国人大代表工

---

① 2015年8月29日第十二届全国人大常委会十六次会议第三次修改《代表法》时并没有考虑这个问题。

② 以湖北省襄阳县（现更名为襄州区）为例，1999年年初，县人大换届共选出第十四届县人大代表392名，到2000年1月，县人大代表调出原选区43人，担任乡镇党政主要领导职务的县人大代表调县直部门或其他地方任职的14人，担任乡镇人大主席职务的县人大代表改任非领导职务或退休的16人，11名任县人大代表的乡镇党委副书记不再兼任人大主席职务。上述代表职务变动或调离原选区后，因代表名额的限制，新任乡镇党政领导和人大主席都不能及时补选为县人大代表，造成了四种不利影响：一是各乡镇代表分布不均，不利于代表工作的开展。有的乡镇十七八名代表，有的乡镇只有四五名。二是由于有的乡镇党政主要负责人和人大主席都不是县人大代表，县人代会期间，无合适人选出任代表团正、副团长，使代表团无法开展正常工作，不利于开好人代会。三是根据工作需要，乡镇人大主席一般都兼任本行政区域内县人大代表组组长职务。由于新任乡镇人大主席不是县人大代表，不能兼任组长职务，也就不便于组织县代表开展活动。四是代表调离原选区后，很难参加原选区代表级的活动，不便于联系原选区选民或原选举单位，不利于有效履行代表职务，也不利于接受原选区选民或者原选举单位的监督。可见，实行代表辞职制度是十分必要和迫切的。罗杰：《关于实行人大代表辞职制度的探讨》，正义网，2008年5月27日，参见http://review.jcrb.com/zyw/n618/ca377340.htm，2016年1月25日最新访问。

③ 以上观点参考罗杰：《关于实行人大代表辞职制度的探讨》，正义网，2008年5月27日，参见http://review.jcrb.com/zyw/n618/ca377340.htm，2016年1月25日最新访问。

作机制中实现；⑦对于刑事犯罪嫌疑人或者由充分证据表明可能存在犯罪嫌疑的人大代表提出的辞职申请不予受理；⑧对于原选区选民或原选举单位正在酝酿予以罢免的人大代表提出的辞职申请不予受理。

3. 进一步完善人大代表辞职的程序

实行代表辞职制度必须按照严格的程序进行，应当通过进一步修改和完善《代表法》的方式来完善一些代表辞职的主要程序，对于直接选举产生的县级人大的人大代表应当明确下列程序，包括：①基于直接选举产生的人大代表的代表性质，由县级人大常委会代表工作机构根据代表变动情况和工作需要，提出辞职代表建议名单，供原选区参考；②建议辞职的代表名单由县级人大主任会议讨论研究；③报县级人大同级党委同意；④与代表本人谈话，提出辞职建议；⑤代表本人提出书面辞职申请；⑥代表资格审查委员会审查；⑦县级人大常委会会议听取并审议代表资格审查委员会的审查报告，表决通过接受代表辞职的决定；⑧进行公告；⑨补选缺额代表[①]；⑩接受辞职代表本人的申诉意见等等。

对于间接选举产生的人大代表，其提出辞职的程序应当包括：①基于间接选举产生的人大代表的代表性质，由县级以上人大常委会代表工作机构受理人大代表提出的辞职申请；②提交县级以上人大代表资格审查委员会审查；③县级人大常委会会议听取并审议代表资格审查委员会的审查报告，表决通过接受代表辞职的决定；④报上级人大常委会备案并进行公告；⑤将“接受”辞职的决定正式通报提出辞职的人大代表；⑥补选缺额代表[②]；⑦香港、澳门特别行政区全国人大代表提出辞职的，直接向全国人大代表资格审查委员会提出；⑧军队选出的全国人大代表提出辞职的，直接向全国人大代表资格审查委员会提出；⑨上级人大常委会可以向下级人大常委会提出符合法律条件的应辞职的人大代表名单；⑩同时担任直接选举产生的人大代表提出辞去间接选举产生的人大代表职务的，受理辞职申请机构同时向提出辞职申请的人大代表的相关直接选举人大机构通告辞职申请公告情况等等。

总之，我国的代表辞职制度亟待在理论和实践上进一步加以健全和完善，应不断地认真总结代表辞职制度在实际生活中运行所存在的问题，并结合选举制度和人民代表大会制度改革的各项具体要求，有效地运用立法手段，才能真正地建立起具有中国特色的代表辞职制度。

---

① 以上观点参考罗杰：《关于实行人大代表辞职制度的探讨》，正义网，2008年5月27日，参见 http：//review. jcrb. com/zyw/n618/ca377340. htm，2016年1月25日最新访问。

② 以上观点参考罗杰：《关于实行人大代表辞职制度的探讨》，正义网，2008年5月27日，参见 http：//review. jcrb. com/zyw/n618/ca377340. htm，2016年1月25日最新访问。

第四章　健全和完善司法制度

加强对全面推进依法治国统一领导、统一部署、统筹协调。

党委要定期听取政法机关工作汇报，做促进公正司法、维护法律权威的表率。

各级人大、政府、政协、审判机关、检察机关的党组织要领导和监督本单位模范遵守宪法法律，坚决查处执法犯法、违法用权等行为。

政法委员会是党委领导政法工作的组织形式，必须长期坚持。各级党委政法委员会要把工作着力点放在把握政治方向、协调各方职能、统筹政法工作、建设政法队伍、督促依法履职、创造公正司法环境上，带头依法办事，保障宪法法律正确统一实施。政法机关党组织要建立健全重大事项向党委报告制度。加强政法机关党的建设，在法治建设中充分发挥党组织政治保障作用和党员先锋模范作用。

——《中共中央关于全面推进依法治国若干重大问题的决定》

一　加强党对司法工作的领导制度建设

当前，在围绕着如何贯彻党的十八届四中全会通过的《全面推进依法治国决定》关于司法改革的各项要求问题上，有关司法独立的话题又引起了学术界和社会舆论的广泛关注。其中一个最突出的问题就是执政党与司法的关系。考察这个问题，必须从中国的政治国情和制度规范角度出发，不能毫无根据地乱开药方。

关于司法的问题，近年来学术界的争论很多，围绕着司法公正一题，产生了各种有关司法制度改革的建议。其中，最突出的是要按照法治原则来规范司法公正，保证司法工作能够“依法进行”。但是，从我国目前现行的政治制度来看，司法问题并不完全是法律问题，很多都属于由执政党的政策来调整的政治问题。因此，加强司法工作，保证司法公正，更需要强调加强党的领导，充分发挥执政党在指导司法工作中的作用。

（一）我国的司法政策是由执政党确定的

中华人民共和国成立以后，我国的司法制度和司法工作的总体思路和格局是由执政党确立的。早在1949年2月28日中共中央就发布了《关于废除国民党的六法全书与确定解放区的司法原则的指示》，该指示明确规定："在无产阶级领导的工农联盟为主体的人民民主专政政权下，国民党的六法全书应该废除。人民的司法工作，不能再以国民党的六法全书为依据，而应该以人民的新的法律作依据。在人民新的法律还没有系统地发布以前，应该以共产党政策以及人民政府与人民解放军所已发布的各种纲领、法律、条例、决议作依据。目前，在人民的法律还不完备的情况下，司法机关的办事原则，应该是：有纲领、法律、命令、条例、决议规定者，从纲领、法律、命令、条例、决议之规定；无纲领、法律、命令、条例、决议规定者，从新民主主义的政策。同时，司法机关应该经常以蔑视和批判六法全书及国民党其他一切反动的法律法令的精神，以蔑视和批判欧美日本资本主义国家一切反人民法律、法令的精神，以学习和掌握马列主义——毛泽东思想的国家观、法律观及新民主主义的政策、纲领、法律、命令、条例、决议的办法，来教育和改造司法干部。只有这样做，才能使我们的司法工作真正成为人民民主政权工作的有机构成部分，只有这样做才能提高我们司法干部的理论知识、政策知识与法律知识的水平和工作能力，只有这样做，才能彻底粉碎那些学过旧法律而食古不化的人的错误的和有害的思想，使他们丢下旧包袱，放下臭架子，甘当小学生，重新从马列主义——毛泽东思想及我们的政策、纲领、命令、条例、决议学起，把自己改造成为新民主主义政权下的人民的司法干部。只有这样，他们才能够为人民服务，才能与我们的革命的司法干部和衷共济，消除所谓新旧司法干部不团结或旧司法人员炫耀国民党的六法全书和自高自大的恶劣现象"。该指示特别强调："在人民新的法律还没有系统地发布以前，应该以共产党政策以及人民政府与人民解放军所已发布的各种纲领、法律、条例、决议作依据"。很显然，根据该指示，执政党的政策应当被视为"司法工作"的指南和依据。党对司法工作的领导权从中华人民共和国成立前夕就已经确立了，这一点是毋庸置疑的，没有任何证据表明这一原则在今天已经过时或者是不再适用。

（二）历部宪法没有将司法问题作为法律问题加以确认

在讨论司法改革的过程中，许多学术观点都强调要将司法工作全面纳入法治的轨道，这种看法实际上是没有吃透和正确地理解我国目前法律制度的基本特征。从制度层面来看，司法问题不属于宪法问题，在"依宪司法"原则尚未确立的大背景下，司法问题尚不能完全放到法治的框架中来评价。考察中华人民共和国成立以后我国制宪的总体情况，只有1949年9月29日颁布的《中国人民政治协商会议共同纲领》涉及了“司法问题”。该《共同纲领》第17条规定：废除国民党反动政府一切压迫人民的法律、法令和司法制度，制定保护人民的法律、法令，建立人民司法制度。第19条第二款规定：人民和人民团体有权向人民监察机关或人民司法机关控告任何国家机关和任何公务人员的违法失职行为。但是共同纲领也没有明确“人民司法机关”究竟包括了哪些国家机关，采用的是比较抽象的概括性表达。而从1954年宪法开始，中间经过1975年宪法、1978年宪法、1982年宪法，1982年宪法也进行了四次修改，但纵观58年的“制宪”历史，司法概念并没有在宪法文本中得到确认，这不能简单地解释为制宪者的疏忽，更不能将实践中存在的司法现象错误地归纳为“不合宪”，正确的看法是“司法问题”不属于我国宪法调整的范围，而是由执政党的政策直接加以指导的。这一原则是从1949年2月28日中共中央发布的《关于废除国民党的六法全书与确定解放区的司法原则的指示》就已经确立了，我国的司法工作，涉及面广、影响大，远远超出了奉行立法、行政和司法“三权分立”原则的资本主义司法制度的司法内涵，是具有鲜明的体现执政党执政特点的社会主义类型的司法活动。在我国，也不存在立法机关、行政机关和司法机关三者之间的“三权分立”权力配置机制，国家权力机关由人民选举产生，对人民负责，受人民监督。国家行政机关、国家审判机关和国家检察机关由国家权力机关产生，对国家权力机关负责，受国家权力机关监督。各级人民代表大会及常设机关作为各级国家权力机关，其行使的国家权力的性质是综合性的，包括宪法解释、法律解释、特定问题调查和审查违宪违法案件等职权，都属于“司法”的基本内涵，重大的法律纠纷和争议的解决并不是由审判机关独立完成的。司法工作从总体上来看，是由各级党委来领导的，司法工作的范围涉及公安、民政、监狱管理、劳改劳教、检察、法院等等政法领域，许多问题的解决是由执政党的政法机关来统一协调和最终做出决定的，这一点与实行三权分立国家的狭义上的“司法”完全不一样。

（三）我国的司法工作是由党的一系列政策文件来调整的

目前在实践中，我们所从事的司法工作，直接的依据是执政党的政策，特别是中华人民共和国成立后历次党的代表大会的文件。以党的十二大以来的历次党代会的重要文件为例，党的十二大工作报告没有出现“司法”一词，党的十三大报告正式提出了“司法机关”的概念和加强“司法”的理念。赵紫阳在《沿着有中国特色的社会主义道路前进》工作报告中指出：“我们必须一手抓建设和改革，一手抓法制。法制建设必须贯串于改革的全过程。一方面，应当加强立法工作，改善执法活动，保障司法机关依法独立行使职权，提高公民的法律意识”。这里已经提及“保障司法机关依法独立行使职权”。上述规定实际上是对执政党的各级党组织提出的要求。党的十四大报告没有提及“司法”概念。党的十五大报告对“司法”概念有了进一步深化，提出了“司法工作”“司法改革”“司法机关”和“司法队伍”的概念，执政党关于“司法问题”的认识逐渐系统化。党的十六大报告完整提出了“司法体制”的概念，并且专项阐述了“司法体制改革”问题。江泽民在《全面建设小康社会，开创中国特色社会主义事业新局面》工作报告中指出：“推进司法体制改革。社会主义司法制度必须保障在全社会实现公平和正义。按照公正司法和严格执法的要求，完善司法机关的机构设置、职权划分和管理制度，进一步健全权责明确、相互配合、相互制约、高效运行的司法体制。从制度上保证审判机关和检察机关依法独立公正地行使审判权和检察权。完善诉讼程序，保障公民和法人的合法权益。切实解决执行难问题。改革司法机关的工作机制和人财物管理体制，逐步实现司法审判和检察同司法行政事务相分离。加强对司法工作的监督，惩治司法领域中的腐败。建设一支政治坚定、业务精通、作风优良、执法公正的司法队伍”。党的十七大工作报告则进一步深化了党的十六大工作报告关于加强司法体制改革的司法工作精神，提出了完善司法制度、优化司法职权和规范司法行为的要求，从而在更加科学和规范的意义上确立了“司法工作”的政策依据。胡锦涛在党的十七大报告中强调指出：“深化司法体制改革，优化司法职权配置，规范司法行为，建设公正高效权威的社会主义司法制度，保证审判机关、检察机关依法独立公正地行使审判权、检察权”。党的十八报告将“公正司法”作为与“科学立法”“严格执法”和“全民守法”相并提的社会主义法治建设新的“十六字方针”，司法工作在法治工作中的重要性得到了进一步体现。

可以说，改革开放以来，如果说党的十三大报告首先肯定了“司法工作”的合理性和重要性的话，党的十六大和十七大报告则比较科学、系统和完整地描述了我国司法制度的构成、司法工作的基本政策要求以及司法体制改革的目标，自此，执政党指导下的司法工作得到了全面的政策保障。

因此，总结上述各项政策、法律规定，可以肯定地说，我国当下的司法工作是在执政党的政策指导下进行的，而司法体制改革也需要执政党的权威保障，只有坚持党对司法工作的大胆领导和正确指导，司法工作才能真正实现“司法为民”和“司法公正”的目标。党的十八届四中全会通过的《全面推进依法治国决定》明确提出：党的领导是全面推进依法治国、加快建设社会主义法治国家最根本的保证。必须加强和改进党对法治工作的领导，把党的领导贯彻到全面推进依法治国全过程。并且着重强调：政法委员会是党委领导政法工作的组织形式，必须长期坚持。各级党委政法委员会要把工作着力点放在把握政治方向、协调各方职能、统筹政法工作、建设政法队伍、督促依法履职、创造公正司法环境上，带头依法办事，保障宪法法律正确统一实施。政法机关党组织要建立健全重大事项向党委报告制度。加强政法机关党的建设，在法治建设中充分发挥党组织政治保障作用和党员先锋模范作用。2015 年 1 月 7 日，中共中央总书记、国家主席、中央军委主席习近平在中央政法工作会议上发表重要讲话。对于加强党对司法的领导，习近平总书记明确指出：要正确处理坚持党的领导和确保司法机关依法独立公正行使职权的关系。各级党组织和领导干部要支持政法系统各单位依照宪法法律独立负责、协调一致开展工作。党委政法委要明确职能定位，善于运用法治思维和法治方式领导政法工作，在推进国家治理体系和治理能力现代化中发挥重要作用。

当然，贯彻落实党的十八届四中全会通过的《全面推进依法治国决定》关于司法体制改革的精神和各项要求，司法工作最终也需要从整体上纳入法治的范畴，这里的前提条件就是首先要修改现行宪法，明确增加司法机关、司法职权等概念，才能依据宪法的规定，将司法工作全面纳入法治轨道。依据依宪治国的原则，进一步确立“依宪司法”的理念，在坚持党的领导前提下，不断地增强司法制度自身的活力，保证每一个公民在每一个案件中都能感受到公平正义，不论是在理论上，还是在实践中，都有许多问题需要认真加以研究，司法体制改革必须在建设中国特色社会主义法治体系的框架内来有序推进，必须要体现中国特色社会主义法治道路的特点，必须立足于中国的司法国情，才能有所突破、有所作为。

完善司法体制，推动实行审判权和执行权相分离的体制改革试点。完善刑罚执行制度，统一刑罚执行体制。改革司法机关人财物管理体制，探索实行法院、检察院司法行政事务管理权和审判权、检察权相分离。

最高人民法院设立巡回法庭，审理跨行政区域重大行政和民商事案件。探索设立跨行政区划的人民法院和人民检察院，办理跨地区案件。完善行政诉讼体制机制，合理调整行政诉讼案件管辖制度，切实解决行政诉讼立案难、审理难、执行难等突出问题。

改革法院案件受理制度，变立案审查制为立案登记制，对人民法院依法应该受理的案件，做到有案必立、有诉必理，保障当事人诉权。加大对虚假诉讼、恶意诉讼、无理缠诉行为的惩治力度。完善刑事诉讼中认罪认罚从宽制度。

完善审级制度，一审重在解决事实认定和法律适用，二审重在解决事实法律争议、实现二审终审，再审重在解决依法纠错、维护裁判权威。完善对涉及公民人身、财产权益的行政强制措施实行司法监督制度。检察机关在履行职责中发现行政机关违法行使职权或者不行使职权的行为，应该督促其纠正。探索建立检察机关提起公益诉讼制度。

明确司法机关内部各层级权限，健全内部监督制约机制。司法机关内部人员不得违反规定干预其他人员正在办理的案件，建立司法机关内部人员过问案件的记录制度和责任追究制度。完善主审法官、合议庭、主任检察官、主办侦查员办案责任制，落实谁办案谁负责。

加强职务犯罪线索管理，健全受理、分流、查办、信息反馈制度，明确纪检监察和刑事司法办案标准和程序衔接，依法严格查办职务犯罪案件。

——《中共中央关于全面推进依法治国若干重大问题的决定》

二　完善司法组织管理体制

2013年11月12日中国共产党第十八届中央委员会第三次全体会议通过的《中共中央关于全面深化改革若干重大问题的决定》对“司法体制改革”提出了原则性要求。该决定规定：“深化司法体制改革，加快建设公正高效权威的社会主义司法制度，维护人民权益，让人民群众在每一个司法案件中都感受到公平正义”。2014年10月23日十八届四中全会审议通过的《中共中央关于全面推进依法治国若干重大问题的决定》对“司法管理体制”提出了几项重大改革措施，包括“改革司法机关人财物管理体制，探索实行法院、检察院司法行政事务管理权和审判权、检察权相分离”；“最高人民法院设立巡回法庭，审理跨行政区域重大行政和民商事案件。探索设立跨行政区划的人民法院和人民检察院，办理跨地区案件”，以及“健全公安机关、检察机关、审判机关、司法行政机关各司其职，侦查权、检察权、审判权、执行权相互配合、相互制约的体制机制”等方面。为了准确地理解《全面推进依法治国决定》关于司法体制改革的精神要领，从理论上为即将到来的司法体制改革提供思路清晰、依据充分的改革方案，必须要认真研究司法体制改革涉及的基础理论问题，本书将重点讨论司法体制改革的一项重要议题“司法管理体制改革”的正当性及改革的大方向问题，以期对当下正在进行的司法体制改革顶层设计提供一点学术上的参考建议。

（一）我国司法管理体制的现状及特点

司法是国家专门机关将宪法和法律适用于具体的案件解决法律矛盾和纠纷的体现国家意志的国家权力活动。司法最重要的制度功能就是适用法律，运用法律来解决具体的法律矛盾和纠纷。司法在最狭义上被仅仅理解为法官的适用法律的活动。[①] 司法在国家权力活动体系中具有非常重要的地位，与立法、执法、法律监督、法律遵守、法律教育等等共同构成了现代法治社会国家权力依法运行的制度基础。由于司法处于一个国家法治运行的最终环节，因此，司法通常被称为守卫法治原则、保障人权的最后一道制度防线。司法的最大制度特征是司法活动解决的是一个个具体问题，司法在法制建设中的主要功能是保障“具体法治”的实现。

一个国家的司法体制是由司法管理体制和司法运行体制构成的。司法管理体制主要解决的是司法机关如何设置以及如何配置司法权力；司法运行体制主要涉及司法机关在运用司法权力解决具体案件的法律程序和法律机制。司法管理体制是国家司法权力配置、组织和运行的机制和制度，其中司法机关的法律性质和法律地位如何确定，上下级司法机关之间的相互关系，司法人员如何产生和履行职务，司法职权如何设定和配置，司法功能如何得到充分和有效地发挥等等，是司法管理体制的重要制度内涵。司法管理体制在一个国家的司法体制中具有基础性的建构作用，有什么样的司法管理体制，就有什么样的司法运行体制；司法运行体制运转不畅，主要的原因往往都来源于司法管理体制的设计缺陷。所以，只有不断地改革和完善司法管理体制，才能保证司法机关有效地行使司法权力，并通过司法活动来正确地适用法律，保障公民的权利。

我国现行的司法管理体制是在长期的司法实践活动中不断总结经验产生的，许多司法管理制度带有非常明显的时代特征和探索及改革的性质，目前存在的主要问题是司法管理体制的“法律依据”不足，主要是依靠执政党的司法政策来指导，在国家基本宪法和法律制度与司法管理体制之间还需要建立一定的制度关联，司法管理体制的法律性质和法律地位也需要通过法律文本的形式加以明确。总体上来看，我国现行司法管理体制存在着政策主导、检审为主体、以人民代表大会制度为依托的实用主义特色，许多与司法管理体制相关的基本法律关系需要进一步加以澄清。

1. 我国的司法管理体制沿袭了革命根据地时期人民司法制度的特点

早在中华人民共和国成立前夕由王明起草的《中共中央关于废除国民党的

---

① 《牛津法律大辞典》该辞典虽然没有“司法”词条，但却有描述“司法”性质的派生性词条“司法的”。该辞典对“司法的”（judicial）解释为：关于法官的术语，在很多情况下区别于“立法的”“行政的”，在另外一些情况下，区别于“司法以外的”，后者指不经法院处理以及没有法官干预的处理。很显然，《牛津法律大辞典》是以法官的职务活动为核心来定义“司法”的，也就是说，凡不是法官履行职务的活动都不属于“司法”概念的范围。这是对“司法”的实质性内涵作的“狭义”解释。参见（英）戴维·M. 沃克：《牛津法律大辞典》，北京社会与科技发展研究所组织翻译，光明日报出版社1988年版。

六法全书与确定解放区的司法原则的指示》（以下简称《指示》）就已经讲得非常清楚[①]。该《指示》明确指出：在无产阶级领导的工农联盟为主体的人民民主专政的政权下，国民党的六法全书应该废除，人民的司法工作不能再以国民党的六法全书为依据，而应该以人民的新的法律作依据。在人民新的法律还没有系统地发布以前，应该以共产党政策以及人民政府与人民解放军所已发布的各种纲领、法律、条例、决议作依据。目前在人民的法律还不完备的情况下，司法机关的办事原则应是：有纲领、法律、命令、条例、决议规定者，从纲领、法律、命令、条例、决议之规定；无纲领、法律、命令、条例、决议规定者，从新民主主义的政策。从该《指示》关于司法工作的指导思想来看，最核心的精神就是人民的司法工作要以执政党的"政策"为依据，必须彻底抛弃一切旧的司法观念。《指示》的精神成为中华人民共和国成立初期人民司法活动的重要指导思想。1950 年 11 月由周恩来签署的《政务院关于加强人民司法工作的指示》[②] 要求："一切政府工作人员在新旧法律界限划分上保存着任何模糊的观点，都是不应该的。"1952 年 8 月《中共中央关于进行司法改革应注意的几个问题的指示》[③] 更进一步强调"清算旧法观点"，并要求"采取一些必要的组织方法，以彻底改造各级人民法院的组织成分"，"清除那些坏的无可救药的旧司法人员，调换那些旧审检人员，代之以真正的革命工作者"。

从 1949 年 10 月 1 日建立中华人民共和国至今 66 年的时间里，王明代为起草的《中共中央关于废除国民党的六法全书与确定解放区的司法原则的指示》中关于司法工作应当以执政党的政策为依据的精神并没有过时，而且有充分证据证明司法领域主要依靠执政党的政策来调整。首先，在中华人民共和国成立后制定的前三部宪法（1954 年宪法、1975 年宪法和 1978 年宪法）的文本中根本就没有出现"司法"一词，这一立宪现象至少表明，作为汉字的"司法"并没有被宪法采纳作为描述国家基本法律制度的术语，"司法"制度至少在法律层面上作为国家基本法律制度的条件尚不成熟。1982 年宪法虽然在宪法文本中有两处出现了"司法行政"一词，但从宪法解释学的角度来分析，可以明确地排除从"司法行政"的内涵中可以合理地推导出独立的"司法"概念的可能性。

---

① 董彦斌在《也谈〈六法全书〉废除前后》一文中不同意纪坡民 2003 年在《南方周末》发表的《〈六法全书〉废除前后》一文使用"据当年中共中央法律委员会的工作人员介绍和查阅档案"的孤证并加推测，以披露王明起草《中共中央关于废除国民党的六法全书与确定解放区的司法原则的指示》，推论其主导了《六法全书》全面废除的过程的观点。董彦斌指出，绝非王明一人之力推动了《六法全书》的废除。在"新"与"旧"的问题上毫不含糊地抛弃旧法是党内高级法律官员们的主流共识，"新"也早有实践。参见《中国社会科学报》2005 年 5 月 21 日第 62 期。

② 参见《建国以来周恩来文稿》第三册，人民出版社 2008 年版。

③ 参见《建国以来重要文献选编》第三册，中央文献出版社 1992 年版。

在世界各国宪法中存在的“司法”制度，在我国宪法中还不具有指称某一类具体法律制度的功能。造成这一立宪现象的原因可能很多，但绝对不是制宪者在起草或修改宪法文本时的一时疏忽，而是有意为之。由于我国实行的是社会主义制度，人民代表大会制度是我国的根本政治制度，所以，我国的国家权力的性质划分并没有采纳资本主义国家通常采取的立法权、行政权和司法权的“权力三分法”，而是采用人大作为国家权力机关，人大产生“一府两院”（人民政府、法院和检察院），“一府两院”依据宪法和法律行使职权，并向作为国家权力机关的人大负责，接受人大的监督。作为国家权力机关的各级人大，其宪法和法律职权并没有被限制在特定的领域，而是兼具立法、行政和司法、法律监督等职能，各级人大作为国家权力机关行使的国家权力是一种集合性的国家权力，其权力的功能从某个角度涉及了司法问题。例如，各级人大及其常设机构可以依据法律就某个具体问题作出决定，这种权力制度设计已经明确地肯定了各级人大作为国家权力机关具有依法处理具体法律问题的职权。各级人大行使的集合性国家权力按照管理事项划分为立法权、重大事项决定权、人事任免权和监督权“四权”，人大享有的“四权”如果从立法、行政和司法“权力三分法”角度来看，已经涵盖了立法、行政和司法三项权力职能，因此，我国宪法所设计的国家权力结构是以国家机构为中心，而不是以国家权力的性质为核心，法院和检察院也是以机构承担的各项法律任务为中心，其日常职权并没有被完全限制在“司法”的范围，这一点正是社会主义类型的宪法在规定国家基本制度方面与资本主义类型宪法的本质区别。

2. 我国司法管理体制的基本制度框架是由执政党的司法政策确定的

尽管宪法文本中没有涉及“司法”，但这并不意味着“司法”一词就不可以研究或者是在实际中禁止加以使用。事实上，改革开放之后，从党的十一届三中全会到党的十八大，都对“司法”为保持了高度的关注。

可以说，改革开放以来，如果说党的十三大报告首先肯定了“司法工作”的合理性和重要性的话，党的十六大、十七大和十八大报告则比较科学、系统和完整地描述了我国司法制度的构成、司法工作的基本政策要求以及司法体制改革的目标。自此，执政党指导下的司法工作得到了全面的政策保障。从党的历次代表大会关于“司法”的政策和指示精神来看，目前在政策层面中使用的“司法”一词主要涉及审判机关和检察机关，司法行政机关的司法行政事务属于“行政”的范畴，通常不在“司法”意义上来理解。因此，尽管缺少对“司法”内涵的权威性和确定性的解释，但在我国现行的法律制度下，司法作为国家权力活动的一种重要形式，主要是指国家审判机关和国家检察机关依据宪法和法律规定行使审判权和检察权的行为。

3. 司法机关在法律文本中得到了一定程度的肯定

目前我国宪法与其他部门法在对“司法”问题的态度上有所差异。宪法肯定没有为“司法”概念提供任何合宪性依据，但是，现行有效的《刑法》和《刑事诉讼法》等法律、法规中提到了“司法”。例如，2012 年新修的《刑事诉讼法》第 17 条规定：根据中华人民共和国缔结或者参加的国际条约，或者按照互惠原则，我国司法机关和外国司法机关可以相互请求刑事司法协助。从法解释学的角度来看，没有“司法”当然就没有“司法机关”，既然新的《刑事诉讼法》已经明确采用了司法机关的概念，作为“司法机关”存在的逻辑前提“司法”概念也就是当然合法的概念了。但作为“根据宪法”制定的《刑事诉讼法》，在宪法文本没有提及司法机关的前提下，《刑事诉讼法》明确使用了“司法机关”的概念，从字面上来看，新的《刑事诉讼法》中所使用的“司法机关”概念显然“于宪无据”。不过，从法解释学的角度来看，也不能简单地推定新的《刑事诉讼法》的相关规定明显违宪。因为我国的立法工作还要接受执政党的政策指导，在现行宪法没有明确修改之前，依据执政党的政策来制定或修改法律，在合法性上也是可以成立的。而且这种政策对立法的直接指导又进一步表明了执政党对司法问题的法律态度，也就是说，从保证法律与宪法的一致性角度来看，“司法”概念迟早是要进入宪法文本的。为此，在依据执政党的司法政策不断推进司法体制改革的过程中，应当及时关注通过修改宪法的方式，将“司法”写入宪法。“司法入宪”意义非常重大，它不仅为当下进行的司法体制改革提供直接的宪法依据，更关键的是，将“司法”概念引入现行宪法文本也必然会在法理上要求对司法制度在人民代表大会制度中的法律地位作出重新界定，由此达到不断健全和完善我国基本政治制度的目标，真正实现基本政治制度的有效改革和转型。

（二）我国司法管理体制改革的方向和主要目标

如果在司法政策的层面将“司法”一词仅仅限制在审判机关行使审判权和检察机关行使检察权的行为上来理解，近十年来，围绕着不断完善我国的审判组织体制和检察组织体制，中央政法委、最高人民法院、最高人民检察院都先后发布了司法体制改革的规范性文件，对于司法管理体制的改革方向进行了适时地指导，取得了一定的改革成效。

1. 审判组织管理体制改革的历史演变及特点

我国现行的审判组织管理体制是由现行宪法、《人民法院组织法》《法官法》等等法律确定的。现行宪法第 124 条第一款规定：中华人民共和国设立最高人民法院、地方各级人民法院和军事法院等专门人民法院。第 127 条规定：最高人民法院是最高审判机关。最高人民法院监督地方各级人民法院和专门人民法院的审判工作，上级人民法院监督下级人民法院的审判工作。第128条又规定：最高人民法院对全国人民代表大会和全国人民代表大会常务委员会负责。地方各级人民法院对产生它的国家权力机关负责。在现行宪法第126条中，又确定了人民法院依法独立行使审判权的原则，即“人民法院依照法律规定独立行使审判权，不受行政机关、社会团体和个人的干涉”。1979年7月1日第五届全国人民代表大会第二次会议通过、1979年7月5日全国人民代表大会常务委员会委员长令第三号公布，自1980年1月1日起施行，根据1983年9月2日第六届全国人民代表大会常务委员会第二次会议《关于修改〈中华人民共和国人民法院组织法〉的决定》、1986年12月2日第六届全国人民代表大会常务委员会第十八次会议《关于修改〈中华人民共和国地方各级人民代表大会和地方各级人民政府组织法〉的决定》和2006年10月31日第十届全国人民代表大会常务委员会第二十四次会议《关于修改〈中华人民共和国人民法院组织法〉的决定》修正的《中华人民共和国人民法院组织法》详细规定了人民法院的审判组织体制，根据法院组织法的相关规定，中华人民共和国的审判权由下列人民法院行使：1. 地方各级人民法院；2. 军事法院等专门人民法院；3. 最高人民法院。地方各级人民法院分为：基层人民法院、中级人民法院、高级人民法院。人民法院审判案件，实行两审终审制。

对于宪法、《法院组织法》《法官法》等法律确立的我国审判组织体制，应当说，基本上适应了我国人民代表大会制度政权建设的特点，既考虑到法官职业的专门性，又关注到司法审判业务的民主性。但是，上述依法设置的法院审判组织体制在实际运行过程中也存在着一些问题无法得到有效解决，主要涉及司法地方保护主义、司法审判机关缺少公信力、审判与裁决相分离、法官素质差、人民陪审员制度低效等等。有鉴于此，最高人民法院从1999年10月开始就着手法院审判组织体制的改革，先后发布了三个“五年改革纲要”。《人民法院第一个五年改革纲要》[①] 对改革的总目标设定为：从1999年起至2003年，人民法院改革的基本任务和必须实现的具体目标是：以落实公开审判原则为主要内容，进一步深化审判方式改革；以强化合议庭和法官职责为重点，建立符合审判工作特点和规律的审判管理机制；以加强审判工作为中心，改革法院内设机构，使审判人员和司法行政人员的力量得到合理配备；坚持党管干部的原则，进一步深化法院人事管理制度的改革，建立一支政治强、业务精、作风好的法官队伍；加强法院办公现代化建设，提高审判工作效率和管理水平；健全各项

---

① 1999年10月20日，法发〔1999〕28号。

监督机制，保障司法人员的公正、廉洁；对法院的组织体系、法院干部管理体制、法院经费管理体制等改革进行积极探索，为实现人民法院改革总体目标奠定基础。由上可见，《人民法院第一个五年改革纲要》改革的重点还是放在法院审判组织体制上，重点解决的问题是法官素质以及法院内设机构、法院干部管理体制。从1999年至2003年，在《人民法院第一个五年改革纲要》实施期间，全国各级人民法院以公正与效率为主题，以改革为动力，认真贯彻落实《人民法院五年改革纲要》，基本完成了各项改革任务，初步建立了适合我国国情的审判方式，为司法公正提供了一定制度保障；基本理顺了我国的审判机构，完善了刑事、民事、行政三大审判体系，使法院组织制度更加合理化；扩大了合议庭和独任法官的审判权限，为实现审与判的有机统一打下了基础；实施了法院执行工作新机制，在一定程度上缓解了执行难问题，并为深化体制改革进行了有益的探索；确立了法官职业化建设的目标，合理配置司法人力资源，使人民法院的整体司法能力明显提高；加速了司法装备现代化建设，全国大部分法院的基本建设和物质保障有了较大改善。

2004年，最高人民法院又推出了《人民法院第二个五年改革纲要》①，该纲要在总结第一个五年改革纲要实施经验基础上，适当调整了审判组织体制改革的重点，将2004年至2008年人民法院司法改革的基本任务和目标确定为：改革和完善诉讼程序制度，实现司法公正，提高司法效率，维护司法权威；改革和完善执行体制和工作机制，健全执行机构，完善执行程序，优化执行环境，进一步解决“执行难”；改革和完善审判组织和审判机构，实现审与判的有机统一；改革和完善司法审判管理和司法政务管理制度，为人民法院履行审判职责提供充分支持和服务；改革和完善司法人事管理制度，加强法官职业保障，推进法官职业化建设进程；改革和加强人民法院内部监督和接受外部监督的各项制度，完善对审判权、执行权、管理权运行的监督机制，保持司法廉洁；不断推进人民法院体制和工作机制改革，建立符合社会主义法治国家要求的现代司法制度。很显然，第二个五年改革纲要的实施重点在于“审”与“判”的有机结合，同时还要着手保证法官职业化，有效分离司法审判管理与司法政务管理，建立更加有效的人民法院体制和工作机制。

为贯彻党的十七大精神，落实中央关于深化司法体制和工作机制改革的总体要求，维护社会公平正义，满足人民群众对司法工作的新要求、新期待，实现人民法院科学发展，最高人民法院于2008年又制定《人民法院第三个五年改

① 最高人民法院，法发〔2005〕18号。

革纲要（2009—2013）》[①]。第三个改革纲要将深化人民法院司法体制和工作机制改革的目标定位成：进一步优化人民法院职权配置，落实宽严相济刑事政策，加强队伍建设，改革经费保障体制，健全司法为民工作机制，着力解决人民群众日益增长的司法需求与人民法院司法能力相对不足的矛盾，推进中国特色社会主义审判制度的自我完善和发展，建设公正高效权威的社会主义司法制度。《人民法院第三个五年改革纲要》实施效果比较显著，据最高人民法院新闻发言人孙军工 2012 年 3 月 20 日在最高人民法院新闻发布会上透露，《人民法院第三个五年改革纲要（2009—2013）》共提出 30 项改革内容，涉及 132 项具体改革任务，截至目前，已完成 103 项，25 项取得实质性进展，其他 4 项也在有序推进之中[②]。

为了进一步巩固和扩大人民法院审判组织体制改革的成果，2014 年 1 月 8 日，最高人民法院周强院长在全国法院院长会议上明确指出：随着党的十八届三中全会关于全面深化改革各项工作的推开，新一轮司法体制改革已经拉开序幕。各级人民法院要着眼于加快建设公正高效权威的社会主义司法制度，始终坚持司法体制改革的正确方向，准确把握司法体制改革的目标任务，坚持依法有序推进改革，确保圆满完成改革任务。要大力加强思想政治建设，积极推进正规化、专业化、职业化建设，进一步加强和改进司法作风，坚决查处违纪违法行为，不断加强人民法院队伍建设，为坚持司法为民、公正司法提供有力组织保障[③]。可见，新一轮司法体制改革是从更宏观的层次出发，对我国司法审判组织体制和运行体制提出了带有方向性的改革要求，其改革的着力点集中在"加快建设公正高效权威的社会主义司法制度"上。其中，法院组织管理体制的改革也是法院改革工作的重中之重。

2. 检察组织管理体制改革的历史演变及特点

与人民法院的审判组织管理体制相似的是，我国现行的检察组织管理体制也是由现行宪法、人民检察院组织法、检察官法等法律具体加以规定的。现行宪法从第 129 条到第 133 条详细规定了人民检察院的法律性质以及人民检察院的组织管理体制，主要内容包括：中华人民共和国人民检察院是国家的法律监督机关（第 129 条）。中华人民共和国设立最高人民检察院、地方各级人民检察院和军事检察院等专门人民检察院（第 130 条）。人民检察院依照法律规定独立行

---

① 最高人民法院，法发〔2009〕14 号。

② 中央人民政府网站，参见 http：//www. gov. cn/jrzg/2012-03/20/content_ 2095954. htm，2016 年 1 月 25 日最新访问。

③ 中央人民政府网站，参见 http：//www. gov. cn/jrzg/2014-01/14/content_ 2565946. htm，2016 年 1 月 25 日最新访问。

使检察权，不受行政机关、社会团体和个人的干涉（第131条）。最高人民检察院是最高检察机关。最高人民检察院领导地方各级人民检察院和专门人民检察院的工作，上级人民检察院领导下级人民检察院的工作（第132条）。最高人民检察院对全国人民代表大会和全国人民代表大会常务委员会负责。地方各级人民检察院对产生它的国家权力机关和上级人民检察院负责（第133条）。与人民法院的组织管理体制相同的是，我国的各级人民检察院也是由同级人民代表大会选举产生的，对同级人民代表大会负责，受同级人民代表大会的监督。与人民法院的组织管理体制略有不同的是，人民检察院由于其法律性质是国家的法律监督机关，因此，在行使国家检察权的上下级关系上，地方各级人民检察院对产生它的国家权力机关和上级人民检察院负责。而地方各级人民法院只需要按照两审终审原则接受上级人民法院的依法监督。此外，根据《人民检察院组织法》[①] 的规定，省、自治区、直辖市人民检察院检察长的任免，须报最高人民检察院检察长提请全国人民代表大会常务委员会批准；自治州、省辖市、县、市、市辖区人民检察院检察长的任免，须报上一级人民检察院检察长提请该级人民代表大会常务委员会批准。下级人民检察院检察长由上级人大常委会批准，这一制度设计也充分体现上下级监察机关之间的领导关系。根据检察官法的规定，检察官职务的任免，依照宪法和法律规定的任免权限和程序办理。人民检察院的助理检察员由本院检察长任免。初任检察官采用严格考核的办法，按照德才兼备的标准，从通过国家统一司法考试取得资格，并且具备检察官条件的人员中择优提出人选。人民检察院的检察长、副检察长应当从检察官或者其他具备检察官条件的人员中择优提出人选。

针对人民法院不断改革司法体制的改革举措，最高人民检察院也先后就检察组织管理体制的改革发布了若干重要的规范性指导文件。2000年2月18日，最高人民检察院发布了首个《深化检查改革的三年实施意见》，该意见指出，改革检察官办案机制，全面建立主诉、主办检察官责任制。用人制度的管理也被列入改革范围。各级检察机关录用主任科员以下职务的工作人员，一律实行考试录用制度；逐步实行最高人民检察院、省级人民检察院业务部门的检察官从下级检察院优秀、资深检察官中选任的制度，有计划地选调高层次法律人才到

---

① 《中华人民共和国人民检察院组织法》最早于1954年9月21日，由全国人民代表大会颁布，后根据1987年11月24日全国人民代表大会常务委员会发布的《全国人民代表大会常务委员会关于批准法制工作委员会关于对一九八七年底以前颁布的法律进行清理情况和意见报告的决定》，被宣布废止。1979年7月1日第五届全国人民代表大会第二次会议通过，根据1983年9月2日第六届全国人民代表大会常务委员会第二次会议通过的《关于修改〈中华人民共和国人民检察院组织法〉的决定》修订。

检察机关担任领导职务和检察官。2005年最高人民检察院《关于进一步深化检察改革的三年实施意见》[①] 对检察组织管理体制改革提出了若干改革要点，其中有两个大的改革事项直接关系到检察组织管理体制的改革，一是完善检察机关组织体系，改革有关部门、企业管理检察院的体制。其中改革措施包括：逐步改革铁路、林业等部门、企业管理检察院的体制，将部门、企业管理的检察院纳入国家司法管理体系，明确有关检察院的经费来源、人员编制、选拔任用以及案件管辖权等。规范人民检察院派出机构的设置。研究制定人民检察院派出机构管理办法，明确派出机构的设置条件和审批程序，规范派出机构的法律地位和职权范围。改革检察机关司法鉴定机构。按照全国人大常委会关于司法鉴定管理问题决定的要求，最高人民检察院制定相关规定，完善检察机关司法鉴定机构和人员的管理机制，明确检察机关内设鉴定机构的职责和工作程序。二是改革和完善检察干部管理体制，建设高素质、专业化检察队伍。具体内容涉及：落实宪法和法律规定的上下级人民检察院的领导体制，采取措施加大上级人民检察院对下级人民检察院领导班子的协管力度，探索实行上级人民检察院对下级人民检察院检察长人选的提名制度。落实地方各级人民检察院通过考试录用工作人员的制度，实行面向社会、从通过国家统一司法考试取得任职资格的人员中公开选拔初任检察官的制度。逐步建立上级人民检察院检察官从下级人民检察院检察官中择优选拔的工作机制。省级人民检察院每年要有计划地从高等院校法律专业应届毕业生中选调优秀学生充实基层人民检察院。完善检察官教育培训制度，建立与国家司法考试、检察官遴选制度相配套的任职培训制度。推行检察人员分类改革，对检察人员实行分类管理。在总结试点经验的基础上，完善检察人员分类改革的方案。会同有关部门制定检察官单独职务序列，确定检察官职务与级别的对应关系。完善检察官晋升、奖惩、工资、福利、退休、抚恤、医疗等保障制度，协调落实检察津贴。最高人民检察院会同有关部门研究制定相关规定。研究制定贫困地区检察官选任录用的特殊政策，采取措施吸引人才到贫困地区、少数民族地区检察机关工作。通过实行干部交流、挂职、特殊津贴等措施，保障贫困地区检察机关的队伍稳定和检察工作的协调发展。

最高人民检察院在有序推进检察组织管理体制改革的过程中，始终把握住改革的正确方向，采取比较可靠的改革措施，取得了明显的效果。最高人民检察院常务副检察长胡泽君曾经对此有比较好的总结。在2012年2月9日于福州召开的全国检察改革推进会暨经验交流会上，胡泽君指出，根据

---

① 2005年9月12日最高人民检察院文件高检发〔2005〕17号公布，自公布之日起施行。

中央的司法体制改革精神，高检院分别于2000年和2005年制定了两个检察改革的三年实施意见。2008年年底，中共中央转发《中央政法委员会关于深化司法体制和工作机制改革若干问题的意见》（中发〔2008〕19号）。2009年2月，高检院制定下发了《关于贯彻落实〈中央政法委员会关于深化司法体制和工作机制改革若干问题的意见〉的实施意见——关于深化检察改革2009—2012年工作规划》及工作方案。经过各级检察机关的共同努力，检察体制和工作机制改革呈现重点突破、整体推进、扎实有序、成效明显的良好局面，强化法律监督职能的改革取得重大进展，对自身执法活动的监督制约机制逐步完善，贯彻落实宽严相济刑事政策工作机制更加健全，检察机关组织体系和干部管理制度改革正在深入推进，检察经费保障体制改革取得重大突破。截至目前，中央确定的司法改革任务中，由高检院牵头的7项改革任务已基本完成，高检院协办的改革任务和《检察改革规划》确定的各项改革任务大部分已完成①。2009年2月，最高人民检察院出台了《2009—2012年基层人民检察院建设规划》，积极推进基层检察院执法规范化、队伍专业化、管理科学化和保障现代化建设。

最高人民检察院党组书记、检察长曹建明在2013年11月14日举行的最高人民检察院机关开学习贯彻党的十八届三中全会精神大会上进一步明确提出：最高检要按照中央的统一部署，加强对检察改革的总体设计、统筹协调，抓紧修改完善新一轮检察改革方案，进一步明确检察改革整体的路线图和时间表。持统筹协调，既要保证检察机关内部的各项改革措施协调配套，又要与中央司法体制改革和其他政法机关的改革协调推进②。

3. 十八届三中全会和四中全会通过的两项《决定》提出的司法管理体制改革的主要目标

党的十八届三中全会和四中全会通过的两项《决定》围绕着“推进法治中国建设”和“全面推进依法治国”这两个时代主题，从不同的角度，对我国司法管理体制改革的方向和主要目标做出了整体部署，成为我国司法管理体制改革的指导思想。

（1）司法管理体制改革的方向在于确保依法独立公正行使审判权、检察权。三中全会《决定》强调指出：确保依法独立公正行使审判权、检察权。改革司法管理体制，推动省以下地方法院、检察院人财物统一管理，探索建立与行政

① 龙平川、张仁平：《深化检察改革六项主要任务确定》，《检察日报》2012年2月10日。

② 《最高检：进一步明确检察改革整体路线图和时间表》，《法制日报》2013年11月15日，参见http：//news. xinhuanet. com/legal/2013-11/15/c_ 125706848. htm，2016年1月25日最新访问。

区划适当分离的司法管辖制度，保证国家法律统一正确实施。建立符合职业特点的司法人员管理制度，健全法官、检察官、人民警察统一招录、有序交流、逐级遴选机制，完善司法人员分类管理制度，健全法官、检察官、人民警察职业保障制度。四中全会《决定》在三中全会《决定》基础上进一步明确：健全公安机关、检察机关、审判机关、司法行政机关各司其职，侦查权、检察权、审判权、执行权相互配合、相互制约的体制机制。完善司法体制，推动实行审判权和执行权相分离的体制改革试点。完善刑罚执行制度，统一刑罚执行体制。改革司法机关人财物管理体制，探索实行法院、检察院司法行政事务管理权和审判权、检察权相分离。

（2）司法管理体制改革的目标是健全司法权力运行机制。三中全会《决定》还明确提出，健全司法权力运行机制。优化司法职权配置，健全司法权力分工负责、互相配合、互相制约机制，加强和规范对司法活动的法律监督和社会监督。改革审判委员会制度，完善主审法官、合议庭办案责任制，让审理者裁判、由裁判者负责。明确各级法院职能定位，规范上下级法院审级监督关系。推进审判公开、检务公开，录制并保留全程庭审资料。增强法律文书说理性，推动公开法院生效裁判文书。严格规范减刑、假释、保外就医程序，强化监督制度。广泛实行人民陪审员、人民监督员制度，拓宽人民群众有序参与司法渠道。四中全会《决定》进一步强调：完善审级制度，一审重在解决事实认定和法律适用，二审重在解决事实法律争议、实现二审终审，再审重在解决依法纠错、维护裁判权威。完善对涉及公民人身、财产权益的行政强制措施实行司法监督制度。检察机关在履行职责中发现行政机关违法行使职权或者不行使职权的行为，应该督促其纠正。探索建立检察机关提起公益诉讼制度。明确司法机关内部各层级权限，健全内部监督制约机制。司法机关内部人员不得违反规定干预其他人员正在办理的案件，建立司法机关内部人员过问案件的记录制度和责任追究制度。完善主审法官、合议庭、主任检察官、主办侦查员办案责任制，落实谁办案谁负责。

总结两项《决定》关于司法管理体制改革的要求，具有以下几个特点：一是两项《决定》，特别是四中全会《决定》所涉及的司法管理体制包括了公、检、法、司法行政四机关的组织管理体制，其内涵要比通常理解的检审为主体的司法管理体制范围要宽一点，说明司法管理体制本身就存在很多不确定的因素，需要通过改革，特别是需要通过修改现行宪法、组织法的相关规定来形成比较稳定和成熟的制度；二是司法管理体制改革的突破点放在司法组织管理的集中性上，今后的趋势是司法职权逐渐集中行使，并向中央司法机关集中；三是司法管理体制改革关键还在于优化司法职权配置，其中保证审判机关和检察机关依法独立公正行使审判权和检察权是司法组织管理体制改革的重要目标；四是司法队伍职业化和分类管理是司法人员队伍建设的改革方向，四中全会《决定》还强调：建立从符合条件的律师、法学专家中招录立法工作者、法官、检察官制度，旨在加强司法的专业化和职业化特征，提高司法人员素质；五是实行审与裁的统一，进一步强化司法人员的职业责任心。可以预见，两项《决定》，特别是四中全会《决定》为司法管理体制改革指出的发展方向是非常宽广的，也是全方位的，需要在理论上作充分的准备，在实践中，要通过不断完善一系列具体的司法制度才能最终实现司法管理体制改革的价值追求。

（三）需要在法治中国建设中解决的司法管理体制改革面临的几个重要问题

三中全会《决定》在“推进法治中国建设”的原则性要求方面突出强调了司法体制改革的重要性，四中全会《决定》则从全面推进依法治国的角度来强调司法体制改革的必要性。而司法体制改革关键在于司法管理体制改革，司法管理体制改革到位，司法运行体制也就能够充分发挥自身的最大限度的制度效能。因此，当下深化司法体制改革的最重要的任务就是应当在法治中国建设的大背景下，通过完善和健全司法组织管理体系，建立起独立公正高效权威的司法制度，维护当事人权益，让当事人在每一个司法案件中都感受到公平正义，让全社会都树立起信赖司法制度、尊重司法制度，依靠司法制度解决纠纷、依靠司法制度维护自身权益的意识，就成为法治中国建设的关键环节。

1. 要正确处理坚持党的领导和确保司法机关依法独立公正行使职权的关系

四中全会《决定》明确地主张“把党的领导贯彻到全面推进依法治国的全过程和各方面”，党的司法工作的领导也不例外。党的各级组织对司法工作的领导是通过党委政法委对政法工作的领导体现出来的，司法工作作为政法工作的重要组成部分，也必须加强党的领导，具体体现为两个方面：一是依照党管干部的原则，考察、推荐、配备优秀的司法人员和司法干部，抓好司法机关的组织建设和党的建设；二是监督司法机关遵守宪法和法律情况，依法对违法乱纪司法人员提出追究处理意见与建议。在加强党对政法工作领导的同时，要彻底转变党对司法工作的领导方式，党的各级组织和各部门领导干部一律不得批示案件，不得就个案发表意见。今后凡是出现批示和意见，除涉及国家安全、军事机密等法定因素外，应当在互联网公布裁判文书时一并公开。各级党政机关和领导干部要支持法院、检察院依法独立公正行使职权。建立领导干部干预司法活动、插手具体案件处理的记录、通报和责任追究制度。任何党政机关和领导干部都不得让司法机关做违反法定职责、有碍司法公正的事情，任何司法机关都不得执行党政机关和领导干部违法干预司法活动的要求。党委政法委是作为党领导司法工作的专门机关，要善于运用法治思维和法治方式领导司法工作，在推进公平正义司法制度建设中发挥重要作用。在试点法检人财物省级统一管理的试点省份，上述职责由省级政法委承担。

2. 要正确处理人民代表大会制度与司法制度的关系

要通过修改宪法的方式，尽量将司法制度和司法机关纳入国家基本法律制度和国家机构的序列，特别是要通过修改现行宪法第135条规定的“公、检、法”三机关在办理刑事案件中相互配合、相互制约，增加四中全会《决定》所要求的“公安机关、检察机关、审判机关、司法行政机关各司其职，侦查权、检察权、审判权、执行权相互配合、相互制约”，尽快解决司法管理体制过于政策化的问题。同时，对于现行宪法所规定的审判机关和检察机关，要通过改革措施，不断强化审判机关和检察机关依法独立公正行使审判权和检察权的能力。进一步完善法院和检察院由人大产生、对人大负责、受人大监督制度，要使之日常化、制度化、规范化。要进一步完善法院和检察院向同级人大报告工作的制度，多增加专项报告，减低人代会会议对两院报告的投票表决影响力，防范法院和检察院片面追求高通过率而做表面文章，增强人大监督法院和检察院依法行使职权的公开性和透明度。

3. 要建立“大司法”概念，充分发挥司法的法律功能，建立更加科学和严谨的司法管理体制

在我国现行宪法所设计的国家权力体系框架中，有国家权力机关、国家行政机关、国家审判机关和国家检察机关，国家权力的分配是依托国家机关的性质而定的，没有按照“依权设机构”的“权力分立模式”分配国家权力。因此，各级人大作为各级国家权力机关在宪法上行使的是一种“集合性国家权力”，这种权力的事务功能在法理上覆盖了立法、行政和司法所有的领域，并且具有“最终性”和“最高性”。国家权力机关掌握的国家权力是独立的，不受其他国家机关掌握的国家权力的制约。国家行政机关依据宪法规定行使行政职权，而检察机关、审判机关依据宪法规定行使检察权、审判权，至于说“检察权”“审判权”是否等同于“司法权”，或者说能否在法理上将检察机关行使的检察权和审判机关行使的审判权确认为宪法学理论上所认同的“司法权”，这个问题在我国现行宪法的框架内并没有得到很好地解决。但是，从宪法赋予全国人大及常委会监督宪法和法律实施的职权来看，全国人大及常委会也有权依据宪法和法律来处理一些具体的法律争议和纠纷，特别是2015年新修订的《立法法》第99条赋予了全国人大常委会一定的“违宪违法”审查权①，因此，从法理上和现有的宪法制度来看，要将司法权的内涵仅仅限制在“检察权”“审判权”的范围，很显然，与我国现行宪法所确立的基本国家权力制度不相符合，全国人大及常委会依据宪法和法律也承担了一定的司法职能，而且由于全国人大及其常委会拥有的“最高国家权力机关”的身份和地位，实际上，如果在宪法文本中引进了司法的概念，该机关在法律制度上相当于“最高司法机关”。为此，如果“司法入宪”，“司法”的性质就必须是“广义”上的，而不能采用“三权分立”体制下的与“立法”“行政”相对立的“司法”。在这一点上，我国现行宪法所能接纳的司法原则应当是“议会主权”意义上的，相当于2009年之前英国采取的上议院司法制度。狭义上的“司法”概念与我国现行宪法所确立的人民代表大会制度的根本原则是相互冲突的，因此，在可见的将来，只要我们坚持人民代表大会制度的基本原则不变，那么，宪法中的“司法”概念就只能是“议会主权”意义上的“大司法”。将“司法”仅仅限定在“检察权”“审判权”的范围，或者是限制在“审判权”的框架内，这种制度设想缺少基本的政治基础，不可能在现行宪法的制度框架内存在，因此，所谓的“司法入宪”必然是“司法”进入人民代表大会制度下的国家权力框架内，而不可能出现“司法”作为独立的国家权力进入现有的宪法制度之中，这是“司法入宪”的基本政治判断。

4. 完善法院审级独立制度，探索建立与行政区划适当分离的司法管辖制度

目前依照现行宪法和相关法律设立的四级法院在不同审级中职能定位不同，分别依照宪法和法律独立行使相应的审判权，不受上级法院干涉。最高人民法院保证法律统一正确实施的最主要途径是审级监督，发布司法解释，应地方法院要求对法律适用问题作出批复，不对下级法院的在审案件出具裁判性意见。可选取数个经济社会文化发展相对比较均衡的省份，试点跨区县法院的设置，探索建立与行政区划适当分离的司法管辖制度。从制度上掐断行政机关、社会

---

① 2015年新修订的《中华人民共和国立法法》第99条明文规定：国务院、中央军事委员会、最高人民法院、最高人民检察院和各省、自治区、直辖市的人民代表大会常务委员会认为行政法规、地方性法规、自治条例和单行条例同宪法或者法律相抵触的，可以向全国人民代表大会常务委员会书面提出进行审查的要求，由常务委员会工作机构分送有关的专门委员会进行审查、提出意见。前款规定以外的其他国家机关和社会团体、企业事业组织以及公民认为行政法规、地方性法规、自治条例和单行条例同宪法或者法律相抵触的，可以向全国人民代表大会常务委员会书面提出进行审查的建议，由常务委员会工作机构进行研究，必要时，送有关的专门委员会进行审查、提出意见。根据《立法法》第99条的上述规定，全国人大常委会要依据立法法的规定行使违宪或违法审查权，对可能存在违宪或违法问题的行政法规、地方性法规、自治条例和单行条例进行审查，必然是面临着“法律争议”，因为没有“法律争议”，违宪或违法的案件就不可能提交给全国人大常委会解决。

组织和公民个人对基层法院审判活动可能施加的不良影响。可选取数个经济较为活跃的地区，试点最高人民法院商事民事派出法庭、巡回法庭制度，探索降低当事人诉讼成本、便民利民的可能途径。将最高人民法院的二审和审判监督职能直接授予最高人民法院按照大区设立的地区法院，强化最高人民法院与省级人民法院之间的业务联系，提高最高人民法院审理二审和再审案件的效率。试点设立知识产权法院，可将知识产权法院的试点设立与跨行政区划法院设立试点相结合。

5. 探索法官、检察官、警察职业化路径，初步建立符合司法职业特点的司法人事管理制度

完善司法人员分类管理制度。在司法组织系统内从事一般行政支持、后勤保障服务的人员作为司法政务人员与法官、检察官严格区分。前者依照一般公务员制度管理，后者依照《法官法》《检察官法》管理。可选择适当时机，将司法政务人员直接划归司法行政部门管理。建立法官检察官员额制度。在司法人员分类管理实施后，由中央编办根据各地经济社会发展状况和司法实际，统筹确定法官、检察官员额配备方案，由全国人大常委会批准，具有法律效力，作为经费待遇配备依据。法官、检察院员额配置制度要注意地区特点和经济文化发展状况，要鼓励年轻司法人员到中西部司法机关任职，不断积累司法工作经验。完善法官选任制度。根据司法职业特点，探索完善法官、检察官统一招录、遴选制度。根据近些年法官、检察官家庭所在地、就读大学与就业区域日趋重合的趋势，考虑到法官、检察官职业的特点，招录、遴选法官、检察官试行全国（或省级）统筹，从法官、检察官就业起始，实现必要的地籍、学籍回避。对于法官、检察官在一地司法机关工作达到一定年限的，要集中组织轮岗或异地交流，要实行全国范围内的法官、检察官人员的可自由流动制度。对于未取得“中华人民共和国法律职业证书”者，均不得遴选为法官、检察官，均不得从事法官、检察官工作。建立完善法官检察官的等级、评定与晋升制度，其核心是凸显法官检察官的职级意识，实现工资待遇与职级的衔接，在官方文件中以职衔称谓取代院长、庭长等行政性称谓。院长、检察长由适格的法官、检察官兼任，并由本级法院和检察院法官选举产生，实行任期较短的轮流任职制，充分发挥每一个法官、检察官的组织管理才能，减低院长、检察长的官员身份色彩，提升院长、检察长的专家业务能力和水平。应选取数个财政状况良好、司法工作基础较好的省区市进行省以下地方法院、检察院人财物统管工作的试点。同时，要求法院和检察院所在地党委和人民政府采取积极有效的措施予以配合，确保法官和检察官的办公条件。建立法官、检察官职业保障制度。在省以下试点法官、检察官统管的地方，在法官、检察官员额确定基础上，探索法官、检察官招录、遴选、晋升、薪酬特别保障制度，大幅提升工资福利待遇，健全法官职务豁免制度，凸显法官、检察官职业的独立性。根据国家司法改革的总体要求，修改《法院组织法》《检察院组织法》《法官法》《检察官法》等相关法律法规，将司法改革成果纳入法律，并依法推进司法体制改革。根据法院和检察官职业化管理的要求，进一步提升人民警察的法律地位，将人民警察逐渐纳入司法人员队伍序列，由司法行政部门统一管理，主要用于配合审判机关和检察机关的实施宪法和法律的活动。

6. 优化司法职权配置，规范司法权内部运行机制，健全司法权力分工负责、互相配合、互相制约机制

遵循司法规律，以审判权为核心建立审判权运行机制，落实审判责任制，做到让审理者裁判，由裁判者负责，案件审理全程留痕，裁判文书全部上网公开，接受当事人和社会公众的有效监督。改革审判委员会制度，强化审委会责任，审委会委员对个案独立发表意见并记录在案，裁判文书在互联网上公开时一律公开各审委会委员的意见，逐渐裁判文书的主流意见，形成裁判文书的说理风格。完善主审法官、合议庭办案责任制。主审法官、合议庭之外的任何人不得就个案发表意见、进行批示，重特大疑难案件依规定程序进入审委会环节，审委会组成人员方可发表意见。法官独立行使职权、独立担责，其在法律范围内依法行使职权，不受院内外组织或领导干涉。广泛实行人民陪审员、人民监督员制度，拓宽人民群众有序参与司法渠道。试点在重大的刑事案件中组织多名人民陪审员组成陪审团，对案件的重大事实作出权威性的判断结论，保证人民陪审员参与司法审判的独立性和公正性。明确各类司法人员工作职责、工作流程、工作标准，实行办案质量终身负责制和错案责任倒查问责制，确保案件处理经得起法律和历史检验。

> 完善人民监督员制度，重点监督检察机关查办职务犯罪的立案、羁押、扣押冻结财物、起诉等环节的执法活动。
>
> ——《中共中央关于全面推进依法治国若干重大问题的决定》

三　加强人民监督员制度建设

（一）人民监督员制度是我国检察机关履行检察职权的实践活动的产物①

我国的人民监督员制度，并不是基于法理上的预设或者是制度的超前规定

① 本部分的资料吸收了哈尔滨工程大学法律系丁玮副教授的研究成果和观点，在此表示衷心感谢。

而产生的，也就是说，人民监督员制度是我国各级检察机关在依法行使检察职权的实践活动中，根据检察活动的具体特点创设的，是检察实践的产物。相对于其他法律制度来说，具有自身的特点。

为了推进检察体制改革，体现社会法治文明进步的要求，有力地维护司法公正和社会公平正义，最高人民检察院于2003年首次在检察系统内部提出了建立人民监督员制度，即由代表公众的人民监督员按照一定程序，对检察机关查办职务犯罪案件进行民主监督。同时，又陆续制定了相关的规范性文件，主要有《最高人民检察院关于实行人民监督员制度的规定（试行）》《关于适用〈最高人民检察院关于实行人民监督员制度的规定（试行）〉若干问题的意见》《最高人民检察院关于进一步扩大人民监督员制度试点工作的方案》和《最高人民检察院关于人民监督员监督“五种情形”的实施规则（试行）》等等。根据这些文件的要求，从2003年至今，全国已有80%以上的各级检察院都实施了该制度。总共选任人民监督员两万多名，其中90%以上是各级人大代表、政协委员和有法律工作经历的人员；此外，工人、农民、少数民族、企业职工等各界人士约占10%，具有一定的代表性和社会公信力。人民监督员制度从开始试点以来，初步取得了成效，显示出良好的发展态势。在试点的范围、人民监督员的数量、监督案件数量上都呈现出较快的上升趋势。尤其是人民监督员不同意检察机关原处理意见的案件数量在不断增加，在一定程度上说明人民监督员制度是有效果的。该制度在一定程度上体现了宪法的权威，扩大了公民行使监督权的范围，丰富了公民参与政治的途径，具有权力制约和人权保障价值，在现有的《最高人民检察院关于实行人民监督员制度的规定（试行）》外还有较大的发展空间。

2003年至2006年短短3年多的时间里，检察机关试行的人民监督员制度得到社会各界的广泛关注和肯定。

2006年，人民监督员制度被列入国家司法考试大纲；2006年，一些法学院校的研究生将人民监督员制度作为毕业论文的研究课题进行研究。

更为引人瞩目的是，党的十六届六中全会《关于构建社会主义和谐社会若干重大问题的决定》和《中共中央关于进一步加强人民法院、人民检察院工作的决定》都写入了人民监督员制度。

与此同时，人民监督员制度试点工作向着更加深入、规范的方向发展。在2006年的两会上，223名人大代表提出议案和建议，建议将人民监督员制度写入《人民检察院组织法》。

为落实代表建议，2006年，高检院进一步加大人民监督员制度试点工作的力度，加强了对有关问题的调查研究，推进人民监督员试点工作的制度化、规范化建设。安徽省人大常委会通过了《关于加强人民监督员制度试点工作的决议》，云南省人大常委会专项视察试点工作情况并对执行决议情况进行审议。目前，四川、甘肃、湖南等省人大常委会也通过了关于试行人民监督员制度的决议。

2006年，各级试点检察机关进一步加强了试点工作的规范化建设和制度建设。军事检察院制定了《关于军事检察机关实行军人监督员制度的意见（试行）》。黑龙江省检察院将2006年作为全省人民监督员制度试点工作的“规范年”，有效促进了试点工作的规范化建设。新疆兵团检察院制定《兵团检察机关人民监督员监督“三类案件”和“五种情形”的实施细则》，对案件监督工作的各个环节、人民监督员办公室的工作规范及监督案件的备案、归档等作了具体规定。

辽宁、山东、四川等省的部分试点院开展了由人大任命或确认人民监督员的试点工作。四川省广安市人民监督员由市人大常委会主任会议确认，对人民监督员的培训考核及确定参加案件监督的人民监督员由市人大人民代表工作委员会负责。山东枣庄市、区两级人大均出台了人民监督员任免工作制度，并已全部完成人大任命人民监督员的工作；日照市在全市推广由人大常委会主任会议确认人民监督员的做法；济宁市邹城市院试行由人大常委会任命人民监督员的方式。

黑龙江省鹤岗市人大常委会通过了《关于试行人民监督员制度的决议》，规定人民监督员初步人选由市院报请市人大常委会审查确认，由市人大常委会主任颁发证书，市人大内务司法委员会组织人民监督员的培训考核与表彰奖励。

同时，人民监督员制度试点工作办事机构的建设也不断加强。天津、黑龙江、湖北、四川、云南等8个省（市）院经编制部门批准独立设置了人民监督员办公室。北京、吉林、浙江、湖北、海南等省级院制定了人民监督员办公室工作规范。

2007年，高检院又下发了《2007年检察机关人民监督员制度试点工作要点》，要求各级试点检察院加大理论研究力度，推动人民监督员制度的法制化进程。

2010年10月29日，最高人民检察院颁发了《最高人民检察院关于实行人民监督员制度的规定》，该规定明确了人民监督员的监督范围，扩大了人民监督员的制度功能，使人民监督员最初只是涉及“三类案件”“五种情形”拓展到《最高人民检察院关于实行人民监督员制度的规定》第三章所规定的：1. 人民监督员对人民检察院办理直接受理立案侦查案件的下列情形实施监督：①应当立案而不立案或者不应当立案而立案的；②超期羁押或者检察机关延长羁押期限决定不正确的；③违法搜查、扣押、冻结或者违法处理扣押、冻结款物的；④拟撤销案件的；⑤拟不起诉的；⑥应当给予刑事赔偿而不依法予以赔偿的；⑦检察人员在办案中有徇私舞弊、贪赃枉法、刑讯逼供、暴力取证等违法违纪情况的（第 17 条）。2. 人民监督员应邀参加人民检察院组织的有关执法检查活动，发现有违法违纪情况的，可以提出意见和建议（第 18 条）。3. 人民监督员可以对其他检察工作、检察队伍建设等提出意见和建议（第 19 条）。4. 人民监督员履行监督职责，应当遵守国家法律、法规和有关纪律规定，不得妨碍案件公正处理（第 20 条）。《最高人民检察院关于实行人民监督员制度的规定》对于人民监督员的选任也从最初试点时由任用单位决定改为由上一级检察机关选任。该规定第 7 条规定：省级以下人民检察院人民监督员由上一级人民检察院组织选任；有条件的省、自治区、直辖市可以由省级人民检察院统一组织选任人民监督员。自此，人民监督员制度在全国范围内逐渐得到了推广，成为检察制度改革的一大亮点。

总的来说，人民监督员制度是最高人民检察院在全国检察系统陆续推行的一项重大改革举措，其出发点是通过引入有组织性的外部监督力量，解决检察机关自侦案件长期缺乏有效外部监督的问题。人民监督员制度是一项新生事物，人民监督员制度试行和全面推行的过程中在实践层面积累了一定经验，然而迄今为止，人们对该制度存在的理论基础及其现实合理性仍然还产生了诸多质疑，对制度本身法律性质定位的模糊使在监督员的任职条件、职能范围、监督程序和效力等重大问题上难以形成理论上的共识，争议较大，实践中各地检察机关也是说法不一，做法各异，这对继续推进制度实践与创新十分不利。人民监督员制度自试行之初，理论界和舆论界即对人民检察院自己选任人民监督员这一方式表示质疑，提出“被监督者选任监督者”不符合监督的本质精神和要求，甚至有人更为尖锐的批评，这种选任方式只能反映出这个制度是又一个“面子工程”“形象工程”。刘洪涛撰文认为，虽然在 2010 年全面推行时将选任方式上提一级，但仍未脱离“被监督者选任监督者”的窠臼。设立人民监督员制度的初衷是为了加强检察机关的外部监督机制，其关键处在于“外部”监督，而人民检察院上下级之间的关系是领导与被领导的关系，上下级检察院本就属于“内部”一体，虽然将人民监督员的选任提高到省或市级人民检察院选任，从源头上仍然没有脱离“内部”关系。针对这个问题，目前已在个别地方进行改革试点，将人民监督员选任工作脱离检察机关，改由人大常委会下设人民监督员选任办公室进行选任工作，检察机关不参与选任。只有通过由人大常委会选任人民监督员的这一改革方式才真正回应了“被监督者选任监督者”的质疑和批评，应当尽快全面实行，彻底摆脱这个制度中的根本性缺陷，使人民群众进一步增加对检察机关的信任，进一步强化检察机关的社会公信度[①]。宪法作为一国的根本大法，是任何法律制度存在的根基，在目前人民监督员制度尚未被法律具体化的情况下，以宪法角度为切入点，研究该制度存在的宪法基础及其在宪法实施中运行的条件和方式无疑具有十分迫切和重要的意义。

（二）检察民主化是当今世界各国检察理论与实践的一个重要特色

人民监督员制度是我国最高人民检察院推行司法改革的产物，无论从称谓上还是从制度设计上，都具有很强的中国特色。但是，公民参与司法对检察权进行监督的做法，在国外早已有之。相类似的制度主要有日本的检察审查会制度和美国的大陪审团制度，已经形成了比较完善的立法和比较深入的研究[②]。

检察审查会是日本二战以后司法改革的产物。二战结束后，日本根据战后《日本国宪法》的基本精神，重新修订了日本《刑事诉讼法》。为了防止检察官独断专行，及时、准确地反映民意，保障公诉权行使的正当性，日本于 1948 年制定实施了日本《检察审查会法》，建立了检察审查会制度。所谓检察审查会制度，就是通过抽签方式从一般国民中（众议院议员选举权者）选定 n 名检察审查员，组成检察审查会，负责审查检察官对案件做出的不起诉处分是否适当、对检察厅的工作提出改进意见的建议和劝告，这是一种在检察官行使公诉权过程中反映民意的制度。检察审查会在设立之初及其后长达半个世纪的运行中，其决议既不能产生侦查的效果，也不能产生直接起诉的效果，仅仅对检察厅机构的长官具有参考作用。在 20 世纪末开始的日本司法改革过程中，学者们在肯定了检察审查会作为民主司法的一种形式所发挥的巨大作用的同时，也提出了扩大司法民主化的范围，让更多的民众能够参与到检察审查会制度中来以及赋予检察审查会决议法律效力的意见。20 世纪，检察审查会制度的改革主要是围绕着扩大国民参与范围问题展开的。对检察审查会制度走向能够产生实质性影响的，主要是是否赋予检察审查会决议的法律效力等问题。自 1999 年 6 月，日本开始酝酿进行司法改革，强调建立司法的“国民基础”，“要通过建立国民参与诉讼程序的制度，提高国民对司法的信赖。”在这种改革潮流下，强化检察审查会权限和作用成为日本当代司法改革的一个重要内容。2001 年 11 月，日本制定了《司法制度改革推进法》，同年 12 月，根据该法在内阁中设置了“司法制度改革推进本部”；2002 年 3 月，内阁通过了《司法制度改革推进计划》，设置

① 刘洪涛：《浅议人民监督员制度的完善和发展》，湖北省蕲春县人民检察院网站，参见 http：//www.qichun.jcy.gov.cn/shuofa/696.html，2016 年 1 月 25 日最新访问。

② 高一飞：《人民监督员制度的正当性探讨》，《贵州民族学院学报》2005 年第 1 期。

了相应的专题委员会，在《司法制度改革推进计划》中，就提起公诉的方式明确提出了“为了建立赋予检察审查会决议具有一定拘束力的制度，要提出相应的法案”。在进行检察审查会制度改革的讨论时，日本法务省、最高法院等相关机构都提出了修改建议。其中，最高法院事务总局在 2002 年 9 月 24 日提交的《充实、加快刑事审判，裁判员制度，检察审查会制度应有方式的意见》中认为，“应该赋予应当起诉的决议以法律拘束力，使检察审查会的意见直接反映在公诉权行使中；为了保障（检察审查会）进行充分审查和做出适当的判断，应该努力充实检察审查会的审查程序”。2004 年日本国会通过了《修改刑事诉讼法部分条文的法律》，对包括检察审查会制度在内的刑事司法进行了比较全面的改革，明确规定：检察审查会作出“应当起诉”决议以后，如果检察官没有起诉，那么就要进行再次审查，如果在再审查过程，11 名审查员中有 8 人以上同意作出了“应该起诉”的决议，那么，收到检察审查会决议副本的法院应该指定律师担任检察官，直接提起公诉。尽管这一规定要在 2009 年 5 月实施裁判员制度以后才正式生效，但毫无疑问的是，这种赋予由一般民众组成的审查组织决定必须起诉的制度必将对日本检察官的案件起诉方式，乃至刑事司法的发展产生重要影响。与 2009 年开始建立民众参与刑事审判的裁判员制度一样，在司法民主化的方式、方法方面，日本检察审查会制度的改革值得中国学术界和司法界关注①。

美国现代大陪审团由社区内 23 名或更少普通选民随机产生并被要求服务一段固定的时间，主要承担独立调查犯罪事实和审查检察官指控的双重职能。目前，大陪审团的调查职能主要针对复杂的有组织犯罪、政府犯罪、政府机构贪污和其他运用警察通常应用的方法很难侦查的犯罪，当其运用各种调查手段查获嫌疑人及犯罪事实后即签发刑事起诉书。大陪审团审查职能是就已被检察官查获、逮捕、羁押或已被指控和在法官面前作了初次到庭的罪犯的涉案事实的可能性根据，进行审查并签发起诉书（indictment）。然而这两项职能的发挥随着现代检察公诉权的强化有了强弱的区别，从美国内战到 20 世纪中期，主要州已允许检察官直接签署指控（information）来提起公诉，作为“公民权利之盾”而存在的审查、签署起诉书的作用大大弱化，被指责为检察官的“橡皮图章”“傀儡”。但大陪审团在调查地方政府腐败的犯罪方面仍发挥着积极的作用。大陪审团作为民意代表制约国家公诉权力的作用主要通过其调查职能实现：其一，大陪审团独立调查职能制衡检察官不起诉权。通常认为，美国检察官的不指控由于公诉垄断及其较大的裁量权很难受到来自外界的约束。虽然一些州目前对已

① 丁相顺：《日本检察审查会制度的理念、实施与改革》，《国家检察官学院学报》2005 年第 3 期。

经提出正式起诉的案件，检察官的撤回起诉请求必须经法官批准，但对检察官自始不侦查或拒绝签发指控的制约则主要来自大陪审团的调查。其二，大陪审团设置的独立性使其获得强大的公信力有利于其职能的发挥。其三，大陪审团调查的程序和强大的手段保证其有效地查清案件事实、公正地行使其监督职能。由于大陪审团调查程序的秘密性、拥有强制证人作证、提供物证和书面证据等检察官所不具备的调查手段，使其拥有摆脱检察意见束缚、直接面对证据来源进行调查的优势①。

日本的检察审查会制度是二战后借鉴大陪审团制度而建立的，虽然两者在具体的职能、程序和手段方面因大陆法传统及日本国情的影响存在诸多差异，但在追求检察民主化、通过民意抑制检察权的理念以及据此对制度的设置、构造方面却具有共通之处。两种制度的设立和运行均通过司法民主的形式，约束和限制司法权力的行使，从而达到司法公正的目的。美国大陪审团制度起源于英国的起诉陪审团制度，而后者的设立与司法令状相结合，是形成普通法“程序先于权利”传统的制度基因，是体现了正当程序要求的制度。日本在战后深受普通法影响，在其宪法中明确规定了正当程序原则，日本的检察审查会制度同样与正当程序的理念与价值一致，具有正当程序基础。

当然，对于检察官不起诉的情形是否具有法律上的“既判力”，并没有形成系统和完整的法理。例如，在我国台湾地区，检察署对就职务犯罪案件认为不需要起诉的案件可以作出“不起诉”或者是“签结”的结论性意见。对于“不起诉”或者是“签结”的职务犯罪案件，由于这些案件本身的利害关系人是国家机关，而不是具体的公民、法人或社会组织，因此，对于“不起诉”或“签结”可能影响的法律上的特定利益，因为缺少特定的利害关系人的抗辩而使得“不起诉”或“签结”成了由检察署可以独立作出决定的不受其他法律机制监督的行为，这个问题在法理上已经引起了有关学者的关注②。

（三）关于人民监督员制度国内理论研究的状况

目前，国内理论界和实务部门对人民监督员制度倾注了较高的热情和关注，尽管自2010年最高人民检察院颁布《最高人民检察院关于实行人民监督员制度

① 刘英张、时春：《检察机关人民监督员制度比较法研究》，《现代企业教育》2007年第16期。

② 在2008年11月21日至22日于香港大学法学院举办的“两岸四地法律发展学术研讨会”上，来自台湾中研院法律学研究所的黄国昌助理教授对这个问题表示了自己的看法，他认为，目前中国台湾地区检察署对职务犯罪的“不起诉”和“签结”行为确实没有受到法律程序上的监督，有违“权力应当受到监督”的“正当程序原理”。

的规定》以来不过短短几年时间，其中包括法理学、宪法学、诉讼法学界，以及来自检察系统从事检察实践工作人员的相关研究，对这一新生事物已经有了一定的研究成果。目前的研究成果大致可以归纳为以下几方面：

1. 人民监督员制度的宪法基础

如韩大元在《人民监督员制度的宪法学思考》① 一文中指出：人民监督员制度通过人民参政权的有效行使，体现了宪法的民主原则和法治原则；通过公民监督权的切实行使，实现对公民基本权利的保障；体现制约权力的宪法价值，促进了检察机关工作作风和形象的改变；通过检察权的能动性发挥，推进法律监督职能的进步。同类的具有代表性的文章还有周永年的《人民监督员制度法制化的法理基础及模式选择》②，刘宇玥的《人民监督员制度的理论基础》③ 等。

2. 人民监督员制度的价值分析

马长山在《人民监督员制度的法治价值及其实现》④ 一文中认为，人民监督员制度是我国检察体制改革的重要举措，它不仅表明了我国检察机关的人民民主属性，也有利于实现法律监督和促进司法公正，从而具有重大的法治价值和意义。现代西方国家经历了“自由主义法治”到“程序主义法治”的转变。在法治进程不断加快的新时期，我们一方面要不断强化司法机关的独立性和权威性，另一方面，又必须强化相应的法律监督和促进司法公正，以推进司法过程的民主性。同样对此进行研究的代表作，有贲国栋的《论司法公正价值的整合》⑤、杜波的《法治原则发展的内在逻辑与历史进程》⑥ 等。

3. 司法民主与正当程序研究

学界一般将二者分别论证和研究，将二者结合起来研究的成果并不多见。主要有：于晓青的《司法的特质与理念》⑦，朱永红、张苏敏的《司法公正的逻辑解读》⑧，王鲁青的《司法制度改革与司法民主化》⑨ 以及高一飞的《人民监督员制度的正当性探讨》⑩。傅恒、杨莲在《从正当程序走向民主宪政》⑪ 中认

---

① 参见《国家检察官学院学报》2005 年第 1 期。
② 参见《政治与法律》2006 年第 5 期。
③ 参见《江苏警察官学院学报》2006 年 21 卷第 3 期。
④ 参见《国家检察官学院学报》2006 年第 2 期。
⑤ 参见《南京社会科学》2007 年第 3 期。
⑥ 参见《新视野》2007 年第 2 期。
⑦ 参见《现代法学》2003 年第 2 期。
⑧ 参见《河北法学》2005 年第 12 期。
⑨ 参见《洛阳师范学院学报》2005 年第 1 期。
⑩ 参见《贵州民族学院学报》2005 年第 1 期。
⑪ 参见《四川教育学院学报》2004 年第 3 期。

为：由于长期以来受我国“重实体轻程序”的传统法律观念影响，使宪政的实施缺乏必要的正当程序保障，造成了宪法在一定程度上难以富有实效的局面。因此，科学揭示正当程序与民主宪政的密切联系，确立科学、规范、完善的正当程序原则，是我国保障基本人权，迈向民主宪政的必然要求。正当程序是对宪政过程的规范，是对宪政基础的保障，是对宪政理念的张扬，是对宪政价值的超越。

4. 人民监督员制度的比较研究

主要有丁相顺的《日本检察审查会制度的理念、实施与改革》[①]，李茂杜、李子煊的《完善人民监督员制度的构想——以日本检察审查会制度为借鉴》[②]，赵一鸣的《论现代日本法中的普通法因素与司法民主》，刘英张、时春的《检察机关人民监督员制度比较法研究》[③] 等。这些研究成果介绍、分析和比较了西方国家，主要是日本、美国的民主参与司法制度，为我国人民监督员制度的进一步完善提供经验与借鉴。

5. 人民监督员制度存在的问题及完善

这是对该制度研究最多的方面。主要代表作品有：刘建军的《完善人民陪审员制度的理性思考》[④]，尹笔锋、卢希起的《返回人民监督员制度的逻辑起点——人民监督员制度的若干评议及立法建言》[⑤] 以及韩春雁的《人民监督员制度深化之设想》[⑥] 等。

综合分析国内研究现状，虽然对人民监督员制度的研究取得了初步的成果，但还缺乏深入的系统研究，对该制度的法理基础、该制度的基本理论、国内外的比较研究以及问题及完善等诸多方面尚需进一步研究。特别是，关于人民监督员制度的“正当性”问题，在理论界和实践部门还存在不同的认识。是通过“司法民主”的民主理论来论证人民监督员制度的合法性，还是基于“正当程序”的要求来确立人民监督员的正当性基础，还是两者应当兼具，或者是可以从其他的视角来论证人民监督员制度的“正当性”，迄今为止尚无定论。特别是在宪法和相关的组织法还没有将人民监督员制度明确肯定为检察制度的重要事项的前提下，所有论证人民监督员正当性的理论观点都是学理层面的，还缺少明确的制度依据和法理分析，需要学

① 参见《国家检察官学院学报》2005 年第 3 期。
② 参见《安徽警官职业学院学报》2006 年第 5 卷第 4 期。
③ 参见《现代企业教育》2007 年第 16 期。
④ 参见《河南社会科学》2005 年第 1 期。
⑤ 参见《求实》2005 年第 10 期。
⑥ 参见《中国检察官》2006 年第 12 期。

术界对此问题加以深入地研究。

（四）“权力应当受到监督和制约”是人民监督员制度的最基本的法理依据

在人民监督员制度构建的过程中，在法理上对人民监督员制度最大的质疑主要有以下五个方面：一是人民监督员介入检察活动，实际上是干涉了检察机关依法独立地行使检察权，不利于检察机关充分履行宪法和法律职权；二是人民监督员一般都是由检察机关自己聘请的，有“作秀”的感觉；三是人民监督员对检察活动的介入，很可能将检察活动中所存在的各种问题反映到人民监督员制度中，使得人民监督员本身也成为司法腐败的成因；四是人民监督员并没有获得法律上的授权，对检察活动的监督缺少法律依据；五是根据我国目前宪法所确立的人民代表大会制度，各级人大作为各级国家权力机关依法享有对“一府两院”实施宪法和法律活动的监督权，因此，人民监督员所能起到的作用，人民代表通过履行代表职责也可以实现同样的制度目标①。

总之，上述各种关于人民监督员制度存在问题的担忧，都来自于人民监督员制度是否在法理上具有“正当性”。因为在没有宪法、组织法上的明文依据的前提下，只有在法理上具有正当性，才能在实践中通过各种合法的解释途径融入制度之中，并以此作为修改宪法和组织法的法理依据。如果在法理上无法证明人民监督员制度的“正当性”，那么，即便这种制度在实践中已经产生了一定的效果，要使这样的制度具有稳定和可持续发展的特征，也是比较困难的。特别是贯彻落实“依法治国、建设社会主义法治国家”治国方略的过程中，不仅需要法律制度统一，而且需要对各种法律制度赖以建立的法学原理和法治精神彼此之间相互协调和一致。

笔者认为，人民监督员制度的正当性来自于民主原则和法治原则两个方面的基本要求，是我国现行宪法基本原则的制度表现，它的创建、存在和发挥作用，都是我国现行宪法制度下所允许和可以得到合宪性评价的。因此，这种制度尽管目前还没有通过宪法和组织法的形式明确加以规定，但是，其制度的正当性依据直接来自于宪法，特别是“权力必须受到监督和制约”的民主原则和法治原则的基本精神。党的十八届四中全会审议通过的《全面推进依法治国决定》更是为人民监督员制度的“正当性”提供了

---

① 对人民监督员制度的质疑和批判方面的论文主要是以因特网上的言论为主，西南政法大学法学院教授、司法研究中心主任徐昕发表了《人民监督员制度批判》认为，人民监督员缺乏应有的独立性；人民监督员监督缺乏足够的权威。

新的理论基础。《全面推进依法治国决定》明确提出：保障人民群众参与司法。坚持人民司法为人民，依靠人民推进公正司法，通过公正司法维护人民权益。在司法调解、司法听证、涉诉信访等司法活动中保障人民群众参与。很显然，从保障人民群众参与司法的角度出发，人民监督员制度应当是一个比较理想的制度化参与渠道。当然，人民群众参与司法并不是简单的司法民主原则，其中也蕴含了法治原则的要求，即司法的正当性也需要人民群众的参与才能得到有效保证，为此，有必要从法理上对人民监督员制度的正当性基础做出严格的论证。

1. 民主原则和法治原则是我国现行宪法所确立的两项最基本的宪法原则

民主原则和法治原则是我国宪法的两项最基本的原则。早在1954年宪法中就已经确立了“民主原则”。毛泽东同志在《关于中华人民共和国宪法草案》的报告中就指出：“一个团体要有一个章程，一个国家也要有一个章程，宪法就是一个总章程，是根本大法。用宪法这样一个根本大法的形式，把人民民主和社会主义原则固定下来，使全国人民有一条清楚的轨道，使全国人民感到有一条清楚的明确的和正确的道路可走，就可以提高全国人民的积极性”①。基于民主原则建立起来的我国根本政治制度人民代表大会制度，是我国政治制度的基础。根据现行宪法第2条第三款的规定：人民依照法律规定，通过各种途径和形式，管理国家事务，管理经济和文化事业，管理社会事务。因此，在我国，人民有权力管理一切国家事务，这是一项体现“人民当家作主”精神的重要原则。人民监督员制度在实践中产生正是体现“人民当家作主”宪法原则的重要方式。人民监督员制度实际上为实现宪法所确立的民主原则提供了具体的制度和实践的保障。

法治原则在我国现行宪法中早以确立，并且通过1999年现行宪法的第三次修改得到了强化。1999年现行宪法第三次修改时将“中华人民共和国实行依法治国，建设社会主义法治国家”写进了宪法，这一修改意义重大。它不仅要求法律在形式上要统一，更重要的是强调了法律实践要充分体现法治的精神。人民监督员制度是基于检察机关行使检察职权的活动而产生的，目的是为了保障检察机关在侦查和决定起诉职务犯罪的过程中，能够严格地依法办事。所以，人民监督员制度建立的出发点是立足于保证检察法治的完备，是完全符合现行宪法第5条所确立的法治原则的要求的。

2. 人民监督员制度的创建是为了解决检察权不受监督和制约的制度缺陷

人民监督员制度的创建直接的起因是针对人民检察院在行使检察职权办理

---

① 《毛泽东著作选读（下册）》，人民出版社1986年版，第710—711页。

职务犯罪时所遇到的“三类案件”① 和“五种情形”②。“三类案件”和“五种情形”都涉及检察机关行使检察职权的行为，而且这些行为依据现行宪法、组织法等法律、法规的规定，都具有“既判力”的法律效果。也就是说，如果没有外部监督机制的存在，那么，这些由检察机关依法实施的行为基本上是由检察机关独立完成的，缺少对这些行为的法律救济途径。与检察机关提起公诉的情形不同的是，如果检察机关提起公诉，那么，检察机关行使检察职权的行为在进入审判程序后会受到法院的监督，而检察机关对行政、民事和刑事案件提起抗诉的行为同样也会在司法审判阶段受到法院行使审判权的法律监督，但是“三类案件”“五种情形”则自始至终是由检察机关独立介入的，加上职务犯罪所涉及的利害关系人通常是国家，而不是具体的公民个人、法人或社会组织，因此，如果没有特殊的情形，检察机关在依法办理职务犯罪的过程中，对“三类案件”“五种情形”的处置就享有非常大的“自由裁量权”，从外部很难进行有效监督。这在理论上等于是赋予了检察机关“不受任何监督和制约”的权力。这种制度设计很显然与法治原则是相背离的。因此，在引入人民监督员机制后，人民检察院在处理“三类案件”“五种情形”时就使自己行使检察职权的行为处于有效的法律监督之下，这样的制度考量是从“权力应当受到监督和制约”的角度出发的。事实上，目前像我国台湾地区检察署的“不起诉”和“签结”行为就完全属于检察机关自由裁量的范围，在实践中很容易导致权力滥用。在我国，根据宪法的规定，检察机关是国家的法律监督机关，而法律监督机关自身要带头守法，法律监督机关如果自身都不守法，或是自身的行为不接受其他途径或形式的法律监督，这显然与法治原则的要求不相适应。我国的人民监督员制度之所以能够在检察实践中应运而生，应当说是检察机关贯彻落实“依法治国、建设社会主义法治国家”治国方略的重要表现，值得充分肯定。

3. 人民监督员制度反映了“司法民主”的特点

我国是社会主义国家，我国的根本政治制度是人民代表大会制度。人民代

---

① “三类案件”是指职务犯罪嫌疑人不服逮捕决定、拟撤销案件、拟不起诉“三类案件”。

② 根据2006年1月9日最高人民检察院下发《关于人民监督员监督“五种情形”的实施规则（试行）》规定，“五种情形”是指：具体是指人民检察院在查办职务犯罪工作中的下列五种情形：应当立案而不立案或者不应当立案而立案；超期羁押；违法搜查、扣押、冻结；应当给予刑事赔偿而不依法予以确认或者不执行刑事赔偿决定；检察人员在办案中有徇私舞弊、贪赃枉法、刑讯逼供、暴力取证等违法违纪情况。根据最高检2014年9月5日印发的《人民监督员监督范围和监督程序改革试点工作方案》，确定2014年10月至2015年6月，在试点地区，检察机关在原有人民监督员监督范围基础上，将查办职务犯罪案件中“争取指定居所监视居住强制措施违法的”“阻碍律师或其他诉讼参与人依法行使诉讼权利的”“应当退还取保候审保证金而不退还的”等三种情形纳入人民“监督员监督范围”。

表大会制度不同于西方三权分立制度的最根本的制度特征在于，在我国，各级国家检察机关是依据宪法和法律享有检察职权的法律监督机关，但检察机关在法律地位上从属于代表和反映民意的各级人大，检察机关在行使权力的过程中，不能拒绝来自国家权力机关的监督，特别是来自于人民群众基于“民主原则”的直接监督。所以，相对于西方三权分立下的检察制度来说，我国的检察制度更需要充分体现“民主”精神，也就是说，必须体现“司法民主”的特点。所谓的“司法民主”，应当是多方面的。一方面包括检察机关在履行自身的宪法和法律职权时应当接受国家权力机关的监督，对国家权力机关负责，特别是国家权力机关依据法律所进行的监督以及人民代表在各级人大常委会的组织下对检察机关实施宪法和法律的活动所进行的监督。另一方面，根据现行宪法第 2 条第三款和第 41 条的规定，任何公民，只要认为国家机关或者国家机关工作人员在行使职权的过程中存在违法行为，都有权进行控告、检举、揭发和通过不同的监督形式直接地进行批评和提出建议。这是我国现行宪法所包含的“司法民主”的内涵。因此，人民监督员介入检察机关办理职务犯罪的“三类案件”“五种情形”，是“司法民主”的重要制度表现形式，是有充分的宪法根据的。2010 年的《最高人民检察院关于实行人民监督员制度的规定》又将人民监督员的监督范围拓展了人民检察院依法履行法律监督职权的各个方面，这种制度设计实际上体现了“司法民主”原则的基本要求，让民主监督始终伴随着人民检察院行使法律监督职权的各项活动。

4. 人民监督员制度体现了“正当程序”的要求

“正当程序”是现代宪法所肯定的一项重要价值，其核心的精神就是指国家机关在行使国家权力限制公民的基本权利或者是其他权利时，必须要严格地按照法律所规定的程序，同时还要具有公平正义的特征，否则就构成了对公民权利的侵犯。“正当程序”理论最早起源于英国，后在美国宪法修正案第 5 条和第 14 条中得到了明确的肯定和系统的规定。“正当程序”不仅仅是宪法和法律对行政机关行使行政职权的“法律限制”，而且也是国家立法机关、检察机关和审判机关依法行使职权所应当遵循的宪法原则。“正当程序”的内涵非常丰富，但实质的价值要求是要求任何限制公民权利的措施都必须具有公开性，要为权利受到限制的当事人所接受和认可。因此，司法神秘主义是与“正当程序”的基本价值要求格格不入的，如果检察机关在行使检察职权的过程中存在着可以自身自由独立处置的职权事项而不接受任何监督就具有法律上的“既判力”，那么，这样的制度设计必然会为检察机关的滥用职权留下制度隐患。所以，对于仅仅由检察机关行使检察职权就具有“既判力”的职务犯罪“三类案件”“五种情形”，如果没有人民监督员的介入，这些行使职权的领域就可能成为“正当程序”的“死角”，公民的人身权利以及其他宪法和法律权利就可能在受到检察机关侵犯之后而无法获得制度上的有效和必要的救济。因此，从“正当程序”理论出发，人民监督员制度也是有其存在的正当性的。

5. 制定《人民监督员法》是强化人民监督员制度正当性的最佳制度保障

在现代法治社会中，存在于法理形态的正当性最终都必须转化为制度的要求，也就是说，正当性只有通过宪法和法律加以明确肯定之后，才具有权威，才能被人们所认同，正当性只有以“合宪性”“合法性”的形式存在才具有持久的生命力。

人民监督员制度的产生尽管是在法理上不成熟、制度上没有明确规定的前提下出现的，但是，该制度背后所蕴藏的价值原理是与我国现行宪法和法律的基本精神相一致的，也就是说，人民监督员制度的正当性完全可以依托宪法解释和法律解释的方式来使其具有规范的效力，并且在条件成熟的时候，可以明确地作为法律规范来加以系统化、规范化。基于此原理，在人民监督员制度尚未写入《人民检察院组织法》的前提下，可以另行制定《人民监督员法》，通过立法机关的立法活动，来使得人民监督员制度在法理上所具有的正当性及时转化成为制度上的“合法性”，并以此来推动人民监督员制度在实践中逐步走向成熟和完善。

贾春旺检察长在2007年最高人民检察院工作报告中对人民监督员制度的作用做了充分肯定，并对2007年度人民监督员制度建设所取得的成绩作出了系统和精辟的总结。他指出：目前全国已有86%的检察院开展试点工作。2007年共有5191件拟作撤案、不起诉处理和犯罪嫌疑人不服逮捕决定的职务犯罪案件进入监督程序，其中人民监督员不同意办案部门原拟定意见的252件，检察机关采纳178件，对未采纳的依据事实和法律向人民监督员作出了说明。拓展人民监督员的监督范围，对违法搜查、扣押等“五种情形”规定了具体的监督程序。曹建明检察长在2014年最高人民检察院工作报告中对人民监督员的作用给予了充分肯定。该工作报告指出：充分发挥人民监督员、特约检察员、专家咨询委员参与检察决策、监督执法办案等作用，人民监督员共监督职务犯罪案件2938件。人民监督员制度在促进公正执法、保证办案质量、增进司法民主等方面的作用进一步显现。

总之，为了进一步推进“司法民主”理念，保障人民群众参与司法，保障“正当程序”价值在检察机关履行检察职权中得到充分实现，必须要坚持人民当家作主与依法治国有机统一的社会主义法治观，在不断总结经验教训的基础上，通过明确、强化和肯定人民监督员制度的“正当性”价值基础，以立法为先导，全面地推进人民监督员制度的建设。

保证公正司法，提高司法公信力

公正是法治的生命线。司法公正对社会公正具有重要引领作用，司法不公对社会公正具有致命破坏作用。必须完善司法管理体制和司法权力运行机制，规范司法行为，加强对司法活动的监督，努力让人民群众在每一个司法案件中感受到公平正义。

——《中共中央关于全面推进依法治国若干重大问题的决定》

四　健全司法审判公开制度，提升司法公信力

党的十八届四中全会审议通过的《中共中央关于全面推进依法治国若干重大问题的决定》将“保证公正司法，提高司法公信力”作为全面推进依法治国的一项重要任务。《全面推进依法治国决定》还对司法中的一些具体制度提出了“公信”层面的要求，例如，“提高人民陪审制度公信度”“提高仲裁公信力”等等。举凡提及“公信”之处，都是在司法实践中“公信”存在一定问题的领域，因此，贯彻落实《全面推进依法治国决定》所要求的“提升司法公信力”的司法改革目标，应当从制度、体制和机制等不同的角度来着力打造提升司法公信力的平台，为“公正司法”提供可靠的信誉和信心保障。

（一）司法公信力问题的由来及意义

司法公信力问题是近十年来法学界和司法实务界重点关注的热门话题。黄娟早在2003年第3期《湘潭大学社会科学学报》上发表的《在“应然”与“实然”之间——司法的公信力及司法权运行过程中的“信息失真”》一文中，就对“司法公信力”一词做出了明确的定义：司法公信力是司法机关依法行使司法权的客观表现，是裁判过程和裁判结果得到民众充分信赖、尊重与认同的高度反映。质言之，司法公信力一方面体现为民众对司法的充分信任与尊重，包括对司法主体的充分信任与尊敬，对司法过程的充分信赖与认同，对司法裁判的自觉服从与执行；另一方面则体现为法律在整个社会的权威与尊严已经树立，广大民众对法律持有十足的信心，公民的法律信仰包括司法信仰得到空前的加强。由此，“司法公信力”问题引起了学界的充分关注，学者们围绕着司法公信力的构成、意义、司法公信力与司法权的关系、司法公信力的实现路径和制度保障等展开了热烈的讨论，产生了一批有影响的学术论文和著作。在论文方面，有关玫发表在2004年第5期《长春大学学报》的《司法公信力的结构性要素》，郑成良、张英霞发表在2005年第5期《上海交通大学学报（哲学社会科学版）》的《论司法公信力》等等，近期有田海鑫发表在2013年第1期《大连海事大学学报（社会科学版）》的《司法公信力内涵与类型略论》等等；著作方

面有关玫著《司法公信力研究》（人民法院出版社 2008 年版）等等。

从司法实践来看，司法公信力问题得到司法审判机关的高层领导的关注，集中体现在最高人民法院前院长王胜俊 2012 年 6 月 26 日在新任中级、基层人民法院院长培训班开班式上的讲话。在该讲话中，王胜俊院长特别强调“加强司法公信建设，提升人民法院司法公信力，各级人民法院要实实在在、卓有成效地做好八个方面的工作。一要牢固树立正确的司法理念，始终坚持社会主义法治理念，始终坚持党的领导、人民当家作主与依法治国有机统一，努力践行政法干警核心价值观。二要公正司法，以公正立公信，始终坚守司法公正底线。三要切实采取便民利民为民的司法措施，着力筑牢司法为民的思想根基，着力维护群众的合法权益，着力解决群众关注的热点问题。四要廉洁司法，把人民法院反腐倡廉建设放在突出位置，坚持不懈地开展反腐败斗争。五要公开透明司法，切实使社会公平正义以群众看得见的方式得以彰显。六要大力弘扬司法民主，切实满足人民群众对司法工作的知情权、参与权、表达权和监督权。七要大兴优良司法作风，以严谨细致的工作和亲和文明的态度赢得当事人的信任。八要积极参与社会诚信建设，大力加强司法宣传，大力加强法院文化建设，切实弘扬社会主义法治精神”。①

人民法院报社、《人民司法》杂志社和中国法院网 2013 年 4 月 26 日在最高人民法院举办提升司法公信力专家学者座谈会，听取专家学者和律师界代表对人民法院进一步推进公正司法、提升司法公信力的意见和建议。最高人民法院院长周强在会上提出，公正司法是人民法院工作永恒的主题、任务和价值追求。要让人民群众在每一个司法案件中都感受到公平正义，推进公正司法，不断提升司法公信力，需要全社会形成合力，共同努力。②

由此可见，司法公信力当下已经成为学界和司法实务界共同关注的“热词”，也是目前司法体制改革过程中无法回避的一个重要事项。如何面对司法公信力问题给我国司法体制改革带来的理论和实践挑战，成为法学界和司法实务界必须认真加以探讨和给出具体解决方案的重点课题。

要解决司法公信力问题，首先必须从理论上弄清司法公信力的概念以及司法公信力在实践中存在的形式和状态，这个问题目前学界和实务界看法不尽一致。

何有财在《浅析如何提升司法公信力》一文中认为：司法公信力是社会公众通过可以信赖的司法程序，对司法人员的裁判案例产生的普遍信服和尊重，而在受众心目中建立起来的诚实守信、公正、正派的信任度和影响力，体现的

---

① 《人民法院报》2012 年 6 月 27 日。

② 《人民法院报》2013 年 4 月 27 日。

是人民群众对司法制度、司法机关、司法权运行过程及结果的信任程度，反映的是人民群众对司法的认知和认同状况。①

彭晨在《浅析提升司法公信力之路》一文中指出：司法公信力，是指司法人员通过长期地司法执法活动向受众提供正义、公平、可信、权威、高尚的执法案例，在受众心目中建立起来的诚实守信、公正、正派的信任度和影响力。②

刘岩在如何提高司法公信力司法公信力这一概念具有两个维度："一是信用的维度，即司法机关获得公众信任的能力；另一个是信任的维度，即公众对司法机关的信任程度"，而在多数情况下我们主要是在"公众信任程度"这一语义下使用司法公信力一词的，即"公司公信力是指社会公众对司法主体、司法程序、司法运作过程和司法裁判的尊重和认同，是司法在公众心目中所建立的信服状态"。③

从上述几种关于司法公信力的观点可见，司法公信力并不是一个内涵和外延已经非常清楚的确定性概念，其中最关键的特征有两点：一是"公信"，简单地可以解释为"公众对司法的信任"，这是一种社会心理学意义上的"社会心理倾向"，具有很强的主观性，在很大程度上依赖社会公众对司法的主观评价和感觉；二是"力"，表现为一种带有一定客观特征的"司法权威"或者是"司法受到社会公众尊敬的程度"。因此，司法公信力一词从产生到被学界和司法实务界普遍所接纳，在实践中基本上处于一种主客观特征兼有、偏向主观评价意义上的社会心理状况，属于社会意识形态的范畴，是以往我们在法制建设过程中没有引起足够重视的新问题。关于司法公信力的理论构建也是基于已存在的司法权威、社会公众对司法公正的感觉，以及社会公众对司法信任程度来把握的。虽然在实践中有"信访不信法"等等负面的现象来衬托司法公信力概念的存在意义，但是，司法公信力的正面构造还需要经过很长时间的认真研究，才能在结合实践经验的基础上，通过制度化的评价机制来加以固化。总之，司法公信力已经成为学界和司法实务界不可忽视的一个重要问题。

（二）加强司法公信力问题研究必须在理论上把握好的几个重要关系

司法公信力是近年来逐渐引起我国法学界和司法实务界关注的一个理论热

---

① 中国法院网，2012 年 8 月 6 日，参见 http://court.gmw.cn/html/article/201208/06/98613.shtml，2016 年 1 月 25 日最新访问。

② 作者单位：江西省万安县人民法院，中国法院网，2013 年 2 月 20 日，参见 http://www.chinacourt.org/article/detail/2013/02/id/896009.shtml，2016 年 1 月 25 日最新访问。

③ 作者单位：吉林省高级人民法院，吉林法院网，2008 年 7 月 21 日，参见 http://jlfy.chinacourt.org/public/detail.php? id=1663，2016 年 1 月 25 日最新访问。

点问题。不论这个概念最初的设计者是有心还是无意，该概念的内涵在传播过程中被社会公众不断放大、虚化，导致目前公众对司法公信力评价的负面效应层出不穷。如何正确地对待“司法公信力”，走出因为诸多负面评价而形成的“社会心理压力”，是当下我国法学界必须认真面对的理论问题。笔者个人认为，要提高司法公信力，必须在法理上建立科学描述司法公信力概念的科学内涵与外延的评价机制，特别是要澄清以下十个方面的问题，然后才能在规范意义上来谈论如何提高司法公信力，否则，只会在错误信息干扰下陷入司法公信力概念所引发的无谓的争议之中不能自拔。

（1）要正确地处理司法“党性”与“人民性”之间的关系。截至目前，“司法”一词在最高规范性层面并没有得到我国现行宪法的肯定，只在党的代表大会工作报告中提及，“司法”问题仍然是政策调整的领域，而不属于国家的基本宪法制度①。因此，“司法”主要体现的是“党性”②，所谓司法公信力在理论上涉及执政党的司法政策③是否具有威信和权威，而评价司法“党性”的社会公众则构成了对司法“人民性”的公众期待，故司法公信力背后反映出来的本质问题就是如何处理司法“党性”与“人民性”之间的关系，特别是“司法”能否通过人民当家作主的人民代表大会制度写入宪法，成为国家的基本宪法制度。因此，“司法”入宪是提升司法公信力的一个制度途径。

---

① 从1949年10月1日建立新中国至今64年的时间里，王明代为起草的《中共中央关于废除国民党的六法全书与确定解放区的司法原则的指示》中关于司法工作应当以执政党的政策为依据的精神并没有过时，而且有充分证据证明司法领域主要依靠执政党的政策来调整。首先，在中华人民共和国成立后制定的前三部宪法（1954年宪法、1975年宪法和1978年宪法）的文本中根本就没有出现“司法”一词，这一立宪现象至少表明，作为汉字的“司法”并没有被宪法采纳作为描述国家基本法律制度的术语，“司法”制度至少在法律层面上作为国家基本法律制度的条件尚不成熟。1982年宪法虽然在宪法文本中有两处出现了“司法行政”一词，但从宪法解释学的角度来分析，可以明确地排除从“司法行政”的内涵中可以合理地推导出独立的“司法”概念的可能性。在世界各国宪法中存在的“司法”制度，在我国宪法中还不具有指称某一类具体法律制度的功能。

② 尽管宪法文本中没有涉及“司法”，但这并不意味着“司法”一词就不可以研究或者是在实际中禁止加以使用。事实上，改革开放之后，从党的十一届三中全会到党的十八大，都对“司法”保持了高度的关注。改革开放以来，如果说党的十三大报告首先肯定了“司法工作”的合理性和重要性的话，党的十六大、十七大和十八大报告则比较科学、系统和完整地描述了我国司法制度的构成、司法工作的基本政策要求以及司法体制改革的目标，自此，执政党指导下的司法工作得到了全面的政策保障。

③ 目前在实践中存在的“司法政策”也比较乱，既有执政党的司法政策，也有最高人民法院和最高人民检察院就全国法院、检察院审判活动所颁布或者发布带有指导意义的“司法政策”。例如，最高人民法院、最高人民检察院和公安部2011年1月10日联合发布的《关于办理侵犯知识产权刑事案件适用法律若干问题的意见》就属于“司法政策”类型的。但根据我国目前宪法和《立法法》确立的立法体制，最高人民法院、最高人民检察院在履行审判权和检察权的过程中只能就法律适用中出现的问题进行司法解释，故目前“司法”领域的问题因为“司法”性质的混乱而存在一定程度的不确定性。

（2）司法公信力是一种复合型的公信力，它由司法构成要素的公信力汇集而成，包括公安、国安、检察、法院、劳改、司法行政等不同领域的公信力。从当下社会公众关注的问题来看，司法公信力主要指向法院审判的公信力。虽然从宏观上来看，司法要素公信力之间彼此相互联系，但是司法各要素的公信力程度并不一样。采用简单概括式的“司法公信力”必然会以偏概全，将个别司法要素的公信力等同于整个司法公信力，不利于抓住司法公信力建设的主要矛盾。对于法院的公信力来说，关键是法院的领导和法官自身要充满信心①，要通过“司法公正”和“依法司法”来赢得社会公众的认同和肯定。

（3）司法公信力在现有的制度体系下，某些方面与司法活动直接关联，但某些方面是因为“司法”功能的缺失，特别是司法“制度化”水平不高，使得实际中的司法必须接受“应然”司法的公信力评价标准。这主要是大量案件不能进入司法审判领域、基本权利被侵害的案件被排斥在司法过程之外等，司法能力严重不足成为影响司法公信力的正相关因素。所谓的社会公众“信访不信法”，很大程度上的原因是制度本身设计的权利救济机制存在严重缺陷造成的，因此，要清醒地认识到，所谓“司法公信力”缺少，很多情形下是“制度公信力”缺少引发的，必须要通过制度改革才能有效提高。胡锦涛总书记在党的十八大报告中也特别强调了“复合公信建设”的重要性，即“加强政务诚信、商务诚信、社会诚信和司法公信建设”。

（4）司法公信力与司法权威存在正相关关系。司法没有权威，自然无法服众，司法机关对许多影响司法公信力的因素往往爱莫能助，只能被动接受较为负面的公信力评价结论，故司法权威不足，公信力建设也不能在制度上得到有效保障。

（5）司法公信力既与司法职权相关，也有司法队伍自身的廉洁状况相关。司法机关履行司法职权不到位，往往引起当事人失望，导致负面社会评价。司法队伍存在严重腐败现象，也会严重影响司法公信力。司法机关可能认真履职，因为司法腐败可能会引发社会公众对司法公信力的天然质疑。

（6）司法公信力与司法透明度密切关联，司法不可能万能，在法治原则下，司法允许存在一定制度上的偏差和瑕疵，并存在制度化的纠偏机制，问题的关键在于这种司法瑕疵是制度允许的，还是制度不允许的。司法不透明必然会掩

---

① 郭燕燕在《用执著提升司法公信》一文中指出：加强司法公信建设，在客观上确实有很多方方面面的工作要做，但对广大基层法院工作者而言，特别是基层法院的领导而言，主观上必须做到两点：一要执著，二要自信。执著就是要对社会主义审判事业抱有坚定不移的信念，自信是要对我国现有司法制度高度信赖和对广大法院干警高度信任。作者系河南省洛阳市吉利区人民法院院长，《人民法院报》2012 年 8 月 6 日。

盖司法瑕疵的真相，容易引发公众对司法不公的猜想，不利于建立科学的司法公正纠正机制。

（7）司法公信力某些方面取决于依法司法的水平。司法过度依赖司法机关自身的解释，很容易形成司法专权的社会共识，导致司法失信于民。故严格依法司法可以消除社会公众误解，提高公众对司法的“信赖”水平。

（8）司法公信力在现代法治原则下最重要的制度基础在于司法作为社会公正、权利救济的最终和最后防线，如果司法只是依据制度解决具体法律问题的中间和过渡环节，司法之外另有“司法”①，那么，司法公信力因为司法功能的局限性而无法获得制度上的充分保障。

（9）司法公信力与法官、检察官和警官个人素质密切相关，司法公信力的积聚需要逐渐地积累，而公信力的挥霍则可能因为个别司法人员公信力的低下导致司法公信力“木桶效应”的出现，司法公信力水平往往取决于公信力最低的司法人员的公信力状况。

（10）司法公信力与法制统一性相关。司法地方化、部门化和行政化，必然会降低司法在保证国家法制统一性中的重要作用。因此，没有以保证法制统一性为基本制度目标的违宪审查制度的实际运行，违宪问题在实际生活中仍然可以忽略不计，那么，司法无法从源头上获得公信力的制度保障。

总之，司法公信力既有客观性，又具主观性。客观性来自于司法的制度化水平以及司法机关依法司法的能力，主观性来自社会公众对各种司法要素存在状况的不同价值评判。但总体上来看，只要司法机关坚守依法司法、司法为民、司法合宪合法的公正司法理念，司法公信力一定会得到社会公众的正面肯定，司法也就能成为一种制度化了的正能量，对保障公民权利、限制公共权力产生积极和有效的影响。

（三）司法公开有助于提升司法公信力

司法公开问题是近年来学界关注的重点问题，具体包括了审判公开和检务公开等方面的内容。2013 年 11 月 12 日党的十八届三中全会通过的《中共中央关于全面深化改革若干重大问题的决定》对“司法公开”作出了明确的要求，即“推进审判公开、检务公开，录制并保留全程庭审资料”。党的十八届四中全

① 我国目前制度设计上可以看到各级人大作为各级国家权力机关有一定的处理具体法律纠纷的“司法权”，行政机关依据《行政复议法》还可以审理一下不能进入诉讼领域的“行政终局案件”。这些问题直接影响到“司法的终局性”。特别是现行宪法第 126 条规定：人民法院依照法律规定独立行使审判权，不受行政机关、社会团体和个人的干涉。上述条款中，并没有从宪法文本上排除“行政机关、社会团体和个人”之外的其他主体对人民法院行使审判权的“干涉”。

会通过的《全面推进依法治国决定》对“司法公开”的范围又进一步加以完善，规定“构建开放、动态、透明、便民的阳光司法机制，推进审判公开、检务公开、警务公开、狱务公开，依法及时公开执法司法依据、程序、流程、结果和生效法律文书，杜绝暗箱操作。加强法律文书释法说理，建立生效法律文书统一上网和公开查询制度”。根据《全面推进依法治国决定》的规定，“司法公开”不限于审判公开、检务公开，还包括了警务公开、狱务公开等司法领域的公开。

关于司法公开的制度意义，可以从很多角度来探讨，但是，司法公开对于提升司法公信力的作用是不言而喻的，这一点学术界和实务界都有基本的共识。例如，原江苏省高级人民法院院长公丕祥就指出：“新时期，老百姓对司法的期待是什么？是司法公正，是司法的透明度。司法的透明度在某种意义上决定了司法公信力。”[①] 不过值得注意的是，一些地方法院和检察院在贯彻落实十八届三中全会和四中全会所规定的“司法公开”要求时，并没有真正地将注意力放在如何提升司法公信力上，在当前的司法实践中，还在一定程度上存在着“选择性公开”的现象，群众想要知悉依法应当公开的事项，有的却没有公开，这为少数人猜测“暗箱操作”、挖掘“内部信息”甚至传播“小道消息”提供了空间。司法公开，并不是人民法院“想公开什么就公开什么”的权力，而是宪法赋予公民的民主权利。人民法院要把司法公开作为应当依法履行的义务，努力实现“看得见的公正”“可感受的高效”“能认同的权威”[②]。

因此，司法公开首先的一种态度，是司法机关取信于民的决心和信心的外在表现。为此，要以提升司法公信力为宗旨，真正实行司法全过程、各领域的公开，除了涉及国家机密、商业秘密以及法律规定不应当或不适宜公开的之外，都应当毫无例外地公开。只有实行司法的全开放，才能让司法在阳光下运行。

（四）司法宪法化是提高司法公信力的制度保障

从理论上和实践中来看，导致当前司法公信力评价不高的原因很多，其中，制度本身的设计缺陷导致司法能力和水平不高是一个不可忽视的重要因素。因此，要从制度入手来寻求提高司法公信力的制度保障，才能建立起稳定、可靠的司法公信力评价体制以及客观公正的评价结论。否则，司法公信力这个概念由于过于泛化而缺少对司法现象的概括力和影响力。

从制度保障角度来提高司法公信力，关键的问题是要考虑“顶层设计”。其

---

① 《司法公开撬动司法公信力整体提升》，《法制日报》2012 年 3 月 5 日。

② 《司法公开撬动司法公信力整体提升》，《法制日报》2012 年 3 月 5 日。

重点就是要将“司法”纳入制度之中，改变过去仅仅依靠政策来调整司法问题的格局，通过“司法入宪”来实行“司法宪法化”，并通过“宪法司法化”来提高司法的规范功能和社会功能，从而为社会公众科学和准确地评价司法公信力提高一个强有力的制度平台。

胡锦涛总书记在党的十八大报告中明确指出，到2020年确保实现全面建成小康社会，并且对小康社会提出了诸多新要求。其中一项重要要求就是：加快推进社会主义民主政治制度化、规范化、程序化，从各层次各领域扩大公民有序政治参与，实现国家各项工作法治化。胡总书记上述报告中核心的“亮点”就是“实现国家各项工作法治化”是小康社会的基本要求。所谓的“国家各项工作法治化”，司法作为国家权力体系的重要组成部分，理所当然地包含在“国家各项工作”的范围内。但是，相对于立法、行政来说，我国现行宪法至今尚未正式肯定“司法”概念的合法地位，司法政策层面上的司法机关、司法职权、司法体制等等与司法概念相关的司法制度都亟待通过宪法的确认，一并纳入到整个国家的宪法制度体系中。习近平总书记在2012年12月4日举行的“首都各界纪念现行宪法公布施行30周年大会上发表的重要讲话”明确提出：“依法治国首先是依宪治国”。党的十八届四中全会审议通过的《全面推进依法治国决定》又进一步强调：“坚持依法治国首先要坚持依宪治国”。为此，依宪治国已经成为全面推进依法治国各项法治工作的核心任务，而作为“依宪治国”的重要内涵，“依宪司法”必然成为今后一段时间内我国司法体制改革工作的“重中之重”。

“依宪司法”在法理上是一个很有诱惑力的概念，但是，在制度设计上却存在许多值得加以探讨的问题。在我国目前的宪法体制下，明确地提及“依宪司法”必然要求“司法入宪”，“司法入宪”的实质就是“司法宪法化”，而“司法入宪”的直接法律后果就是“宪法司法化”。“宪法司法化”的制度基本要求就是全国人大常委会必须有效地启动宪法和立法法所规定的宪法解释和违宪违法审查机制。如果作为最高权力机关常设机构的全国人大常委会仍然在法理态度上对“司法”问题采取似是而非的立场，就很难抓住“依宪治国”的历史机遇，真正有效地将“司法”纳入现行宪法所确立的国家基本制度的范围，“司法”就可能长期处于“司法政策学”的领域而无法有效地予以制度化。这个问题的重要性和深刻性，必须引起学界的广泛关注。

司法概念要进入宪法，首先必须解决的是司法的性质。在我国现行宪法所设计的国家权力体系框架中，有国家权力机关、国家行政机关、国家审判机关和国家检察机关，国家权力的分配是依托国家机关的性质而定的，没有按照“依权设机构”的“权力分立模式”分配国家权力。因此，各级人大作为各级国家权力机关在宪法上行使的是一种“集合性国家权力”，这种权力的事务功能在法理上覆盖了立法、行政和司法所有的领域，并且具有“最终性”和“最高性”。国家权力机关掌握的国家权力是独立的，不受其他国家机关掌握的国家权力的制约。国家行政机关依据宪法规定行使行政职权，而检察机关、审判机关依据宪法规定行使检察权、审判权，至于说“检察权”“审判权”是否等同于“司法权”，或者说能否在法理上将检察机关行使的检察权和审判机关行使的审判权确认为宪法学理论上所认同的“司法权”，这个问题在我国现行宪法的框架内并没有得到很好的解决。但是，从宪法赋予全国人大及常委会监督宪法和法律实施的职权来看，全国人大及常委会也有权依据宪法和法律来处理一些具体的法律争议和纠纷，特别是2015年新修订的《立法法》第99条赋予了全国人大常委会一定的“违宪违法”审查权。因此，从法理上和现有的宪法制度来看，要将司法权的内涵仅仅限制在“检察权”“审判权”的范围，很显然，与我国现行宪法所确立的基本国家权力制度不相符合。全国人大及常委会依据宪法和法律也承担了一定的司法职能，而且由于全国人大及其常委会拥有的“最高国家权力机关”的身份和地位，实际上，如果在宪法文本中引进了司法的概念，该机关在法律制度上相当于“最高司法机关”。为此，如果“司法入宪”，“司法”的性质就必须是“广义”上的，而不能采用“三权分立”体制下的与“立法”“行政”相对立的“司法”。在这一点上，我国现行宪法所能接纳的司法原则应当是“议会主权”意义上的，相当于2009年之前英国采取的上议院司法制度。狭义上的“司法”概念与我国现行宪法所确立的人民代表大会制度的根本原则是相互冲突的。因此，在可见的将来，只要我们坚持人民代表大会制度的基本原则不变，那么，宪法中的“司法”概念就只能是“议会主权”意义上的“大司法”，将“司法”仅仅限定在“检察权”“审判权”的范围，或者是限制在“审判权”的框架内，这种制度设想缺少基本的政治基础，不可能在现行宪法的制度框架内存在。因此，所谓的“司法入宪”必然是“司法”进入人民代表大会制度下的国家权力框架内，而不可能出现“司法”作为独立的国家权力进入现有的宪法制度之中，这是“司法入宪”的基本政治判断。

“司法”的法律适用性和对宪法和法律含义的解释功能是司法作为一种国家职能的最重要的特征。为此，不论哪一个国家机关享有司法职权或者是承担司法职能，其本质的权力构造都在于司法的具体性，也就是说，通过将宪法和法律适用于具体的案件，来解决实际中存在的法律问题，同时将宪法和法律规定适用于具体的法律事实，体现宪法和法律对人们行为的规范指引作用。由此，一旦“司法入宪”“司法宪法化”，“宪法司法化”又是不可回避的制度要求。所谓的“宪法司法化”，其实质内涵就是宪法上所规定的国家权力或者是公民基本权利在实际生活中如果发生了争议，应当通过解释宪法规定的相关含义、援引宪法的相关规定来解决此类的纠纷。

如果“司法”概念进入我国的现行宪法框架内，根据我国人民代表大会制度的权力构造原则，在“宪法司法化”最顶端的应当是全国人大常委会。也就是说，全国人大常委会依据宪法及立法法的相关规定，对审理案件依据的法律、法规是否合宪有最终的发言权，这是保证我国人民代表大会制度的政治优势的关键点所在。

总之，在探索我国司法体制改革和司法制度化的过程中，“司法入宪”是不可回避的基本理论问题和基本制度构造问题。司法问题长期没有进入基本国家制度的范围，在实践中仅仅依靠司法政策来指导，很容易出现司法政策泛化的现象，“司法”也因为缺少必要的制度能力长期背负着“公信力缺失”的沉重包袱。也就是说，目前在实际生活中被称为“司法政策”的文件已经很复杂了，既有执政党颁布的，也有最高法院和最高检察院颁布的。由于最高法和最高检依据法律的规定还可以进行“司法解释”，所以，实际生活中存在的作为司法工作指导依据的政策文件之间关系确实很难梳理清楚，究竟谁应当对“司法”问题负责在制度上一直是一个悬而未决的问题。解决这个问题唯一办法就是“司法制度化”，而“司法制度化”的最佳制度通道就是“司法入宪”①。伴随着“司法入宪”，司法才能获得了宪法上明确的法律地位，目前实践中运作机制不太清晰的司法体制或司法机制也就会有序化。如此，依托宪法存在的司法制度也就必然会导致宪法本身需要通过司法途径来维护自身的最高法律地位。故从“司法宪法化”到“宪法司法化”是一个不可忽视的法治发展的历史过程中，也是不断提高司法公信力的制度保障，是治理司法不公一系列问题上的“根本之策”。我们对此要谨慎对待，提早在理论上设计出比较完善的对策，以确保司法制度化工作的顺利完成，真正通过制度手段来稳步提升司法公信力，重塑司法在人民群众中的公正、廉洁和高效的良好形象。

---

① 值得注意的是，目前我国宪法与其他部门法在对“司法”问题的态度上有所差异。宪法肯定没有为“司法”概念提供任何合宪性依据，但是，现行有效的《刑法》和《刑事诉讼法》等法律、法规中提到了“司法”。例如，2012 年新修的《刑事诉讼法》第 17 条规定：根据中华人民共和国缔结或者参加的国际条约，或者按照互惠原则，我国司法机关和外国司法机关可以相互请求刑事司法协助。从法解释学的角度来看，没有“司法”当然就没有“司法机关”，既然新的《刑事诉讼法》已经明确采用了司法机关的概念，作为“司法机关”存在的逻辑前提“司法”概念也就是当然合法的概念了。但作为“根据宪法”制定的《刑事诉讼法》，在宪法文本没有提及司法机关的前提下，《刑事诉讼法》明确使用了“司法机关”的概念，从字面上来看，新的《刑事诉讼法》中所使用的“司法机关”概念显然“于宪无据”。

加强和规范司法解释和案例指导，统一法律适用标准。

——《中共中央关于全面推进依法治国若干重大问题的决定》

五 规范司法解释制度

党的十八届四中全会审议通过的《中共中央关于全面推进依法治国若干重大问题的决定》对加强和规范“司法解释”作出了明确的要求。这一要求的提出是很及时的，它反映了我国当下司法解释领域确实存在着很多界限不清、概念模糊的地方。特别是一些在政法实际部门工作的领导同志都曾不约而同地在公开发表的报刊上撰文，支持“司法解释具有普遍法律效力”的观点。更值得关注的是，中国法制出版社在2010年7月还出版了《最高人民法院、最高人民检察院司法解释与司法政策大全》，该书全面收录1997年1月至2010年7月“法释”和“高检发释字”类文件，这些司法解释能够在法院的裁判文书中作为裁判依据予以直接引用，而两高颁布的其他文件不具有此效力。同时，司法政策中的“会议纪要”，在实践应用中往往具有并不弱于司法解释的实际效力，也予以全面收录。除此之外的重要司法文件，也都予以精心收录。该书共收录文件520件。从“依宪司法”的角度来看，笔者认为，上述现象是值得研究的，主要问题是上述现象与作为我国根本政治制度的人民代表大会制度的基本原则要求不相一致，没有正确地理解审判机关、检察机关在我国国家机构中的法律地位，同时，也没有认真考虑组成“中国特色社会主义法律体系”的各种法律形式背后的不同性质的国家权力关系。特别是“司法政策”的概念，在“司法解释”本身法律性质和法律地位都不是很清晰的前提下，在实践中，一些司法政策居然还享有了“不弱于司法解释的效力”，从法制统一性的角度来看，这些现象都内含着违宪和违法的诸多法理问题，必须要从法理上加以澄清。

（一）司法解释没有明确的宪法地位

迄今为止，在现行宪法、立法法中没有“司法解释”这样的法律术语，司法解释作为一种国家机关的法律行为缺少直接的宪法依据和立法法依据。所以，就目前的宪法、立法法规定来看，将司法解释作为一种具有普遍法律效力的法律形式是没有宪法和法律依据的。

目前与“司法解释”相关的法律文件最早来源于1981年6月10日第五届全国人民代表大会常务委员会第十九次会议通过的《关于加强法律解释工作的决议》。该决议第二项规定：“凡属于法院审判工作中具体应用法律、法令的问题，由最高人民法院进行解释。凡属于检察院检察工作中具体应用法律、法令的问题，由最高人民检察院进行解释”。上述规定一般被解读为最高人民法院有权进行“审判解释”，最高人民检察院有权进行“检察解释”。但是，从来没有一个法律文件认定“司法解释”的概念，或者是认为“司法解释”仅包含“审判解释”和“检察解释”。在法律实践中，司法解释适应司法体制的特点被认为还包含了公安部、国家安全部、司法部等国务院行政主管部门就法律的具体适用所做的“解释”。因此，可以说，“司法解释”既缺少宪法和法律依据，在实践中又是被比较宽泛地加以适用的概念，缺少应有的科学性。

2006 年 8 月 27 日第十届全国人民代表大会常务委员会第二十三次会议通过的《中华人民共和国各级人民代表大会常务委员会监督法》第 32 条规定：“国务院、中央军事委员会和省、自治区、直辖市的人民代表大会常务委员会认为最高人民法院、最高人民检察院作出的具体应用法律的解释同法律规定相抵触的，最高人民法院、最高人民检察院之间认为对方作出的具体应用法律的解释同法律规定相抵触的，可以向全国人民代表大会常务委员会书面提出进行审查的要求，由常务委员会工作机构送有关专门委员会进行审查、提出意见”。上述规定明确了全国人大常委会对最高人民法院和最高人民检察院作出的具体应用法律的解释享有立法监督权，但是，《监督法》并没有将最高人民法院和最高人民检察院作出的“具体应用法律的解释”确认为“司法解释”。由此可见，“司法解释”作为专门的法律术语，目前缺少宪法和法律依据，故根本不可能在法律制度的意义上来讨论“司法解释”的“普遍法律效力”正当性问题。“加强和规范司法解释”也只是通过如《全面推进依法治国决定》这样的党的文件来倡导的，依然属于司法政策的要求。《全面推进依法治国决定》对加强和规范司法解释提出了明确的“改革要求”，故必须要经过司法改革的路径，通过将司法政策上升为法律规范的角度，才能让司法解释真正进入法治轨道。当然，在实践中，最高人民法院、最高人民检察院在司法实践中又出台了大量的机关自身的“司法政策”，很显然，与在党领导司法意义上的“司法政策”并不属于同一个层面的问题，但却很容易混淆“司法政策”概念的性质。在法理上最佳的名称应当将最高人民法院、最高人民检察院制定的“司法政策”进一步明确为“司法机关的政策”，以此来与党的司法政策相区分。

（二）审判解释、检察解释与立法解释是两种性质不同的法律解释

就目前理论界误认为“司法解释”的审判解释、检察解释的性质来说，与最高国家立法机关的“立法解释”相比，虽然都使用了“解释”一词，但其法律性质却有本质的不同，并不只是不同国家机关之间的权力大小问题。

根据 1981 年 6 月 10 日第五届全国人民代表大会常务委员会第十九次会议通

过的《关于加强法律解释工作的决议》，关于法律、法令条文本身需要进一步明确界限或作补充规定的，由全国人民代表大会常务委员会进行解释或用法令加以规定。凡属于法院审判工作中具体应用法律、法令的问题，由最高人民法院进行解释。凡属于检察院检察工作中具体应用法律、法令的问题，由最高人民检察院进行解释。从上述规定明显可以看出，凡是与法律（令）条文的理解相关的解释，包括明确含义或者是作出补充和完善规定的，都属于“立法解释”的范围。根据2015年新修订的《立法法》第50条规定：“全国人民代表大会常务委员会的法律解释同法律具有同等效力”。也就是说，只有全国人大常委会对法律作出的“立法解释”才能具有与法律一样的“普遍法律效力”，或者是可以视为法律的“一部分”。而最高人民法院作出的“审判解释”、最高人民检察院作出“检察解释”，其解释的对象不是法律条文自身，而是针对被解释的法律条文如何适用于具体的案件或者是事例。这就意味着，审判解释、检察解释不具有“立法”的性质，只是一种“法律适用”，它只能约束“具体案件”或者“具体事例”，审判解释、检察解释只具有“仲裁规则”的特定法律效力，而不具有“行为规范”那样的“普遍法律效力”，只能在审判活动、检察活动中有效。但在司法实践中，由于全国人大常委会的“法律解释”经常性的“缺位”，致使审判解释和检察解释事实上起到了法律解释的作用，很显然，从依法治国、依宪治国的法治要求来看，这种过于扩权的司法解释必须要严格加以“规范”，否则，就会严重干扰国家立法机关有效地行使法律解释权。

（三）过分强调司法解释的独立性会严重削弱最高国家立法机关的立法权威

目前，在审判活动、检察活动的具体实践中，特别是在刑事案件的侦查、批捕、起诉、审判等等刑事诉讼程序中，有关国家机关形成了使用“司法解释”的习惯，并且还具有部门特点。由于我国现行宪法、立法法没有对审判解释、检察解释的对象、程序、效果等基本问题做出制度上的明文规定，因此，在实践中，很多不规范的东西都被贴上了“司法解释”的标签。虽然这些司法文件或者法律文书在实践中解决了一些问题，但由于缺少必要的宪法和法律依据，反而给司法制度的规范化以及司法改革的实践带来了各种各样的问题，特别是干扰了国家立法机关的立法权威，或者是以“司法解释”的名义事实上架空了国家立法机关的“立法解释权”。突出的例子如最高人民法院、最高人民检察院、公安部等国家机关为实施《刑事诉讼法》而随意制定和发布的“司法解释”。

1979年7月1日第五届全国人民代表大会第二次会议通过、根据1996年3

月17日第八届全国人民代表大会第四次会议《关于修改〈中华人民共和国刑事诉讼法〉的决定》修正的《中华人民共和国刑事诉讼法》共有225条。而新的《刑事诉讼法》生效后，1998年5月14日公安部以部令第35号公布施行的《公安机关办理刑事案件程序规定》有355条；1997年1月15日最高人民检察院第八届检察委员会第六十九次会议通过的人民检察院实施《中华人民共和国刑事诉讼法》规则（试行）（高检发释字〔1997〕1号）达到414条；1998年6月29日最高人民法院审判委员会第989次会议通过最高人民法院关于执行《中华人民共和国刑事诉讼法》若干问题的解释（法释〔1998〕23号）也有367条之多，形成了法学界形容的“三个解释条文远远多于法律本身的司法解释”的现象。由于公、检、法三家都只从自身实施刑诉法的实际情况出发，导致了各自所出台的“司法解释”相互打架，最后，最高人民法院、最高人民检察院、公安部、国家安全部、司法部、全国人大常委会法制工作委员会又出台了《关于〈刑事诉讼法〉实施中若干问题的规定》。该规定强调“任何不符合《刑事诉讼法》关于案件管辖分工规定的文件一律无效”。由此可见，各部门都有权出台具有“普遍法律效力”的“司法解释”，结果只能导致司法解释制度不统一和不规范，将不同国家机关的部门利益之争和权力分工之争带到司法解释制度中，使得司法解释制度成为维护部门利益的工具。这种现象不仅妨碍了全国人大常委会作为国家专门的立法解释机关的立法权威，也给法律自身的统一性设置了制度障碍。所以，如果将“司法解释的效力范围”扩展到“普遍法律效力”，那么，杂乱无章的司法解释制度必然会影响立法工作的科学性和法制的统一性。

（四）司法解释应当限制在法律实施领域

就目前我国人民代表大会制度所确立的国家机关权限分工体制和宪法、立法法所建立的立法制度来说，只有全国人大及其常委会享有国家立法权，其制定的法律在法律效力上具有普遍性，既可以作为公民、法人和其他社会组织日常行为赖以遵循的“行为规范”，同时也是国家机关处理各种社会矛盾和纠纷的“仲裁规则”。全国人大常委会进行的法律解释依据宪法和立法法的规定，属于法律的一部分，与法律具有同等效力，同时具有“行为规范”和“仲裁规则”的“普遍法律效力”特征。公、检、法机关和其他政法部门，特别是最高人民法院、最高人民检察院在具体适用法律过程中所作出的“审判解释”“检察解释”，不属于立法活动的范畴，只是一种特殊的法律实施活动。因此，“审判解释”“检察解释”只能作为“仲裁规则”，对具体案件适用，不能超出审判活动和检察活动的范围，对于公民、法人和其他社会组织的日常活动产生一般意义上的“普遍法律效力”。“审判解释”“检察解释”不能作为“行为规范”加以适用。

由于依据宪法、立法法享有法律解释权的全国人大常委会还没有充分行使法律的解释权，因此，在司法实践中，最高人民法院、最高人民检察院发布的带有“普遍法律效力”特征的“审判解释”“检察解释”，已经在很大程度上以解释代替了法律，实际上在行使着应当由全国人大及其常委会行使的国家立法权以及全国人大常委会行使的法律解释权。这种现象势必会导致法律解释的“行政化”趋势。也就是说，1981 年 6 月 10 日第五届全国人民代表大会常务委员会第十九次会议通过的《关于加强法律解释工作的决议》第二项规定的“最高人民法院和最高人民检察院的解释如果有原则性的分歧，报请全国人民代表大会常务委员会解释或决定”的审判解释与检察解释冲突解决机制，以及《监督法》第 33 条规定的“全国人民代表大会法律委员会和有关专门委员会经审查认为最高人民法院或者最高人民检察院作出的具体应用法律的解释同法律规定相抵触，而最高人民法院或者最高人民检察院不予修改或者废止的，可以提出要求最高人民法院或者最高人民检察院予以修改、废止的议案，或者提出由全国人民代表大会常务委员会作出法律解释的议案，由委员长会议决定提请常务委员会审议”的审判解释、检察解释立法监督机制，在实践中很容易演变成只要全国人大常委会不出面干涉或者是不进行立法监督，审判解释、检察解释事实上就可以代替法律解释起到“普遍法律效力”的作用。这种只关注解释机关的“权威”大小，不重视解释的性质和功能的差异的事实行为，可能会严重地影响立法制度的统一和法律解释制度的权威性，尤其是在实践中会演变成全国人大常委会享有“名义上的法律解释权”。而最高人民法院、最高人民检察院则具有“实质上的法律解释权”，并在人大有权监督“一府两院”的人大监督制度之外形成一种错综复杂的国家权力机关与国家审判机关、国家检察机关之间的权力制约关系，从而与人民代表大会制度的基本原则相悖。

因此，在宪法理论和人民代表大会制度的理论上，只能确认审判解释、检察解释具有“仲裁规则”的特殊法律效力，而不具有法律解释那样的“普遍法律效力”，特别是不宜将司法解释作为组成即将形成的中国特色社会主义法律体系的一种独立的法律形式。根据党的十八届四中全会审议通过的《全面推进依法治国决定》提出的“建设中国特色社会主义法治体系”的要求，司法解释应当归纳到“法治实施体系”中，应当从“法治实施体系”的角度来探讨和试行如何充分发挥司法解释在贯彻落实宪法和法律精神方面的重要作用。

参考文献

《毛泽东选集》（1—4卷），人民出版社1991年6月第2版。

《邓小平文选》（1—3卷），人民出版社1989年5月第1版。

《江泽民文选》（1—3卷），人民出版社2006年8月第1版。

《习近平谈治国理政》，外文出版社2014年9月第1版。

《〈中共中央关于全面推进依法治国若干重大问题的决定〉辅导读本》，本书编写组编著，人民出版社2014年10月第1版。

《党的十八届四中全会〈决定〉学习辅导百问》，本书编写组编著，人民出版社2014年10月第1版。

莫纪宏、蒋南成、翟国强、陈云生著：《宪法学的新发展》，中国社会科学出版社2008年10月第1版。

莫纪宏、翟国强主编：《宪法学的新发展》，中国社会科学出版社2014年3月第1版。

莫纪宏著：《法治中国的宪法基础》，社会科学文献出版社2014年9月第1版。

吴大英、任允正、李林：《比较立法制度》，群众出版社1992年版。

王磊：《宪法的司法化》，中国政法大学出版社2000年2月第1版。

王禹编：《中国宪法司法化：案例评析》，北京大学出版社2005年8月第1版。

徐秀义、韩大元主编：《现代宪法学基本原理》，中国人民公安大学出版社2000年版。

张千帆：《西方宪政体系》（下），中国政法大学出版社2001年5月版。

曹叠云：《立法技术》，中国民主法制出版社1993年6月版。

刘嘉宁：《法国宪政共治之研究》，台湾商务印书馆1990年12月版。

王名扬：《美国行政法》，中国法制出版社1995年版。

王玉明：《选举论》，中国政法大学出版社1992年版。

焦洪昌：《选举权的法律保障》，北京大学出版社2005年版。

周叶中：《宪法》，高等教育出版社2000年版。

［古希腊］柏拉图：《理想国》，郭斌和、张竹明译，商务印书馆1986年版。

[古希腊] 亚里士多德:《政治学》,吴寿彭译,商务印书馆 1965 年版。

[古罗马] 西塞罗:《国家篇·法律篇》,沈叔平、苏力译,商务印书馆 1999 年版。

[英] 弥尔顿:《为英国人民声辩》,何宁译,商务印书馆 1958 年版。

[法] 孟德斯鸠:《论法的精神》上册,张雁深译,商务印书馆 1961 年版。

[美] 布鲁斯·阿克曼:《我们人民:宪法的变革》,孙文恺译,法律出版社 2009 年版。

习近平:《紧紧围绕坚持和发展中国特色社会主义学习宣传贯彻党的十八大精神》(2012 年 11 月 17 日),《人民日报》2012 年 11 月 19 日第 2 版。

习近平:《必须反对特权思想、特权现象》,《人民日报》2013 年 1 月 23 日。

肖扬:《依法治国基本方略的提出、形成和发展》,《求是》(总 465 期),2007 年 10 月 16 日。

张文显:《依法执政的概念解读》,《人民论坛》2005 年第 7 期。

袁曙宏:《奋力建设一个法治中国》,《求是》2013 年第 6 期。

许崇德:《宪政是法治国家应有之义》,《法学》2008 年第 2 期。

季卫东:《法治中国的可能性——兼论对中国文化传统的解读和反思》,《战略与管理》2001 年第 5 期。

韩大元:《宪法与社会共识:从宪法统治到宪法治理》,《交大法学》2012 年第 1 期。

莫纪宏:《论宪法原则》,《中国法学》2001 年第 4 期。

莫纪宏:《宪法实施状况的评价方法及其影响》,《中国法学》2012 年第 4 期。

林来梵、褚宸舸:《中国式"宪政"的概念发展史》,《政法论坛》2009 年第 3 期。

何民捷:《让法治成为一种思维方式》,《人民日报》2013 年 5 月 14 日第 7 版。

吕尚敏:《论宪法规定中的程序性条款》,《江苏社会科学》1999 年第 2 期。

罗智敏:《论正当行政程序与行政法的全球化》,《比较法研究》2014 年第 1 期。

韩大元、周望舒:《试论被选举权享有者的资格限制》,载《法制与社会发展》1997 年第 4 期。

龙平川、张仁平:《深化检察改革六项主要任务确定》,《检察日报》2012 年 2 月 10 日。

刘英张、时春:《检察机关人民监督员制度比较法研究》,《现代企业教育》2007 年第 16 期。

主题词索引

后 记

2014年注定是忙忙碌碌的一年。

国家很忙碌，10月23日，党的十八届四中全会审议通过了《中共中央关于全面推进依法治国若干重大问题的决定》。这是执政党第一次以党的文件形式就依法治国问题作出了全面和系统的规定，不仅全面阐述了全面推进依法治国的基本理论问题，而且还对全面推进依法治国的制度安排作出了非常系统的规定，各种法治改革措施涉及190种。

个人也很忙。年初承接2013年宣传十八届三中全会通过的《中共中央关于全面深化改革若干重大问题的决定》的热潮，投入大量精力，完成了国家出版基金资助社会科学文献出版社出版的《法治中国的宪法基础》，在刘骁军分社长的督促下，总算在4月底完成了写作任务，在9月中旬见到了样书，并且还参加了新书发布会。《法治中国的宪法基础》是围绕着党的十八届三中全会通过的《全面深化改革若干重大问题的决定》提出的“推进法治中国”建设主题展开的，写作的主要目的是为全面推进法治中国建设提供宪法上的“依据”。该书初稿完成之后，又接到方志出版社冀祥德社长邀请，继续承接国家出版基金资助方志出版社出版的《法治中国与制度建设》的写作任务。由于接到任务之初，党的十八届四中全会的决定还没有面世，因此，无法全面和有效地获知党的十八届四中全会通过的决定对全面推进依法治国的制度建设会提出哪些具体要求，故本书的写作一直到10月28日新华社正式公布《中共中央关于全面推进依法治国若干重大问题的决定》全文后才着手进行。由于《中共中央关于全面推进依法治国若干重大问题的决定》提出了190项法治改革措施，内容涉及立法、执法、司法、守法、法治队伍建设和党对依法治国的领导等法治工作的各个领域，对制度建设的要求也是全方位的，所以，要浮光掠影地对每一项制度改革措施都评头论足，这是一项在学术上根本不可能完成的任务。因此，在动手写作时，只能围绕着《中共中央关于全面推进依法治国若干重大问题的决定》所要求的若干重要制度建设措施进行了较为详细的分析和研究，提出了自己的一些观点和看法，其中，宪法实施制度建设是本书的重点。一方面，本人学宪法出身，对宪法实施制度的完善在全面推进依法治国中的重要性有着比较深切的了解；另一方面，《中共中央关于全面推进依法治国若干重大问题的决定》所要求的

190 项制度改革措施，在实践中真正要得到落实，如果宪法实施制度不能真正落到实处，其他的法治改革措施也必然会遇到制度实践上的瓶颈。从某种意义上可以说，法治中国的制度建设关键是宪法实施制度建设，也就是《中共中央关于全面推进依法治国若干重大问题的决定》所讲的“坚持依法治国首先要坚持依宪治国，坚持依法执政首先要坚持依宪执政”。全面推进依法治国的核心要求并不在于立多少法，填补多少立法和制度的空白，关键是看法律法规是否具有统一性，也就是说，当下法治建设的重心已经从强调法律作为行为规则对人们行为的规范和约束作用转移到约束人们行为的法律规范自身如何加以约束，也就是说，法治中国建设更加紧迫需要的是约束法律法规的“法”，这个“法”当然只有宪法才能承担如此使命。从某种意义上说，宪法作为国家的根本法的主要规范功能是“法治法”，正因为宪法的存在，国家法律法规之间才能建立起有效的“规范秩序”，法制才具有统一性。

在本书写作过程中，有一个困扰笔者的问题就是本书的理论部分如何布局。由于关于依法治国的基本理论问题已经在《法治中国的宪法基础》一书中作了比较详细的描述，所以，作为法治中国制度建设的理论依据就不能完全重复《法治中国的宪法基础》中的论述。抉择的结果就是笔者选择了围绕着党的十八大报告、十八届三中全会《中共中央关于全面深化改革若干重大问题的决定》和十八届四中全会《中共中央关于全面推进依法治国若干重大问题的决定》笔者在报纸杂志上所发表的一系列理论文章作为本书的理论基础。这些文章的特点就是超前呼吁、重点突出，特别是在“依宪治国”“依宪执政”等问题上的学术观点已经在党的十八届四中全会通过的《中共中央关于全面推进依法治国若干重大问题的决定》中得到了明确的肯定。虽然本书的理论部分没有完全系统化，但读者从这些文章发表的报纸杂志和发表时间的先后可以看到笔者关于法治中国建设、依宪治国、全面推进依法治国等等基本理论问题的思想演进历程以及这些文章所产生的学术和社会影响。这些文章的观点可能有些重复，但大多数观点都被相关的媒体所转载，并在学术界广为流传。有鉴于此，笔者按照这些文章发表时间的先后以及针对党的十八大、十八届三中全会和四中全会的宣传重点分门别类加以汇集，旨在为当下贯彻落实全面推进依法治国各项法治工作的要求提供一些思想武器和理论分析方法。

2015 年也在忙碌中过去了，已经面对的 2016 年也不会太轻松。本书选择的与法治中国相关的制度建设方案必然会在实践中有所体现，至于笔者提出的学术建议是否完全适应制度实践的要求，就只能待看实践的选择了。不过有一点笔者是有信心的，也就是说，以健全和完善宪法实施制度为重心，这个主题的选择应当不会过时的。因为过去、现在的法治实践都表明，中国社会应当进入贯彻落实“依宪治国”“依宪执政”的时代了。宪法已经与我们的日常生活密不可分，只要我们沿着依宪治国、依宪执政的道路走下去，就一定会在全面推进依法治国的进程中做出应有的成绩。

莫纪宏

2016年1月25日于北京朝阳安贞桥